ସେକ୍ସପିଅର
ଜୀବନୀ ଓ କୃତି

ପ୍ରଦୀପ କୁମାର ରଥ

ବ୍ଲାକ୍ ଈଗଲ୍ ବୁକ୍ସ
ଭୁବନେଶ୍ୱର, ଓଡ଼ିଶା

BLACK EAGLE BOOKS
Dublin, USA

ସେକ୍ସପିଅର: ଜୀବନୀ ଓ କୃତି / ପ୍ରଦୀପ କୁମାର ରଥ
ବ୍ଲାକ୍ ଇଗଲ୍ ବୁକ୍ସ : ଭୁବନେଶ୍ୱର, ଓଡ଼ିଶା । ଡବ୍ଲିନ୍, ଯୁକ୍ତରାଷ୍ଟ୍ର ଆମେରିକା

BLACK EAGLE BOOKS

USA address:
7464 Wisdom Lane
Dublin, OH 43016

India address:
E/312, Trident Galaxy, Kalinga Nagar,
Bhubaneswar-751003, Odisha, India

E-mail: info@blackeaglebooks.org
Website: www.blackeaglebooks.org

First International Edition Published by
BLACK EAGLE BOOKS, 2024

SHAKESPEARE: JEEBANI O KRUTI
by **Pradeep Kumar Rath**

Cover & Interior Design: Ezy's Publication

ISBN- 978-1-64560-542-3 (Paperback)

Printed in the United States of America

ସୃଜନ ଶକ୍ତିର ଦିଗନ୍ତପ୍ରସାରୀ ପାରାବାର ଥିଲେ ସେକ୍‌ସପିଅର। ତଦୀୟ ଲେଖନୀରୁ ନିରନ୍ତର ଝରିଆସୁଥିଲା ଶବ୍ଦ ନିର୍ଝରିଣୀ, ନାଟକ ଓ କବିତାର ଛତ୍ରେ ଛତ୍ରେ ଜୀବନର ବିଷାଦ ରାଗିଣୀ କେତେବେଳେ ଝଙ୍କୃତ ହେଉଥିଲା ତ ଆଉ କେତେବେଳେ ଭାସିଆସୁଥିଲା ହସଖୁସି ଥଟ୍ଟାତାମସାର ନୂପୁର ନିକ୍ୱଣ, କଳ୍ପନାରେ ଥିଲା ନିଛକ ବାସ୍ତବତା, ବାସ୍ତବ ଘଟଣାର ନାଟକୀୟ ରୂପାୟନରେ ଫୁଟିଉଠୁଥିଲା ବିସ୍ମୟ ସଂତୃପ୍ତିର ପ୍ରହେଳିକା। ଅସଂଖ୍ୟ ଚରିତ୍ରଙ୍କ ମେଳା ଅଥଚ ପ୍ରତିଟି ଚରିତ୍ର ଐକାନ୍ତିକ, ଏତେ ବୈଚିତ୍ର୍ୟରେ ଭରା ସେ ଦୁନିଆ ଯେ ସାହିତ୍ୟିକ ସମାଜତତ୍ତ୍ୱବିତ ମନସ୍ତତ୍ତ୍ୱବିତ ଭାଷାବିଜ୍ଞାନୀ ଏପରିକି ନୃତତ୍ତ୍ୱ ବିଶାରଦମାନେ ଆଜି ବି ଆଲୋଚନା ସମାଲୋଚନାରେ ହିଁ ବ୍ୟସ୍ତ। ସାହିତ୍ୟାନୁରାଗୀ ସାହିତ୍ୟସ୍ରଷ୍ଟା ଶ୍ରୀ ପ୍ରଦୀପ କୁମାର ରଥ ଜଣେ ସଫଳ, ସିଦ୍ଧହସ୍ତ ନାଟ୍ୟକାର, କବି ଓ ସମାଲୋଚକ। ସେକ୍‌ସପିଅରଙ୍କର ଜନ୍ମବୃତ୍ତାନ୍ତଠାରୁ ଆରମ୍ଭ କରି, ଜନ୍ମରହସ୍ୟ ସମ୍ବନ୍ଧିତ ଗବେଷଣାକୁ ଉତ୍‌ଥାପନ କରି, ତତ୍କାଳୀନ ସାମାଜିକ ଜୀବନ ପରିପ୍ରେକ୍ଷୀରେ ଅନେକଗୁଡ଼ିଏ ମତ ଆମ ସାମ୍ନାରେ ରଖିଛନ୍ତି। ପ୍ରତ୍ୟେକ ନାଟକର ସାରାଂଶ ସାଧାରଣ ଜନତା ଆଗରେ ଥୋଇଛନ୍ତି ପୁସ୍ତକ ମାଧ୍ୟମରେ। ବିନ୍ଦୁରେ ସିନ୍ଧୁ ଦର୍ଶନର ସୁଯୋଗ ଦେଇଛନ୍ତି ଆମ ସମସ୍ତଙ୍କୁ। ଆଶା, ତାଙ୍କରି କଲମ ଅବିରତ ଚିତ୍ରିତ କରୁଥାଉ ଆମ ସମସ୍ତଙ୍କ ବିଚିତ୍ର ଜୀବନାନୁଭବ।

ଡ. ଏମ୍. ସୀମାଞ୍ଚଳ ରାଓ

ଅବସରପ୍ରାପ୍ତ ଅଧ୍ୟକ୍ଷ

ବିଶ୍ୱ ବାଙ୍‌ମୟରେ ସେକ୍‌ସପିଅର୍ ଏକ ପ୍ରଚଣ୍ଡ ବିସ୍ମୟ, ଅଦ୍ୱିତୀୟ ଅନତିକ୍ରମଣୀୟ। ଦେଶକାଳପାତ୍ରର ଆକ୍ଷାଂଶ, ଦ୍ରାଘିମା ଡେଇଁ ଆଜି ବି ଆମ ସାରସ୍ୱତ ଅନ୍ତରୀକ୍ଷରେ ଏକ ଉଜ୍ଜ୍ୱଳ ନକ୍ଷତ୍ରଭାବେ ସେ ପ୍ରତିଭାତ ହୁଅନ୍ତି। ମଣିଷର ମନଗହନରେ ସଂଘଟିତ ଦ୍ୱନ୍ଦ୍ୱ ଦୋଳନ ଆଶା ଆଶଙ୍କା, ଆସ୍ଥାସଂଶୟ, ପ୍ରଣୟ ପ୍ରତାରଣା, ସାମର୍ଥ୍ୟ ଅସହାୟତା, ଜୀବନର ବିବିଧ ରହସ୍ୟଘନ ସୂକ୍ଷ୍ମ ଅନୁଭବ, ଦର୍ଶନ ମୂଲ୍ୟବୋଧ ସର୍ବୋପରି ଜିଜୀବୀଷାର ସେ ଏକ ଅପୂର୍ବ ଭାଷ୍ୟକାର। ତାଙ୍କର ଉତ୍ତୁଙ୍ଗ ମାନବବାଦୀ ଭାବାଦର୍ଶ KingLear ନାଟକର ଏକ ସ୍ମରଣୀୟ ସଂଳାପ Ripeness is all (ପରିପକ୍ୱତାହିଁ ଜୀବନକୁ ସାର୍ଥକ କରେ) ରେ ଉତ୍‌କୀର୍ଣ୍ଣ।

କବି, ନାଟ୍ୟକାର, ଭ୍ରମଣକାହାଣୀକାର ଓ ସମାଲୋଚକ ଶ୍ରୀପ୍ରଦୀପ କୁମାର ରଥଙ୍କର ସଦ୍ୟତମ ଗ୍ରନ୍ଥ 'ସେକ୍‌ସପିଅର: ଜୀବନୀ ଓ କୃତି' ଏହି ଶ୍ରେଷ୍ଠ ନାଟ୍ୟକାରଙ୍କ ସଂଘାତମୟ ଜୀବନ ଏବଂ ତାଙ୍କର ଅମିଳନ କୃତି ପ୍ରତି ଏକ ମହାର୍ଘ ସାରସ୍ୱତ ଅର୍ଘ୍ୟ। ତାଙ୍କର ନାଟକ ଗୁଡ଼ିକର ବିଷୟବସ୍ତୁ ଓ ତା'ର ବିସ୍ତୀର୍ଣ୍ଣ କାନ୍‌ଭାସରେ ସବୁବର୍ଗର ଚରିତ୍ର ଓ ତତ୍‌କାଳୀନ ସାମାଜିକ ସ୍ଥିତି ଉପରେ ସମ୍ୟକ୍ ଆଲୋକପାତ କରାଯାଇଛି। ସେକ୍‌ସପିଅରଙ୍କୁ ସଂକୀର୍ଣ୍ଣ ଧର୍ମଧାରାର ଉର୍ଦ୍ଧ୍ୱରେ ଏକ ମୁକ୍ତ, ଉତ୍ତରିତ ଓ ଅନାସକ୍ତ ସ୍ରଷ୍ଟାଭାବେ ନିଖିଳ ମାନବାତ୍ମାର ଏକ ସାର୍ବକାଳିକ ଓ ସାର୍ଥକ ରୂପକାର ଭାବେ ଲେଖକ ଚିତ୍ରଣ କରିଛନ୍ତି। ପୁସ୍ତକଟି ଓଡ଼ିଶାର ସୁଧୀ ରସଗ୍ରାହୀ ପାଠକମାନଙ୍କ ହାତରେ ଏକ ଅମୂଲ୍ୟ ଉପହାର ଓଡ଼ିଆ ସାହିତ୍ୟରେ ଏଭଳି ରଚନାର ଶୂନ୍ୟସ୍ଥାନ ପୂରଣ କରିବାରେ ଶ୍ରୀ ରଥ ଧନ୍ୟବାଦର ପାତ୍ର ନିଶ୍ଚୟ।

ଗୋସ୍ୱାମୀ ଗୋଲାମ ଦେବତା

ଆଇ.ଏ.ଏସ୍.(ଅବସରପ୍ରାପ୍ତ)

ଉତ୍ସର୍ଗ

ଇଂରାଜୀ ସାହିତ୍ୟର ବିଶିଷ୍ଟ ବିଦ୍ୱାନ ପ୍ରାତଃ ସ୍ମରଣୀୟ ଗୁରୁଦେବ ପ୍ରଫେସର ସର୍ବେଶ୍ୱର ଦାଶ, ମୋ ଶୁଭାକାଂକ୍ଷୀ ପ୍ରଫେସର ପ୍ରଫୁଲ୍ଲ କୁମାର ମହାନ୍ତି, ପ୍ରଫେସର ସୁମନ ମହାପାତ୍ର, ପ୍ରଫେସର ଶରତ ଚନ୍ଦ୍ର ଶତପଥୀ ଏବଂ ମୋ ପୂଜ୍ୟ ପ୍ରଧାନ ଶିକ୍ଷକ ଶ୍ରୀ ହୟଗ୍ରୀବ ତ୍ରିପାଠୀଙ୍କୁ।

ବିନୟାବନତ

ପ୍ରଦୀପ

ସୂଚିପତ୍ର

ମୁଖବନ୍ଧ

ବିଶ୍ୱ ସାହିତ୍ୟର ଅଗ୍ରଗଣ୍ୟ କବି ତଥା ନାଟ୍ୟକାରଙ୍କ ମଧ୍ୟରେ ୱିଲିୟମ ସେକ୍ସପିଅରଙ୍କର ମହାନ୍ ସାହିତ୍ୟ କୃତିର ଦୃଶ୍ୟମାନ ଚରିତ୍ର, କଥାବସ୍ତୁ, ଶବ୍ଦସମ୍ଭାର, ରୂପକଳ୍ପ, ଗଭୀର ଅର୍ଥବୋଧକ ପ୍ରକାଶଶୈଳୀ ଅଦ୍ୱିତୀୟ, ଅନନ୍ୟ। ଐତିହାସିକ ଘଟଣାବଳୀରେ ସ୍ୱୀୟ କଳ୍ପନାର ରଙ୍ଗ ଦେଇ ସେ ଯେଉଁ ନାଟକୀୟ ରୂପାୟନ କରନ୍ତି ସେଥିରେ ସାମାଜିକ ତତ୍ତ୍ୱଠାରୁ ଆରମ୍ଭ କରି ଗଭୀର ମନସ୍ତାତ୍ତ୍ୱିକ ତତ୍ତ୍ୱ ପର୍ଯ୍ୟନ୍ତ ସବୁ କିଛି ସମାହିତ। ତଥାକଥିତ ବିୟୋଗାନ୍ତକ ଓ ମିଳନାତ୍ମକ ନାଟକ ଉଭୟରେ ଜୀବନର ସାମଗ୍ରୀକତା ହିଁ ପରିଦୃଷ୍ଟ। ପାରମ୍ପରିକ ନାଟ୍ୟ ତତ୍ତ୍ୱ କିଛିଟା ଅନୁସରଣ କରିଛନ୍ତି ସତ କିନ୍ତୁ ମୌଳିକତା ତାଙ୍କର ସର୍ଜନାର ଅନନ୍ୟ ବିଶେଷତ୍ୱ। ତେଣୁ ସେ ଯେଉଁ ନୂତନ ଭାବ ଓ ଶୈଳୀ ପରୀକ୍ଷଣ କରିଛନ୍ତି, ତାହା ଅନୁପମ। ବୋଧହୁଏ ଏହି କାରଣ ଯୋଗୁଁ ଶହ ଶହ ବର୍ଷ ଧରି ଆଲୋଚନା ସମାଲୋଚନା ପରେ ବି ସେକ୍ସପିଅର ରହିଛନ୍ତି ଏକ ମଧୁର ପ୍ରହେଳିକା ହୋଇ।

ଜାତୀୟତା ଓ ସମୟ ନିର୍ବିଶେଷରେ ସେକ୍ସପିଅର ବିଶ୍ୱର ଏକ ପ୍ରଚଣ୍ଡ ପ୍ରତିଭା। ତାଙ୍କଦ୍ୱାରା ଲିଖିତ ୩୮ଟି ନାଟକ ଏବଂ ୧୫୪ ଗୋଟି ସନେଟ୍ ଉପରେ ବିପ୍ତି ହାସଲ କରବା ଏକ ଅତ୍ୟନ୍ତ କଷ୍ଟସାଧ୍ୟ ବ୍ୟାପାର। ଅବସରପ୍ରାପ୍ତ ବରିଷ୍ଠ ପ୍ରଶାସକ ତଥା ଇଂରାଜୀ ସାହିତ୍ୟର ଜଣେ ସଦୁତ୍ସାହୀ ସଫଳ ଛାତ୍ର ଅଟନ୍ତି ପ୍ରିୟବନ୍ଧୁ ଶ୍ରୀ ପ୍ରଦୀପ କୁମାର

ରଥ। ସେକ୍‌ସପିଅରଙ୍କ କବିତା ଓ ନାଟକପ୍ରତି ରହିଛି ତାଙ୍କର ଅଗାଧ ପ୍ରୀତି ଓ ରୁଚି। "ସେକ୍‌ସପିଅର: ଜୀବନୀ ଓ କୃତି" ଏକ ଉପାଦେୟ ପୁସ୍ତକ ଯେଉଁଠି ଲେଖକ ଶ୍ରୀ ରଥ ସେକ୍‌ସପିଅର୍‌ଙ୍କ ଜୀବନ ଓ କୃତି ସହିତ ଜଡ଼ିତ ଅନେକ ବିବାଦୀୟ ଓ ସମ୍ବେଦନଶୀଳ ତଥ୍ୟ ଉପରେ ଆଲୋକପାତ କରିଛନ୍ତି।

ଏହି ପୁସ୍ତକର ପ୍ରାରମ୍ଭରେ ଲେଖକ ଯଥାର୍ଥଭାବେ ଉଲ୍ଲେଖ କରିଛନ୍ତି କିଭଳି ହେନ୍‌ରୀ ଅଷ୍ଟମଙ୍କ ସମୟରେ ରୋମାନ୍ କାଥଲିକ୍ ଧର୍ମପ୍ରତି ଅବମାନନାର ସୂତ୍ରପାତ ହୋଇଥିଲା ଏବଂ ପରବର୍ତ୍ତୀ ସମୟରେ କିଭଳି ରାଣୀ ଏଲିଜାବେଥ "ଇଂଲଣ୍ଡର ଚର୍ଚ୍ଚ"ର ଧର୍ମମୁଖ୍ୟ ରୂପେ ନିଜକୁ ପ୍ରତିଷ୍ଠିତ କରିଥିଲେ। ଅସଲକଥା ହେଲା ସେକ୍‌ସପିଅର୍ ନିଜେ ତାଙ୍କ ପିତାଙ୍କ ଭଳି ପ୍ରଚ୍ଛନ୍ନ ଭାବେ ରୋମାନ୍ କାଥଲିକ୍ ଧର୍ମକୁ ଆପଣେଇ ନେଇଥିଲେ। ଇଂରାଜୀ ରେନାସାଁ ବା ପୁନରଭ୍ୟୁତ୍‌ଥାନ ପରିପ୍ରେକ୍ଷୀରେ ମାନବବାଦୀ ଚିନ୍ତାଧାରା ଶକ୍ତିଶାଳୀ ହୋଇ ଉଠିଥିଲା। ଏସବୁ ବିଷୟ ସହିତ ଲେଖକ ଶ୍ରୀରଥ ବିଶଦଭାବେ ଆଲୋଚନା କରିଛନ୍ତି କେମିତି ଓଭିଡ୍, ଭର୍ଜିଲ୍, ପ୍ଲୁଟସ୍ ଓ ସେନେକା ସେକ୍‌ସପିଅରଙ୍କୁ ପ୍ରଭାବିତ କରିଥିଲେ।

ଗ୍ରୀକ୍ ନାଟ୍ୟକାରମାନେ ସ୍ୱର୍ଗୀୟ ନ୍ୟାୟ (Poetic justice)ବ୍ୟବସ୍ଥାରେ ବିଶ୍ୱାସ କରୁଥିଲେ। କିନ୍ତୁ ୟୁରୋପୀୟ ରେନାସାଁର ମୁଖ୍ୟ ନିୟାମକ ତଥା ରୋମାନ୍ ଦାର୍ଶନିକ ସେନେକା ତାଙ୍କ ନାଟକରେ ଏହାକୁ ପ୍ରଶ୍ରୟ ନଦେଇ ବରଂ ମାନବବାଦୀ ଚିନ୍ତାଧାରାର ଧ୍ୱଜା ଉଡ଼େଇଛନ୍ତି। ଯେହେତୁ ସେକ୍‌ସପିଅର ସେନେକାଙ୍କ ଆଦର୍ଶରେ ଅନୁପ୍ରାଣିତ ହୋଇଥିଲେ, ତାଙ୍କ ବିୟୋଗାତ୍ମକ ନାଟକକୁ "Tragedy of character" କୁହାଯାଏ।

ଶ୍ରୀ ରଥ ସେକ୍‌ସପିଅରଙ୍କ ବୈବାହିକ ଜୀବନର ସମସ୍ତ ଖଟାମିଠା ଅନୁଭୂତିକୁ ଏକତ୍ରକରି ଯଥୋଚିତ ବିଶଦ ଭାବେ ବିଶ୍ଳେଷଣ କରିଛନ୍ତି ତାଙ୍କର ଅନେକ ନାଟକର ସଂଳାପକୁ ଆଧାର କରି। ଠିକ୍ ସେଇଭଳି ବିଭିନ୍ନ ନାଟକରେ ବିବିଧ ବିଷୟବସ୍ତୁ ଉପରେ ସେକ୍‌ସପିଅରଙ୍କ ମତାଦର୍ଶର ପ୍ରତିଫଳନ କିପରି ଘଟିଛି, ଶ୍ରୀ ରଥ ଏହି ପୁସ୍ତକ ମାଧ୍ୟମରେ ସରଳ ଓ ସାବଲୀଳ ଭାଷାରେ ବର୍ଣ୍ଣନା କରିବା ସହିତ ତାଙ୍କର ବ୍ୟକ୍ତିଗତ ଜୀବନର ବିଭିନ୍ନ ଦିଗ ଉପରେ ଆଲୋକପାତ କରିଛନ୍ତି।

ସେକ୍‌ସପିଅର୍‌ଙ୍କ ନାଟକସମୂହ ଏକ ବିଶାଳ ସମୁଦ୍ର ଯୋଉଥିରେ ପ୍ରେମ, ବିରହ, ଜନ୍ମ, ମୃତ୍ୟୁ, ପ୍ରକୃତି, ଭଗବାନ୍, ପ୍ରତାରଣା, ପ୍ରତିଶୋଧ, ଦୟା, କ୍ଷମା, ନିର୍ବାଣ ଇତ୍ୟାଦି ସହିତ ବିନ୍ଦୁଠାରୁ ସିନ୍ଧୁ ପର୍ଯ୍ୟନ୍ତ ଅସଂଖ୍ୟ ବିଷୟବସ୍ତୁ ସ୍ଥାନ ପାଇଛି। ସେଇଭଳି ସମାଜର ବିଭିନ୍ନ ବର୍ଗର ଲୋକେ ମଧ୍ୟ ଚରିତ୍ରରୂପେ ସ୍ଥାନ ପାଇଛନ୍ତି।

ଓଡ଼ିଆ ସାହିତ୍ୟର ଛାତ୍ରଛାତ୍ରୀମାନେ ସେକ୍‌ସପିଅର୍‌ଙ୍କ ବିଷୟରେ ବିଭିନ୍ନ ତଥ୍ୟ ଓ ମତାମତ କେବଳ ଇଂରାଜୀରେ ଲିଖିତ ନିବନ୍ଧ ଓ ପୁସ୍ତକମାନଙ୍କରୁ ଜାଣିବାକୁ ପାଇଥାନ୍ତି। ଯେହେତୁ ସପ୍ତଦଶ ଶତାବ୍ଦୀ ପରବର୍ତ୍ତୀ ବିଶ୍ୱସାହିତ୍ୟରେ ସେକ୍‌ସପିଅର୍‌ଙ୍କ ପ୍ରଭାବ ବହୁଳ ଭାବରେ ପରିଲକ୍ଷିତ ହୁଏ, ଓଡ଼ିଆ ସାହିତ୍ୟର ସମାଲୋଚକମାନେ ମଧ୍ୟ ହାମ୍‌ଲେଟ୍ ଓ ମାକ୍‌ବେଥ୍‌ଙ୍କ ଭଳି ଚରିତ୍ରମାନଙ୍କୁ ଚରିତ୍ରଚିତ୍ରଣର ଉତ୍କର୍ଷର ଏକ ନିଦର୍ଶନ ଭାବେ ଓଡ଼ିଆସାହିତ୍ୟର ସମାଲୋଚନାରେ ବ୍ୟବହାର କରିଥାନ୍ତି।

ସେକ୍‌ସପିଅର୍‌ଙ୍କ ଭାଷାର ଆଳଙ୍କରିକ ପ୍ରୟୋଗ ଇଂରାଜୀ ସାହିତ୍ୟର ଆଳଙ୍କାରିକ ଉତ୍କର୍ଷର ଏକ ସ୍ୱତନ୍ତ୍ର ବିଭବ। ସେଥିପାଇଁ ମାଥ୍ୟୁ ଆର୍‌ନୋଲ୍‌ଡ଼ ସେକ୍‌ସପିଅର୍‌ଙ୍କ କାବ୍ୟିକ ଅଂଶକୁ ତାଙ୍କର କାବ୍ୟିକ ଉତ୍କର୍ଷତାର କଷଟିପଥରର ଏକ ଅଂଶବିଶେଷ କରିଛନ୍ତି।

କୌଣସି ନିର୍ଦ୍ଦିଷ୍ଟ ମୂଲ୍ୟବୋଧ ଭିତ୍ତିରେ ସେକ୍‌ସପିଅରଙ୍କ ନାଟକସବୁ ପ୍ରତିଷ୍ଠିତ ହୋଇନଥିବାରୁ ବେନ୍ ଜନ୍‌ସନ୍ ତାଙ୍କୁ ସମାଲୋଚନା କରିଥିଲେ। ଏହାର ସଠିକ୍ ପ୍ରତ୍ୟୁତ୍ତର ମିଳିଥାଏ ଜନ୍ କିଟ୍‌ସଙ୍କ "Negative capability" ମନ୍ତବ୍ୟ ମାଧ୍ୟମରେ। କିଟସ୍‌ଙ୍କ ମତାନୁଯାୟୀ ଏହି "ନକାରାତ୍ମକ ଦକ୍ଷତା" ଦ୍ୱାରା ଜଣେ କବି ନିଜ ବ୍ୟକ୍ତିଗତ ମତାଦର୍ଶ ଓ ମୂଲ୍ୟବୋଧର ସଂକୀର୍ଣ୍ଣ ପରିସୀମା ଭିତରୁ ବାହାରି ଆସି ସଂପୂର୍ଣ୍ଣଭାବେ ନିଜର ସୃଜନଶୀଳ କଳ୍ପନାର ବଶବର୍ତ୍ତୀ ହୋଇଥାଏ। ଅର୍ଥାତ୍ ନାଟକ କିମ୍ବା କବିତା ସ୍ୱତଃପ୍ରବୃତ୍ତ ଭାବେ ସ୍ୱାଧୀନ ଓ କଳ୍ପନାପ୍ରସୂତ ହୋଇ ଗଢ଼ିଉଠେ। ସେକ୍‌ସପିଅରଙ୍କ ନାଟକରେ ଅସଂଖ୍ୟ ବିଷୟବସ୍ତୁର ଯଥୋଚିତ ଉପସ୍ଥାପନା ତଥା ଚରିତ୍ରଗଠନ ଏହି ଦକ୍ଷତାର ସ୍ୱାକ୍ଷର ବହନ କରେ।

ଓଡ଼ିଆଭାଷାରେ ସମାଲୋଚନା ସାହିତ୍ୟକ୍ଷେତ୍ରରେ ଏହି ବହିଟି ନିଶ୍ଚିତ ଭାବେ ଏକ ସ୍ୱାଗତଯୋଗ୍ୟ ପଦକ୍ଷେପ କାରଣ ଓଡ଼ିଆଭାଷା ସାହିତ୍ୟର ଛାତ୍ରଛାତ୍ରୀ ପଥମତଃ ସେକ୍‌ସପିଅରଙ୍କ ଜୀବନୀ ଓ କୃତି ବିଷୟରେ ବହୁତ କୌତୁହଳପୂର୍ଣ୍ଣ ତଥା ଉପାଦେୟ ତଥ୍ୟ ଜାଣିବାକୁ ପାଇବେ। ଦ୍ୱିତିୟତଃ, ଏହି ତଥ୍ୟକୁ ଛାତ୍ର ଓ ଗବେଷକମାନେ ତୁଳନାତ୍ମକ ସମାଲୋଚନା ଲିଖନ କ୍ଷେତ୍ରରେ ବ୍ୟବହାର କରି ପାରିବେ।

ବହିଟି ଲେଖକଙ୍କର ଅଦମ୍ୟ ଉତ୍ସାହ ପାଣ୍ଡିତ୍ୟ, ସାହିତ୍ୟପ୍ରୀତି, ଧୈର୍ଯ୍ୟ ଓ ସତ୍‌ସାହସର ଫଳଶ୍ରୁତି ଅଟେ। ମୋର ଆଶା ଓ ବିଶ୍ୱାସ, ବହିଟି ନିଶ୍ଚିତଭାବେ ଲୋକପ୍ରିୟ ହେବ ଏବଂ ତଦ୍ୱାରା ଲେଖକଙ୍କର ଶ୍ରମସାର୍ଥକ ହେବ। ମୂଳରୁ ଶେଷଯାଏଁ ବହିଟି ସେକ୍‌ସପିଅର୍‌ଙ୍କ ଜୀବନ, କୃତି ତଥା ଇଂଲଣ୍ଡର ସାଂପ୍ରତିକ ଇତିହାସ ଉପରେ ଅନେକ ରୋଚକ ତଥ୍ୟ ପ୍ରଦାନ କରେ। ଯେ କୌଣସି ସେକ୍‌ସପିଅର-ପ୍ରେମୀ ଏହାକୁ ପଢ଼ି

ଉପଭୋଗ କରିବା ସୁନିଶ୍ଚିତ। ଏତଦ୍‌ବ୍ୟତୀତ ଯେ କୌଣସି ସାଧାରଣ ପାଠକ ମଧ୍ୟ ଏହି ବହିପଢ଼ି ସେକ୍‌ସପିଅର୍‌ଙ୍କ କବିତା ଓ ନାଟକରେ କିଛି ଜ୍ଞାନ ପ୍ରାପ୍ତ ହେବ। କାବ୍ୟିକ, ନାଟକୀୟ, ଆଳଙ୍କାରିକ, ସାଂସ୍କୃତିକ ଓ ଦାର୍ଶନିକ ତତ୍ତ୍ୱ ସମ୍ବନ୍ଧରେ ସମ୍ୟକ୍ ଜ୍ଞାନ ଅର୍ଜ୍ଜନ କରିପାରିବ। ଉଭୟ ଇଂରାଜୀ ଓ ଓଡ଼ିଆସାହିତ୍ୟର ଗବେଷକମାନେ ମଧ୍ୟ ଏହି ପୁସ୍ତକରୁ ଅନେକ ଗବେଷଣା ଯୋଗ୍ୟ ତଥ୍ୟର ସନ୍ଧାନ ପାଇବେ। ମୋତେ ବହିଟିର 'ମୁଖବନ୍ଧ' ଲେଖିବାକୁ କହିଥିବାରୁ ମୁଁ ଶ୍ରୀରଥଙ୍କୁ ଧନ୍ୟବାଦ ଅର୍ପଣ କରୁଛି। ବହିଟିର ଉଜ୍ଜ୍ୱଳ ଭବିଷ୍ୟତ ମୋର ଏକାନ୍ତ କାମ୍ୟ।

ଡକ୍ଟର ରାମନାରାୟଣ ପଣ୍ଡା
ପ୍ରାକ୍ତନ ପ୍ରଫେସର ଓ ବିଭାଗୀୟ ମୁଖ୍ୟ
ସ୍ନାତକୋତ୍ତର ଇଂରେଜୀ ବିଭାଗ
ବ୍ରହ୍ମପୁର ବିଶ୍ୱବିଦ୍ୟାଳୟ

ଉପୋଦ୍‌ଘାତ

ଷୋଡଶ ଶତାବ୍ଦୀର ନବମ ଦଶକରେ ଇଂଲଣ୍ଡର ଏକ କ୍ଷୁଦ୍ର ସହରର ସାଧାରଣବର୍ଗର ସ୍ୱପ୍ନାବିଷ୍ଟ ଜଣେ ଯୁବକ ଲଣ୍ଡନ ସହରକୁ ଯାତ୍ରା କରନ୍ତି ଭବିତବ୍ୟର ସନ୍ଧାନରେ। କୌଣସି ଧନାଢ୍ୟ ପରିବାରର ବ୍ୟକ୍ତି ସେ ନଥିଲେ, ପ୍ରତିଷ୍ଠିତ ବ୍ୟକ୍ତିଙ୍କ ସହ ସମ୍ପର୍କ ବି ନଥିଲା। ଖୁବ ଉଚ୍ଚଶିକ୍ଷିତ ବି ନଥିଲେ, ବିଶ୍ୱ ବିଦ୍ୟାଳୟରେ ଶିକ୍ଷା ପ୍ରାପ୍ତ ହେବା ସୁଯୋଗରୁ ବଞ୍ଚିତ ହୋଇଛନ୍ତି ସେ। ଷ୍ଟ୍ରାଟଫୋର୍ଡ଼ର ଗ୍ରାମାର ସ୍କୁଲରେ କିଛି ଲାଟିନ, ସାମାନ୍ୟ ଗ୍ରୀକ୍ ଭାଷାଜ୍ଞାନକୁ ସମ୍ବଳ କରି, ବିଭିନ୍ନ ହର୍ଷବିଷାଦ ଭରା ନିଜସ୍ୱ ଅନୁଭବ ତଥା ଉତ୍ତୁଙ୍ଗ କଳ୍ପନାର ସଂଯୋଗରେ ଖୁବ୍ ସ୍ୱଳ୍ପ ସମୟ ମଧ୍ୟରେ ମଣିଷର ବହୁବିଧ ଚିନ୍ତା ଓ ଚେତନାକୁ ଯେପରି ଅଦ୍ୱିତୀୟ ରୂପରେଖ ଦେଇଛନ୍ତି ନାଟକ ଓ କବିତା ମାଧ୍ୟମରେ, ତାହା ଅଚିନ୍ତ୍ୟ, ଅବିଶ୍ୱସନୀୟ। ଶବ୍ଦ ଓ ଦୃଶ୍ୟର ମହାନ ଯାଦୁକର ସେ। ଶ୍ରଦ୍ଧାଶୀଳ ପାଠକ ସମାଜ ଚିରକାଳ ଅଭିଭୂତ ତାଙ୍କ ଅଭାବନୀୟ ବ୍ୟାପ୍ତିରେ, ଯାହା କେବଳ ସେ ସମୟ କିମ୍ବା ଶତାବ୍ଦୀ ମଧ୍ୟରେ ପର୍ଯ୍ୟବସିତ ନୁହେଁ, ପରବର୍ତ୍ତୀ ସବୁ ସମୟ ଓ ଶତାବ୍ଦୀରେ ତାଙ୍କୁ ମାନବ ସଂସ୍କୃତିର ସର୍ବଶ୍ରେଷ୍ଠ ନାଟ୍ୟକାର ରୂପେ, ଶବ୍ଦ ଓ ଭାବର ସର୍ବୋତ୍ତମ ଯାଦୁକର ରୂପେ ଅମର ଆସନ ପ୍ରଦାନ କରିଛି।

ସେକ୍‌ସପିଅର୍ ବିଭିନ୍ନ ସୂତ୍ରରୁ କଥାବସ୍ତୁ ଆହରଣ କରିଥିବା ହେତୁ ତାଙ୍କୁ ବହୁ ଶତାବ୍ଦୀରେ ସମାଲୋଚନା କରାଯାଇଛି। ବାସ୍ତବିକ କୌଣସି କୃତି ଶତପ୍ରତିଶତ ମୌଳିକ ହେବା ସମ୍ଭବପର କି? ପବିତ୍ର ବାଇବଲ୍‌ର ୧:୯ରେ ବର୍ଣ୍ଣିତ ଅଛି “What has been is what will be and what has been done is what will be done, there is nothing new under the sun." ପରବର୍ତ୍ତୀ ସମୟରେ ପ୍ରଖ୍ୟାତ ଚିତ୍ରଶିଳ୍ପୀ ପବ୍‌ଲୋ ପିକାସୋ ଦୃପ୍ତ କଣ୍ଠରେ ଘୋଷଣା କରନ୍ତି "Art is theft". ତଥ୍ୟ କେଉଁ ସୂତ୍ରରୁ ଆହରଣ କରାଯାଇଛି ଗୁରୁତ୍ୱପୂର୍ଣ୍ଣ ନୁହେଁ ଏହାକୁ କିପରି ଉପଯୋଗ କରାଯାଇଛି ତାହା ହିଁ ତାତ୍ପର୍ଯ୍ୟପୂର୍ଣ୍ଣ। ସମକାଳୀନ ଉତ୍ତର ଆଧୁନିକ ଚିନ୍ତନ ଏହାକୁ ସମର୍ଥନ କରେ।

ବିଶିଷ୍ଟ କବି ଆଲେକ୍‌ଜାଣ୍ଡାର ପୋପଙ୍କ ଭାଷାରେ, "Fools rush in where angels fear to tread." ସାହିତ୍ୟ ଆଲୋଚନାରେ ଆଗ୍ରହ ରଖିଥିବା ମୋ ପରି ଜଣେ ସାମାନ୍ୟ ବ୍ୟକ୍ତି ପାଇଁ ଏହି ଉକ୍ତି ପ୍ରଯୁଜ୍ୟ, ଯେ ସେକ୍‌ସପିଅର ସାହିତ୍ୟ ପରି ବିରାଟ ସମୁଦ୍ରରେ ସନ୍ତରଣ ପାଇଁ ଧୃଷ୍ଟତା କରିଛି। ଏହି ଦୁରୂହ କାର୍ଯ୍ୟରେ କିଞ୍ଚିତ ଅଗ୍ରସର ହେବା ପାଇଁ ମୁଁ ସାହସ ସଂଗ୍ରହ କଲି, ଯେହେତୁ ଓଡ଼ିଆ ଭାଷାରେ ଏ ଯାଏଁ ସେକ୍‌ସପିଅରଙ୍କ ଜୀବନୀ ଓ କୃତି ସମ୍ପର୍କରେ କୌଣସି ବିଶଦ ଆଲୋଚନା ପ୍ରାୟତଃ ହୋଇନାହିଁ, ଯଦିଓ ମୋ ପ୍ରିୟ ଅଧ୍ୟାପକ ପ୍ରଫେସର ଶରତ ଚନ୍ଦ୍ର ଶତପଥୀ 'ସେକ୍‌ସପିଅର ଓ ତାଙ୍କ ସମୟ' ପୁସ୍ତକଟି ଏ ଦିଗରେ ଏକ ପଥିକୃତ ରଚନା। ପରବର୍ତ୍ତୀ ଲେଖକଙ୍କୁ ସେକ୍‌ସପିଅରଙ୍କ ସମ୍ପର୍କରେ ଭିନ୍ନ ଭିନ୍ନ ଦୃଷ୍ଟିରୁ ଅଧିକ ଗବେଷଣା କରି ଗ୍ରନ୍ଥ ରଚନା କରିବା ନିମନ୍ତେ ମୋର ଏ ଗ୍ରନ୍ଥଟି ଅନୁପ୍ରେରିତ କଲେ ନିଶ୍ଚିତ ରୂପେ ଖୁସି ହେବି।

ଖଲ୍ଲିକୋଟ ମହାବିଦ୍ୟାଳୟରେ ଇଂରାଜୀ ସାହିତ୍ୟରେ ସ୍ନାତକ ସମ୍ମାନ ଶ୍ରେଣୀରେ ପଢୁଥିବା ବେଳେ ଯେତେବେଳେ 'ଆଜ ୟୁ ଲାଇକ ଇଟ୍' ଓ 'ମାକ୍‌ବେଥ୍' ଗ୍ରନ୍ଥ ଜରିଆରେ ସେକ୍‌ସପିଅରଙ୍କ ମହାନ ପ୍ରତିଭାର କିଛି ପରିଚୟ ପାଇଲି, ଯୁଗପତ ଆନନ୍ଦ ଓ ବିସ୍ମୟରେ ବୁଡ଼ି ଯାଇଥିଲି। ମାକ୍‌ବେଥ୍ ପରି ପ୍ରଚଣ୍ଡ ଉଗ୍ର, ହିଂସାତ୍ମକ, ନୀତି ବିହୀନ ବିଷୟବସ୍ତୁ ସମ୍ବଳିତ ନାଟକ ପଢ଼ାଯିବାର ଉଦ୍ଦେଶ୍ୟ ସମ୍ପର୍କରେ ପଚାରିଥିଲି ପ୍ରାଧ୍ୟାପକ ଓ ବିଶିଷ୍ଟ ସାହିତ୍ୟିକ ପ୍ରଫୁଲ୍ଲ କୁମାର ମହାନ୍ତି ସାରଙ୍କୁ। ସେକ୍‌ସପିଅରଙ୍କ ନାଟକ ନୀତି ସର୍ବସ୍ୱ ନୁହେଁ, ବରଂ ସମାଜର ଅନୁକୃତି ଏବଂ ମଣିଷ ମନର ଅନୁଶୀଳନ ଏଠାରେ ପ୍ରାଧାନ୍ୟ ପାଏ ବୋଲି ବୁଝାଇ ଥିଲେ ସାର। ମାକ୍‌ବେଥ୍ ନାଟକରେ ପ୍ରକୃତି, ପରିବେଶ ତଥା ମନୁଷ୍ୟର ମନଗହନରେ ଅନ୍ଧକାରର ପ୍ରାବଲ୍ୟ ପ୍ରାଞ୍ଜଳ ଭାବେ ବର୍ଣ୍ଣିତ ଏବଂ ନାୟକଙ୍କ ଉଦଗ୍ର ଉଚ୍ଚାକାଂକ୍ଷା କିଛି ବାହ୍ୟ ପ୍ରୋତ୍ସାହନ ଦ୍ୱାରା ଘୃଣ୍ୟ ହିଂସାରେ ଲିପ୍ତ ରହି ନିଜ ଅଧୋପତନର ମାର୍ଗ ଉନ୍ମୁକ୍ତ କରିଛି। ସମକାଳୀନ ଉଗ୍ର ସମାଜରେ ପ୍ରଭାବ ବିସ୍ତାର କରିଥବା ହିଂସ୍ର ଦୁର୍ନୀତିଗ୍ରସ୍ତ ଉଚ୍ଚାକାଂକ୍ଷୀ ଶାସକଙ୍କ ସ୍ୱରୂପ ଏବଂ ପରବର୍ତ୍ତୀ ଦୁଃଖଦ ପରିଣତିର ଏକ ପ୍ରତିଫଳନ ବି ଏଠାରେ ଦେଖିବାକୁ ମିଳେ। ଆଜ୍

ୟୁ ଲାଇକ୍ ଇଟ୍ ପରି ସେକ୍ସପିଅରଙ୍କ ମିଳନ୍ତାତ୍ମକ ନାଟକସବୁ ତ କଳାତ୍ମକତାରେ ଅନିର୍ବଚନୀୟ ଆନନ୍ଦ ଓ ପ୍ରେମର ଶାଶ୍ୱତ ନିଳୟ, ଜୀବନର ସୁଖ, ଦୁଃଖର ପୁନଃ ପୁନଃ ଆବିଷ୍କାର ନିମନ୍ତେ ପ୍ରକୃଷ୍ଟ ପରିସର।

ସେକ୍ସପିଅର୍ ନାଟକସବୁ ରଙ୍ଗମଞ୍ଚରେ ଅଭିନୀତ ହେବା ଉଦ୍ଦେଶ୍ୟରେ ଲେଖୁଥିଲେ, ଶ୍ରେଣୀ ଗୃହରେ ପଠିତ, ଆଲୋଚିତ ହେବା ଉଦ୍ଦେଶ୍ୟରେ ନୁହେଁ। ସେ ଇତିହାସ, ପୁରାଣ, ବାଇବଲ ଆଦି ବିଭିନ୍ନ ସୂତ୍ରରୁ, ଏପରିକି ସମକାଳୀନ ସାହିତ୍ୟିକଙ୍କଠାରୁ ଆଧାର ଆହରଣ କରିଛନ୍ତି ଏବଂ ନିଜ ଉନ୍ନତ କଳ୍ପନାରେ ନୂତନ ବ୍ୟାଖ୍ୟା କରି ମହିମାମଣ୍ଡିତ କରିଛନ୍ତି। ତାଙ୍କ ନାଟକ ପ୍ରଦର୍ଶନରେ ସାଧାରଣ ଜନତାଠାରୁ ସମ୍ଭ୍ରାନ୍ତ ବର୍ଗ ଆଶ୍ଚର୍ଯ୍ୟାନ୍ୱିତ ହୋଇଛନ୍ତି, ବିମଳ ଆନନ୍ଦ ଲାଭ କରିଛନ୍ତି। ମୋ ପରି ସତର ବର୍ଷର ଜଣେ ତରୁଣ ପାଇଁ ସେକ୍ସପିଅରଙ୍କୁ ବୁଝିବା ନିଶ୍ଚିତ ରୂପେ କଷ୍ଟସାଧ୍ୟ ଥିଲା, କିନ୍ତୁ ବାରମ୍ବାର ବିଭିନ୍ନ ପର୍ଯ୍ୟାୟରେ ସେକ୍ସପିଅରଙ୍କ ନିକଟକୁ ମୁଁ ଫେରିଛି, ତାଙ୍କ ଚିରନ୍ତନ କୃତି ପାଠ କରି ଅନାବିଳ ଆନନ୍ଦ ପାଇଛି, ଆଶ୍ଚର୍ଯ୍ୟ ଶବ୍ଦ ଖେଳରେ ନିମଜ୍ଜିତ ହୋଇଛି।

ସେକ୍ସପିଅର ସାମ୍ପ୍ରତିକ ସମୟ ପାଇଁ ଖୁବ ପ୍ରାସଙ୍ଗିକ। ତାଙ୍କ ନାଟକ ଜୀବନର ଗୂଢ଼ ରହସ୍ୟ ବିଷୟରେ ଚିନ୍ତନ ନିମନ୍ତେ ପ୍ରେରଣା ଯୋଗାଏ। ସମକାଳର ପ୍ରଚଣ୍ଡ ଗର୍ବୋନ୍ମତ୍ତ ଶାସକଙ୍କ ସ୍ୱାର୍ଥସର୍ବସ୍ୱ ରାଜନୀତି ଓ କୁଟିଳ ମନସ୍ତତ୍ତ୍ୱ, ପ୍ରଚଣ୍ଡ ଉଚ୍ଚାକାଂକ୍ଷା ଓ ଭୀଷଣ ଆତ୍ମଗର୍ବ ବୁଝିବା ପାଇଁ ସହାୟକ ହୁଏ। ନାଟକସବୁ ଶତାବ୍ଦୀ ଶତାବ୍ଦୀ ଧରି ସମସ୍ତ ପ୍ରକାର ଦର୍ଶକ ଓ ପାଠକଙ୍କ ନିମନ୍ତେ ଜୀବନର ଜଟିଳ ବିଭାବର ବହୁ ପ୍ରସ୍ଥ ଉନ୍ମୋଚନ କରିଛି।

କିଛି ପଲ୍ଲବଗ୍ରାହୀ ସମାଲୋଚକଙ୍କ ଦ୍ୱାରା ସେକ୍ସପିଅର ନାମକ ଜଣେ ମହାନ ନାଟ୍ୟକାର ବାସ୍ତବିକ ବିଦ୍ୟମାନ ଥିଲେ କି ନାହିଁ, ସେ ବିଷୟରେ ବହୁ ବିବାଦ ଊନବିଂଶ ଶତାବ୍ଦୀର ମଧ୍ୟଭାଗରୁ ସୂତ୍ରପାତ ହୋଇଛି। ସାଧାରଣ ସ୍ତରରୁ ଆସିଥିବା ତଥା ସମ୍ଭ୍ରାନ୍ତ ବର୍ଗ ଓ ରାଜ ଦରବାରର ଚାଲିଚଳନ ସହ ସମ୍ପୃକ୍ତ ନଥିବା ଏବଂ ଉଚ୍ଚ ବିଶ୍ୱ ବିଦ୍ୟାଳୟ ଶିକ୍ଷା ପ୍ରାପ୍ତ କରି ନଥିବା ସେକ୍ସପିଅରଙ୍କ ମହାନ ପ୍ରତିଭାକୁ ସହଜରେ ଗ୍ରହଣ କରି ପାରିନାହାନ୍ତି କିଛି ଉନ୍ନାସିକ ସମାଲୋଚକ। ତାଙ୍କ ପରିବର୍ତ୍ତେ ଅକ୍ସଫୋର୍ଡର ସପ୍ତଦଶ ଅର୍ଲ ଏଡୱାର୍ଡ ଡେ ଭେରେ, ଫ୍ରାନସିସ ବେକନ କିମ୍ବା ଏଡୱାର୍ଡ ମାର୍ଲୋ ସେକ୍ସପିଅରଙ୍କ ନାମରେ ପ୍ରଚଳିତ ନାଟକ ଓ ସନେଟସବୁର ପ୍ରକୃତ ରଚୟିତା ବୋଲି ଦର୍ଶାଯାଇଛି। ପ୍ରତିଷ୍ଠିତ ନାଟ୍ୟକାର ତଥା ଗୁପ୍ତଚର ମାର୍ଲୋଙ୍କ ଅଚାନକ ଦାରୁଣ ବିୟୋଗ ଗ୍ରହଣ କରି ନପାରି ସେ ସେକ୍ସପିଅରଙ୍କ ଅବତାରରେ ଅବତୀର୍ଣ୍ଣ ହୋଇଛନ୍ତି ବୋଲି

ଭିନ୍ନ ମତ ପ୍ରକାଶ ପାଇଛି। ସେପରି ବେକନଙ୍କ ଅସାମାନ୍ୟ ସାହିତ୍ୟିକ ଯଶ ହେତୁ ସେ ହିଁ ସେକ୍ସପିଅର ବୋଲି ଦାବି ଉପସ୍ଥାପିତ ହୋଇଛି, ଯଦିଓ କବିତା ଓ ନାଟକ ରଚନାରେ ତାଙ୍କ କୌଣସି ବ୍ୟୁତ୍ପତ୍ତି ପରିଲକ୍ଷିତ ହୋଇନାହିଁ।

ସେକ୍ସପିଅରଙ୍କ ଚଉଦ ଗୋଟି ନାଟକ ଇଟାଲୀର ପୃଷ୍ଠଭୂମିରେ ରଚିତ ହୋଇଥିବା ହେତୁ କେବଳ କଳ୍ପନା ଦ୍ୱାରା ବିଭିନ୍ନ ସ୍ଥାନ ଓ ପାତ୍ରପାତ୍ରୀଙ୍କ ସାବଲୀଳ ବର୍ଣ୍ଣନା ସମ୍ଭବ ନୁହେଁ ବୋଲି ଯୁକ୍ତି କରାଯାଇଛି। ଅନ୍ୟ ପକ୍ଷରେ ଏଡୱାର୍ଡ ଡେ ଭେରେ ଇଟାଲୀ ବହୁଳ ଭ୍ରମଣ କରିଛନ୍ତି। ଯେହେତୁ ସେକ୍ସପିଅର ଆର୍ଥର ଗୋଲଡିଂଙ୍କ ଦ୍ୱାରା ଅନୁଦିତ ଓଭିଡଙ୍କ ମେଟାମରଫୋସିସରୁ ବହୁ ଉପାଦାନ ସଂଗ୍ରହ କରିଛନ୍ତି ଏବଂ ଡେ ଭେରେ ଗୋଲଡିଂଙ୍କ ସହ କିଛି ସମୟ ଅତିବାହିତ କରିଛନ୍ତି, ଏଣୁ ଡେ ଭେରେ ହିଁ ବାସ୍ତବ ସେକ୍ସପିଅର ବୋଲି ୧୯୨୦ରେ ମତ ପ୍ରକାଶ ପାଇଛି। ତେବେ ସେକ୍ସପିଅରଙ୍କ ଜନ୍ମ ଠାରୁ ମୃତ୍ୟୁ ଯାଏଁ ବିଭିନ୍ନ ପ୍ରାମାଣିକ ତଥ୍ୟ, ସମ୍ପତ୍ତି କ୍ରୟର ବିବରଣୀ, ବିବାହର ଚର୍ଚ୍ଚ ପ୍ରମାଣ ପତ୍ର, ଅଦାଲତରେ ସତ୍ୟପାଠ, ଶେଷ ଇଚ୍ଛାପତ୍ର, ମୃତ୍ୟୁ ଓ ସମାଧିର ଗୁରୁତ୍ୱପୂର୍ଣ୍ଣ ତଥ୍ୟ ତଥା ସମକାଳୀନ ନାଟ୍ୟକାର ବେନ ଜନସନଙ୍କ ଉଚ୍ଛ୍ୱସିତ ପ୍ରଶଂସା ଦର୍ଶାଏ ଯେ, ମହାନ ନାଟ୍ୟକାର ସେକ୍ସପିଅର ଧରାପୃଷ୍ଠରେ ନିଶ୍ଚିତ ରୂପେ ବିଦ୍ୟମାନ ଥିଲେ ଏବଂ ଏ ସମ୍ପର୍କୀୟ ସମସ୍ତ ବାଦ ବିସମ୍ବାଦ ପ୍ରହେଳିକା ମାତ୍ର। ଜନ୍‌ସନ୍‌ଙ୍କ ଭାଷାରେ ସେ ଜନ୍ ଲିଲି, ଟମାସ୍ କିଡ୍ ଓ ଖ୍ରୀଷ୍ଟୋଫର ମାର୍ଲୋଙ୍କୁ ଅତିକ୍ରମ କରିଯାଇଥିଲେ। "And tell how far thou didst our Lyly outshine, or sporting Kyd, or Marlowe mighty line." ଏଣୁ ମାର୍ଲୋ ହିଁ ସେକ୍ସପିଅର ବୋଲି ଯେଉଁ ଯୁକ୍ତି ପ୍ରବଳ ପ୍ରସାରିତ ହୋଇଛି ତାହା ଭ୍ରମାତ୍ମକ।

ଉତ୍ତର ଆଧୁନିକ ସମୟର ବିଭିନ୍ନ ଅପ୍ରୀତିକର ଅବସ୍ଥାର ରୂପରେଖ ରିଚାର୍ଡ ତୃତୀୟ ନାଟକରେ କିଛି ପରିମାଣରେ ପରିଦୃଷ୍ଟ। ଆମ ସଂସ୍କୃତିର ଲିଙ୍ଗଭିତ୍ତିକ ଦ୍ୱୈତ ଚିନ୍ତନ ବିଭିନ୍ନ ମିଳନାତ୍ମକ ଓ ସମସ୍ୟା ପ୍ରଧାନ ନାଟକ, ବିଶେଷତଃ ଟ୍ୱେଲଫ୍‌ଥ ନାଇଟ୍‌ରେ ବର୍ଣ୍ଣିତ। ଆମ ବହୁବିଧ ଅନୁଭବର ଗୁଢ଼ ରହସ୍ୟର ଉନ୍ମୋଚନ ସେକ୍ସପିଅରଙ୍କ ନାଟକରେ ସମ୍ଭବପର ହୋଇଛି। ତାଙ୍କ ନାଟକର ବିଷୟବସ୍ତୁ ଓ ଚରିତ୍ର ସମୂହ ଆମ୍ଭମାନଙ୍କ ମଧ୍ୟରେ ଉପଲବ୍ଧ। ଆମ୍ଭେ ହାମଲେଟଙ୍କ ଅସହାୟତା ଉପଲବ୍ଧି କରୁ, ଏଥେଲୋଙ୍କ ଈର୍ଷା ପ୍ରତି ସମବେଦନା ପ୍ରକଟ କରୁ, ରାଜା ଲିଅରଙ୍କ ଅଧୋଗତି ଅନୁଭବ କରୁ। ସେକ୍ସପିଅରଙ୍କ ଚରିତ୍ରସବୁ ପରିଚିତ ଲାଗନ୍ତି, ଆମ ଆତ୍ମତୃପ୍ତିକୁ ଧକ୍କା ଦେଇ ବାସ୍ତବତାର ସମ୍ମୁଖୀନ ହେବା ପାଇଁ ପ୍ରେରଣା ଯୋଗାନ୍ତି। ଏତଦ୍ୱାରା ସେମାନେ ସତତ ସମ୍ମୋହନକାରୀ। ସେକ୍ସପିଅରଙ୍କ ଭାଷା ଆଡମ୍ବରପୂର୍ଣ୍ଣ,

ଚରିତ୍ର ବର୍ଣ୍ଣାଢ୍ୟ ଏବଂ ପ୍ରେମ, ମର୍ଯ୍ୟାଦା, ପ୍ରତାରଣା, ଈର୍ଷା, ଭୟ, ଗର୍ବ, ଅହଂକାର, କାମନା, ଆନନ୍ଦ ଦୁଃଖ, ଶୋକ ଇତ୍ୟାଦି ବିଷୟବସ୍ତୁ ସାର୍ବଜନୀନ, ଚିରନ୍ତନ।

ସର୍ବନିୟନ୍ତାଙ୍କ ଆଶୀର୍ବାଦ କ୍ରମେ ମୁଁ ସସ୍ତ୍ରୀକ ଜ୍ୟେଷ୍ଠା କନ୍ୟା ମାମୁନୀ, ଜ୍ୱାଇଁ ଅସିତ, ନାତିଦ୍ୱୟ ପୀୟୂଷ ଓ ଶ୍ରେୟାଂଶଙ୍କ ସହ ୧ ଜୁନ ୨୦୧୯ରେ ଷ୍ଟ୍ରାଟ୍‌ଫୋର୍ଡ ଅପନ୍ ଆଭନ୍ ଭ୍ରମଣ ପାଇଁ ସୁଯୋଗ ପାଇଥିଲି। ସେଠାରେ ହିଁ ସେକ୍‌ସପିଅରଙ୍କ ଜୀବନୀ ସମ୍ପର୍କରେ କିଛି ରଚନା ନିମନ୍ତେ ଅଭୀପ୍ସା ଜାଗ୍ରତ ହେଲା। ଇଂଲଣ୍ଡ ତଥା ୟୁରୋପର ବିଭିନ୍ନ ଅଞ୍ଚଳ ଭ୍ରମଣ ଓ ଏହି ପୁସ୍ତକ ରଚନା ନିମନ୍ତେ ନିରନ୍ତର ପ୍ରୋତ୍ସାହନ ନିମନ୍ତେ ମୋ ପରିବାରର ସମସ୍ତ ସଦସ୍ୟଙ୍କ ପ୍ରତି ମୁଁ କୃତଜ୍ଞ।

ପୁସ୍ତକ ରଚନା ନିମନ୍ତେ ପ୍ରଫେସର ପ୍ରଫୁଲ୍ଲ କୁମାର ମହାନ୍ତି, ପ୍ରଫେସର ଶରତ ଚନ୍ଦ୍ର ଶତପଥୀ, ପ୍ରଫେସର ଧରଣୀଧର ସାହୁ, ପ୍ରଫେସର ହିମାଂଶୁ ପଟ୍ଟନାୟକ, ଡ. ପ୍ରସନ୍ନ ପଟ୍ଟନାୟକ, ଡ. ଏମ୍. ସୀମାଞ୍ଚଳ ରାଓ, ପ୍ରଫେସର (ଡା.) ପୂର୍ଣ୍ଣ ଚନ୍ଦ୍ର ଦାଶ, ଡ. ମନ୍ମଥ ପାଢ଼ୀ, ଡ. ଗୋପୀନାଥ ବିଷୋୟୀ, ଡ. ପ୍ରେମାନନ୍ଦ ମହାପାତ୍ର ଧନ୍ୟବାଦାର୍ହ। ବନ୍ଧୁ ଗୋସ୍ୱାମୀ ଗୋଲାମ ଦେବତାଙ୍କ ମୂଲ୍ୟବାନ ପରାମର୍ଶ ଓ ପ୍ରୁଫ୍ ସଂଶୋଧନ ନିମନ୍ତେ ମୁଁ ଧନ୍ୟବାଦ ଅର୍ପଣ କରୁଛି। ଏହି ପୁସ୍ତକ ରଚନା ନିମନ୍ତେ ଗୁଗୁଲ ସର୍ଚ୍ଚ, ଏନ୍‌ସାଇକ୍ଲୋପିଡିଆ ବ୍ରିଟାନିକା, ଊ୍ୱିକିପିଡ଼ିଆ, ବିଭିନ୍ନ ପୁସ୍ତକ, ବିଶେଷତଃ ପିଟର ଆକ୍ରୟଡ୍‌ଙ୍କ 'ସେକ୍‌ସପିଅର ଦ ବାୟୋଗ୍ରାଫି', ମାଇକେଲ ଉଡ୍‌ଙ୍କ 'ଇନ୍ ସର୍ଚ୍ଚ ଅଫ୍ ସେକ୍‌ସପିଅର' ଷ୍ଟିଫେନ ଗ୍ରୀନବ୍ଲାଟଙ୍କ ଊ୍ୱିଲ ଇନ୍ ଦ ଊ୍ୱର୍ଲଡ', ହାରଲଡ ବ୍ଲୁମ୍‌ଙ୍କ 'ସେକ୍‌ସପିଅର: ଦ ଇନ୍‌ଭେନ୍‌ସନ୍ ଅଫ୍ ହ୍ୟୁମାନ'ରୁ ବହୁ ତଥ୍ୟ ସଂଗ୍ରହ କରିଛି। ବିଧି ସମ୍ମତ ପ୍ରାପ୍ତି ସ୍ୱୀକାର ନିମନ୍ତେ ଅନୁକୂଳ କ୍ଷେତ୍ର ଅନୁପଲବ୍ଧ ହୋଇଥିବା ହେତୁ ଏଠାରେ ସମ୍ପୃକ୍ତ ସଂସ୍ଥା ଓ ଲେଖକମାନଙ୍କୁ କୃତଜ୍ଞତା ଜ୍ଞାପନ କରୁଛି। ମୋ ଅନୁରୋଧ ରକ୍ଷା କରି ବନ୍ଧୁ ପ୍ରଫେସର ରାମ ନାରାୟଣ ପଣ୍ଡା ମୁଖବନ୍ଧ ଲେଖିଥିବାରୁ ଧନ୍ୟବାଦାର୍ହ। ବ୍ଲାକ୍ ଇଗଲ ବୁକ୍‌ସର ବ୍ୟବସ୍ଥାପକ ଅଶୋକ ପରିଡ଼ାଙ୍କୁ ପୁସ୍ତକର ପ୍ରକାଶନ ନିମନ୍ତେ ଧନ୍ୟବାଦ ଅର୍ପଣ କରୁଛି।

- ପ୍ରଦୀପ କୁମାର ରଥ

ରାଜନୈତିକ ପରିସ୍ଥିତି

ଏହା ଅନସ୍ୱୀକାର୍ଯ୍ୟ ଯେ ପୃଥିବୀର ସର୍ବଶ୍ରେଷ୍ଠ ନାଟ୍ୟକାର ତଥା ଇଂରାଜୀ ସାହିତ୍ୟର ମହାନ ଲେଖକ ଉଇଲିଅମ ସେକ୍ସପିଅରଙ୍କ ଜୀବନୀ ଓ କୃତି ସମ୍ପର୍କରେ ଯଥେଷ୍ଟ ପୁସ୍ତକ ଓଡ଼ିଆ ଭାଷାରେ ଉପଲବ୍ଧ ନୁହେଁ। ପୁନଶ୍ଚ ବିଭିନ୍ନ ସ୍ନାତକ ଏବଂ ସ୍ନାତକୋତ୍ତର ଶ୍ରେଣୀରେ ସେକ୍ସପିଅର ସମ୍ପ୍ରତି ପ୍ରାୟ ଅପହଞ୍ଚ। ଏଣୁ ଏହି ମହାନ ଲେଖକ ପରବର୍ତ୍ତୀ କାଳରେ ଓଡ଼ିଆ ପାଠକଙ୍କ ପାଇଁ ସମ୍ପୂର୍ଣ୍ଣ ବିସ୍ମୃତ ହୋଇଯିବା ଆଶଙ୍କା ଅମୂଳକ ନୁହେଁ। ଏହି ପରିପ୍ରେକ୍ଷୀରେ ଉକ୍ତ ବିଶିଷ୍ଟ ପ୍ରତିଭାଙ୍କ ସମ୍ପର୍କରେ କିଞ୍ଚିତ ପର୍ଯ୍ୟାଲୋଚନା ଏକାନ୍ତ ଆବଶ୍ୟକ।

ବ୍ରିଟିଶ ଇତିହାସର ଏକ ଚର୍ଚ୍ଚିତ ସମୟରେ ସେ ଜନ୍ମିତ ହୋଇଥିଲେ, ସମ୍ଭବତଃ ୨୩ ଏପ୍ରିଲ ୧୫୬୪ର ଏକ ମାହେନ୍ଦ୍ର ବେଳାରେ ଷ୍ଟ୍ରାଟ୍‌ଫୋର୍ଡ ଅପନ୍ ଏଭନର ଜନ ସେକ୍ସପିଅର ଓ ମେରୀ ଆର୍ଡେନଙ୍କ ପ୍ରଥମ ପୁତ୍ର ସନ୍ତାନରୂପେ। ଏହି ସମୟରେ ବହୁବିଧ ଦ୍ୱନ୍ଦ୍ୱ ସମ୍ବଳିତ ଆଧୁନିକ ପୃଥିବୀର ଉଦ୍‌ବେଳନ ସହ ମଧ୍ୟଯୁଗୀୟ ଇଂଲଣ୍ଡ ଓ ଇଉରୋପରେ ପ୍ରବର୍ତ୍ତିତ ପ୍ରଚଣ୍ଡ ଧର୍ମୀୟ ସଂଘାତ ସମ୍ପର୍କରେ ବ୍ୟାପକ ଅଭିଜ୍ଞତା ସେ ଅନାୟାସରେ ଲାଭ କରିଛନ୍ତି। ନୂତନ ପୃଥିବୀର ବିଭିନ୍ନ ଅଂଚଳ ଆବିଷ୍କୃତ ହୋଇଛି, ପୁରାତନ ପୃଥିବୀର ବିଭିନ୍ନ ଅଂଶ ବିଲୁପ୍ତ ହୋଇଛି, ରାଜା ମାନେ ପଦଚ୍ୟୁତ ହୋଇଛନ୍ତି, ସାଧାରଣ ବର୍ଗର ଉତ୍‌ଥାନ ହୋଇଛି। ଇଂଲଣ୍ଡର ତରୀ ପୂରା ବିଶ୍ୱ ପରିକ୍ରମା କରି ବିଭିନ୍ନ ପ୍ରାନ୍ତରୁ ନୂତନ ସାମଗ୍ରୀ, ଚିନ୍ତାଧାରା ସଂଗ୍ରହ କରିଛନ୍ତି। ପ୍ରଥମ ବିଶ୍ୱୀକରଣର ସୂତ୍ରପାତ ଘଟିଛି।

ଏ ସମୟରେ ସଂଘଟିତ ହୋଇଛି ଇଂଲଣ୍ଡର ରାଜନୈତିକ କ୍ଷେତ୍ରରେ ପ୍ରଚଣ୍ଡ ସଂଘାତ। ସ୍ୱେଚ୍ଛାଚାରୀ ଶାସକ ଅଷ୍ଟମ ହେନ୍‌ରୀ ରାଜଗାଦୀରେ ଅଧିଷ୍ଠିତ ହେବା ପରେ ସ୍ୱକୀୟ ଜ୍ୟେଷ୍ଠ ଭ୍ରାତାଙ୍କ ବିଧବା ଆର୍‌ଗନର କ୍ୟାଥରିନଙ୍କୁ ବିବାହ କରିଛନ୍ତି।

ଉତ୍ତରାଧିକାରୀ ନିମନ୍ତେ ଏକ ପୁତ୍ର ସନ୍ତାନ ପ୍ରଦାନ କ୍ଷେତ୍ରରେ ସେ ବିଫଳ ହୋଇଥିବା ଅଭିଯୋଗରେ ସମ୍ରାଟ ହେନ୍‌ରୀ ତାଙ୍କୁ ପରିତ୍ୟାଗ କରିବା ନିମିତ୍ତ ଦୃଢ ସଂକଳ୍ପ ନେଇଛନ୍ତି ଏବଂ ବିବାହ ରଦ୍ଦ ନିମନ୍ତେ ଭାଟିକାନର ପୋପ କ୍ଲିମେଣ୍ଟ ସପ୍ତମଙ୍କ ଉପରେ ଘୋର ଚାପ ପକାଇଛନ୍ତି। ଇତିମଧ୍ୟରେ ଆନେ ବଲିନଙ୍କ ସହ ସେ ଅବୈଧ ପ୍ରଣୟ ରଚୁଥିବା ହେତୁ ତାଙ୍କୁ ବିବାହ କରିବା ନିମନ୍ତେ ଆଗ୍ରହ ପ୍ରକାଶ କରନ୍ତି। କିନ୍ତୁ ପୋପ୍‌ଙ୍କ ଜିଦ୍ ସମ୍ମୁଖରେ ଏହା ଫଳବତୀ ହୋଇପାରେ ନାହିଁ। ଅଗତ୍ୟା ସେ ଇଂଲଣ୍ଡର ଚର୍ଚ୍ଚକୁ ରୋମାନ କ୍ୟାଥଲିକ ଚର୍ଚ୍ଚ ଠାରୁ ବିଛିନ୍ନ କରିବା ନିମନ୍ତେ ଆନୁଷଙ୍ଗିକ କାର୍ଯ୍ୟାନୁଷ୍ଠାନ ଗ୍ରହଣ କରନ୍ତି ଏବଂ ପ୍ରୋଟେଷ୍ଟାଣ୍ଟ ଧର୍ମପନ୍ଥା ଆଧାରରେ ଚର୍ଚ୍ଚ ଅଫ୍ ଇଂଲଣ୍ଡ, ଇଂଲଣ୍ଡର ରାଷ୍ଟ୍ରଧର୍ମ ରୂପେ ସ୍ୱୀକୃତ ହୁଏ। ରାଜା ଅଷ୍ଟମ ହେନ୍‌ରୀ ନିଜକୁ ରାଷ୍ଟ୍ରମୁଖ୍ୟ ସହ ଧର୍ମମୁଖ୍ୟ ରୂପେ ଘୋଷଣା କରନ୍ତି।

ଧର୍ମୀୟ କ୍ଷେତ୍ରରେ ଏହି ଅଭାବନୀୟ ପରିବର୍ତ୍ତନ ସମଗ୍ର ଇଂଲଣ୍ଡରେ ତୁମୁଳ ଆଲୋଡ଼ନ ସୃଷ୍ଟି କରିଛି। ରୋମାନ୍ କ୍ୟାଥଲିକ ସାମ୍ପ୍ରଦାୟର ଅସଂଖ୍ୟ ଜନତା ଯାବତୀୟ ଅତ୍ୟାଚାରର ଶିକାର ହୋଇଛନ୍ତି,ଏପରିକି ମୃତ୍ୟୁଦଣ୍ଡରେ ଦଣ୍ଡିତ ହୋଇଛନ୍ତି। ଦେଶର ଶାନ୍ତି, ସଂହତି, ଏକତା ଖୁବ ବ୍ୟାହତ ହୋଇଛି। ଏପରି ଘଡ଼ିସନ୍ଧି ମୁହୂର୍ତ୍ତରେ ରାଜା ଅଷ୍ଟମ ହେନରୀ ମୃତ୍ୟୁ ବରଣ କରିଛନ୍ତି ୧୫୪୭ଖ୍ରୀ. ରେ। ତାଙ୍କ ପରେ ନାବାଳକ ଏଡ୍‌ଓ୍ୱାର୍ଡ ଷଷ୍ଠ ୧୫୫୩ ପର୍ଯ୍ୟନ୍ତ ଶାସନ କରିଛନ୍ତି ଓ ଇଂଲଣ୍ଡରେ ପ୍ରୋଟେଷ୍ଟାଣ୍ଟ ଧର୍ମର ସମ୍ୟକ୍ ପ୍ରଚଳନ ନିମନ୍ତେ ଚେଷ୍ଟା କରିଛନ୍ତି। ୧୫୫୩ରେ ତାଙ୍କ ବିୟୋଗ ଘଟିଛି ଏବଂ ଲେଡି ଜେନ ଗ୍ରେ ମାତ୍ର ନ' ଦିନ ପାଇଁ ଏବଂ ତତ୍ପରେ ମେରୀ ପ୍ରଥମ ଇଂଲଣ୍ଡର ରାଜପଦରେ ଅଭିଷିକ୍ତ ହୋଇଛନ୍ତି। ମେରୀ ଅତ୍ୟନ୍ତ କ୍ରୁର ପ୍ରକୃତିର ଶାସକ ଥିଲେ ଏବଂ ଇଂଲଣ୍ଡରେ ରୋମାନ କ୍ୟାଥଲିକ ଧର୍ମର ପୁନଃ ପ୍ରତିଷ୍ଠା ନିମନ୍ତେ ବିବିଧ ନୃଶଂସ କାର୍ଯ୍ୟରେ ଲିପ୍ତ ଥିଲେ। ୧୫୫୪ ଠାରୁ ୧୫୫୮ ମଧ୍ୟରେ ୨୮୦ ଜଣ ପ୍ରମୁଖ ପ୍ରୋଟେଷ୍ଟାଣ୍ଟଙ୍କୁ ହତ୍ୟା କରା ଯାଇଛି। ଏଣୁ ଇଂଲଣ୍ଡ ଇତିହାସରେ ସେ ବ୍ଲଡି ମେରୀ ରୂପେ ପରିଚିତ।

ରାଣୀ ଏଲିଜାବେଥ୍ ପ୍ରଥମ ରାଜଗାଦୀରେ ଅଭିଷିକ୍ତ ହୁଅନ୍ତି ୧୭ ନଭେମ୍ବର ୧୫୫୮ରେ। ରାଜା ହେନରୀ ଅଷ୍ଟମଙ୍କ ଦ୍ୱିତୀୟା ପତ୍ନୀ ମେରୀ ବଲିନଙ୍କ କନ୍ୟା ହୋଇଥିବାରୁ ତାଙ୍କ ବାଲ୍ୟଜୀବନ ଅତ୍ୟନ୍ତ ଝଡ଼ଝଞ୍ଜାମୟ ଥିଲା। ଏପରିକି ଲଣ୍ଡନର କୁଖ୍ୟାତ ଟୱେର ଦୁର୍ଗରେ ପ୍ରାୟ ଏକ ବର୍ଷ ସେ ବନ୍ଦୀ ଜୀବନ କାଟି ଆସନ୍ନ ମୃତ୍ୟୁ ପ୍ରତି ଆଶଙ୍କିତ ଥିଲେ ମେରୀ ପ୍ରଥମଙ୍କ ଶାସନ କାଳରେ।

ରାଜ୍ୟ ଶାସନର ପ୍ରାରମ୍ଭରେ ରାଣୀ ଏଲିଜାବେଥ୍ ଠିକ୍ ଉପଲବ୍ଧି କରିଥିଲେ

ଯେ ତାଙ୍କ କ୍ଷୁଦ୍ର ରାଜ୍ୟ ଗମ୍ଭୀର ଆଭ୍ୟନ୍ତରୀଣ କନ୍ଦଳ ଏବଂ ଫ୍ରାନ୍ସ ଓ ସ୍ପେନ ପରି ପ୍ରତିଷ୍ଠିତ ରାଷ୍ଟ୍ରମାନଙ୍କ ଲୋଲୁପ ଦୃଷ୍ଟିରେ ଆକ୍ରାନ୍ତ। ଏଣୁ ଉଇଲିଅମ ସେସିଲ ପରି ବିଶ୍ୱସ୍ତ ପରାମର୍ଶଦାତାଙ୍କ ଉପଦେଶ ଗ୍ରହଣ ପୂର୍ବକ ବିଭିନ୍ନ କୌଶଳ ଓ ସୂକ୍ଷ୍ମ କୂଟନୀତିକୁ ଆୟୁଧ ରୂପେ ସେ ଗ୍ରହଣ କଲେ। ଇଂଲିଶ ପ୍ରୋଟେଷ୍ଟାଣ୍ଟ ଚର୍ଚ୍ଚ ସ୍ଥାପନ କରି ଏହାର ସର୍ବୋଚ୍ଚ ଶାସକ ରୂପେ ନିଜକୁ ପ୍ରତିଷ୍ଠିତ କଲେ। ତାଙ୍କ ପିତା ଓ ଭାଇ ଭଉଣୀଙ୍କ ଅପେକ୍ଷା ସେ ଅଧିକ ନରମପନ୍ଥୀ ଥିଲେ ଏବଂ ଶାସନ କାର୍ଯ୍ୟରେ ନିଜ ଆଦର୍ଶ ଥିଲା, 'video et taceo', ଅର୍ଥାତ ଦେଖେ, ନୀରବ ରହେ। ନୌଯୁଦ୍ଧରେ ସ୍ପେନିଶ ଆର୍ମାଡାର ପରାଜୟ ପରେ ଜଣେ କୁଶଳୀ ଶାସକ ରୂପେ ସେ ଖୁବ ପ୍ରତିଷ୍ଠା ଲାଭ କରନ୍ତି। ତାଙ୍କ ଦୀର୍ଘ ୪୪ ବର୍ଷର ଶାସନ କାଳ ଖୁବ ଗୌରବୋଜ୍ଜ୍ୱଳ ଏବଂ ଜାତୀୟ ଅସ୍ମିତାର ପ୍ରମୁଖ ନିୟାମକ।

ଏପରି ଏକ ସଂଘାତ ପରିପୂର୍ଣ୍ଣ ଅଥଚ ତାତ୍ପର୍ଯ୍ୟପୂର୍ଣ୍ଣ ସମୟରେ ସେକ୍ସପିଅର ଜନ୍ମ ନିଅନ୍ତି ୨୩ ଏପ୍ରିଲ୍ ୧୫୬୪ରେ ଅନନ୍ୟ ସୌନ୍ଦର୍ଯ୍ୟରେ ଭରପୁର ଷ୍ଟ୍ରାଟ୍‌ଫୋର୍ଡ କ୍ଷୁଦ୍ର ସହରର ହେନଲୀ ଷ୍ଟ୍ରୀଟରେ। ୨୬ ଏପ୍ରିଲ୍‌ରେ ହୋଲି ଗ୍ରିନିଟି ଚର୍ଚ୍ଚରେ ତାଙ୍କ ନାମକରଣ ଜନ୍ ବ୍ରେଟ୍‌ଗର୍ଡଲ୍‌ଙ୍କ ଦ୍ୱାରା ସମ୍ପନ୍ନ ହୋଇଛି। ଏଠାରେ ପବନର ହିଲ୍ଲୋଳରେ ବିଚ୍ଛୁରିତ ମାଦକତା, ସୁରମ୍ୟ ଆର୍ଡେନ ଅରଣ୍ୟ ମାଇଲ ମାଇଲ ଯାଏଁ ପରିବ୍ୟାପ୍ତ, ଏଭନ ନଦୀର ଶାନ୍ତ ଜଳରାଶିରେ ହଂସରାଜି ସତତ ସନ୍ତରଣରତ। ପ୍ରକୃତିର ଏହି ଅପରୂପ ସୌନ୍ଦର୍ଯ୍ୟ ତରୁଣ ସେକ୍ସପିଅରଙ୍କ କବିମାନସରେ ଖୁବ ପ୍ରଭାବଶାଳୀ ସାବ୍ୟସ୍ତ ହୋଇ ଥାଇପାରେ। ତାଙ୍କ ରଚିତ 'ଆଜ୍ ୟୁ ଲାଇକ୍ ଇଟ୍' ନାଟକରେ ଆର୍ଡେନ ଅରଣ୍ୟରେ ଲର୍ଡ୍ ଅମିନ୍ସଙ୍କ ପ୍ରାଣୋତ୍ସଳ ସଂଗୀତ ଖୁବ ମନୋମୁଗ୍ଧକର।

"Under the greenwood tree
Who loves to lie with me
And turn his merry note
Unto the sweet bird's throat
Come hither, come hither, come hither,
Here shall he see
No enemy
But winter and rough weather....."

ରାଣୀ ଏଲିଜାବେଥ୍‌ଙ୍କ ସିଂହାସନ ଆରୋହଣର ପାଞ୍ଚ ବର୍ଷ ପରେ ସେକ୍ସପିଅର ଜନ୍ମ ନିଅନ୍ତି। ଏକାନ୍ତ ବ୍ୟକ୍ତିକୈନ୍ଦ୍ରିକ ଶାସନର ବାଧ୍ୟବାଧକତା ଓ ଅନିଶ୍ଚିତତା ମଧ୍ୟରେ ଏଲିଜାବେଥ୍‌ଙ୍କ ମୂଳ ଲକ୍ଷ୍ୟ ରାଜ୍ୟର ସ୍ଥାୟିତ୍ୱ ଓ ସ୍ୱଚ୍ଛଳତାର ପରିବର୍ଦ୍ଧନରେ ପର୍ଯ୍ୟବସିତ।

ଏଣୁ ଆଭ୍ୟନ୍ତରୀଣ ବିଶୃଙ୍ଖଳା ଏବଂ ବାହ୍ୟ ସଂଘର୍ଷ ଏଡାଇବା ପାଇଁ ସେ ଯତ୍ପରୋନାସ୍ତି ଉଦ୍ୟମ କରିଛନ୍ତି। ବିଶୃଙ୍ଖଳାକୁ ପ୍ରଶ୍ରୟ ଦେବା ତାଙ୍କ ପ୍ରକୃତି ବିରୁଦ୍ଧ, ଅପରିହାର୍ଯ୍ୟ ଆବଶ୍ୟକତାରେ ହିଁ ସେ ଯୁଦ୍ଧର ପନ୍ଥା ଅବଲମ୍ବନ କରିଛନ୍ତି। ଏକ ଅବିବାହିତା ଶାସନ ମୁଖ୍ୟ ହୋଇଥିବା ହେତୁ ରାଷ୍ଟ୍ରର ସ୍ଥାୟିତ୍ୱ ସମ୍ପର୍କରେ ସୃଷ୍ଟି ହୋଇଛି ଅନେକ ପ୍ରଶ୍ନବାଚୀ, ଯେତେବେଳେ ଜ୍ଞାତସାରରେ ସେ ଏକାଧିକ ପ୍ରଣୟପ୍ରାର୍ଥୀଙ୍କୁ ପ୍ରଶ୍ରୟ ଦିଅନ୍ତି। କିନ୍ତୁ ଖୁବ ଚତୁରତା ସହ ତାଙ୍କ ଶାସନ ବିରୁଦ୍ଧରେ ସୃଷ୍ଟ ଏକାଧିକ ଷଡଯନ୍ତ୍ରକୁ ପଣ୍ଡ କରିବାରେ ସେ ସକ୍ଷମ ହୋଇଛନ୍ତି। ଏହା ଆବିଷ୍କାରର, ନବଜାଗରଣ ଓ ପୁନରଭ୍ୟୁଥାନର ଯୁଗ ଥିଲା, ବଳିଷ୍ଠ ବାଣିଜ୍ୟ ଓ ଉଚ୍ଚାଙ୍ଗ ସାହିତ୍ୟଚର୍ଯ୍ୟାର ସମୟ ଥିଲା। ସେକ୍‌ସପିଅରଙ୍କ ଅନ୍ତର୍ନିହିତ ପ୍ରତିଭା ବିକଶିତ ହେବା ନିମନ୍ତେ କ୍ଷେତ୍ର ଅନୁକୂଳ ଥିଲା।

ଷ୍ଟ୍ରାଟ୍‌ଫୋର୍ଡ-ଅପନ-ଆଭନ

ଷ୍ଟ୍ରାଟ୍‌ଫୋର୍ଡରେ ଅନୁସୃତ ବିଭିନ୍ନ ବାଣିଜ୍ୟ ପନ୍ଥା ଶତାବ୍ଦୀ ଶତାବ୍ଦୀ ଧରି ପ୍ରଚଳିତ ଥିଲା। ଏକ ସର୍ଭେ ଅନୁଯାୟୀ ୧୫୭୦ରୁ ୧୬୩୦ ଯାଏଁ ଏହି ସହରରେ ୨୩ କଂସେଇ, ୨୦ ତନ୍ତୀ, ୧୬ ମୋଚି, ୧୫ ରୁଟି ପ୍ରସ୍ତୁତକାରୀ ଓ ୧୫ ବଢ଼େଇ ପରିବାର ରହିଥିଲେ। ଏହି ମୁଖ୍ୟ ଜୀବିକା ବ୍ୟତୀତ ଜନ ସେକ୍‌ସପିଅରଙ୍କ ପରି କିଛି ବ୍ୟକ୍ତି ବିଭିନ୍ନ କର୍ମପନ୍ଥାରେ ନିୟୋଜିତ ଥିଲେ। ସେ ମୁଖ୍ୟତଃ ଗ୍ଲୋଭ ପ୍ରସ୍ତୁତକାରୀ ହୋଇଥିଲେ ବି ପଶମ ବ୍ୟବସାୟ, ମହାଜନୀ ଓ ମଦ୍ୟ ପ୍ରସ୍ତୁତି କାର୍ଯ୍ୟରେ ସଂଶ୍ଳିଷ୍ଟ ଥିଲେ।

ରାଣୀ ମେରୀ ପ୍ରଥମଙ୍କ ସମୟରେ ପରିଦୃଷ୍ଟ ରୋମାନ କ୍ୟାଥଲିକ ଏବଂ ପ୍ରୋଟେଷ୍ଟାଣ୍ଟ ଧର୍ମୀୟ ପରମ୍ପରାର ତୁମୁଳ ସଂଘର୍ଷ ରାଣୀ ଏଲିଜାବେଥଙ୍କ ରାଜତ୍ୱ କାଳରେ ପରିଦୃଷ୍ଟ ହୁଏ ନାହିଁ। ସେ ଧର୍ମ ସଂକ୍ରାନ୍ତରେ ପ୍ରାୟ ମଧ୍ୟମ ପନ୍ଥା ଗ୍ରହଣ କରିଥିଲେ। ଧର୍ମୀୟ ବ୍ୟାପାର ନିଜ ନିୟନ୍ତ୍ରଣରେ ରଖିଥିଲେ। ଯେଉଁମାନେ ନିୟମିତ ଚର୍ଚ୍ଚରେ ଉପସ୍ଥିତି ନିମନ୍ତେ ଅସମ୍ମତ ଥିଲେ, ସେମାନଙ୍କୁ ଜୋରିମାନା, ଗିରଫଦାରି ତଥା ଜେଲ ଦଣ୍ଡରେ ଦଣ୍ଡିତ କରାଯାଉଥିଲା ଏବଂ ରାଜଦ୍ରୋହୀ ରୂପେ ବିବେଚନା କରାଯାଉଥିଲା। କ୍ୟାଥଲିକ ଧର୍ମଯାଜକଗଣଙ୍କୁ ଯାବତୀୟ ନିର୍ଯ୍ୟାତନା କିମ୍ବା ମୃତ୍ୟୁଦଣ୍ଡ ଦିଆଯାଉଥିଲା। ଚର୍ଚ୍ଚ ଅଫ୍ ଇଂଲଣ୍ଡରେ ବିଶ୍ୱାସ ନ କରି କ୍ୟାଥଲିକ ହେବା ବା କ୍ୟାଥଲିକ ଧର୍ମରେ ସନ୍ଦେହାପନ୍ନ ହେବା ବିପଜ୍ଜନକ କାର୍ଯ୍ୟ ଥିଲା।

ରାଷ୍ଟ୍ରୀୟ ଜୀବନଚର୍ଯ୍ୟାରେ ଏହି ଧର୍ମୀୟ ପରିବର୍ତ୍ତନ ଓ ଦ୍ୱନ୍ଦ୍ୱ ଜନ ସେକ୍‌ସପିଅରଙ୍କ ଜୀବନକୁ ଆଲୋଡ଼ିତ କରିଛି। ବାହ୍ୟତଃ ଆଂଗ୍ଲିକାନ୍ ଚର୍ଚ୍ଚ ପ୍ରତି ଆସ୍ଥା ପ୍ରକଟ କରୁଥିଲେ ବି ଅନ୍ତର ମଧ୍ୟରେ କ୍ୟାଥଲିକ ଧର୍ମ ପ୍ରତି ତାଙ୍କ ପ୍ରଚ୍ଛନ୍ନ ଅନୁରକ୍ତି ଥିଲା। ହେନ୍‌ଲି ଷ୍ଟ୍ରୀଟ୍‌ର ଗୃହରୁ ମିଳିଥିବା ଆଧ୍ୟାତ୍ମିକ ଇଚ୍ଛାପତ୍ରରେ ଜନ୍‌ଙ୍କ 'Catholike, Romaine & Apostolicke Church' ପ୍ରତି ଆନୁଗତ୍ୟ ବର୍ଣ୍ଣିତ ଅଛି। ଏଥିରୁ ଜଣାଯାଏ ଯେ,

ଜନ ନିଭୃତରେ କ୍ୟାଥଲିକ ଧର୍ମ ଅଭ୍ୟାସ କରୁଥାଇପାରନ୍ତି। ସେ ନିୟମିତ ଚର୍ଚ୍ଚକୁ ଆସୁ ନଥିବା ପ୍ରମାଣିତ ହୋଇଛି ଯାହା ସେ ସମୟରେ ବିପଦସଂକୁଳ କାର୍ଯ୍ୟ ଥିଲା।

ଜନ ସେକ୍ସପିଅର ଏକ ସରକାରୀ ନଥିରେ **'agricola'** ବା କୃଷକ ରୂପେ ବର୍ଣ୍ଣିତ ହୋଇଛନ୍ତି। ଷ୍ଟ୍ରାଟ୍‌ଫୋର୍ଡର ପଡୋଶୀ ଇଂଗନ ଗ୍ରାମରେ ସାନ ଭାଇ ହେନରୀ ସହ କୃଷି କାର୍ଯ୍ୟ ସହ ସେ କଂସେଇ କାର୍ଯ୍ୟ ବି କରୁଥିଲେ। ଏଣୁ ତାଙ୍କୁ ସ୍ଥଳ ବିଶେଷରେ କଂସେଇ ରୂପେ ବର୍ଣ୍ଣନା କରାଯାଇଛି। ସେ ଗ୍ଲୋଭ ପ୍ରସ୍ତୁତ କରିବା ସହ ବାର୍ଲି, ପଶମ, ବାଉଁଶ ବ୍ୟବସାୟ ଏବଂ ଚମଡା ଶିଳ୍ପ ସହ ସମ୍ପୃକ୍ତ ଥିଲେ। ବେଆଇନ ପଶମ ଦଲାଲୀରେ ତାଙ୍କର ପ୍ରଭୁତ ଲାଭ ହୋଇଥିଲା, ଯଦ୍ଦ୍ୱାରା ଷ୍ଟ୍ରାଟ୍‌ଫୋର୍ଡରେ ତିନିଗୋଟି ଘର ସେ କିଣି ପାରିଥିଲେ। ମହାଜନୀ କାରବାରରେ ଲିପ୍ତ ଥାଇ ଅଧିକ ସୁଧ ଦାବି କରୁଥିଲେ। ସେ ସମୟରେ ବ୍ୟାଙ୍କ ଅଭାବରୁ ମହାଜନୀ କାର୍ଯ୍ୟ ସ୍ୱୀକୃତି ପାଇଥିଲା। ଜନ ବୋଧେ ଲେଖିବା ଜାଣି ନଥିଲେ, ଯେହେତୁ ସ୍ୱାକ୍ଷର କରିବା ପରିବର୍ତ୍ତେ ନିଜ ପରିଚିତି ଜାହିର କରିବା ପାଇଁ ଏକ ସଂକେତର ବ୍ୟବହାର କରୁଥିଲେ। ତେବେ ସେ ପଢି ପାରୁଥିବା ବିଷୟ ପ୍ରମାଣିତ ହୋଇଛି, ଯାହା ତାଙ୍କୁ ଷ୍ଟ୍ରାଟ୍‌ଫୋର୍ଡ ପୌର ସଭାର ବିଭିନ୍ନ ସମ୍ମାନଜନକ ପଦବୀ ମଣ୍ଡନ କରିବା ନିମନ୍ତେ ସହାୟକ ହୋଇଛି।

୧୫୫୭ରେ ଜନ ମେରୀ ଆର୍ଡେନଙ୍କୁ ଉଇମକୋଟର ଚର୍ଚ୍ଚରେ ବିବାହ କରିଛନ୍ତି। ଏହା ପରେ ପରିବାର, ବ୍ୟବସାୟ, ପୌର ଶାସନର ବିଭିନ୍ନ ବୃତ୍ତିରେ ସେ ବେଶ୍ ଅଗ୍ରଗତି କରିଛନ୍ତି। ଯଦିଓ ଷ୍ଟ୍ରାଟଫୋର୍ଡ କୋର୍ଟର ତିନିଗୋଟି ସଭାରେ ଅନୁପସ୍ଥିତି ହେତୁ ସେ ଅର୍ଥଦଣ୍ଡରେ ଦଣ୍ଡିତ ହୋଇଛନ୍ତି, ୧୫୫୮ରେ ଅବୈତନିକ ପୌର କନଷ୍ଟେବଲ ରୂପେ ନିଯୁକ୍ତି ପାଇଛନ୍ତି। ୧୫୬୧ରେ ପୌର ଚାମ୍ବେରଲେନ ରୂପେ ସେ ନିର୍ବାଚିତ ହୋଇଛନ୍ତି ଯଦ୍ଦ୍ୱାରା ପୌର ସଂସ୍ଥାର ଆୟ ଓ ସମ୍ପତ୍ତିର ଦାୟିତ୍ୱ ତାଙ୍କ ଉପରେ ନ୍ୟସ୍ତ ହୋଇଛି। ଏହି ପଦବୀରେ ସେ ଚାରିବର୍ଷ କାର୍ଯ୍ୟ କରିଛନ୍ତି। ଇତି ମଧ୍ୟରେ ଗିଲଡ ହଲରେ ଏକ ସ୍କୁଲ ସ୍ଥାପନର ତଦାରଖ କରିଛନ୍ତି ଯେଉଁଠି ପରବର୍ତ୍ତୀ ସମୟରେ ତାଙ୍କ ପୁଅ ଉଇଲିୟମ ପାଠ ପଢ଼ିଛନ୍ତି। ୧୫୬୫ରେ ଅଲଡରମ୍ୟାନ ରୂପେ ନିଯୁକ୍ତ ହୋଇଛନ୍ତି। ୧୫୬୮ରେ ସେ ଷ୍ଟ୍ରାଟ୍‌ଫୋର୍ଡର ପ୍ରମୁଖ ପୌର ପଦବୀ ବା ମେୟର ରୂପେ ନିର୍ବାଚିତ ହୋଇଛନ୍ତି। ଏହି ଅଭ୍ୟୁତ୍‌ଥାନ ତାଙ୍କ କର୍ମକୁଶଳତା ଏବଂ ପରିପକ୍ୱ ବ୍ୟବହାରକୁ ଦର୍ଶାଏ ଯାହା ତାଙ୍କ ପୁଅ ଉଇଲିୟମଙ୍କ ନିକଟରେ ଦେଖିବାକୁ ମିଳେ। ଏଥିରୁ ସ୍ପଷ୍ଟ ପ୍ରତୀୟମାନ ଯେ, ସେ ବେଶ୍ ସ୍ୱଚ୍ଛଳ ଥିଲେ। ସେକ୍ସପିଅରଙ୍କ ଲାଳନ ପାଳନ ଏକ ବିଷୟସମ୍ପନ୍ନ ପରିବାରରେ ସଂଘଟିତ ହୋଇଛି।

ମେରୀ ଆର୍ଡେନ ଷ୍ଟ୍ରାଟ୍‌ଫୋର୍ଡର ନିକଟବର୍ତ୍ତୀ ଉଇମକୋଟର ଗ୍ଲେବ ହାଉସରେ

(ସ୍ନିଟେରଫିଲଡ ନୁହେଁ) ବିଶିଷ୍ଟ ଓ ଧନୀକ ଆର୍ଡେନ ପରିବାରରେ ଜନ୍ମ ହୋଇଥିଲେ ଯାହାର ବଂଶବୃକ୍ଷ ନର୍ମାନ ବିଜୟ ଯାଏଁ ପରିବ୍ୟାପ୍ତ ଥିଲା । ଆର୍ଡେନମାନେ ଲର୍ଡ଼ସ ଅଫ ୱାର୍ୱିକ ରୂପେ ପ୍ରତିଷ୍ଠା ଲାଭ କରିଥିଲେ । ଏହି ବଂଶର ସିମନ ଡି ମଣ୍ଟଫୋର୍ଟ ତ୍ରୟୋଦଶ ଶତାବ୍ଦୀର ଗୃହଯୁଦ୍ଧରେ ଅଂଶ ଗ୍ରହଣ କରିଥିଲେ । ମେରୀଙ୍କ ପୂର୍ବ ପୁରୁଷ ଜନ ଆର୍ଡେନ ହେନରୀ ସପ୍ତମଙ୍କ ଅଦାଲତରେ **Esquire of the Body** ରୂପେ ନିଯୁକ୍ତ ଥିଲେ ଏବଂ ଟର୍କିଲ୍ଲସ ଡି ଆର୍ଡେନ ବହୁ ଭୂସମ୍ପତ୍ତିର ଅଧିକାରୀ ଥିଲେ । ମେରୀଙ୍କ ପିତା ରବର୍ଟ ଆର୍ଡେନ ସ୍ନିଟରଫିଲଡ୍‌ଠାରେ ଜନ ସେକ୍‌ସପିଅରଙ୍କ ଭୂମ୍ୟଧିକାରୀ ଥିଲେ । ମେରୀ ରବର୍ଟଙ୍କ ଆଠଜଣ କନ୍ୟା ସନ୍ତାନ ମଧ୍ୟରେ କନିଷ୍ଠା ଥିଲେ । ସେ ଖୁବ ବଳିଷ୍ଠ, ଦୃଢମନା ମହିଳା ଥିଲେ ଓ ତାଙ୍କ ପ୍ରଭାବ ଉଇଲିଅମଙ୍କ ନିକଟରେ ଅଧିକ ପରିଦୃଷ୍ଟ ହୁଏ । ଏହି ଆର୍ଡେନ ପରିବାର ତୀବ୍ର କ୍ୟାଥଲିକ ଧର୍ମଭାବାପନ୍ନ ହୋଇଥିବା ହେତୁ ପରବର୍ତ୍ତୀ ସମୟରେ ଘୋର ସଂକଟର ସମ୍ମୁଖୀନ ହୋଇଛନ୍ତି ।

ବିବାହ ପରେ ଜନ ଓ ମେରୀ ହେନଲୀ ଷ୍ଟ୍ରୀଟର ନୂତନ ଗୃହକୁ ସ୍ଥାନାନ୍ତରିତ ହୋଇଛନ୍ତି । ସେ ସମୟରେ ରାଣୀ ମେରୀ ପ୍ରଥମଙ୍କ ରାଜତ୍ୱ ଚାଲିଥିଲା ଯେତେବେଳେ କ୍ୟାଥଲିକ ଧର୍ମ ଖୁବ ପ୍ରତିଷ୍ଠା ପାଇଥିଲା ଏବଂ ପ୍ରୋଟେଷ୍ଟାଣ୍ଟମାନଙ୍କୁ ଜୀବନ୍ତ ଦଗ୍ଧ କରାଯାଉଥିଲା । ବିବାହର ଏକ ବର୍ଷ ପରେ ରାଣୀ ମେରୀଙ୍କ ମୃତ୍ୟୁ ଘଟେ ଓ ଷ୍ଟ୍ରାଟ୍‌ଫୋର୍ଡ ନୂଆ ରାଣୀ ଏଲିଜାବେଥ୍‌ଙ୍କୁ ପାରମ୍ପରିକ ସମ୍ବର୍ଦ୍ଧନା ଜ୍ଞାପନ କରେ । ତେବେ ଷ୍ଟ୍ରାଟ୍‌ଫୋର୍ଡରେ ସଂଖ୍ୟାଧିକ କ୍ୟାଥଲିକ ଓ ସଂଖ୍ୟାଲଘୁ ପ୍ରୋଟେଷ୍ଟାଣ୍ଟମାନଙ୍କ ମଧ୍ୟରେ କନ୍ଦଳ ସୃଷ୍ଟି ହୋଇଛି । ୧୫୫୯ରେ ନୂତନ ଧର୍ମ ସଂସ୍ଥାପନ ନିମନ୍ତେ ରାଜାଜ୍ଞା ଆସିଛି । କ୍ୟାଥଲିକ ଧର୍ମ ସୂଚାଉଥିବା ବେଦୀ ଓ ମୂର୍ତ୍ତି, କାନ୍ଥ ଚିତ୍ର, ରଙ୍ଗୀନ ପାତ୍ର ଇତ୍ୟାଦି ଧ୍ୱଂସ କରିବା ନିମନ୍ତେ ଆଦେଶ ଆସିଛି । ନୂତନ ଆଚାର ବିଚାରର ଅନୁବର୍ତ୍ତୀ ହୋଇ ନୂତନ ପ୍ରାର୍ଥନା ପୁସ୍ତକ, ପ୍ରୋଟେଷ୍ଟାଣ୍ଟ ବାଇବଲ୍ ପଠନ କରିବା ନିମନ୍ତେ କଡା ନିର୍ଦ୍ଦେଶ ରହିଛି । ଅନନୁଭୂତ ସାଂସ୍କୃତିକ ବିପ୍ଳବରେ ଖୁବ ଆଲୋଡିତ ହୋଇଛି ଏଲିଜାବେଥଙ୍କ ଇଂଲଣ୍ଡ ।

ଷ୍ଟ୍ରାଟ୍‌ଫୋର୍ଡରେ ଧର୍ମୀୟ ପ୍ରତିମୂର୍ତ୍ତିକୁ ମୂଳୋତ୍ପାଟନ, ମଧ୍ୟଯୁଗୀୟ ଚିତ୍ରସବୁର ଧ୍ୱଂସ ଇତ୍ୟାଦି କାର୍ଯ୍ୟର ତଦାରଖ କରିବା ନିମନ୍ତେ ଜନ ସେକ୍‌ସପିଅର ପୌର ସଂସ୍ଥାର ଚାମ୍ବରଲେନ ରୂପେ ନିଯୋଜିତ ଥିଲେ । ମୂଳତଃ ଏକ କ୍ୟାଥଲିକ ଧର୍ମାବଲମ୍ବୀଙ୍କ ନିମନ୍ତେ ଏପରି କାର୍ଯ୍ୟ କିପରି ଦୁଷଣୀୟ, ଚିନ୍ତା କରାଯାଇପାରେ ।

ଇତି ମଧ୍ୟରେ ମେରୀ ଓ ଜନଙ୍କ ପ୍ରଥମ କନ୍ୟା ସନ୍ତାନ ଜୋନ ୧୫୫୮ ସେପ୍ଟେମ୍ବରରେ ଏବଂ ଦ୍ୱିତୀୟ, ମାର୍ଗରେଟ୍‌ ୧୫୬୨ ଡ଼ିସେମ୍ବରରେ ଜନ୍ମ ହୋଇ ମୃତ୍ୟୁ

ମୁଖରେ ପଡ଼ିଥାନ୍ତି । ସେମାନଙ୍କ ପ୍ରଥମ ପୁତ୍ର ସନ୍ତାନ ଉଇଲିୟମ ୧୫୬୪ ଏପ୍ରିଲରେ ଜନ୍ମ ହୋଇଛନ୍ତି ଓ କ୍ୟାଥଲିକ ଧର୍ମାନୁରକ୍ତ ଜନ ବ୍ରେଟଗର୍ଡଲଙ୍କ ଦ୍ୱାରା ୨୬ ଏପ୍ରିଲରେ ତାଙ୍କ ଦୀକ୍ଷା ଗ୍ରହଣ କାର୍ଯ୍ୟ ସମ୍ପନ୍ନ ହୋଇଛି ।

ଷୋଡଶ ଶତାବ୍ଦୀର ଦ୍ୱିତୀୟାର୍ଦ୍ଧରେ ଶିଶୁ ମାନେ ସାଧାରଣତଃ କଡା ଶୃଙ୍ଖଳା ମଧ୍ୟରେ ଲାଳିତ ପାଳିତ ହୁଅନ୍ତି । ବାଳକଟିଏ ତାହାର ଗୁରୁଜନମାନଙ୍କୁ ସମ୍ବୋଧନ କରିବା ପୂର୍ବରୁ ନିଜ ଟୋପି ବାହାର କରିଦିଏ, ସେମାନଙ୍କ ଭୋଜନ ସମୟରେ ବସିବା ପରିବର୍ତ୍ତେ ଠିଆ ହୋଇରହେ । ସେ ସକାଳେ ଶୀଘ୍ର ଶଯ୍ୟାତ୍ୟାଗ କରେ, ହାତ ଓ ମୁହଁ ଧୋଇ ସକାଳର ପ୍ରାର୍ଥନା ଆବୃତ୍ତି କରେ, ଜଳଖିଆ ପୂର୍ବରୁ ପିତା ମାତାଙ୍କ ଆଶୀର୍ବାଦ ପାଇଁ ଆଣ୍ଠୁ ମାଡି ବସେ । ସେ ସାଧାରଣତଃ ପିତାଙ୍କୁ ସାର୍ ସମ୍ବୋଧନ କରେ ଯଦିଓ ୱେଲ୍ଶ ଶବ୍ଦ ଡାଡ୍ ବି ସେ ସମୟରେ ପ୍ରଚଳିତ ଥିଲା ।

ସେ ସମୟର ପିତୃକୈନ୍ଦ୍ରିକ ଇଂଲିଶ ପରିବାରରେ ଅନୁସୃତ କଠୋରତା ଲକ୍ଷଣୀୟ ଯେଉଁଠାରେ ବାଳକ ବାଳିକାଙ୍କୁ ଶାସ୍ତି ମାଧ୍ୟମରେ ହିଁ ଶୃଙ୍ଖଳିତ କରାଯାଉଥିଲା । ସେକ୍ସପିଅରଙ୍କ ନାଟକମାନଙ୍କରେ ଆବଶ୍ୟକସ୍ଥଳେ ଦଣ୍ଡବିଧାନକୁ ଅଧିକ ଗୁରୁତ୍ୱ ଦିଆଯାଇଛି । ସେକ୍ସପିଅରଙ୍କ ନାଟକର ଶିଶୁଗଣ ମନୋଯୋଗୀ ଓ ଗମ୍ଭୀର, ତୀକ୍ଷ୍ଣ ଦୃଷ୍ଟିସମ୍ପନ୍ନ ଓ ସ୍ପଷ୍ଟବାଦୀ, ସମ୍ମାନ ପ୍ରଦର୍ଶନକାରୀ ଓ ବଶମ୍ବଦ । କିନ୍ତୁ ଭୟାଳୁ କିମ୍ବା ତୋଷାମଦକାରୀ ନୁହନ୍ତି । ତାଙ୍କ ନାଟକମାନଙ୍କରେ ପିତା ଓ ପୁତ୍ରଙ୍କ ସୌହାର୍ଦ୍ଦ୍ୟପୂର୍ଣ୍ଣ ଓ ଆଦର୍ଶବାଦୀ ସମ୍ପର୍କ ଲକ୍ଷଣୀୟ ।

ବିଦ୍ୟାରମ୍ଭ

ସେକ୍ସପିଅରଙ୍କ ସମୟରେ ବାଳକମାନଙ୍କ ବିଦ୍ୟାରମ୍ଭ ଗ୍ରାମାର ସ୍କୁଲରେ ସାତ ବର୍ଷ ବୟସରେ ସମ୍ପନ୍ନ ହେଉଥିଲା ଯେଉଁଠାରେ ଇଂଲିଶ ସହ ଲାଟିନରେ ପଢିବା ବିଷୟରେ ଶିକ୍ଷାଦାନ କରାଯାଉଥିଲା। ତେଣୁ ସେ ପାଞ୍ଚ ବର୍ଷ ବୟସରେ ଗୃହରେ ଟ୍ୟୁସନ ବା ପେଟି ସ୍କୁଲରେ ଶିକ୍ଷାରମ୍ଭ କରିଛନ୍ତି। ୧୫୭୧ରେ ସେ ଷ୍ଟ୍ରାଟ୍‌ଫୋର୍ଡ ଗ୍ରାମାର ସ୍କୁଲରେ ନାମ ଲେଖିଛନ୍ତି। ଉକ୍ତ ସ୍କୁଲକୁ ଚର୍ଚ୍ଚର ଧର୍ମଯାଜକ ଜନ୍ ବ୍ରେଟ୍ ଗର୍ଡଲ୍ ସିସେରୋ, ଭର୍ଜିଲ, ହୋରେସ, ଓଭିଡଙ୍କ କୃତି ସହ ଈଶପଙ୍କ ପଶୁପକ୍ଷୀ କାହାଣୀ ଓ ଗ୍ରୀକ ଅଭିଧାନ ଦାନ କରିଛନ୍ତି।

କିଶୋର ସେକ୍ସପିଅରଙ୍କୁ ପାରମ୍ପରିକ ଏଲିଜାବେଥ ସମୟର ପ୍ରତିଭୂ ରୂପେ ଗ୍ରହଣ କରାଯାଇଛି। ସେ ଅତ୍ୟନ୍ତ ପ୍ରତ୍ୟୁତ୍ପନ୍ନମତି ଏବଂ ମନୋଯୋଗୀ ଥିଲେ। ବିଭିନ୍ନ ଛୋଟ ପିଲାଙ୍କ ଖେଳ ସହ ଫୁଟବଲ, ଲୁଚକାଳି ଓ ଚେସରେ ଆଗ୍ରହ ପ୍ରକାଶ କରୁଥିଲେ। ବିଭିନ୍ନ ପୁସ୍ତକ ପଠନରେ ଧୂରୀଣ ଥିଲେ ଯାହାର ପ୍ରତିଫଳନ ତାଙ୍କ ନାଟକରେ ଉପଲବ୍ଧ। ମୋଲେରୀଙ୍କ 'ମୋର୍ଟେ ଡି ଆର୍ଥର', ସାର ଡେଗରେ ଓ ସାର ଇଗ୍ଲାମରଙ୍କ ପୁରାତନ ଇଂଲିଶ ରୋମାନ୍ସ ସବୁ ତାଙ୍କ ପ୍ରିୟ ପୁସ୍ତକ ଥିଲା। ସେ 'ଦ ବୁକ୍ ଅଫ୍ ରିଡଲ୍‌ସ', 'ଦ ହଣ୍ଡ୍ରେଡ୍ ମେରି ଟେଲ୍‌ସ' ବୋଧେ ପଢ଼ିଛନ୍ତି। ଉଇଲିୟମ ପେଇଣ୍ଟେରଙ୍କ 'The Palace of Pleasure', ରିଚାର୍ଡ ରବିନସନଙ୍କ 'Gesta Romanorum'ର ଅନୁବାଦ ତାଙ୍କ ନାଟକର ପ୍ଲଟ ପାଇଁ ଖୋରାକ ଯୋଗାଇଛି। କୋପଲାଣ୍ଡଙ୍କ 'Kynge Appolyne of Thyre', ହାଓ୍ୱେସଙ୍କ 'Pass Tyme of Pleasure' ଏବଂ ବୋକାସଙ୍କ 'The Tragedies of all such Princesas fell from theyr estates' ବି ସେ ପଢ଼ିଛନ୍ତି। ସେ ସମୟର ଲୋକକଥା ଓ ପରୀ କାହାଣୀ ଆଗ୍ରହର ସହ ପଢ଼ିଛନ୍ତି ଯାହା ପରବର୍ତ୍ତୀ ସମୟରେ ତାଙ୍କ ନାଟକରେ ପ୍ରତିଫଳିତ ହୋଇଛି।

ବୋଧହୁଏ ତାଙ୍କ ମା ମେରୀ ହିଁ ତାଙ୍କର ପ୍ରଥମ ଶିକ୍ଷକ। ଗ୍ରାମୀଣ ପରିବାରରେ ମହିଳାମାନେ ନିଜ ଶିଶୁମାନଙ୍କୁ ପଢ଼ାଇବା ବେଶ ପ୍ରଚଳିତ ଥିଲା। ସେକ୍‌ସପିଅରଙ୍କ 'Titus Andronicus' ନାଟକର ନିମ୍ନୋକ୍ତ ସଂଳାପ ଅନୁଧ୍ୟାନ କରାଯାଉ।

Titus : What book is that she tosseth so?

Young Lucius : Grand Sire, 'tis Ovid's 'Metamorphosis', my mother gave it to me.

ବିଖ୍ୟାତ ନାଟ୍ୟକାର ବେନ ଜନସନ ସେକ୍‌ସପିଅରଙ୍କ 'Small Latin And less Greek' ସମ୍ପର୍କରେ ଅବତାରଣା କରିଛନ୍ତି ଏବଂ ଏହା ସେକ୍‌ସପିଅରଙ୍କ ସ୍ୱଳ୍ପ ଶିକ୍ଷାକୁ ଦର୍ଶାଏ ବୋଲି ଅନବରତ ଅଭିଯୋଗ କରାଯାଏ। ଜନସନ ନିଜେ ଧୂରୀଣ ଲାଟିନ ପଣ୍ଡିତ ଥିଲେ। ସେ ଯାହାକୁ ସେ ସମୟର Small Latin ଭାବେ ଦର୍ଶାଇଛନ୍ତି ତାହା ସାମ୍ପ୍ରତିକ ସମୟର ଯେ କୌଣସି ଲାଟିନ ସ୍ନାତକର ଜ୍ଞାନଠାରୁ ଅଧିକ ହୋଇପାରେ। ସେ ସମୟର ଇଂଲିଶ ଗ୍ରାମାର ସ୍କୁଲର ଛାତ୍ରଗଣ ଲାଟିନ 'purely and readily' କହିବା ଆବଶ୍ୟକ ଥିଲା। ସେକ୍‌ସପିଅର ଗ୍ରୀକ ଭାଷାର ଈଶପ ଫାବଲ ଆଦି ପୁସ୍ତକ ପଢିଥିବା ପ୍ରମାଣ ଅଛି। ତେଣୁ ଜନସନଙ୍କ ଉକ୍ତି ଗ୍ରହଣୀୟ ନୁହେ।

ଛାତ୍ରମାନେ ପାଠ୍ୟ ପୁସ୍ତକର ବିଭିନ୍ନ ଅଂଶ ମୁଖସ୍ଥ କରୁଥିଲେ। ଏପରି ଅଭ୍ୟାସ ସେମାନଙ୍କ ସୁସ୍ପଷ୍ଟ ଉଚ୍ଚାରଣ, ସମୁଚିତ ଧ୍ୱନି, ତର୍କ ବିତର୍କ ପ୍ରତି ସହାୟକ ହେଉଥିଲା, ଏକ ଉନ୍ନତ ଭାଷାର ଅନୁଭବ, ତଥା ସମୃଦ୍ଧ କବିତାର ଉପଭୋଗ ନିମନ୍ତେ ରାସ୍ତା ଉନ୍ମୁକ୍ତ କରୁଥିଲା। ୧୫୮୦ର ହାରୋ ସ୍କୁଲ ନିୟମାବଳୀ ଅନୁଯାୟୀ ପ୍ରତି ଶିକ୍ଷକଙ୍କର ତୃତୀୟ, ଚତୁର୍ଥ, ପଞ୍ଚମ ଶ୍ରେଣୀ ଛାତ୍ରଙ୍କ ତର୍କ ପ୍ରତିଦିନ ଏକ ଘଣ୍ଟା ଶୁଣିବା ଆବଶ୍ୟକ ଥିଲା। ସେମାନଙ୍କୁ ଇଂଲିଶ ଇତିହାସର ଦୁଇ ବିଶେଷ ଅଂଶର ତୁଳନା କରିବା ପାଇଁ କୁହାଯାଉଥିଲା। ଛାତ୍ରଗଣଙ୍କୁ ନମ୍ରତା ଓ ସମ୍ମାନ ପ୍ରଦାନ ସମ୍ପର୍କରେ ଶିକ୍ଷା ଦିଆଯାଉଥିଲା।

ଶିକ୍ଷାର୍ଥୀଗଣ ଗ୍ରୀଷ୍ମ ମାସରେ ସକାଳ ଛଅ ଘଣ୍ଟା ସମୟରେ ଓ ଶୀତ ଦିନରେ ସକାଳ ସାତ ଘଣ୍ଟା ସମୟରେ ବିଦ୍ୟାଳୟରେ ଉପସ୍ଥିତ ହେଉଥିଲେ। କ୍ଲାସ୍ ଏଗାରଟା ଯାଏଁ ଚାଲୁଥିଲା, ମଝିରେ ଜଳଖିଆ ପାଇଁ ସାମାନ୍ୟ ବିରତି। ଛାତ୍ରମାନେ ମଧ୍ୟାହ୍ନ ଭୋଜନ ପାଇଁ ନିଜ ଗୃହକୁ ଯାଉଥିଲେ ଏବଂ ଠିକ ଏକ ଘଣ୍ଟା ବେଳେ ସ୍କୁଲକୁ ଫେରୁଥିଲେ। ଅପରାହ୍ନରେ ଖେଳିବା ପାଇଁ ପନ୍ଦର ମିନଟର ବିରତି ଥିଲା। ପିଲାଏ କୁସ୍ତି କିମ୍ବା ଧନୁର୍ବିଦ୍ୟା ଖୁସିରେ ଅଭ୍ୟାସ କରୁଥିଲେ। ସ୍କୁଲ ପାଞ୍ଚ ଘଣ୍ଟା ସମୟରେ ବନ୍ଦ ହେଉଥିଲା।

ଦ୍ୱିତୀୟ ଶ୍ରେଣୀରେ ସେକ୍‌ସପିଅର ଲାଟିନ ନାଟ୍ୟକାର ପ୍ଲାଟସ ଓ ଟେରେନ୍ସଙ୍କ ନାଟକ ପଢିଥିଲେ। ମିଳନାନ୍ତକ ନାଟକର ପ୍ଲଟ, ଭାଷା ଓ ବିନ୍ୟାସ ବିଷୟରେ ସାମାନ୍ୟ

ସୂଚନା ପାଇଥିଲେ। ତୃତୀୟ ବର୍ଷରେ ଗ୍ରୀକ ଲେଖକ ଈଶପଙ୍କ କାହାଣୀର ସରଳ ଲାଟିନ ଅନୁବାଦ ପଢିଥିଲେ। ଏହି ସମୟରେ ସେ ଲାଟିନରୁ ଇଂଲିଶକୁ ଓ ଇଂଲିଶରୁ ଲାଟିନକୁ ଅନୁବାଦ କଳା ଶିଖୁଛନ୍ତି। ଚତୁର୍ଥ ଶ୍ରେଣୀରେ ଓଭିଡଙ୍କ 'Metamorpho-sis' ପଢ଼ିଛନ୍ତି। ଏହା ତାଙ୍କ ପ୍ରିୟ ପୁସ୍ତକ ହୋଇଛି। ଓଭିଡଙ୍କ ଶବ୍ଦାବଳୀ ତାଙ୍କ ମଧ୍ୟରେ ପ୍ରବେଶ କରିଯାଇଛି। ପରବର୍ତ୍ତୀ ଶ୍ରେଣୀମାନଙ୍କରେ ସେ ସଲ୍ଲୁଷ୍ଟ ଓ ସିଜର, ସେନେକା ଓ ଜୁଭେନାଲ ପଢ଼ିଛନ୍ତି, ଲାଟିନ ଭାଷାରେ କିଛି ବ୍ୟୁତ୍ପତ୍ତି ଲାଭ କରିଛନ୍ତି। ଶେଷ ଶ୍ରେଣୀମାନଙ୍କରେ ବକ୍ତୃତା ଓ କାବ୍ୟ କବିତା ରଚନାକୁ ଯଥେଷ୍ଟ ପ୍ରାଧାନ୍ୟ ଦିଆଯାଉଥିଲା। ଯେ କୌଣସି ପ୍ରସଙ୍ଗର ଉଭୟ ପାର୍ଶ୍ୱକୁ ତୁଳନା କରିବା ପାଇଁ ସେ ଶିକ୍ଷା ପାଇଛନ୍ତି। ପରେ ଏହା ତାଙ୍କୁ 'ଜୁଲିୟସ ସିଜର' ତଥା 'ମର୍ଚ୍ଚାଣ୍ଟ ଅଫ ଭେନିସ' ନାଟକର ସଂଳାପ ଉଦ୍ଧୃତି ନିମନ୍ତେ ସାହାଯ୍ୟ କରିଛି। ସ୍କୁଲ ପ୍ରାଙ୍ଗଣରେ ବିଭିନ୍ନ ନାଟକ ନିୟମିତ ପ୍ରଦର୍ଶିତ ହେଉଥିଲା। ପ୍ଲାଟସ ଓ ଟେରେନ୍ସଙ୍କ ନାଟକ ଛାତ୍ରମାନଙ୍କୁ ଭଲ ଲାଗିବା ସ୍ୱାଭାବିକ। ଏଲିଜାବେଥୀୟ ଶିକ୍ଷା ବ୍ୟବସ୍ଥାରେ ନାଟକ ଏକ ମୂଳଦୁଆ ସଦୃଶ ପ୍ରତିଷ୍ଠିତ ଥିଲା।

ଟ୍ୟୁଡର ରାଜତ୍ୱରେ ଇଂଲଣ୍ଡ ସର୍ବାଧିକ ସାକ୍ଷର ରାଷ୍ଟ୍ର ରୂପେ ପରିଗଣିତ ହେଉଥିଲା। ଟମାସ ମୋର ତାଙ୍କ Apologye ପୁସ୍ତକରେ ସାକ୍ଷରତା ହାର ଶତକଡା ୬୦ ଭାଗ ବୋଲି ନିର୍ଣ୍ଣୟ କରିଛନ୍ତି। ଯେତେବେଳେ ଜନସଂଖ୍ୟାର ପ୍ରାୟ ଅର୍ଦ୍ଧେକ ଦାରିଦ୍ର୍ୟ ସୀମାରେଖାର ନିମ୍ନରେ ଥିବା ଅବିଶ୍ୱାସ୍ୟ ଲାଗିପାରେ, କିନ୍ତୁ ଏହା ହିଁ ସତ୍ୟ। ଇଂଲଣ୍ଡରେ ତ୍ରୟୋଦଶ ଶତାବ୍ଦୀରେ ସଂଘଟିତ ପ୍ରଥମ ସାକ୍ଷରତା ବିପ୍ଳବ ହେତୁ ସାଧାରଣ କୃଷକ ବର୍ଗ ପ୍ରାର୍ଥନା, ଆଇନ ଅଦାଲତ ସମ୍ବନ୍ଧୀୟ ମକଦ୍ଦମାରେ ବ୍ୟବହୃତ ଭାଷା ପଢିବା ପାଇଁ ସକ୍ଷମ ହୋଇଛନ୍ତି। ୧୫୫୦ ସୁଦ୍ଧା ସାରା ଇଂଲଣ୍ଡରେ ବହୁ ଗ୍ରାମାର ସ୍କୁଲ ସ୍ଥାପିତ ହୋଇଥିଲା। ଏଲିଜାବେଥଙ୍କ ରାଜତ୍ୱରେ ୧୬୦ ନୂଆ ସ୍କୁଲ ଖୋଲିଲା। ବଦାନ୍ୟ ଓ ଜନହିତୈଷୀ ବ୍ୟକ୍ତିଗଣ ବହୁ ସ୍କୁଲ ସ୍ଥାପନ କରିଥିଲେ। କିନ୍ତୁ ଷ୍ଟ୍ରାଟ୍‌ଫୋର୍ଡ ସ୍କୁଲ ପରି କିଛି ବିଦ୍ୟାଳୟ ପୌର ସମିତି ଦ୍ୱାରା ସ୍ଥାପିତ ହୋଇଥିଲା। ବିଦ୍ୟାଳୟ ଶିକ୍ଷା କେବଳ ଛାତ୍ର ମାନଙ୍କ ମଧ୍ୟରେ ସୀମିତ ନଥିଲା, ବାଳିକାମାନେ ପେଟିସ୍କୁଲରେ ଶିକ୍ଷା ଆହରଣ କରୁଥିଲେ। କିନ୍ତୁ ଗ୍ରାମାର ସ୍କୁଲ ସାଧାରଣତଃ ଛାତ୍ରୀମାନଙ୍କ ପାଇଁ ଉନ୍ମୁକ୍ତ ନଥିଲା।

ଗ୍ରାମାର ସ୍କୁଲରେ ଉଚ୍ଚ ସ୍ୱରରେ ପୁନଃ ପୁନଃ ଆବୃତ୍ତି ମାଧ୍ୟମରେ ଶିକ୍ଷାଦାନ କରାଯାଉଥିଲା। କଠିନ ଶୃଙ୍ଖଳା ରକ୍ଷା କରାଯାଉଥିଲା। ସାମାନ୍ୟ ବିଶୃଙ୍ଖଳା ବା ବିଚ୍ୟୁତିରେ ଦଣ୍ଡ ବିଧାନ ହିଁ ନିୟମ ଥିଲା। ବିଦ୍ୟାଳୟ କକ୍ଷ ଏକ ପରଦା ଦ୍ୱାରା ଦୁଇ ଭାଗରେ ବିଭାଜିତ ହେଉଥିଲା। ଛାତ୍ରମାନେ କାଗଜ, ସ୍ୟାହି, କଲମ , ତୂଳୀ, ମହମବତୀ ଇତ୍ୟାଦି ଆବଶ୍ୟକ ପଦାର୍ଥ ଘରୁ ଆଣୁଥିଲେ।

ସେକ୍‌ସପିଅରଙ୍କ ବିଦ୍ୟାଳୟ ଅନୁଭୂତି ସୁଖକର ଥିଲା ବୋଲି ପ୍ରମାଣ ମିଳେ ନାହିଁ। 'ଆଜ୍ ୟୁ ଲାଇକ୍ ଇଟ୍' ନାଟକର ଜାକ୍ବ ଚରିତ୍ରର ବିଦ୍ୟାଳୟ ଛାତ୍ର ସମ୍ପର୍କିତ ସଂଳାପ ଲକ୍ଷ୍ୟ କରାଯାଉ।

Then the whining school boy with his satchel,
And shining morning face, creeping like snail
Unwilling to school.....

ଷ୍ଟ୍ରାଟ୍‌ଫୋର୍ଡ ପୌର ପରିଷଦ ଗ୍ରାମାର ସ୍କୁଲର ଶିକ୍ଷକମାନଙ୍କୁ ପ୍ରତି ବର୍ଷ କୋଡିଏ ପାଉଣ୍ଡ, ରହିବା ପାଇଁ ଘର ଇତ୍ୟାଦି ଯୋଗାଇ ଦେଉଥିଲା। ଏହା ସେ ସମୟରେ ଏଟନ ସ୍କୁଲର ହେଡମାଷ୍ଟରଙ୍କ ଠାରୁ ଅଧିକ ଦରମା ଥିଲା ଯଦିଓ ଏଟନରେ ଅଧିକ ଭତ୍ତା ଓ ଆନୁଷଙ୍ଗିକ ସୁବିଧା ଥିଲା। ଷ୍ଟ୍ରାଟ୍‌ଫୋର୍ଡ ସ୍କୁଲ ଶିକ୍ଷକଙ୍କ ନାମ ଗ୍ରାମାର ସ୍କୁଲର ଏକ କାଠପଟାରେ ଲେଖାଯାଇଥିଲା। ସେମାନେ ଅକ୍ସଫୋର୍ଡ ବିଶ୍ୱବିଦ୍ୟାଳୟର ଉତ୍ତମ ସ୍ନାତକ ଥିଲେ।

ସ୍କୁଲରେ ଯୋଗଦାନ ପୂର୍ବରୁ ଶିକ୍ଷକଗଣ "trusty and wellbeloved bachelor of arts....lawful and honest man learned in grammar and in the law of god" ହେବା ନିମନ୍ତେ ଶପଥ ନେଉଥିଲେ। ସେଠାରେ ଶିକ୍ଷାଦାନର ମାନ ଖୁବ ଉଚ୍ଚ ସ୍ତରର ଥିଲା। ଦ କ୍ରନିକଲ ଅଫ ଇଂଲଣ୍ଡ, ସ୍କଟଲାଣ୍ଡ ଆଣ୍ଡ ଆୟାରଲାଣ୍ଡ ପୁସ୍ତକର ରଚୟିତା ରାଫେଲ ହଲିନସେଡ, ସାଇମନ ହଣ୍ଟ, ଜନ କ୍ଷୋ ଇତ୍ୟାଦି ବିଦ୍ୱାନଗଣ ସେକ୍‌ସପିଅରଙ୍କ ଶିକ୍ଷକ ଥିଲେ।

ଶିକ୍ଷାୟତନରେ ନାଟକ ଓ ଅଭିନୟର ପ୍ରଭାବ ଅପରିସୀମ ଥିଲା। ସେକ୍‌ସପିଅର ପ୍ଲୁଟସଙ୍କ ରୋମାନ ମିଳନାତ୍ମକ ନାଟକ ଦ୍ୱାରା ଖୁବ ପ୍ରଭାବିତ ହୋଇଥିଲେ ଯାହା ପରବର୍ତ୍ତୀ କାଳରେ 'ଦ କମେଡି ଅଫ ଏରର୍ସ' ଓ 'ଟ୍ୱେଲ୍ଫଥ ନାଇଟ' ପରି ନାଟକ ରଚନାରେ ସହାୟକ ହୋଇଥିଲା। ସମ୍ରାଟ ନିରୋଙ୍କ ସଭାସଦ ତଥା ରୋମାନ ଦାର୍ଶନିକ, କବି ଓ ନାଟ୍ୟକାର ସେନେକା ଇଉରୋପୀୟ ରେନାସାଁର ମୁଖ୍ୟ ନିୟାମକ ଥିଲେ। ତାଙ୍କ ନିଷ୍ଠୁର ବିଷୟବସ୍ତୁ ସମ୍ପନ୍ନ ନାଟକସବୁ କୋମଳମତି ଛାତ୍ରମାନଙ୍କ ମାନସରେ ଗଭୀର ରେଖାପାତ କରିବା ସ୍ୱାଭାବିକ। ଗ୍ରୀକ ନାଟ୍ୟକାରଗଣ ସ୍ୱର୍ଗୀୟନ୍ୟାୟ ବ୍ୟବସ୍ଥାରେ ବିଶ୍ୱାସ କରିଥିବାବେଳେ ସେନେକା ଏପରି କୌଣସି ନ୍ୟାୟରେ ଆସ୍ଥା ପ୍ରକଟ କରୁନଥିଲେ। ତାଙ୍କ ଜାସନ ଚରିତ୍ର ଦୃପ୍ତ ସ୍ୱରରେ ମେଡ଼ିଆକୁ କହିଛି,

'Go on through lofty spaces of high heaven and bear witness that there are no gods'.

ସେନେକା ତାଙ୍କ ଜୀବନ ଓ କଳାରେ ପ୍ରତିଷ୍ଠିତ ଚିନ୍ତା ଓ ଚେତନାକୁ ବିରୋଧ କରିଛନ୍ତି ଓ ଏକଛତ୍ରପତି ଶାସକ ନିରୋଙ୍କ ଯାବତୀୟ ଅତ୍ୟାଚାରକୁ ବିରୋଧ କରି ନପାରି ଆତ୍ମହତ୍ୟା କରିଛନ୍ତି।

ସେକ୍‌ସପିଅର ସେନେକାଂକ ଉକ୍ତି କଦାପି ଭୁଲିନାହାନ୍ତି। ତରୁଣ ମାନସ ସାଧାରଣତଃ ଖୁବ ଆହରଣଶୀଳ, ସେକ୍‌ସପିଅର ତ ନବ ନବ ଉନ୍ମେଷଶାଳିନୀ ପ୍ରଜ୍ଞାର ଅଧିକାରୀ। ତାଙ୍କ ପ୍ରଥମ ବିୟୋଗାନ୍ତକ ନାଟକ 'ଟାଇଟସ ଆଣ୍ଡ୍ରୋନିକସ' ସେନେକାଙ୍କ ବିଷୟବସ୍ତୁ ଓ ଶୈଳୀରେ ପ୍ରଭାବିତ ଏକ ନିଷ୍ଠୁର ବିଷୟ ଭିତ୍ତିକ ନାଟକ। ଏତଦ୍‌ବ୍ୟତୀତ ସେ ଇଂଲଣ୍ଡର ବହୁ ଶତାବ୍ଦୀରେ ପ୍ରଚଳିତ ଆଧ୍ୟାତ୍ମିକତାରେ ସମୃଦ୍ଧ ରହସ୍ୟ ମୂଳକ ନାଟକ ଦ୍ୱାରା ଖୁବ ପ୍ରଭାବିତ ହୋଇଛନ୍ତି।

ଶିକ୍ଷକ ସାଇମନ ହଣ୍ଟ ତାଙ୍କୁ ଓଭିଡ ଓ ଭର୍ଜିଲଙ୍କ କାବ୍ୟ ସହ ପରିଚିତ କରାଇଛନ୍ତି। ଓଭିଡ୍‌ଙ୍କ ମେଟାମରଫୋସିସ ତାଙ୍କ ତରୁଣ ପ୍ରାଣରେ ଅତ୍ୟନ୍ତ ପ୍ରଭାବ ପକାଇଛି। ଓଭିଡ ପାଶ୍ଚାତ୍ୟ ସଂସ୍କୃତିର ଜଣେ ମୁଖ୍ୟ କବି। ତାଙ୍କ ଗଭୀର ଅର୍ଥପୂର୍ଣ୍ଣ ଶବ୍ଦାବଳୀ ଲକ୍ଷ୍ୟ କରାଯାଉ,

The elements themselves do not endure,
Examine how they change.....
Nothing retains its form,
new shapes from old nature, the great inventor cease-
lessly contrives.
In all creation trust me,
there is no death - no death, but only change and innovation,
what we call birth is but a definite new beginning,
death is but to cease to be the same.......

ମେଟାମରଫସିସ ସେକ୍‌ସପିଅରଙ୍କ ଅତି ପ୍ରିୟ ପୁସ୍ତକ ଥିଲା। ସେ ବାରମ୍ବାର ଫେରି ଆସିଛନ୍ତି ତା ଆଶ୍ରୟକୁ, ସେ ଏଠାରେ ପଢ଼ିଛନ୍ତି ଜାସନ ଓ ମେଡ଼ିଆ ସମ୍ପର୍କରେ, ପଢ଼ିଛନ୍ତି 'ପିରାମସ ଓ ଥିସବି', ଟ୍ରୟର ଅବରୋଧ, ହେକ୍ଟର, ଏକିଲିସ, ୟୁଲିସିସ ପରି ମହାନ ଚରିତ୍ରମାନଙ୍କ ସମ୍ପର୍କରେ। ପ୍ରଚଳିତ ରକ୍ଷଣଶୀଳ ବିଚାର ବିରୁଦ୍ଧରେ ଅଭିପ୍ରେତ ବ୍ୟାପକ ମାନବବାଦୀ ଚିନ୍ତାଧାରାରେ ସେ ନିମଜ୍ଜିତ ହୋଇଛନ୍ତି। ଏହା ସହ ବାଇବଲ, ସିନ୍ଥିଓଙ୍କ ଏକଶହ ଗଳ୍ପ, ପ୍ଲୁଟାର୍କଙ୍କ ଜୀବନୀସବୁ ତାଙ୍କୁ ଅତ୍ୟନ୍ତ ପ୍ରଭାବିତ କରିଛି।

ଐତିହ୍ୟ

୧୫୭୬ ଯାଏଁ ଜନ ସେକ୍‌ସପିଅରଙ୍କ ପଶମ ବ୍ୟବସାୟ ଭଲ ଚାଲିଥିଲା। ସେ ଷ୍ଟ୍ରାଟ୍‌ଫୋର୍ଡଠାରେ ଦୁଇଟି ଘର ଓ କିଛି ଭୂମି କ୍ରୟ କରିଥିଲେ। ଏହି ସମୟରେ ସମ୍ମାନାସ୍ପଦ ବ୍ୟକ୍ତି ରୂପେ ପରିଗଣିତ ହେବା ପାଇଁ ଯୁଦ୍ଧାସ୍ତ୍ର କଲେଜକୁ ଢାଲ ବା ପତାକାରେ ପରିଶୋଭିତ ସଂକେତ ପାଇଁ ଆବେଦନ କରିଥିଲେ। କେତେକ କାରଣରୁ ଏହା ଫଳବତୀ ହେଲା ନାହିଁ। ତାଙ୍କ ଭାଗ୍ୟର କିନ୍ତୁ ପରିବର୍ତ୍ତନ ଘଟୁଥିଲା।

ସେ ସମୟରେ ଇଂଲଣ୍ଡର ଅର୍ଥନୀତିର ନିମ୍ନମୁଖୀ ଲକ୍ଷଣ ଅନୁଭୂତ ହେଉଥିଲା। ପଶମର ବେଆଇନ କାରବାର ଏକ ବିପଦସଂକୁଳ ବ୍ୟବସାୟ ଥିଲା। ପ୍ରିଭି କାଉନସିଲ ବେଆଇନ ଭାବେ ପଶମ ବ୍ୟବସାୟରେ ଲିପ୍ତ ଥିବା ବେପାରୀଙ୍କ ବିରୁଦ୍ଧରେ କାର୍ଯ୍ୟାନୁଷ୍ଠାନ ଗ୍ରହଣ କରିବା ପାଇଁ ପୌର ସଂସ୍ଥାକୁ ନିର୍ଦ୍ଦେଶ ଦେଲେ। ହଠାତ ୨୩ ଜାନୁଆରୀ ୧୫୭୭ରେ ଜନ କୌଣସି କାରଣ ନଦର୍ଶାଇ ପୌର ବୈଠକରେ ଯୋଗଦାନ କଲେନାହିଁ। ଏହାପରେ ତାଙ୍କର ଭୂ ସମ୍ପତ୍ତି ବନ୍ଧକ ପଡ଼ିଲା। ବୋଧେ ଭୀଷଣ ଋଣଗ୍ରସ୍ତ ହୋଇଗଲେ ସେ।

ଏହି ସମୟରେ ରାଷ୍ଟ୍ରର ଶାସନ କ୍ୟାଥଲିକ ଧର୍ମର ଅନୁଗାମୀ ବ୍ୟକ୍ତିଙ୍କ ବିରୁଦ୍ଧରେ ପଦକ୍ଷେପ ନେଲେ। ଏଲିଜାବେଥଙ୍କ ଶାସନର ପ୍ରଥମ ପନ୍ଦର ବର୍ଷରେ ଧର୍ମୀୟ ବ୍ୟାପାରରେ କିଛି ସହନଶୀଳତା ପରିଦୃଷ୍ଟ ଥିଲା। ୧୫୫୯ର ସର୍ବୋଚ୍ଚ ଆଇନ ଅନୁଯାୟୀ ରାଣୀ ଏଲିଜାବେଥ ଇଂଲଣ୍ଡ ଚର୍ଚ୍ଚର ମୁଖ୍ୟ ଶାସକ ଥିଲେ। ରାଜଧର୍ମ ପ୍ରତି ବିରୋଧାଚରଣ କରୁଥିବା ତଥା ଇଂଲିଶ ଚର୍ଚ୍ଚରେ ଜାଣିଶୁଣି ଅନୁପସ୍ଥିତ ରହୁଥିବା ବ୍ୟକ୍ତିଙ୍କୁ ସଂଶୋଧନ କିମ୍ବା ଦଣ୍ଡ ଦେବା ପାଇଁ ୧୫୭୬ ଏପ୍ରିଲ ମାସରେ ଏକ ଗ୍ରାଣ୍ଡ କମିଶନ ଗଠିତ ହେଲା। ଚର୍ଚ୍ଚ ତତ୍ତ୍ୱାବଧାରକଙ୍କୁ କ୍ୟାଥଲିକଙ୍କ ଉପରେ ଜୋରିମାନା ଦଣ୍ଡ ଓ ଆବଶ୍ୟକ ସ୍ଥଳେ ଜମି ବାଜ୍ୟାପ୍ତି ପାଇଁ ଅଧିକାର ଦିଆଗଲା। ଶାସନ ବ୍ୟବସ୍ଥାରେ

ଅଧିଷ୍ଠିତ ସମସ୍ତ ବ୍ୟକ୍ତିଙ୍କୁ ରାଣୀଙ୍କ ପ୍ରତି ଧର୍ମ ବିଷୟରେ ଆନୁଗତ୍ୟର ଶପଥ ନେବା ପାଇଁ ଆଦେଶ ଦିଆଗଲା।

୧୫୭୮ ନଭେମ୍ବର ମାସରେ ଜନ ଓ ମେରୀ ସେକ୍‌ସପିଅର ଆର୍ଡେନମାନଙ୍କ ଦୂର ସମ୍ପର୍କୀୟ ଟମାସ ଓ୍ୱେବ ଓ ହମ୍ଫ୍ରି ହୁପେରଙ୍କୁ ୮୬ ଏକର ଭୂସମ୍ପତ୍ତି ହସ୍ତାନ୍ତର କଲେ। ଦୁଇ ଦିନ ପରେ ସେମାନେ ଉଇମକୋଟରେ ନବନିର୍ମିତ କୋଠା ଏବଂ ୮୦ ଏକରରୁ ଉର୍ଦ୍ଧ୍ୱ ଜମି ମେରୀଙ୍କ ଭିଣୋଇ ଏଡମଣ୍ଡ ଲମ୍ବର୍ଟଙ୍କୁ ବନ୍ଧକ ସୂତ୍ରରେ ପ୍ରଦାନ କଲେ। ପରେ ବହୁ ଚେଷ୍ଟା ପରେ ବି ଉକ୍ତ ସମ୍ପତ୍ତି ସେମାନେ ଫେରି ପାଇଲେ ନାହିଁ।

ସେ ବର୍ଷର ଶୀତ କାଳରେ ପ୍ରଚଣ୍ଡ ବୃଷ୍ଟିପାତ ହେଲା। ମଣିଷ ଓ ଜୀବଜନ୍ତୁ ଭୀଷଣ ରୋଗଗ୍ରସ୍ତ ହେଲେ। ଏପ୍ରିଲ ମାସରେ ଉଇଲିଅମଙ୍କ ସାତ ବର୍ଷର ଭଉଣୀର ମୃତ୍ୟୁ ଘଟିଲା। ଏ ଦାରୁଣ ସମୟରେ ଜନ କରିଥିବା ଋଣ ପରିଶୋଧ ପାଇଁ ଋଣଦାତାଙ୍କ ତରଫରୁ ପ୍ରବଳ ଚାପ ଆସିଲା। ସେକ୍‌ସପିଅର ପରିବାର ପ୍ରତି ସବୁ ଦିଗରୁ ଘୋର ବିପତ୍ତି ମାଡି ଆସିଲା। ୧୫୮୬ ରେ ଜନ ପୌର ସଂସ୍ଥାରୁ ବିତାଡିତ ହେଲେ।

ଏହା ନିଶ୍ଚିତ ରୂପେ ଉଇଲିଅମଙ୍କୁ ଦାରୁଣ ଧକ୍କା ଦେଇଛି। ଶିକ୍ଷା ସମାପ୍ତ ହେବା ପୂର୍ବରୁ ସେ ମାତ୍ର ଚଉଦ ବର୍ଷ ବୟସରେ ୧୫୭୮ ରେ ସ୍କୁଲରୁ ଅପସାରିତ ହୋଇଛନ୍ତି। ବିଶ୍ୱବିଦ୍ୟାଳୟକୁ ଯିବାପାଇଁ ୧୫୮୦ ଯାଏଁ ସ୍କୁଲରେ ପଢିବା ଆବଶ୍ୟକ ଥିଲା।

ଜନଙ୍କ ଏ ସମସ୍ତ ବିପତ୍ତିର ମୂଳ କାରଣ ହେଉଛି ତାଙ୍କ କ୍ୟାଥଲିକ ଧର୍ମ ପ୍ରତି ପ୍ରଚ୍ଛନ୍ନ ଆସକ୍ତି। ବହୁ ସମୟରେ ଇଂଲିଶ ଚର୍ଚ୍ଚରେ ସେ ଉଦ୍ଦେଶ୍ୟମୂଳକ ଭାବେ ଅନୁପସ୍ଥିତ ରହୁଥିଲେ। ଭୂସମ୍ପତ୍ତି ବାଜ୍ୟାପ୍ତି ଏହାର ଶାସ୍ତି ଥିଲା। ଏପରି ଦଣ୍ଡ ଏଡାଇବାକୁ ଯାଇ ସେ ତାଙ୍କ ଜମି ଜମା ଅନ୍ୟକୁ ସାମୟିକ ହସ୍ତାନ୍ତର କରିବା ଶ୍ରେୟସ୍କର ମନେ କରିଛନ୍ତି। ସେକ୍‌ସପିଅରଙ୍କ 'ହାମଲେଟ' ନାଟକରେ ହୋରାସିଓଙ୍କ ଉକ୍ତିରେ ନାଟ୍ୟକାରଙ୍କ ସଂଗୁପ୍ତ ଯନ୍ତ୍ରଣା ଲକ୍ଷଣୀୟ,

'those foresaid lands
so by his father lost.'

ଇତି ମଧ୍ୟରେ ଉଇଲିଅମ ସ୍ଥାନୀୟ ପ୍ରତିଷ୍ଠିତ ବ୍ୟକ୍ତି ଟମାସ ଲୁସିଙ୍କ ଇଲାକାରେ ଜବରଦସ୍ତ ପ୍ରବେଶ କରି ତାଙ୍କ ହରିଣ ଚୋରାଇ ନେଇଥିବା ଅଭିଯୋଗ ହୋଇଛି। ସାମ୍ପ୍ରତିକ ଗବେଷଣାରେ ଅଭିଯୋଗର ପୁଙ୍ଖାନୁପୁଙ୍ଖ ଅନୁଧ୍ୟାନ ପରେ ଏହା ମିଥ୍ୟା ରୂପେ ପ୍ରମାଣିତ ହୋଇଛି। ସେପରି ଏହି ସମୟରେ ସେକ୍‌ସପିଅର ମଦ୍ୟପାନ କରି

ସଂଜ୍ଞାହୀନ ଆରୋପ ନିରାଧାର ସାବ୍ୟସ୍ତ ହୋଇଛି । ବାସ୍ତବିକ ବିଦ୍ୟାଳୟରେ ଶିକ୍ଷା ସମାପ୍ତି ପରେ ସେ ଲଙ୍କାସାୟାର ଠାରେ କନିଷ୍ଠ ଶିକ୍ଷକ ରୂପେ କାର୍ଯ୍ୟ କରିଛନ୍ତି । ଏହା ସ୍ଥାନୀୟ ଭଦ୍ରବ୍ୟକ୍ତି ଆଲେକଜାଣ୍ଡାର ହଗଟନଙ୍କ ଶେଷ ଇଚ୍ଛାପତ୍ରରୁ ଜଣାଯାଏ । ୧୫୮୨ ଯାଏଁ ସେ ଶିକ୍ଷାଦାନ କାର୍ଯ୍ୟରେ ବ୍ରତୀ ଥିବା ପ୍ରମାଣିତ ହୁଏ । ତାପରେ ସେ ଷ୍ଟ୍ରାଟ୍‌ଫୋର୍ଡ ଫେରି ଆସିଛନ୍ତି ।

୧୫୮୨ଖ୍ରୀରେ ଯେବେ ସେକ୍ସପିଅର ଷ୍ଟ୍ରାଟ୍‌ଫୋର୍ଡ ଫେରିଆସନ୍ତି ଏକ ଅନିର୍ଦ୍ଦିଷ୍ଟ ଭବିଷ୍ୟତ ତାଙ୍କୁ ଅପେକ୍ଷା କରିଥାଏ । ଘରର ଆର୍ଥିକ ଅବସ୍ଥାରେ କିଛି ଉନ୍ନତିର ସମ୍ଭାବନା ନଥାଏ । ଏଣୁ ସେ ଜଣେ ଆଡଭୋକେଟଙ୍କ କିରାଣୀ ରୂପେ କାର୍ଯ୍ୟ କରିଛନ୍ତି ବୋଲି ଅନୁମାନ କରାଯାଏ । କିମ୍ବା ଷ୍ଟ୍ରାଟ୍‌ଫୋର୍ଡର ପୌର କିରାଣୀ ହେନରୀ ରୋଜର୍ସଙ୍କ ଦପ୍ତରରେ କାର୍ଯ୍ୟରତ ଥାଇପାରନ୍ତି ।

ତାଙ୍କ ନାଟକଗୁଡିକ ଆଇନ ଶବ୍ଦାବଳୀରେ ଭରପୁର । ଆଇନ ସମ୍ପର୍କରେ ସମ୍ୟକ ଜ୍ଞାନ ହେତୁ ସେ ପିତା ଜନଙ୍କୁ ବିଭିନ୍ନ ମକଦ୍ଦମାରେ ଉପଯୁକ୍ତ ପରାମର୍ଶ ଦେଇଛନ୍ତି । ତେବେ ଏହା ସୁସ୍ପଷ୍ଟ ଯେ ସେ ଆଡଭୋକେଟଙ୍କ ଦପ୍ତରରେ କାର୍ଯ୍ୟାରମ୍ଭ କରିଥିଲେ ବି ସେଥିରେ ଆଦୌ ମନୋଯୋଗୀ ନଥିଲେ ।

ବିବାହ

୧୫୮୨ ଖ୍ରୀ.ର ଗ୍ରୀଷ୍ମଋତୁରେ କ୍ୟାଥଲିକ୍ ପନ୍ଥୀ ରବର୍ଟ ଡେବ୍‌ଡେଲ୍‌ଙ୍କୁ ଏକ ଗୋପନୀୟ ସୂଚନା ଦେବାପାଇଁ ୱଇଲିୟମ୍ ଶଟେରୀରେ ପହଞ୍ଚନ୍ତି। ହଠାତ୍ ଦେଖା ହୋଇଯାଏ ପିତୃମାତୃହୀନ ଆନେ ହାଥାୱେଙ୍କ ସହ ତାଙ୍କ ଗୃହ ସାମ୍ନାରେ। ପ୍ରଥମ ଦେଖାରୁ ହିଁ ଆକୃଷ୍ଟ ହୋଇଯାଆନ୍ତି ୱଇଲିୟମ୍।

ଆନେଙ୍କ ପିତା ରିଚାର୍ଡ ହାଥାୱେ ଷ୍ଟ୍ରାଟ୍‌ଫୋର୍ଡଠାରୁ ଏକ ମାଇଲ ଦୂରରେ ଥିବା ଶଟେରୀ ଗ୍ରାମର ଜଣେ କୃଷକ ଥିଲେ। ଜନ ସେକ୍‌ସପିଅରଙ୍କ ସହ ତାଙ୍କ ବ୍ୟାବସାୟିକ ସମ୍ପର୍କ ଥିଲା। ରିଚାର୍ଡ୍‌ଙ୍କ କିଛି ଋଣ ଚଉଦ ବର୍ଷ ପୂର୍ବେ ଜନ ପରିଶୋଧ କରି ଦେଇଥିଲେ। ଆନେ ରିଚାର୍ଡଙ୍କ ପ୍ରଥମ ସ୍ତ୍ରୀଙ୍କ କନ୍ୟା। ରିଚାର୍ଡ ୧୫୮୧ରେ ମୃତ୍ୟୁ ବରଣ କଲେ। ପୂର୍ବରୁ ତାଙ୍କ ପ୍ରଥମ ସ୍ତ୍ରୀଙ୍କ ମୃତ୍ୟୁ ହୋଇଥିଲା।

ୱଇଲିଅମଙ୍କୁ ସେ ସମୟରେ ମାତ୍ର ଅଠର ବର୍ଷ ହୋଇଥିଲା ଏବଂ ସେ ଆନେଙ୍କୁ ପ୍ରେମ କରି ବସିଲେ। ଆନେ ତାଙ୍କଠାରୁ ଆଠ ବର୍ଷ ବଡ ଥିଲେ। ୧୫୮୨ ସେପ୍ଟେମ୍ବର ମାସରେ ଆନେ ଅନ୍ତଃସତ୍ତ୍ୱା ହୋଇଗଲେ।

ସେ ସମୟରେ ଏହା ଏକ ସାଧାରଣ ଘଟଣା ଥିଲା। ରକ୍ଷଣଶୀଳ କ୍ୟାଥଲିକ ଓ କିଛି ପ୍ରୋଟେଷ୍ଟାଣ୍ଟ ଏପରି ଘଟଣାକୁ ଖୁବ ନାପସନ୍ଦ କରୁଥିଲେ। ତେବେ ୱଇଲିଅମ ଓ ଆନେ ସେମାନଙ୍କ ମୁରବୀମାନଙ୍କ ସମକ୍ଷରେ ପରସ୍ପରର ହସ୍ତ ଗ୍ରହଣ ପୂର୍ବକ ଆଜୀବନ ଅନୁରକ୍ତ ରହିବା ପାଇଁ ଶପଥ ନେଇ ଥାଇପାରନ୍ତି। ଛବିଶ ବର୍ଷ ବୟସ୍କା ଆନେ ବିବାହ ବୟସ ଅତିକ୍ରମ କରି ଯାଇଥିଲେ ଓ ୱଇଲିଅମ ନାବାଳକ ଥିବାରୁ ବିବାହ ପାଇଁ ପିତା ମାତାଙ୍କ ଅନୁମତି ଅପେକ୍ଷା କରିଥିଲେ।

୨୭ ନଭେମ୍ବର ୧୫୮୨ରେ ଜନଙ୍କ ଦୁଇ ସାଙ୍ଗ ୱଇଲିଅମଙ୍କୁ ନେଇ ବିବାହ ନିମନ୍ତେ ସ୍ୱତନ୍ତ୍ର ଅନୁମତି ପାଇଁ ୱର୍ଷେଷ୍ଟର ଯାଇଛନ୍ତି। ଅନୁମତିପତ୍ରରେ

ସେକ୍‌ସପିଅରଙ୍କ ନାମ ଠିକ ଲେଖାଯାଇଥିବା ବେଳେ ଆନେଙ୍କ ସାଙ୍ଗିା ଭୁଲରେ ହାଥାୱେ ପରିବର୍ତ୍ତେ ହାଟଲୀ ହୋଇଛି। ଚର୍ଚ୍ଚ କିରାଣୀଙ୍କ ଏହି ଭୁଲ ପରବର୍ତ୍ତୀ ସମୟରେ ବହୁ ସଂଶୟ ଅଯଥା ସୃଷ୍ଟି କରିଛି, ଯେପରିକି ଉଇଲିଅମ ବାସ୍ତବିକ ଆନେ ହାଟଲି ନାମ୍ନୀ କନ୍ୟାକୁ ବିବାହ କରିବାକୁ ଚାହୁଁଥିଲେ, କିନ୍ତୁ ତାଙ୍କ ଦ୍ୱାରା ଆନେ ହାଥାୱେ ଗର୍ଭବତୀ ହେବା ଦ୍ୱାରା ସେ ତାଙ୍କୁ ବିବାହ କରିବାକୁ ବାଧ ହୋଇଛନ୍ତି।

ତେବେ ଏହି ବିବାହ ନିଶ୍ଚିତ ରୂପେ ଅସାଧାରଣ ଥିଲା ଏବଂ କିଛି ଗୋପନୀୟତାର ଆବଶ୍ୟକତା ରହିଥିଲା। ଏଣୁ ଷ୍ଟ୍ରାଟ୍‌ଫୋର୍ଡର ଚର୍ଚ୍ଚ ପରିବର୍ତ୍ତେ ଚାରି ମାଇଲ ଦୂର ଟେମ୍ପଲ ଗ୍ରାଫ୍ଟନର ଚର୍ଚ୍ଚରେ ସେମାନଙ୍କ ବିବାହ କାର୍ଯ୍ୟ ସମ୍ପନ୍ନ ହେଲା। ଟେମ୍ପଲ ଗ୍ରାଫ୍ଟନ ଆନେଙ୍କ ମାତୁଳାଳୟ ହୋଇ ଥାଇପାରେ ଯେହେତୁ ସେଠାରେ ସେ ବିବାହର ପନ୍ଦର ଦିନ ପୂର୍ବରୁ ରହିଥିଲେ। ଏତଦ୍‌ବ୍ୟତୀତ ଷ୍ଟ୍ରାଟ୍‌ଫୋର୍ଡର ପାଦ୍ରୀ ଏକାନ୍ତ ପ୍ରୋଟେଷ୍ଟାଣ୍ଟ ହୋଇଥିବାବେଳେ ଟେମ୍ପଲ ଗ୍ରାଫ୍ଟନର ବୃଦ୍ଧ ପାଦ୍ରୀ ଜନ ଫ୍ରିଥ ଧର୍ମୀୟ ବ୍ୟାପାରରେ ବିଜ୍ଞ ନଥିଲେ, ଭଲ ପଢିପାରୁନଥିଲେ କିମ୍ବା ଧର୍ମୋପଦେଶ ଦେଇ ପାରୁନଥିଲେ। ବାହ୍ୟତଃ ପ୍ରୋଟେଷ୍ଟାଣ୍ଟ ଧର୍ମ ପରମ୍ପରାରେ ବିଶ୍ୱାସ କଲେ ବି ଆବଶ୍ୟକ ବେଳେ କ୍ୟାଥଲିକ ପରମ୍ପରା ଗ୍ରହଣ କରୁଥିଲେ। ଆନେ ଓ ଉଇଲିଅମ ବିବାହରେ କ୍ୟାଥଲିକ ପରମ୍ପରା ପସନ୍ଦ କରି ଥାଇପାରନ୍ତି।

ବିବାହ ପରେ ଉଇଲିଅମ ଜଣେ କବି ରୂପେ ପରିଚିତ ହେବା ପାଇଁ ଚାହୁଁଥିଲେ। ଏ ସମୟରେ ସେ ପ୍ରଥମ ସନେଟ ଲେଖିଥିଲେ ଯାହା ବୋଧେ ତାଙ୍କ ପତ୍ନୀଙ୍କ ପ୍ରତି ଉଦ୍ଦିଷ୍ଟ ଥିଲା।

୧୫୮୩ ମେ ମାସରେ ସେମାନଙ୍କ ପ୍ରଥମ କନ୍ୟା ସନ୍ତାନ ସୁସାନା ଜନ୍ମ ନେଇଛି। ଇତି ମଧ୍ୟରେ ସେକ୍‌ସପିଅର ପରିବାର ଗଭୀର ମାନସିକ ଦୁଃସ୍ଥିତିରେ ଗତି କରିଛନ୍ତି। ମେରୀ ସେକ୍‌ସପିଅରଙ୍କ ଜଣେ ସମ୍ପର୍କୀୟ ଜନ ସମରଭିଲ, ଯେ କ୍ୟାଥଲିକ ଧର୍ମରେ ବିଶ୍ୱାସ କରୁଥିଲେ, ଉଦ୍‌ଭ୍ରାନ୍ତ ଭାବେ ରାଣୀ ଏଲିଜାବେଥଙ୍କୁ ହତ୍ୟା କରିବା ପାଇଁ ସାଧାରଣରେ ଧମକ ଦେଲେ। ଏ ଅପରାଧ ନିମନ୍ତେ ସେ ମୃତ୍ୟୁ ଦଣ୍ଡରେ ଦଣ୍ଡିତ ହେଲେ ଏବଂ ତାଙ୍କ ସମସ୍ତ ସମ୍ପର୍କୀୟ ସନ୍ଦେହର କୁହେଳି ମଧ୍ୟକୁ ଆସିଗଲେ। ଜନ ବ୍ୟତିବ୍ୟସ୍ତ ହୋଇ ତାଙ୍କ କ୍ୟାଥଲିକ ସମ୍ବନ୍ଧୀୟ କିଛି ପ୍ରମାଣ ପତ୍ର ଘରର ଭାଡ଼ିରେ ସନ୍ତର୍ପଣରେ ଲୁଚାଇ ରଖିଲେ। ଉଇଲିଅମ ଷ୍ଟ୍ରାଟ୍‌ଫୋର୍ଡ ପରିବର୍ତ୍ତେ ଲଣ୍ଡନକୁ ସ୍ଥାନାନ୍ତରିତ ହେବା ପାଇଁ ଶ୍ରେୟସ୍କର ମଣିଲେ। କିନ୍ତୁ ଆନେ ପୁଣି ଗର୍ଭବତୀ ଥିବାରୁ ଏହି ଯୋଜନା କିଛି ଦିନ ପାଇଁ ସ୍ଥଗିତ ରହିଛି। ଫେବୃଆରୀ ୧୫୮୫ରେ ତାଙ୍କ ଯମଜ ସନ୍ତାନ

ହାମନେଟ ଓ ଜୁଡ଼ିଥ ଜନ୍ମ ହୋଇଛନ୍ତି। ଏହାର କିଛି ମାସ ପରେ ସେ ଲଣ୍ଡନ ଯାତ୍ରା କରିଛନ୍ତି କର୍ମପନ୍ଥା ସନ୍ଧାନରେ, ଭବିତବ୍ୟର ଆହ୍ୱାନରେ।

ଉଇଲିଅମଙ୍କ ବୈବାହିକ ଜୀବନ ସମ୍ପର୍କରେ ବହୁ କଳ୍ପନା ଜଳ୍ପନା ସାହିତ୍ୟିକ ମହଲରେ ଶତାବ୍ଦୀ ଶତାବ୍ଦୀ ବ୍ୟାପୀ ଉତ୍କୀର୍ଣ୍ଣ। ତାଙ୍କ ପ୍ରେମ ବିବାହରେ ସେ କେତେଦୂର ସୁଖୀ ଥିଲେ ଏବଂ ଏହାର ପ୍ରଭାବ ତାଙ୍କ ନାଟକ ଓ କବିତାରେ ପଡିଛି କି ନାହିଁ ଏହା ଗବେଷଣାର ବିଷୟବସ୍ତୁ।

ଆନେଙ୍କ ପୃଥିବୀ ଉଇଲିଅମଙ୍କ ଠାରୁ ସମ୍ପୂର୍ଣ୍ଣ ଭିନ୍ନ ଥିଲା। ଘରେ ବିମାତା ଓ ଭାଇ ଭଉଣୀ। ସେମାନେ ପ୍ରୋଟେଷ୍ଟାଣ୍ଟପନ୍ଥୀ ଥିଲେ। ମାତ୍ର ଉଇଲିଅମଙ୍କ କ୍ୟାଥଲିକ ଧର୍ମ ପ୍ରତି ଅନୁରକ୍ତି ରହିଥିଲା।

ନାଟକରେ ପ୍ରେମ ଓ ବିବାହର ଚିତ୍ର

ସେ ତାଙ୍କ ବହୁ ନାଟକ, ବିଶେଷତଃ 'ଆଜ୍ ୟୁ ଲାଇକ୍ ଇଟ୍'ରେ ତରୁଣ ପ୍ରେମିକର ହାସ୍ୟାସ୍ପଦ ଅବସ୍ଥାକୁ ବ୍ୟଙ୍ଗ କରିଛନ୍ତି,

And I remember kissing her batler, and the cow's dug that her pretty chapped hands had milked....

ପ୍ରଣୟୀ ଯୁଗଳଙ୍କ ପ୍ରେମ ସମ୍ପର୍କ ଦ୍ରୁତ ଗତିରେ ବଢିଚାଲିଛି। ଭିନ୍ନ ପରିସ୍ଥିତି ହେତୁ ଆନେଙ୍କ ଗୃହରେ ହିଁ ଏହା ଶୀର୍ଷ ସ୍ଥାନରେ ଉପନୀତ ହୋଇଛି। ଏହାର ପ୍ରତିଲିପି 'ଆଜ୍ ୟୁ ଲାଇକ୍ ଇଟ୍' ନାଟକରେ ଦେଖିବାକୁ ମିଳେ।

When and where and how
we met, we wooed, and made exchange of vow
I'll tell thee as we pass.....

ବୋଧେ ଅଠର ବର୍ଷର କିଶୋର ସାଧାରଣତଃ ବିବାହ ବନ୍ଧନରେ ଆବଦ୍ଧ ହେବା ପାଇଁ ଆଗ୍ରହ ପ୍ରକାଶ କରିନାହାନ୍ତି। ତେବେ ଉଇଲିଅମ ଅବସ୍ଥା ଚକ୍ରରେ ବିବାହପାଇଁ ବାଧ୍ୟ ହୋଇଛନ୍ତି ଚାଳିଶ ପାଉଣ୍ଡର ଚୁକ୍ତି ପତ୍ର ଆଧାରରେ, ଯାହା ସେ ସମୟରେ ଏକ ବୃହତ ପରିମାଣ ଥିଲା, ଷ୍ଟ୍ରାଟ୍‌ଫୋର୍ଡ ସ୍କୁଲ ଶିକ୍ଷକଙ୍କ ଦୁଇ ବର୍ଷର ବେତନ ଥିଲା।

ତାଙ୍କ ଆକସ୍ମିକ ବିବାହର ପ୍ରତିଧ୍ୱନି ଦେଖିବାକୁ ମିଳେ ରୋମିଓ ଆଣ୍ଡ ଜୁଲିଏଟ ନାଟକରେ। ରୋମିଓ ପ୍ରଥମ ଲରେନ୍ସଙ୍କୁ କହିଛନ୍ତି,

But this I pray
that thou consent to marry us today......

ରୋମିଓ ଜୁଲିଏଟଙ୍କ ବିବାହ ପାଇଁ ବ୍ୟସ୍ତତାରେ ପରିଦୃଷ୍ଟ ଶ୍ଳେଷ, ବ୍ୟଙ୍ଗ,

ତୀବ୍ରତା ଓ ଅଶ୍ରଦ୍ଧା ଉଇଲିଅମଙ୍କ ଅନୁରୂପ ଅଭାବନୀୟ ବିବାହର ପ୍ରତିଛବି। ଅତିଶୀଘ୍ର ଚପଳମତି ଉଇଲିଅମଙ୍କ ବିବାହର ସ୍ୱପ୍ନଭଙ୍ଗ ଘଟିଛି ବାସ୍ତବତାର ଶକ୍ତ ପ୍ରହାରରେ। ଗଭୀର ପଶ୍ଚାତ୍ତାପରେ ତାଙ୍କ କୋମଳ ପ୍ରାଣ ଆଲୋଡ଼ିତ ହୋଇଛି। 'ହେନରୀ ସିକ୍‌ସ୍‌ଥ', ପ୍ରଥମ ଭାଗ ନାଟକରେ ଅନୁରୂପ ଭାବେ ବର୍ଣ୍ଣିତ ହୋଇଛି ସାଗ୍ରହ ବିବାହ ବନାମ ଜବରଦସ୍ତ ବିବାହ ସମ୍ପର୍କରେ।

For what is wedlock forced but a hell,
An age of discord and continual strife
whereas the contrary bringeth bliss
And is a pattern of celestial peace.

ଉଇଲିଅମ ପରେ ଉପଲବ୍ଧି କରିଛନ୍ତି ଯେ, ଜବରଦସ୍ତ ବିବାହ କଦାପି ସଫଳ ହୁଏ ନାହିଁ। ହେନରୀ ଷଷ୍ଠ, ତୃତୀୟ ଭାଗ ନାଟକରେ ଗ୍ଲୋସେଷ୍ଟାରର ରିଚାର୍ଡ୍‌ଙ୍କ କୁଟିଳ ବକ୍ତବ୍ୟ , 'yet hasty marriage seldom proveth well', ନାଟ୍ୟକାରଙ୍କ ପାଇଁ ପ୍ରଯୁଜ୍ୟ। 'ଟ୍ୱେଲ୍ଫଥ ନାଇଟ' ନାଟକରେ କାଉଣ୍ଟ ଆର୍ସିନୋଙ୍କ ଉପଦେଶ,

Let still the woman take
An elder than herself,
so wears to him. So sways she level in her husband's heart,

ଏହା ସେକ୍‌ସପିଅରଙ୍କ ନିଜସ୍ୱ ବୈବାହିକ ଦୁଃସ୍ଥିତିର କିଂଚିତ୍ ସୂଚନା ଦିଏ।

ନିଶ୍ଚିତ ରୂପେ, ଏହି ସବୁ ବାକ୍ୟର ନିର୍ଦ୍ଦିଷ୍ଟ ନାଟକୀୟ ପ୍ରସଙ୍ଗ ରହିଛି, କିନ୍ତୁ ଉପର୍ଯ୍ୟୁକ୍ତ ସଂଳାପ ଏପରି ଜଣେ ନାଟ୍ୟକାରଙ୍କ ଦ୍ୱାରା ଲେଖା ଯାଇଛି ଯିଏ ଅଠର ବର୍ଷ ବୟସରେ ନିଜ ଠାରୁ ଆଠ ବର୍ଷ ବଡ ଯୁବତୀଙ୍କୁ ବିବାହ କରିଥିଲେ ଓ ତାଙ୍କୁ ଷ୍ଟ୍ରାଟ୍‌ଫୋର୍ଡରେ ଛାଡି ଲଣ୍ଡନ ଚାଲି ଯାଇଥିଲେ। ନିଜ ଜୀବନର ଦୁଃଖଦ ସ୍ଥିତି, ମନସ୍ତାପ, ଏକାକୀତ୍ୱକୁ ନଜରଅନ୍ଦାଜ କରି ଅର୍ସିନୋଙ୍କ ପାଇଁ ଏପରି ଶବ୍ଦାବଳୀ କେହି ଲେଖି ପାରିବେ କି ?

କିନ୍ତୁ ବିବାହ ସମୟର ତାଙ୍କ ସଠିକ ମାନସିକ ଅବସ୍ଥାର ଚିତ୍ର ସୁସ୍ପଷ୍ଟ ଭାବେ ନାଟକ ମାନଙ୍କରେ ବର୍ଣ୍ଣିତ ହୋଇନାହିଁ ଏବଂ ପତ୍ନୀଙ୍କ ପ୍ରତି ତାଙ୍କ ମନୋବୃତ୍ତି କେବଳ ଅନୁମାନ କରିହୁଏ। ବିବାହ ପାଇଁ ଅନୁମତି ପତ୍ର ଓ ଶେଷ ଇଚ୍ଛା ପତ୍ର ମଧ୍ୟରେ ନିଜ ସ୍ତ୍ରୀଙ୍କ ସହ ସମ୍ପର୍କ ବିଷୟରେ, ପ୍ରଗଳ୍‌ଭ ସେକ୍‌ସପିଅର କୌଣସି ଆଭାସ ରଖିନାହାନ୍ତି। ଆନେଙ୍କ ପାଇଁ କୌଣସି ପ୍ରେମ ପତ୍ର, ଦାମ୍ପତ୍ୟ ସୁଖ କିମ୍ବା ଦୁଃଖର କୌଣସି ପ୍ରମାଣ,

କୌଣସି ଉପଦେଶ ବା ଆର୍ଥିକ କାରବାର ବିଷୟରେ କିଛି ସନ୍ଦେଶ ବି ଉପଲବ୍ଧ ନୁହେଁ। ଏ ମହାନ ନାଟ୍ୟକାର ଲେଖିଥିବା ଗୋଟିଏ ବି ଶବ୍ଦ ଆନେ ପଢି ପାରିନାହାନ୍ତି। ତଥାପି ଆନେଙ୍କୁ ଯେ ସେ ମୋଟେ ଭଲ ପାଉ ନଥିଲେ, ଏପରି କହିବା ସତ୍ୟର ଅପଳାପ ହେବ। ପ୍ରତି ବର୍ଷ ଆନେ ଓ ପରିବାରକୁ ଦେଖିବା ପାଇଁ ସେ ଷ୍ଟ୍ରାଟ୍‌ଫୋର୍ଡ ଆସିଛନ୍ତି। ସେମାନଙ୍କ ପାଇଁ ନୂଆ ଘର ତୋଳି ଦେଇଛନ୍ତି। ହୃଦୟ କନ୍ଦରରେ ଆନେଙ୍କ ପାଇଁ ତଥାପି କିଛି ପ୍ରେମ ସଂଗୁପ୍ତ ରହିଛି। କରିଓଲେନସ ନାଟକରେ ଏକ ଚରିତ୍ର କହିଛି,

I loved the maid I married, never man sighed truer breath.

କିନ୍ତୁ ସେକ୍‌ସପିଅର ଯେ ତାଙ୍କୁ ମାନସ ରାଜ୍ୟରୁ ବହିଷ୍କାର କରିଛନ୍ତି, ଏଥିରେ ସନ୍ଦେହର ଅବକାଶ ନାହିଁ।

ଜୁଲିଅସ ସିଜର ନାଟକରେ ବ୍ରୁଟସ୍‌ଙ୍କ ସ୍ତ୍ରୀ ପୋର୍ସିଆ ଅଭିଯୋଗ କରନ୍ତି ଯେ, ସ୍ୱାମୀଙ୍କ ଅନ୍ତର୍ଜୀବନ ତାଙ୍କ ପାଇଁ ବନ୍ଦ ହୋଇଯାଇଛି। ଯଦିଓ ସ୍ୱାମୀଙ୍କ ଶଯ୍ୟାରୁ ସେ ବଞ୍ଚିତ ହୋଇନାହାନ୍ତି, ତେବେ ଅନ୍ତର୍ଜୀବନରୁ ବହିଷ୍କାର ତାଙ୍କୁ ଏକ ବେଶ୍ୟାର ଅନୁଭବ ଦେଇଛି।

Am I yourself

But as it were in sort or limitation? To keep with you at meals, comfort your bed,

And talk to you sometimes?

Dwell I but in the suburbs of your good pleasure? If it be no more, Portia is Brutus' harlot, not his wife.

୧୫୮୦ ରେ ଷ୍ଟ୍ରାଟ୍‌ଫୋର୍ଡରେ ବିବାହ ବିଚ୍ଛେଦ ପ୍ରଚଳିତ ନଥିଲା। ସେ ସମୟର ସମସ୍ତ ବ୍ୟକ୍ତିଙ୍କ ପରି ଉଇଲିୟମ୍ ସାରା ଜୀବନ ଆନେଙ୍କ ସହ ଅତିବାହିତ କରିବା ନିମନ୍ତେ ବିବାହ କରିଥିଲେ, ବିବାହ ସୁଖପ୍ରଦ ହେଉ ବା ଦୁର୍ଭାଗ୍ୟପୂର୍ଣ୍ଣ, ଏଥିରେ କୌଣସି ଫରକ ନଥିଲା। ତେବେ ଏପରି ଆଭିମୁଖ୍ୟର ବିପରୀତରେ 'ଏଥେଲୋ' ନାଟକରେ ସେକ୍‌ସପିଅରଙ୍କ ଏକ ଅବିସ୍ମରଣୀୟ ଚରିତ୍ର ଡେସଡେମୋନାଙ୍କ ବିବାହରେ ନିଜସ୍ୱ ଦୃଢ ଉପସ୍ଥିତି ଲକ୍ଷଣୀୟ।

That I did love the moor to live with him,

my downright violence and storm of fortunes may trumpet the world.

ସେକ୍‌ସପିଅରଙ୍କ ବିଶିଷ୍ଟ ମିଳନାନ୍ତକ ନାଟକ 'ଆଜ ୟୁ ଲାଇକ ଇଟ' ନାଟକରେ ନିଖୁଣ ରୂପେ ବର୍ଣ୍ଣିତ ହୋଇଛି ବିବାହ ପୂର୍ବରୁ ପ୍ରେମାସ୍ପଦଙ୍କ ପୂର୍ବରାଗ କଥନ। 'Men are April when they woo, December when they wed'. Maids are May when they are maids, but the sky changes when they are wives', ପ୍ରେମିକା ରୋଜାଲିଣ୍ଡ କହିଛି ପ୍ରେମିକ ଅର୍ଲାଣ୍ଡୋଙ୍କୁ। 'ମଚ ଆଡୋ ଆବାଉଟ ନଥିଙ୍ଗ' ନାଟକରେ ନାୟିକା ବେଆଟ୍ରିସଙ୍କ ପୂର୍ବରାଗ, ବିବାହ, ଅନୁଶୋଚନାର ବର୍ଣ୍ଣନା ଖୁବ୍ ମର୍ମସ୍ପର୍ଶୀ।

ସେକ୍‌ସପିଅର ବିବାହ ମାଧ୍ୟମରେ ଦୀର୍ଘସ୍ଥାୟୀ ସୁଖ ପ୍ରାପ୍ତି ହୁଏ ବୋଲି ବିଶ୍ୱାସ କରନ୍ତି ନାହିଁ। 'ଆଜ ୟୁ ଲାଇକ ଇଟ' ଏକ ସଫଳ ନାଟକ ଯେହେତୁ ନାୟକ ନାୟିକାଙ୍କ ଭବିଷ୍ୟତ ଗୃହୀ ଜୀବନର ରୂପରେଖ ଏଠାରେ ବର୍ଣ୍ଣିତ ନୁହେଁ। 'ମେଜର ଫର ମେଜର' ଓ 'ଅଲ ଇଜ ୱେଲ ଦାଟ ଏଣ୍ଡସ ୱେଲ' ନାଟକରେ ସମସ୍ତ ବିବାହ ବିଭିନ୍ନ ଚରିତ୍ରମାନଙ୍କ ଉପରେ ଜବରଦସ୍ତ ଲଦି ଦେବା ପରି ମନେ ହୁଏ, ଏଣୁ ଆକାଂକ୍ଷିତ ଆନନ୍ଦ ସର୍ବଦା ବିଡମ୍ବିତ।

ସେକ୍‌ସପିଅରଙ୍କ ଦୁଇ ମହାନ୍ ନାଟକ 'ହାମଲେଟ' ଓ 'ମାକ୍‌ବେଥ୍'ରେ ଦମ୍ପତିଙ୍କ ବୈବାହିକ ସୁଖ କିଛି ମାତ୍ରାରେ ବର୍ଣ୍ଣିତ ହୋଇଛି, କିନ୍ତୁ ଏହା ଏତେ ଅଦ୍ଭୁତ ଯେ, କଳ୍ପନା କରିହୁଏ ନାହିଁ। ହାମଲେଟର ଖଳ ଚରିତ୍ର ରାଜା କ୍ଲାଡିଆସ ସମସ୍ତ ଅପରାଧ ପ୍ରବଣ କାର୍ଯ୍ୟରେ ବେଶ ଧୂର୍ତ୍ତ, କିନ୍ତୁ ରାଣୀ ଗେର୍ଟ୍ରୁଡ୍‌ଙ୍କ ସମ୍ପର୍କରେ ଖୁବ କୋମଳ। 'She is so conjunctive to my life and soul', ସେ ଲର୍ଟେସଙ୍କୁ କହିଛନ୍ତି। ରାଣୀ ବି ତାଙ୍କ ପ୍ରତି ଅତ୍ୟନ୍ତ ବିଶ୍ୱସ୍ତ ଜଣାଯାଆନ୍ତି ଓ ହାମଲେଟଙ୍କୁ ପୋଷ୍ୟପୁତ୍ର କରିବା ନିମନ୍ତେ କ୍ଲାଡିଅସଙ୍କ ପ୍ରସ୍ତାବକୁ ସେ ଅନୁମୋଦନ କରନ୍ତି। ଯେତେବେଳେ ଲର୍ଟେସ ନିରୁଦ୍ଦିଷ୍ଟ ପିତା ପଲୋନିୟସଙ୍କ ସନ୍ଧାନ ପାଇଁ ରାଜପ୍ରାସାଦ ମଧ୍ୟରେ ପ୍ରବେଶ କରନ୍ତି, ଗେର୍ଟ୍ରୁଡ୍ ଖୁବ ସାହସିକତାର ସହ ରାଜାଙ୍କୁ ବଞ୍ଚାନ୍ତି ଓ ପରୋକ୍ଷରେ ନିଜ ପୁତ୍ର ହାମଲେଟ ହିଁ ପଲୋନିଅସଙ୍କ ହତ୍ୟାକାରୀ ବୋଲି ଦର୍ଶାନ୍ତି। ପୁନର୍ଲବ୍ଧ ନୃଶଂସ ସ୍ୱାମୀଙ୍କୁ ପୁତ୍ର ବିନିମୟରେ ବଞ୍ଚାଇବା ପାଇଁ କାର୍ପଣ୍ୟ କରନ୍ତି ନାହିଁ। ପରିଶେଷରେ ସମସ୍ତ ମୁଖ୍ୟ ଚରିତ୍ରଙ୍କ ନିଧନରେ ନାଟକର ପରିସମାପ୍ତି ଘଟେ।

'ମାକ୍‌ବେଥ୍' ନାଟକରେ ବର୍ଣ୍ଣିତ ପତି ପତ୍ନୀଙ୍କ ଆପାତତଃ ନିବିଡ ସମ୍ପର୍କ ହୋଇପଡ଼ିଛି ଅତ୍ୟନ୍ତ ଭୀତିପ୍ରଦ। ମାକ୍‌ବେଥ୍ ବାଂକ୍ୱଙ୍କୁ ହତ୍ୟା କରିବା ପରେ ନୈଶ ଭୋଜିରେ ତାଙ୍କ ପ୍ରେତାତ୍ମାଙ୍କୁ ଚୌକିରେ ବସିଥିବା ଦେଖି ଭୟରେ ଶିହିରି ଉଠିଛନ୍ତି। ଏ ସମୟରେ ତାଙ୍କ ପତ୍ନୀ ପ୍ରଚଣ୍ଡ ଖଳ ନାୟିକା ଲେଡି ମାକ୍‌ବେଥ୍ ତାଙ୍କୁ ଅତିଥି

ମାନଙ୍କ ସମକ୍ଷରେ ଘଣ୍ଟ ଘୋଡାଇବା ପାଇଁ ଚେଷ୍ଟା କରିଛନ୍ତି । ପରେ ମାକ୍‌ବେଥ୍‌ଙ୍କର ପୌରୁଷକୁ ଆକ୍ଷେପ କରି ପରିସ୍ଥିତିର ସମ୍ମୁଖୀନ ହେବା ପାଇଁ କଟୂକ୍ତି କରିଛନ୍ତି । ପରେ ରାଜା ମାକଡ଼ଫଙ୍କୁ ହତ୍ୟା କରିବା ପାଇଁ ଯୋଜନାରେ ସାମିଲ ହୋଇଛନ୍ତି ଓ ଏଥିନିମନ୍ତେ ସ୍ୱାମୀଙ୍କୁ ଅନୁପ୍ରେରିତ କରିଛନ୍ତି ।

'ଦ ଟେମ୍ପେଷ୍ଟ' ନାଟକରେ କନ୍ୟା ମିରାଣ୍ଡାଙ୍କୁ ପ୍ରେମ କରୁଥିବା ଯୁବକଙ୍କୁ ପ୍ରସ୍ପେରୋଙ୍କ କଡା ଉପଦେଶରେ ସେକ୍‌ସପିଅରଙ୍କ ନିଜ ପ୍ରାକ୍ ବିବାହ ଯୌନାଚାର ତଥା ଅସୁଖୀ ଦାମ୍ପତ୍ୟ ଜୀବନର ସଂକେତ ଉପଲବ୍ଧ । 'ଆଣ୍ଟୋନୀ ଓ କ୍ଲିଓପାଟ୍ରା' ତାଙ୍କ ସୃଷ୍ଟିର ସର୍ବଶ୍ରେଷ୍ଠ ପ୍ରେମିକ ପ୍ରେମିକା । ସେମାନେ ପାରମ୍ପରିକ ବିବାହ ବନ୍ଧନରେ ଆବଦ୍ଧ ନଥିଲେ, ବରଂ ପରକୀୟା ପ୍ରୀତିର ଶ୍ରେଷ୍ଠ ପୂଜାରୀ ଥିଲେ । ଏଣୁ ଗତାନୁଗତିକ ପ୍ରେମ ଜୀବନ ଯେ ସାଂସାରିକ ସୁଖର ଏକମାତ୍ର ଆଧାର, ଏପରି ଚିନ୍ତାଧାରାରେ ବିଶ୍ୱାସୀ ନଥିଲେ ସେକ୍‌ସପିଅର ପ୍ରେମ ଓ ପ୍ରଣୟରେ ନିଜ ତିକ୍ତ ଅଭିଜ୍ଞତା ଆଧାରରେ ।

ବିବାହ, ନିଶ୍ଚିତ ରୂପେ, ସେକ୍‌ସପିଅରଙ୍କ ଅତ୍ୟନ୍ତ ପ୍ରଭାବଶାଳୀ ବିଷୟବସ୍ତୁ । ପ୍ରାୟ ସମସ୍ତ ନାଟକରେ ବିବାହ ପ୍ରସ୍ତାବ, ଏହାର ଆନୁଷଙ୍ଗିକ କାର୍ଯ୍ୟକ୍ରମ, ବିବାହବିଚ୍ଛେଦ ଅଥବା ବିଭିନ୍ନ ଆକାରରେ ସଂଘଟିତ ବିବାହ ପରିଦୃଷ୍ଟ । ଅବଶ୍ୟ 'ଏ ମିଡ ସମର ନାଇଟ୍ସ ଡ୍ରିମ' ନାଟକରେ ଲିସାଣ୍ଡରର ଉକ୍ତି, 'path of true love never did run smooth' ପ୍ରଣିଧାନଯୋଗ୍ୟ । ଏହା ହିଁ ସେକ୍‌ସପିଅରଙ୍କ ଈପ୍ସିତ ବିଷୟ ।

ବୈବାହିକ ଆନନ୍ଦ ପ୍ରାପ୍ତିର ପଥ ଏପରି ଭ୍ରମାତ୍ମକ ଯେ, ଅତ୍ୟନ୍ତ ଖଳ ଚରିତ୍ର ମାକ୍‌ବେଥ ଓ ଲେଡି ମାକ୍‌ବେଥଙ୍କ ବିବାହ ସବୁଠାରୁ ଖୁସିର ବିବାହ ବୋଲି ଦର୍ଶାଯାଇଛି । କିନ୍ତୁ ସୁଖର ଆତିଶଯ୍ୟରେ ପରିସମାପ୍ତ ନୁହେଁ , ବରଂ ହତ୍ୟାର ବିଭୀଷୀକାରେ ନଇଁ ଆସିଛି ଏହାର ଶେଷ ଯବନିକା ।

'ମେଜର ଫର ମେଜର', 'ଟ୍ୱେଲ୍ଥ ନାଇଟ', 'ମେର୍ଚ୍ଚାଣ୍ଟ ଅଫ ଭେନିସ' ଇତ୍ୟାଦି ନାଟକରେ ବହୁ ବିବାହ ପରିଲକ୍ଷିତ । ଦର୍ଶକଗଣ ନାଟକର ଶେଷରେ ମିଳନ ସଂଦର୍ଶନରେ ନାଟକୀୟ ଆନନ୍ଦ ପାଇ ବିଭୋର । କିନ୍ତୁ ଏ ସବୁ ବିବାହ କେତେ ଦୂର ସଫଳ ତାହା ଅନୁମାନ ମଧ୍ୟରେ ହିଁ ପର୍ଯ୍ୟବସିତ । ସେକ୍‌ସପିଅରଙ୍କ ନାଟକରେ ସାର୍ଥକ, ପରସ୍ପରର ପରିପୂରକ ବିବାହ ପ୍ରାୟ ଦୁଷ୍ପ୍ରାପ୍ୟ । ଏପରିକି ମାକ୍‌ବେଥ ନାଟକ ପର୍ଯ୍ୟାଲୋଚନା କଲେ ଜଣାଯାଏ କି ସାମଗ୍ରୀକ ଭାବେ ଲେଡି ମାକ୍‌ବେଥଙ୍କ ପ୍ରଭାବ ଦୁଃଖଦ । ଏହି ନାଟକର ଅଗ୍ରଗତି ମଧ୍ୟରେ ପତି ପତ୍ନୀଙ୍କ ଭିତରେ ପ୍ରତିଷ୍ଠିତ ନିବିଡ଼ ସମ୍ପର୍କ କ୍ରମଶଃ ମିଳାଇ ଯାଏ; ଉଚ୍ଚାକାଂକ୍ଷାର ଉଦଗ୍ର କାମନା ଯାବତୀୟ ଧ୍ୱଂସଲୀଳା ସଂରଚନା କରେ ।

ଆଣ୍ଟୋନୀ ଓ କ୍ଲିଓପାଟ୍ରାଙ୍କ ମଧ୍ୟରେ ଥିବା ଜାନ୍ତବ ପ୍ରେମ ସୁସ୍ପଷ୍ଟ, ଏବଂ ଏହାଦ୍ୱାରା ସେମାନଙ୍କର କୌଣସି ହିତ ସାଧିତ ହୁଏ ନାହିଁ। ମୁଖ୍ୟତଃ ଦୈହିକ ପ୍ରେମର ଆକର୍ଷଣରେ ପ୍ରତିଷ୍ଠିତ ସେମାନଙ୍କ ସମ୍ପର୍କ ଧ୍ୱଂସଲୀଳାର ଆବାହନୀ ଶୁଣାଇଛି। ଆଦର୍ଶ ପ୍ରେମ ଏପରି ଏକ ଅଳୀକ ପରିବେଷ୍ଟନୀରେ ତିଷ୍ଠି ରହେନାହିଁ।

ସେକ୍ସପିଅର ଆନ୍ତଃ ସାଂସ୍କୃତିକ ବିବାହର ଚିତ୍ର ବି ପ୍ରଦାନ କରିଛନ୍ତି। ଆଣ୍ଟୋନୀ ଓ କ୍ଲିଓପାଟ୍ରା, ଏଥେଲୋ ଓ ଡେସଡେମୋନା ଏହାର ଉଦାହରଣ। ଏଥେଲୋ ଓ ଡେସଡେମୋନାଙ୍କ ବିବାହରେ ଗୋଷ୍ଠୀଗତ ବୈଷମ୍ୟ ସହ ବୟସର ତାରତମ୍ୟ ଦେଖିବାକୁ ମିଳେ, ଯଦ୍ଦ୍ୱାରା ନାଟକର ପ୍ରାରମ୍ଭରୁ ହିଁ ଆଶଙ୍କା ସୃଷ୍ଟି ହୁଏ। ଏଠାରେ ନାୟକ ନାୟିକା ପରସ୍ପରର ବ୍ୟକ୍ତିତ୍ୱ ବୁଝିବା ପାଇଁ ଆବଶ୍ୟକ ସୁଯୋଗ ପାଇ ନାହାନ୍ତି, ତେଣୁ ଭବିଷ୍ୟତ ନୈରାଶ୍ୟ ତଥା ଚରମ ବିପର୍ଯ୍ୟୟକୁ ଆହ୍ୱାନ କରିଛି। ବିବାହର ଦୁର୍ବଳ ଭିତ୍ତିଭୂମି ସହ ଇଆଗୋ ପରି ଏକ ଖଳ ଚରିତ୍ରକୁ ପ୍ରଶ୍ରୟ ଦେବା ମାଧ୍ୟମରେ ସେମାନଙ୍କର ଗଭୀର ପ୍ରେମ ଧ୍ୱସ୍ତ ବିଧ୍ୱସ୍ତ ହୋଇଯାଇଛି।

'କିଙ୍ଗ ଲିଅର' ନାଟକରେ ସେକ୍ସପିଅର ସ୍ନେହ ପ୍ରେମକୁ ସମ୍ପତ୍ତି ଓ କ୍ଷମତାର ବଳୟରେ ପ୍ରବେଶ କରାଇଛନ୍ତି। ପରିତାପର ବିଷୟ ପ୍ରେମର ବିଜୟ ଘଟିନାହିଁ। ଦୁଃଖ ଦୈନ୍ୟ ବହୁ ସ୍ଥଳରେ ଅସହ୍ୟ ହୋଇଛି ଓ ଗ୍ରୀକ ବିୟୋଗାନ୍ତକ ନାଟକର ରୂପ ନେଇଛି। ଦର୍ଶକ ବୃଦ୍ଧ ରାଜାଙ୍କ ଅପରିସୀମ ଦୁଃଖରେ ଆଲୋଡିତ ହୋଇଛି, ଅକୃତଜ୍ଞ, ଛଳନାମୟୀ କନ୍ୟା ଗନେରିଲ ଓ ରେଗାନଙ୍କ ବର୍ବରତାରେ କ୍ରୁଦ୍ଧ ହୋଇଛି, ସେମାନଙ୍କ ମିଥ୍ୟା ବିବାହ ବନ୍ଧନର ଆବିଳତାରେ ମର୍ମାହତ ହୋଇଛି।

ସେକ୍ସପିଅରଙ୍କ ନାଟକରେ ପୁରୁଷ ଓ ସ୍ତ୍ରୀଙ୍କ ପ୍ରେମର ପରିଣତି ବିବାହ ବନ୍ଧନ ଯାହା ସାଧାରଣତଃ ସାଂସାରିକ ସୁଖ ଅର୍ଜନର ସ୍ୱାଭାବିକ ଅବସ୍ଥା। 'Prince, thou art sad, get thee a wife, get thee a wife', 'ଟ୍ୱେଲ୍ଫଥ ନାଇଟ୍' ନାଟକର ବେନେଡିକ ଡନ ପେଡ୍ରୋଙ୍କୁ ଉପଦେଶ ଦେଇଛନ୍ତି। ଯଦିଓ ସେକ୍ସପିଅର ପରିବେଷଣ କରିଥିବା ବିବାହଗୁଡିକ ଆଦର୍ଶ ସ୍ଥାନୀୟ ନୁହେ, କିଛି ପ୍ରେମ ଆଦର୍ଶ ସ୍ଥାନୀୟ। ତେବେ ଶେଷ ଦୁଇ ନାଟକ 'ଦ ୱିଣ୍ଟରସ ଟେଲ' ଏବଂ 'ଦ ଟେମ୍ପେଷ୍ଟ'ରେ ଯଥାକ୍ରମେ ପେର୍ଡିଟା ଓ ଫ୍ଲୋରିଜେଲ ଏବଂ ମିରାଣ୍ଡା ଓ ଫର୍ଡିନେଣ୍ଡଙ୍କ ସମ୍ପର୍କରେ ସେକ୍ସପିଅର ଆଦର୍ଶ ପ୍ରେମର ସମ୍ୟକ ଚିତ୍ର ପ୍ରଦାନ କରିବା ପାଇଁ ଚେଷ୍ଟା କରିଛନ୍ତି। ଏହି ଦମ୍ପତି ଦ୍ୱୟ ପରସ୍ପର ପ୍ରତି ସମ୍ପୂର୍ଣ୍ଣ ଭାବେ ସମର୍ପିତ। ପ୍ରେମ ଏଠାରେ ଅପ୍ରତିଦ୍ୱନ୍ଦ୍ୱୀ, ବିନା ଦ୍ୱିଧାରେ ପରସ୍ପରକୁ ଭଲ ପାଇବା ଖୁବ ପ୍ରାଞ୍ଜଳ, ଏପରି କୌଣସି ସମସ୍ୟା ନାହିଁ ଯାହା ପ୍ରେମ ଓ ନିଷ୍ଠା ତଥା ପରସ୍ପରର ଆନୁଗତ୍ୟ ସମାଧାନ କରିନପାରେ।

ସାମାଜିକ ଅବସ୍ଥା

ଏଲିଜାବେଥିୟ ଇଂଲଣ୍ଡରେ ସାମାଜିକ ବ୍ୟବସ୍ଥା ମୁଖ୍ୟତଃ ରାଜା କିମ୍ବା ରାଣୀ, ସାମନ୍ତ ଶ୍ରେଣୀ, ଉଚ୍ଚ ବଂଶଜ, ମଧ୍ୟ ବିତ୍ତ ଶ୍ରେଣୀ, କ୍ଷୁଦ୍ର ଭୂମ୍ୟଧିକାରୀ, ଶ୍ରମଜୀବୀ ତଥା ଦରିଦ୍ର ବର୍ଗ ମଧ୍ୟରେ ବିଭାଜିତ ଥିଲା। କୌଣସି ବ୍ୟକ୍ତି ଜନ୍ମଗତ ଅଧିକାର କିମ୍ବା ରାଜା ରାଣୀଙ୍କ ସନନ୍ଦ ମାଧ୍ୟମରେ ସାମନ୍ତ ଶ୍ରେଣୀରେ ଅନ୍ତର୍ଭୁକ୍ତ ହେଉଥିଲେ। ଏଲିଜାବେଥ, ତାଙ୍କ ପିତା ହେନରୀ ଅଷ୍ଟମ, ପିତାମହ ହେନରୀ ସପ୍ତମଙ୍କ ସମୟରେ କ୍ୱଚିତ ସାମନ୍ତ ବର୍ଗଙ୍କୁ ସନନ୍ଦ ପ୍ରଦତ୍ତ ହୋଇଥିଲା, ଯେହେତୁ ସାମନ୍ତ ବର୍ଗଙ୍କୁ ସେମାନେ ନିଜ ପ୍ରତିଦ୍ୱନ୍ଦ୍ୱୀ ରୂପେ ବିବେଚନା କରୁଥିଲେ।

ସମ୍ଭ୍ରାନ୍ତ ବଂଶର ବ୍ୟକ୍ତିଗଣ କ୍ଷମତାଶାଳୀ ଧନୀକ ବର୍ଗଙ୍କୁ ପ୍ରତିନିଧିତ୍ୱ କରୁଥିଲେ। ସେମାନେ ଜୀବନଧାରଣ ପାଇଁ କାୟିକ କର୍ମ କରିବା ଆବଶ୍ୟକ ନଥିଲା। ସେମାନେ ଯୁଦ୍ଧରେ ନେତୃତ୍ୱ ଦେଉଥିଲେ, ସାହସୀ ଓ ବଳବାନ ଥିଲେ। ସେମାନଙ୍କ ସାମାଜିକ ପ୍ରତିଷ୍ଠାର ଚିତ୍ର ସେକ୍‌ସପିଅର ହେନରୀ ଷଷ୍ଠ, ପ୍ରଥମ ଭାଗ ନାଟକରେ ବର୍ଣ୍ଣନା କରିଛନ୍ତି।

When first this order was ordained, my lords,
Knights of garter were of noble birth,
valiant and virtuous, full of haughty courage,
Such as were grown to credit by wars,
Nor fearing death, nor shrinking from distress,
But always resolute in worst extremes........

କୃଷକ ଓ ବଣିକ ବର୍ଗ ମଧ୍ୟବିତ୍ତ ଶ୍ରେଣୀରେ ଅନ୍ତର୍ଭୁକ୍ତ ଥିଲେ। ଦରିଦ୍ର ବର୍ଗ କାୟିକ ପରିଶ୍ରମରେ ଜୀବନ ଅତିବାହିତ କରୁଥିଲେ। ନିହାତି ଦୁଃସ୍ଥ ଅକର୍ମଣ୍ୟ ବ୍ୟକ୍ତିଙ୍କୁ The Poor Act ଅନୁଯାୟୀ ସହାୟତା ପ୍ରଦାନର ବ୍ୟବସ୍ଥା ଥିଲା। ଯଦି କୌଣସି

ସକ୍ଷମ ଦରିଦ୍ର ବ୍ୟକ୍ତି ବିନା କାରଣରେ ପରିଶ୍ରମରୁ କ୍ଷାନ୍ତ ରହନ୍ତି, ସେମାନଙ୍କୁ ବିଭିନ୍ନ ଦଣ୍ଡ, ଏପରିକି ମୃତ୍ୟୁଦଣ୍ଡ ଦିଆଯାଉଥିଲା।

ସାମାଜିକବିଧି ବ୍ୟବସ୍ଥା ଖୁବ କଠୋର ଥିଲା। ପୁରୁଷ ବର୍ଗ ସ୍ତ୍ରୀ ବର୍ଗ ଠାରୁ, ବୟସ୍କ ଗଣ ତରୁଣ ମାନଙ୍କଠାରୁ, ଧନୀକ ଶ୍ରେଣୀ ଦରିଦ୍ରଙ୍କ ଠାରୁ, ଉଚ୍ଚ ବଂଶଜ ଇତର ମାନଙ୍କଠାରୁ ପ୍ରାଧାନ୍ୟ ବଜାୟ ରଖୁଥିଲେ। ସମ୍ଭ୍ରାନ୍ତ ଗଣ ଅନ୍ୟମାନଙ୍କ ଠାରୁ ଅନବରତ ସମ୍ମାନ ଦାବି କରୁଥିଲେ। ସେମାନଙ୍କ ପାଇଁ ଶ୍ରମର କୌଣସି ମୂଲ୍ୟ ନଥିଲା, ବରଂ କର୍ମମୁକ୍ତ ଅବସର ହିଁ କାମ୍ୟ ଥିଲା। ଗୋଟିଏ ଶ୍ରେଣୀରୁ ଉଚ୍ଚତର ଶ୍ରେଣୀକୁ ଉତ୍ଥାନ ଦୁରୂହ ବ୍ୟାପାର ଥିଲା। ସାମାଜିକ ବର୍ଗ ଜଣେ ବ୍ୟକ୍ତିର ସ୍ଥାନ, ପ୍ରତିପତ୍ତି ନିରୂପଣ କରୁଥିଲା। ସେମାନେ କେଉଁ କର୍ମଧନ୍ଦାରେ ନିୟୋଜିତ, ତାହାର ସୂଚନା ଦେଉଥିଲା। ଏହା ନିର୍ଦ୍ଦିଷ୍ଟ ବର୍ଗର ବ୍ୟକ୍ତିଙ୍କ ପୋଷାକ, ଅଳଙ୍କାର ଓ ଆସବାବପତ୍ର ବିଷୟରେ ବି ଇଂଗିତ କରୁଥିଲା।

ରାଣୀ ଏଲିଜାବେଥ୍ଙ୍କ ଅପରିସୀମ ପ୍ରଭାବ ହେତୁ ଷୋଡ଼ଶ ଶତାବ୍ଦୀର ଦ୍ୱିତୀୟାର୍ଦ୍ଧରେ ଇଂଲଣ୍ଡ ପ୍ରାୟତଃ ଆଭ୍ୟନ୍ତରୀଣ ଶୃଙ୍ଖଳା ସହ ବହୁବିଧ ବିକାଶ, ଭୌଗୋଳିକ ଆବିଷ୍କାର, ଆର୍ଥନୀତିକ ପ୍ରଗତିରେ ଉଲ୍ଲେଖନୀୟ ଅଗ୍ରଗତି ହାସଲ କରିଥିଲା। ଏହି ସମୟରେ ପୁରପଲ୍ଲୀରେ ବିଦ୍ୟାର୍ଥୀଙ୍କ ପାଇଁ ଗ୍ରାମାର ସ୍କୁଲ ସ୍ଥାପିତ ହୋଇ ଶିକ୍ଷା ଓ ପଠନ କ୍ରିୟାରେ ବୈପ୍ଳବିକ ପରିବର୍ତ୍ତନ ସଂଘଟିତ ହେଲା। ସମୁଦାୟ କିଶୋରଙ୍କ ଏକ ଦଶମାଂଶ ବିଦ୍ୟାଳୟରେ ଲାଟିନ ଓ ଗ୍ରୀକ ପରି ପ୍ରାଚୀନ ଭାଷାରେ କିଛି ବ୍ୟୁତ୍ପତ୍ତି ଲାଭ କରିବା ସହ ବାଇବଲ ଆଦି ଧର୍ମଗ୍ରନ୍ଥ ପଢ଼ି ପାରୁଥିଲେ। ଷୋଡ଼ଶ ଶତାବ୍ଦୀରେ ଅକ୍ସଫୋର୍ଡ, କେମ୍ବ୍ରିଜ ଆଦି ବିଶ୍ୱ ବିଦ୍ୟାଳୟ ଅଧୀନରେ ଥିବା କଲେଜ ସମୂହର ସଂଖ୍ୟା ଦ୍ୱିଗୁଣିତ ହୋଇଥିଲା। ଶିକ୍ଷିତବର୍ଗ କେବଳ ଧର୍ମଯାଜକ ରୂପେ ଜୀବିକା ନିର୍ବାହ କରୁନଥିଲେ, ଶାନ୍ତି ଶୃଙ୍ଖଳା ରକ୍ଷା କରିବା ଦାୟିତ୍ୱ ଠାରୁ ପାର୍ଲିଆମେଣ୍ଟର ସଦସ୍ୟ, ବଣିକ କିମ୍ବା ଭୂମ୍ୟଧିକାରୀ ରୂପେ ଆର୍ଥିକ, ରାଜନୈତିକ, ଧାର୍ମିକ କ୍ଷେତ୍ରରେ ନିଜ ସ୍ୱପ୍ନ ଓ ଆକାଂକ୍ଷାକୁ ପ୍ରକାଶ କରିବା ପାଇଁ ସମର୍ଥ ହୋଇଥିଲେ। ଶିକ୍ଷା ଓ ସାକ୍ଷରତା ବିନା ଧାର୍ମିକ ଅଭ୍ୟୁଦୟ, ରାଜନୈତିକ ଦଳମାନଙ୍କର ବିକାଶ, ନୂତନ ଚେତନାର ଅଭ୍ୟୁତଥାନ ସମ୍ଭବ ହୋଇ ନଥାନ୍ତା। ଉଇଲିଅମ ସେକ୍ସପିଅର, ଖ୍ରୀଷ୍ଟୋଫର ମାର୍ଲୋ, ଏଡ୍ମଣ୍ଡ ସ୍ପେନ୍ସର, ଫ୍ରାନ୍ସିସ୍ ବେକନ, ଜନ୍ ଡନ୍ ଆଦି ପ୍ରଥିତଯଶା ସାହିତ୍ୟିକଙ୍କ ଦ୍ୱାରା ସୃଷ୍ଟ ସାଂସ୍କୃତିକ ବିପ୍ଳବ ବି ମୁଖ୍ୟତଃ ଶିକ୍ଷାର ପ୍ରସାର ଓ ସାକ୍ଷରତାର ବୃଦ୍ଧି ହେତୁ ସମ୍ଭବପର ହୋଇଥିଲା।

ଏହି ସମୟରେ ଇଂରେଜ ନାବିକଗଣ ବିଭିନ୍ନ ଦୂର ଦେଶକୁ ଜଳଯାତ୍ରା କରି ନୂତନ ଭୂଖଣ୍ଡ ଆବିଷ୍କାର କରିବା ସହ ନୌବାଣିଜ୍ୟରେ ପ୍ରଭୂତ ଉନ୍ନତି ସାଧନ ନିମନ୍ତେ ସମର୍ଥ ହୋଇଥିଲେ। ରାଜ୍ୟ ମଧ୍ୟରେ ଦୁର୍ଭିକ୍ଷ ଅନୁଭୂତ ହେଉ ନଥିଲା ଏବଂ ପ୍ରଚୁର ଖାଦ୍ୟ ଉତ୍ପାଦନ ହେଉଥିଲା। ତେବେ ବିଭିନ୍ନ ସାମାଜିକବର୍ଗ ମଧ୍ୟରେ ଅତ୍ୟଧିକ ତାରତମ୍ୟ ହେତୁ ଜନତାର ବହୁଳାଂଶ ଦାରିଦ୍ର୍ୟରେ କାଳାତିପାତ କରୁଥିଲେ। ସ୍ୱଚ୍ଛଳବର୍ଗ ସେମାନଙ୍କ ପୁତ୍ର ସନ୍ତାନମାନଙ୍କୁ ବିଦ୍ୟାଳୟରେ ଶିକ୍ଷା ପ୍ରଦାନ ନିମନ୍ତେ ସୁଯୋଗ ପାଉଥିଲେ ମଧ୍ୟ ଦରିଦ୍ର ଜନସାଧାରଣ ଏହି ସୁଯୋଗରୁ ବଞ୍ଚିତ ଥିଲେ। କନ୍ୟାମାନଙ୍କ ପାଇଁ ଶିକ୍ଷା ବ୍ୟବସ୍ଥା ଅପହଞ୍ଚ ଥିଲା। କିଛି କର୍ମ ସମ୍ପାଦନ କରି ରୋଜଗାର ମାଧ୍ୟମରେ ପରିବାରକୁ ଭରଣପୋଷଣରେ ସାହାଯ୍ୟ କରିବା ପାଇଁ ତଥା ବିବାହ ନିମନ୍ତେ ଅର୍ଥ ସଞ୍ଚୟ ନିମନ୍ତେ କନ୍ୟାମାନଙ୍କୁ ନିୟୋଜନ କରାଯାଉଥିଲା।

ଶ୍ରମଜୀବୀମାନଙ୍କ ଜୀବନ ଚର୍ଯ୍ୟା କଷ୍ଟକର ଥିଲା। ସେ ସମୟରେ ଇଂଲଣ୍ଡର ପ୍ରାୟ ଶତକଡା ପଞ୍ଚାନବେ ଭାଗ ଜନତା ଗ୍ରାମାଞ୍ଚଳରେ ବସତି ସ୍ଥାପନ କରିଥିଲେ। ସେମାନେ ମୁଖ୍ୟତଃ କୃଷି କାର୍ଯ୍ୟରେ ନିୟୋଜିତ ଥିଲେ ଏବଂ ସୂର୍ଯ୍ୟୋଦୟଠାରୁ ସୂର୍ଯ୍ୟାସ୍ତ ଯାଏଁ ପରିଶ୍ରମ କରୁଥିଲେ। ବୟସ୍କ, ରୋଗଗ୍ରସ୍ତ, ଦୁଃସ୍ଥ ବ୍ୟକ୍ତିଗଣ ସମ୍ଭ୍ରାନ୍ତ ବ୍ୟକ୍ତିଙ୍କ ଦାନ ଓ କରୁଣାରେ ପ୍ରତିପାଳିତ ହେଉଥିଲେ। ବିଭିନ୍ନ ସମୟରେ ପ୍ଲେଗ୍ ପରି ମହାମାରୀ ବ୍ୟାଧି ଦ୍ୱାରା ସାଧାରଣ ଜନତା ପ୍ରପୀଡ଼ିତ ହେଉଥିଲେ। ଷୋଡ଼ଶ ଶତାବ୍ଦୀର ଶେଷ ଦଶକରେ ଇଂଲଣ୍ଡରେ ବିଭିନ୍ନ ଯୁଦ୍ଧ ହେତୁ ଆର୍ଥିକ ମାନ୍ଦାବସ୍ଥା ଅନୁଭୂତ ହେଉଥିଲା। ଏହା ସହ ମୂଲ୍ୟ ବୃଦ୍ଧି, କୃଷକ ଅଶାନ୍ତି, ଶସ୍ୟ ଉତ୍ପାଦନରେ ସ୍ୱଳ୍ପତା, ଅତ୍ୟଧିକ କର ହେତୁ ରାଣୀ ଏଲିଜାବେଥ ନିନ୍ଦିତ ହୋଇଥିଲେ। ସେ ୧୬୦୩ରେ ମୃତ୍ୟୁବରଣ କରିବା ବେଳେ ଇଂଲଣ୍ଡରେ ଯଦିଓ ସାଂସ୍କୃତିକ ଅଭ୍ୟୁଦୟ ସାଧିତ ହୋଇଥିଲା, ସାଧାରଣ ଜନତା ଦାରିଦ୍ର୍ୟ ଓ କ୍ଷୁଧାରେ ପ୍ରପୀଡ଼ିତ ଥିଲେ।

ଜନ୍ ସେକ୍ସପିଅର

ଜନ୍ ସେକ୍ସପିଅର ନିମ୍ନ ଭୂମ୍ୟଧିକାରୀ ତଥା ବଣିକ ବର୍ଗରେ ପରିଗଣିତ ହେଉଥିଲେ। ତାଙ୍କ ପାଇଁ ସମ୍ଭ୍ରାନ୍ତ ଶ୍ରେଣୀର ଦ୍ୱାର ଉନ୍ମୁକ୍ତ ନଥିଲା। ୧୫୭୫ରେ ଷ୍ଟ୍ରାଟ୍‌ଫୋର୍ଡ଼ର ବୈଲିଫ୍ ବା ମେୟର ଥିବା ବେଳେ ସେ ସମ୍ଭ୍ରାନ୍ତ ବର୍ଗରେ ପରିଗଣିତ ହେବା ଉଦ୍ଦେଶ୍ୟରେ ଏକ କୋଟ ଅଫ ଆର୍ମସ ପାଇଁ ଲଣ୍ଡନର କଲେଜ ଅଫ ଆର୍ମସକୁ ଦରଖାସ୍ତ ଦେଇଥିଲେ।

୧୫୭୭ ପରେ ଜନଙ୍କ ଆର୍ଥିକ ପରିସ୍ଥିତିରେ କ୍ରମଶଃ ଅବନତି ପରିଲକ୍ଷିତ ହୋଇଛି। ଏତଦ୍ଦ୍ୱାରା ସେ କେବଳ ସାମାଜିକ ସ୍ତରରେ ପଦ ମର୍ଯ୍ୟାଦା ହରାଇ ନାହାନ୍ତି, ଉଇଲିଅମଙ୍କ ପାଠପଢା ବ୍ୟାହତ ହେବା ସହ ଭବିଷ୍ୟତ ବି ବିପର୍ଯ୍ୟସ୍ତ ହୋଇଛି। ଏହାର କାରଣ ଅନୁଧ୍ୟାନ କରିବାକୁ ହେଲେ ଜନଙ୍କ ଚରିତ୍ରର ସାମାନ୍ୟ ପର୍ଯ୍ୟାଲୋଚନା କରିବା ବାଞ୍ଛନୀୟ।

୧୬୮୦ ରେ ଉଇଲିଅମ ସେକ୍ସପିଅରଙ୍କ ଅସଯନ୍, ପଲ୍ଲବଗ୍ରାହୀ ଜୀବନୀ ଲେଖକ ଜନ ଅବରେ ବର୍ଣ୍ଣନା କରିଛନ୍ତି ଯେ, ଉଇଲିଅମ ତାଙ୍କ ପିତାଙ୍କ ପରି କଂସେଇ କାର୍ଯ୍ୟରେ ନିୟୋଜିତ ଥିଲେ। "When he killed a calf, he would do it in high style, and make a speech." ୧୫୭୮ ରେ ସ୍କୁଲ ଛାଡ଼ିବା ଠାରୁ ୧୫୯୨ ରେ ଲଣ୍ଡନରେ ଅଭିନେତା ଓ ନାଟ୍ୟକାର ରୂପେ ପରିଚିତ ହେବା ମଧ୍ୟରେ ସେ କେଉଁ ନିର୍ଦ୍ଦିଷ୍ଟ କାର୍ଯ୍ୟରେ ସଂଶ୍ଲିଷ୍ଟ ଥିଲେ, ତାହା ବି ଅବରେ ଠିକ କରି ପାରି ନାହାନ୍ତି। ଜନଙ୍କ ସମ୍ପର୍କରେ ସବିଶେଷ ବିବରଣୀ ବି ସେ ଦେଇ ନାହାନ୍ତି।

ଏହା ସୁସ୍ପଷ୍ଟ ଯେ, ଇତିମଧ୍ୟରେ ସେକ୍ସପିଅରଙ୍କ ବିବାହ ଅନୁଷ୍ଠିତ ହୋଇଛି ଏବଂ ପ୍ରଥମ କନ୍ୟା ସୁସାନା ଏବଂ ଯମଜ ସନ୍ତାନ ଦ୍ୱୟ ହାମନେଟ ଓ ଜୁଡିଥ ଜନ୍ମ

ଗ୍ରହଣ କରିଛନ୍ତି। ଏଣୁ ୧୫୮୫ ଯାଏଁ ଷ୍ଟ୍ରାଟ୍‌ଫୋର୍ଡ କିମ୍ବା ନିକଟବର୍ତ୍ତୀ ଅଂଚଳରେ ସେ ଉପସ୍ଥିତ ଥିବା ବେଶ ଅନୁମେୟ। ତେବେ ୧୫୮୫ ଠାରୁ ୧୫୯୨ ଯାଏଁ ତାଙ୍କର ଠିକଣା ବିଷୟରେ ଗବେଷକଗଣଙ୍କ ମତାନୈକ୍ୟ ରହିଛି। ଅଧିକାଂଶ ଗବେଷକ ଏହାକୁ ଲୁପ୍ତ ବର୍ଷ ସମୂହ (**Lost years**) ରୂପେ ଘୋଷଣା କରିଛନ୍ତି।

ଜନ୍ ସେକ୍‌ସପିଅର କଂସେଇ ନଥିଲେ, ଗ୍ଲୋଭ ପ୍ରସ୍ତୁତି, ଗ୍ଲୋଭ ଓ ଚମଡା ବ୍ୟବସାୟରେ ମୁଖ୍ୟତଃ ନିୟୋଜିତ ଥିଲେ ଏବଂ ଉଇଲିଅମ ଏଥିରେ ତାଙ୍କୁ ସାହାଯ୍ୟ କରୁଥିଲେ। ତାଙ୍କ ରୋମିଓ ଆଣ୍ଡ ଜୁଲିଏଟ, ଦ ୱିଣ୍ଟେରସ ଟେଲ, ହାମଲେଟ, ଜୁଲିୟସ ସିଜର ଆଦି ନାଟକରେ ଗ୍ଲୋଭ, ଚମଡା ଶବ୍ଦ ବହୁବାର ବ୍ୟବହୃତ ହୋଇଛି। ଜନ୍ ସେକ୍‌ସପିଅର ଷ୍ଟ୍ରାଟ୍‌ଫୋର୍ଡ ନିକଟରେ ଭୁସମ୍ପତ୍ତି କ୍ରୟ କରିଛନ୍ତି ଓ ବନ୍ଧକ ରଖିଛନ୍ତି। ପୌର ପରିଷଦର ବିଭିନ୍ନ ଉଚ୍ଚ ପଦବୀ ମଣ୍ଡନ ଓ ସୁଚାରୁ ସମ୍ପାଦନ ତାଙ୍କ ଚରିତ୍ରର ବିଶେଷତ୍ୱ।

ପିତାଙ୍କ ଦୃଢ ଇଚ୍ଛାଶକ୍ତି ଓ ବଳିଷ୍ଠ ଉଦ୍‌ଯୋଗ ଉଇଲିଅମଙ୍କ ଉପରେ ଯଥେଷ୍ଟ ପ୍ରଭାବ ପକାଇଛି। ୧୫୭୭ ପ୍ରାରମ୍ଭରେ ପୌର ବୈଠକ ହଠାତ ତ୍ୟାଗ କରିବା ପରେ ଜନ୍ ପୌର କାର୍ଯ୍ୟରେ ଆଉ ମନୋନିବେଶ କରିନାହାନ୍ତି। ତାଙ୍କ ଆର୍ଥିକ ଅବସ୍ଥା ବିପର୍ଯ୍ୟସ୍ତ ହୋଇଛି। ସେ କ୍ରମାଗତ ଭାବେ ସମ୍ପତ୍ତି ବିକ୍ରୟ କରିଛନ୍ତି ବା ବନ୍ଧକ ଦେଇଛନ୍ତି। ଋଣ ପରିଶୋଧର ପ୍ରକ୍ରିୟା ଆରମ୍ଭ ହେବା ଭୟରେ ଚର୍ଚ୍ଚରେ ଉପସ୍ଥିତ ହୋଇ ନାହାନ୍ତି। ରାଷ୍ଟ୍ରର ରୋଷ ଦୃଷ୍ଟିର ଶିକାର ହୋଇଛନ୍ତି, ଯଦିଓ ପ୍ରଭାବଶାଳୀ ବନ୍ଧୁମାନଙ୍କ ହେତୁ ବର୍ତ୍ତି ଯାଇଛନ୍ତି। ତାଙ୍କ ବ୍ୟକ୍ତିତ୍ୱ ଓ ଚରିତ୍ର ପ୍ରତି ଅନେକ ପ୍ରଶ୍ନବାଚୀ ସୃଷ୍ଟି ହୋଇଛି।

ଊନବିଂଶ ଶତାବ୍ଦୀର ଶେଷ ଦଶକ ମାନଙ୍କରେ ଗ୍ଲୋଭ ବ୍ୟବସାୟ କ୍ଷତିଗ୍ରସ୍ତ ହୋଇଥିଲା। ସରକାର ବି ବେଆଇନ ପଶମ ବ୍ୟବସାୟରେ ପ୍ରତିବନ୍ଧକ ଲଗାଇଥିଲେ। ଚର୍ଚ୍ଚରେ ନିୟମତ ଯୋଗଦାନ ନକରିବା ହେତୁ ସେ ନିଜ ପାଇଁ ଓ ଜାମିନଦାର ଜନ ଅଡ଼ଲିଙ୍ଗ ଙ୍କ ପାଇଁ ଚାଳିଶ ପାଉଣ୍ଡ ଜୋରିମାନା ବି ଦେଇଛନ୍ତି, ଯାହା ତାଙ୍କ ଆର୍ଥିକ ଅବସ୍ଥାକୁ ନିମ୍ନଗାମୀ କରାଇଛି।

ତେବେ ଅତ୍ୟଧିକ ମଦ୍ୟପାନ ଜନ୍‌ଙ୍କ ଚରିତ୍ରର ଏକ ବିଶେଷ ଦୁର୍ବଳତା। ମଦ୍ୟପାନ ବିରୁଦ୍ଧରେ ହାମଲେଟ ବ୍ୟଥାତୁର କଣ୍ଠରେ କହିଛନ୍ତି,

and indeed it takes
From our achievements, though performed at height,
The pith and marrow of our attribute.

ଜନଙ୍କୁ 'merry-cheeked old man' ରୂପେ ବର୍ଣ୍ଣନା କରାଯାଇଛି। ତେବେ ସେକ୍‌ସପିଅର ନିଜ ନାଟକମାନଙ୍କରେ ମଦ୍ୟପାନକୁ ନିନ୍ଦା କରିନାହାନ୍ତି। ବରଂ ଟ୍ୱେଲ୍ଫଥ ନାଇଟ ନାଟକରେ ଟୋବି ବେଲ୍‌ଚ କହିଛନ୍ତି, 'Dost thou think because thou art virtuous there shall be no more cakes and ale?'

ବିଭିନ୍ନ ପ୍ରଭାବ

ଏହା ସୁସ୍ପଷ୍ଟ ଯେ, ଷ୍ଟ୍ରାଟ୍‌ଫୋର୍ଡ ଗ୍ରାମାର ସ୍କୁଲରେ ଉଇଲିଅମ ପଢୁଥିବା ବେଳେ ଲାଟିନ ନାଟ୍ୟକାର ପ୍ଲାଟସ ଓ ଟେରେନ୍ସଙ୍କ ନାଟକ ଅଭିନୟ କରୁଥିଲେ। ଅକ୍ସଫୋର୍ଡ ରେ ପଢିଥିବା ଶିକ୍ଷକ ଥୋମାସ ଜେନକିନ୍ସ ଉଇଲିଅମଙ୍କ ଅଭିନୟରେ ପ୍ରଭାବିତ ହୋଇ ତାଙ୍କୁ ନାଟକ ଗୁଡିକର ମୁଖ୍ୟ ଚରିତ୍ର ପ୍ରଦାନ କରିଥିଲେ ଅଭିନୟ ନିମନ୍ତେ। ବାଲ୍ୟ କାଳରୁ ହିଁ ଉଇଲିଅମ ଅଭିନୟରେ ଆଗ୍ରହ ପ୍ରକାଶ କରୁଥିଲେ। ପାଞ୍ଚ ବର୍ଷ ବୟସରେ ସେ ଷ୍ଟ୍ରାଟ୍‌ଫୋର୍ଡକୁ ଆସିଥିବା କୁଇନ୍ସ ଦଳ ଓ ୱର୍ଷେଷ୍ଟର ଅର୍ଲଙ୍କ ଦଳ ଦ୍ୱାରା ଖୁବ ପ୍ରଭାବିତ ହୋଇଛନ୍ତି। ତାଙ୍କ ନାଟ୍ୟ ପ୍ରତିଭାର ଉନ୍ମେଷ ଘଟିଛି ଛାତ୍ରାବସ୍ଥାରୁ।

ସେକ୍‌ସପିଅରଙ୍କ ଜୀବନୀ ସମ୍ପର୍କିତ ତଥାକଥିତ ଆଠ ବର୍ଷର ଲୁପ୍ତ ଅବଧିକୁ ସମକାଳୀନ ଗବେଷକ ଗଣ ବିଶେଷ ଗୁରୁତ୍ୱ ଦିଅନ୍ତି ନାହିଁ। ବାସ୍ତବିକ ମନୁଷ୍ୟ ଜୀବନର କୌଣସି ବର୍ଷ ଲୁପ୍ତ ନୁହେ। ସେକ୍‌ସପିଅରଙ୍କ ଏ ସମୟର ଜୀବନ ପ୍ରବାହ ପ୍ରାଞ୍ଜଳ ଭାବେ ଲିଖିତ ହୋଇ ନାହିଁ, ଏହା ସତ୍ୟ, କିନ୍ତୁ ଅନୁସନ୍ଧିତ୍ସୁ ଦୃଷ୍ଟିକୋଣ ନେଇ ଏ ସମ୍ପର୍କରେ ଅନୁଧ୍ୟାନ କରାଯାଇପାରେ।

ସେ ପିଲାଦିନରୁ ହିଁ ଜଣେ ଭଲ ଅଭିନେତା ଥିଲେ। ପିତା ଜନ୍ ବି ଅଭିନୟକୁ ଭଲ ପାଉଥିଲେ ଏବଂ ଉଇଲିଅମଙ୍କୁ ନେଇ ଷ୍ଟ୍ରାଟ୍‌ଫୋର୍ଡ କିମ୍ବା ସନ୍ନିକଟ ସ୍ଥାନରେ ନାଟକ ଦେଖିବାକୁ ଯାଉଥିଲେ। ନାଟକ ଉଇଲିଅମଙ୍କ କୋମଳ ପ୍ରାଣରେ ଯେ ଖୁବ ପ୍ରଭାବ ପକାଇଥିଲା, ଏହା ଅନସ୍ୱୀକାର୍ଯ୍ୟ। ନାଟକର ଅଦ୍ଭୁତ ଯାଦୁ, କାଳ୍ପନିକ ସମୟ, ଚରିତ୍ର, ସ୍ଥାନର ମହିମା, ସଂଗୀତର ମାଦକତା, ପୋଷାକର ବୈଚିତ୍ର୍ୟ, ଉଚ୍ଚାଙ୍ଗ ସଂଳାପର ମାଧୁର୍ଯ୍ୟରେ ଉଇଲିଅମ ଭିନ୍ନ ଏକ ଦୁନିଆରେ ବିଚରଣ କରୁଥିଲେ।

ନୀତିଶାସ୍ତ୍ର ସମ୍ବଳିତ ନାଟକସବୁ ସମାଜରେ ଅଧିକ ପ୍ରଭାବ ବିସ୍ତାର କରୁଥିଲା। ପ୍ରୋଟେଷ୍ଟାଣ୍ଟ ଧର୍ମର ମହତ୍ତ୍ୱ, ସତ୍ୟ ବଚନ, ଦାନ, ଆଦର୍ଶ ଜୀବନ ଆଦିର ଗୁଣଗାନ

କରାଯାଉ ଥିବାବେଳେ ଆଳସ୍ୟ, ଆଇନ ଅମାନ୍ୟ, ସପ୍ତ ଭୟାନକ ପାପ ଇତ୍ୟାଦି ଅନୁଚିତ କର୍ମ ଯେ ବର୍ଜନୀୟ ଏହା ନାଟକ ମାଧ୍ୟମରେ ଦର୍ଶା ଯାଉଥିଲା। ଉଇଲିଅମଙ୍କ କୈଶୋର ଯାଏଁ ଏପ୍ରକାର ନୀତିଶାସ୍ତ୍ର ଆଧାରିତ ନାଟକ ଅଭିନୀତ ହେଉଥିଲା। ନିରବଚ୍ଛିନ୍ନ ଭାବେ ଉପାଦେଶାତ୍ମକ ଏବଂ ବହୁସମୟରେ ଅଯତ୍ନଲିଖିତ ଏହି ଲୋକ ନାଟକମାନଙ୍କରେ ସୁସଂଗତ ବିଷୟବସ୍ତୁ, ଚରିତ୍ରଚିତ୍ରଣ, ଆରୋହ, ଅବରୋହ ନାଟକୀୟ ଦ୍ୱନ୍ଦ୍ୱ, ସଂଘାତ ଆଦି ଅନୁପଲବ୍ଧ। ତେବେ ଚରିତ୍ରର ମାନସିକ, ନୈତିକ, ଆଧ୍ୟାତ୍ମିକ ଜୀବନ ଓ କାର୍ଯ୍ୟକଳାପର ସମ୍ୟକ ବର୍ଣ୍ଣନା ଏଠି ଦୃଷ୍ଟିଗୋଚର ହୁଏ। ପରବର୍ତ୍ତୀ ସମୟରେ ଐତିହାସିକ, ସାମାଜିକ, ମିଳନାନ୍ତକ ନାଟକ, ବିୟୋଗାନ୍ତକ ନାଟକ ଅଧିକ ପ୍ରଚଳିତ ହେଲା।

ଷ୍ଟ୍ରାଟ୍‌ଫୋର୍ଡ ଠାରେ କିମ୍ବା ନିକଟସ୍ଥ ସ୍ଥାନରେ ବିଭିନ୍ନ ନାଟ୍ୟ ଦଳ ନାଟକ ପ୍ରଦର୍ଶନ କରିବା ବେଳେ ସେ ନାଟ୍ୟ ଦଳରେ ସାମିଲ ହୋଇ ଥାଇ ପାରନ୍ତି। ଯେହେତୁ ପୂର୍ବେ ସାର ଥୋମାସ ହେସ୍କେଥଙ୍କ ଦଳ ଏବଂ ଲର୍ଡ୍ ଷ୍ଟ୍ରେଞ୍ଜଙ୍କ ଦଳ ସହ ଷ୍ଟ୍ରାଟ୍‌ଫୋର୍ଡରେ ପୂର୍ବରୁ ପରିଚିତ ଅଛନ୍ତି, କୌଣସି ଏକ ଦଳ ସହ ସାମିଲ ହେବା ପାଇଁ ଲଣ୍ଡନ ଯାଇ ଥାଇ ପାରନ୍ତି। ସମସ୍ତ ସନ୍ଦେହର ଉର୍ଦ୍ଧ୍ୱରେ ଏ ରହସ୍ୟ ଉନ୍ମୋଚିତ ହୋଇନାହିଁ।

ଏ ସମ୍ପର୍କରେ ନିଶ୍ଚିତ ହେବା ମୁସ୍କିଲ ବ୍ୟାପାର। ୧୫୮୩ରୁ ୧୫୮୬ ମଧ୍ୟରେ ଲର୍ଡ ବର୍କଲେଙ୍କ ଦଳ, ଲର୍ଡ ଚାନ୍ଦୋସଙ୍କ ଦଳ,ଏସେକ୍ସ ଅର୍ଲଙ୍କ ଦଳ ପରି ବିଭିନ୍ନ ଦଳ ଷ୍ଟ୍ରାଟ୍‌ଫୋର୍ଡ ଆସିଛନ୍ତି। ଏମାନଙ୍କ ସହ ସମ୍ପର୍କ ସ୍ଥାପନ କରି ସେ ନାଟକ ପ୍ରଦର୍ଶନ ନିମନ୍ତେ ଦେଶର ବିଭିନ୍ନ ଅଂଚଳ ଭ୍ରମଣ କରି ଥାଇପାରନ୍ତି।

୧୫୮୪ କିମ୍ବା ୧୫୮୫ ର ଏକ ଗୁରୁତ୍ୱପୂର୍ଣ୍ଣ ଦିନରେ ସେକ୍‌ସପିଅର ଷ୍ଟ୍ରାଟ୍‌ଫୋର୍ଡର ମୋହବନ୍ଧନ ସାମୟିକ ତ୍ୟାଗ କରି ଜୀବିକା ଅର୍ଜନ ନିମନ୍ତେ ଲଣ୍ଡନରେ ପହଞ୍ଚିଛନ୍ତି। ତାଙ୍କ ଭିଟାମାଟି ଛାଡ଼ିବା ପଛରେ ଏକ ରୋଚକ କାହାଣୀ ସପ୍ତଦଶ ଶତାବ୍ଦୀର ରିଚାର୍ଡ ଡେଭିସ ନାମକ ଜଣେ ପାଦ୍ରୀ ପ୍ରଥମେ ବର୍ଣ୍ଣନା କରିଛନ୍ତି, ଯାହା ଅଧିକାଂଶ ସେକ୍‌ସପିଅର ଜୀବନୀ ଲେଖକ ଅନୁସରଣ କରିଛନ୍ତି। ଅସାମାନ୍ୟ ଗୁରୁତ୍ୱ ହେତୁ ଏହି ମତକୁ ଅବିକଳ ଉଦ୍ଧାର କରାଯାଉ।

ଡେଭିସଙ୍କ ମତରେ ସେକ୍‌ସପିଅର

"much given to all unluckiness in stealing venison and rabbits, particularly from Sir lucy who had him oft whipped and sometimes imprisoned and at last made him fly his native country to his great advancement."

ଅଷ୍ଟାଦଶ ଶତାବ୍ଦୀର ଜୀବନୀ ଲେଖକ ନିକୋଲାସ ରୋ ଅନୁରୂପ ଭାବେ ବିଶୃଙ୍ଖଳ ଆଚରଣ ହେତୁ ସେକ୍ସପିଅର ନିଜ ପରିଜନ ଓ ସହର ଛାଡିବାକୁ ବାଧ ହେଲେ ବୋଲି ଦର୍ଶାଇଛନ୍ତି । ଅନୁରୂପ କାହାଣୀ ଡ. ସାମୁଏଲ ଜନସନଙ୍କ ଦ୍ୱାରା ପ୍ରଚାରିତ ହୋଇଛି । କୁଆଡେ ଫୌଜଦାରୀ ମୋକଦ୍ଦମା ଭୟରେ ଅର୍ଥହୀନ ଓ ବନ୍ଧୁହୀନ ଉଇଲିଅମ ଲଣ୍ଡନରେ ପହଞ୍ଚିଛନ୍ତି ଏବଂ ନାଟ୍ୟଶାଳା ସମ୍ମୁଖରେ ଧନୀକ ବ୍ୟକ୍ତିମାନଙ୍କ ଘୋଡ଼ାର ଲଗାମ ଧରି ଠିଆ ହେବା ଦ୍ୱାରା ଯେଉଁ ସାମାନ୍ୟ ଅର୍ଥ ଉପାର୍ଜନ ହୁଏ ତାହା ଦ୍ୱାରା ସେ ନିଜ ଗୁଜରାଣ ମେଣ୍ଟାନ୍ତି । ଜନସନଙ୍କ ମତରେ ଅଶ୍ୱଧାରଣ କାର୍ଯ୍ୟରେ ସେ ଖୁବ ପାରଦର୍ଶୀ ହୁଅନ୍ତି ଏବଂ ଏତଦ୍ଦ୍ୱାରା ତାଙ୍କ ଭଗ୍ୟୋଦୟ ଘଟେ ।

ଏହି ମତକୁ ପୁଙ୍ଖାନୁପୁଙ୍ଖ ତର୍ଜମା କରାଯାଇ ଆଗ୍ରାହ୍ୟ କରାଯାଇଛି । ସେକ୍ସପିଅରଙ୍କ ପରିବାର କଦାପି ସର୍ବସ୍ୱାନ୍ତ ହୋଇ ନଥିଲେ ଏବଂ ତାଙ୍କର ଆତ୍ମୀୟ ଓ ବନ୍ଧୁମାନଙ୍କୁ ନେଇ ଏକ ବୃହତ୍ତର ପରିସୀମା ଥିଲା । ଏଣୁ ସେ ଦାରିଦ୍ର୍ୟରେ ପ୍ରପୀଡ଼ିତ ତଥା ବୃହତ୍ତର ସମାଜଠାରୁ ବିଚ୍ଛିନ୍ନ ହୋଇ ନାଟ୍ୟଶାଳା ସମ୍ମୁଖରେ ଅଶ୍ୱରଜ୍ଜୁ ଧରି ଅର୍ଥ ନିମନ୍ତେ କିଛି ସମୟ ଦଣ୍ଡାୟମାନ ହେବା ସତ୍ୟର ଅପଳାପ ମାତ୍ର ।

ସେପରି ହରିଣ ଓ ଠେକୁଆ ଶିକାର କାହାଣୀ ବେଶ ଭ୍ରମାତ୍ମକ । ସେ ସମୟରେ ସାର ଥୋମାସ ଲୁସିଙ୍କ ଚାର୍ଲେକଟଠାରେ କୌଣସି ହରିଣ ପାର୍କ ନଥିଲା । ହରିଣମାଂସ ଓ ଠେକୁଆ ଚୋରି ପାଇଁ ବେତ୍ରାଘାତ ଓ ଜେଲ ଦଣ୍ଡ ବ୍ୟବସ୍ଥା ପ୍ରଚଳିତ ନଥିଲା । ଏହି ଅଭିଯୋଗ ଏପରି ଭିତ୍ତିହୀନ ଯେ , ସାମ୍ପ୍ରତିକ ସେକ୍ସପିଅରଙ୍କ ଜୀବନୀ ଲେଖକଗଣ ଏହି କାହାଣୀକୁ ମୋଟେ ଗୁରୁତ୍ୱ ଦିଅନ୍ତି ନାହିଁ ।

ଅବଶ୍ୟ ସେକ୍ସପିଅର ନାଟ୍ୟକାର ରୂପେ ଅନ୍ୟର ବିଷୟ ବସ୍ତୁ, ବିଚାର ଧାରାକୁ ବହୁ ସମୟରେ ଅପହରଣ କରିଛନ୍ତି । ଏହାକୁ ରୂପକ ଅର୍ଥରେ ବ୍ୟବହାର କରାଯାଇପାରେ । ତଥାକଥିତ ହରିଣ କିମ୍ବା ଠେକୁଆ ଅପହରଣର ପ୍ରତିଫଳନ ଏଠାରେ ଦୁଷ୍ପ୍ରାପ୍ୟ । ଡ. ଜନସନଙ୍କ ପକ୍ଷ ସମର୍ଥନ ଯଦି କରାଯାଏ, ତେବେ ବହୁ ଅସମାହିତ ପ୍ରଶ୍ନ ଉଙ୍କି ମାରେ । ଏଲିଜାବେଥଙ୍କ ସମୟରେ ହରିଣ ଅପହରଣ କ୍ଷୁଧା ନିବାରଣ ସହ ଜଡିତ ନଥିଲା । ପୁନଶ୍ଚ ଏକ କ୍ଷମତାଶାଳୀ ସମ୍ଭ୍ରାନ୍ତ ବ୍ୟକ୍ତିଙ୍କ ଇଲାକାରେ ଅନଧିକାର ପ୍ରବେଶ କରି ପ୍ରହରୀମାନଙ୍କ ଦୃଷ୍ଟି ଆଢୁଆଳରେ ଏକ ବୃହତ ପଶୁକୁ ହତ୍ୟା କରି ଟାଣି ନେବା ସମ୍ଭାବ୍ୟ ବିପଦ ପ୍ରତି ଖେଳଓ୍ୱାଡ଼ ମନୋବୃତ୍ତିକୁ ଦର୍ଶାଉଥିଲା । ଅକ୍ସଫୋର୍ଡର ଛାତ୍ରଗଣ ଏପରି ଅପହରଣ ପାଇଁ କୁଖ୍ୟାତ ଥିଲେ ।

ଏପରି ବିପଦସଂକୁଳ କାର୍ଯ୍ୟ ପାଇଁ ଯେଉଁ ମାନସିକ ଓ କାୟିକ ସାମର୍ଥ୍ୟ ଆବଶ୍ୟକ ତାହା ସେକ୍ସପିଅରଙ୍କ ଥିବା ପରି କୌଣସି ପ୍ରମାଣ ମିଳେନାହିଁ । ସେ

ମିଶ୍ରିତ ସ୍ୱଭାବର ବ୍ୟକ୍ତି ଥିଲେ। ସାଦାସିଧା, କୌତୁକ ପ୍ରିୟ, ମେଳାପୀ, ନମ୍ର ପ୍ରକୃତି ସହ ଚତୁର, ରହସ୍ୟମୟ, କୌଶଳୀ ଓ ବିବାଦୀୟ ବ୍ୟକ୍ତିତ୍ୱ ଥିଲେ। କିନ୍ତୁ ଏପରି ଦୋଷ ଯୁକ୍ତ କାର୍ଯ୍ୟ ସମ୍ପାଦନ ପାଇଁ ସେ କଦାପି ଆଗଭର ହୋଇ ନଥିବେ।

ସପ୍ତଦଶ ଶତାବ୍ଦୀର ସଂଗ୍ରାହକ ଜନ ଅବ୍ରିଙ୍କ ମତରେ ସେକ୍‌ସପିଅର କିଶୋର ଅବସ୍ଥାରେ ସ୍କୁଲ ଶିକ୍ଷକ ଥିଲେ। ଅବ୍ରିଙ୍କ ସେକ୍‌ସପିଅରଙ୍କ ସମ୍ପର୍କରେ ମତକୁ ଅଧିକ ଗୁରୁତ୍ୱ ଦିଆଯାଏ ନାହିଁ, କିନ୍ତୁ ଏହାର ପ୍ରାସଙ୍ଗିକତା ଅସ୍ୱୀକାର କରି ହେବ ନାହିଁ, କାରଣ ଏହି ଉକ୍ତିର ଉତ୍ସ ଉଇଲିଅମ ବୀଷ୍ଟନ ବୋଲି ଅବ୍ରି ବ୍ୟକ୍ତ କରିଛନ୍ତି।

ସେକ୍‌ସପିଅର ଉଇଲିଅମ ବୀଷ୍ଟନଙ୍କ ପିତା ଖ୍ରୀଷ୍ଟୋଫର ବୀଷ୍ଟନଙ୍କ ସହ ଲର୍ଡ଼ ଚାମ୍ବରଲେନଙ୍କ ଦଳରେ କାର୍ଯ୍ୟ କରୁଥିଲେ, ଏଣୁ ତାଙ୍କ ଆଦ୍ୟ ଜୀବନ ସମ୍ପର୍କିତ ତଥ୍ୟ ସେ ବୋଧେ ପାଇଥିଲେ ଏବଂ ଏହାକୁ ଅଗ୍ରାହ୍ୟ କରିବା ଉଚିତ ନୁହେ। ଉଇଲିଅମ ଲଙ୍କାସାୟରର କ୍ୟାଥଲିକଧର୍ମ ବିଶ୍ୱାସୀ, ଧନୀକ ଭଦ୍ରବ୍ୟକ୍ତି ଆଲେକଜାଣ୍ଡାର ହଘଟନଙ୍କ ଗୃହରେ ଘରୋଇ ଶିକ୍ଷକ ରୂପେ ନିୟୋଜିତ ଥିଲେ ବୋଲି ପୂର୍ବରୁ ଦର୍ଶାଯାଇଛି। ଏହା ପରେ ତାଙ୍କ ସାଙ୍ଗ ସାର ଥୋମାସ ହେସକେଥଙ୍କ ଗୃହରେ ଅନୁରୂପ କାର୍ଯ୍ୟରେ ନିଯୁକ୍ତ ହୋଇଥଲେ। ଏପରି ଶିକ୍ଷାଦାନର ଅବଧି ଦୁଇ ବର୍ଷ ଥିଲା।

ଧର୍ମୀୟ ସଂଘାତ

ଟ୍ୟୁଡର ସମୟର ତମସାଛନ୍ନ ରକ୍ତରଂଜିତ ଧର୍ମୀୟ ସଂଘର୍ଷର ଆବହାୱା ଆଲୋକପାତ କରେ କାହିଁକି ସଦ୍ୟ ବିଦ୍ୟାଳୟ ଛାଡ଼ିଥିବା ଜଣେ କିଶୋର ଗୃହର କିଛି ଦୂରରେ ଏକ ଶକ୍ତିଶାଳୀ କ୍ୟାଥଲିକ ପରିବାର ସହ ସମ୍ପୃକ୍ତ ହେଲେ ଏବଂ ଉକ୍ତ ପରିବାର ଅକ୍ସଫୋର୍ଡ କିମ୍ବା କେମ୍ବ୍ରିଜରୁ ଶିକ୍ଷା ପ୍ରାପ୍ତ ସ୍ନାତକ ପରିବର୍ତ୍ତେ ଏପରି ଜଣେ ଅର୍ବାଚୀନଙ୍କୁ କାହିଁକି ନିଯୁକ୍ତ କଲେ ।

ଷ୍ଟ୍ରାଟ୍‌ଫୋର୍ଡ ସେ ସମୟରେ ବାହ୍ୟତଃ ପ୍ରୋଟେଷ୍ଟାଣ୍ଟ ଥିଲା । ଇଂଲିଶ ପ୍ରୋଟେଷ୍ଟାଣ୍ଟ ଚର୍ଚ୍ଚ ଅନୁଯାୟୀ ମୋକ୍ଷ କୌଣସି ଆନୁଷ୍ଠାନିକ କ୍ରିୟା ପଦ୍ଧତି ପରିବର୍ତ୍ତେ କେବଳ ଆସ୍ଥାରେ ହିଁ ପ୍ରତିଷ୍ଠିତ ଥିଲା । ଜନ ଓ ମେରୀ ସେକ୍‌ସପିଅରଙ୍କ ପରି ବ୍ୟକ୍ତିଗଣଙ୍କ ସମକାଳୀନ ସମୟ ଧର୍ମୀୟ ବିଶ୍ୱାସ କ୍ଷେତ୍ରରେ ଅତ୍ୟନ୍ତ ସଂକଟମୟ ଥିଲା । ୧୯୩୨ ଖ୍ରୀରେ ଇଂଲିଶ ଚର୍ଚ୍ଚ ରୋମଠାରୁ ପୃଥକ ହେଲା । ପୂର୍ବର ରକ୍ଷଣଶୀଳ ରୋମାନ କ୍ୟାଥଲିକ ଧର୍ମଠାରୁ ବିଚ୍ଛିନ୍ନ ହୁଅନ୍ତି ରାଜା ହେନରୀ ଅଷ୍ଟମ ଏବଂ ଇଂଲଣ୍ଡର ଧର୍ମମୁଖ୍ୟ ରୂପେ ନିଜକୁ ଘୋଷଣା କରନ୍ତି । ୧୫୪୭ରେ ତାଙ୍କ ମୃତ୍ୟୁ ପରେ ରାଣୀ ମେରୀଙ୍କ ଉଗ୍ର କ୍ୟାଥଲିକ ଧର୍ମାନୁରକ୍ତି, ତତ୍ପରେ ୧୫୫୮ଠାରୁ ଏଲିଜାବେଥଙ୍କ ସମୟର ଚର୍ଚ୍ଚ ଅଫ୍ ଇଂଲଣ୍ଡର ପରିବର୍ତ୍ତିତ ଧର୍ମ ପଦ୍ଧତି ଅଧିକାଂଶ ଦେଶବାସୀଙ୍କୁ ଖୁବ ଆଶ୍ଚର୍ଯ୍ୟ ଚକିତ କରିଥିଲା । ଏପରି ପୁନଃ ପୁନଃ ଧର୍ମୀୟ ପରିବର୍ତ୍ତନକୁ ସମ୍ଭ୍ରାନ୍ତ ବ୍ୟକ୍ତି ଓ ସାଧାରଣ ମନୁଷ୍ୟ ସ୍ୱତଃସ୍ଫୁର୍ତ୍ତ ଭାବେ ଉଦାର ଚିତ୍ତରେ ଗ୍ରହଣ କରି ନଥିଲେ । ପ୍ରତି ପରିବର୍ତ୍ତନ ପଛରେ ରହିଥିଲା ଅଭୂତପୂର୍ବ ଉତ୍ପୀଡ଼ନ, ହିଂସା, ହତ୍ୟା ବିଭୀଷିକାର ଅଜସ୍ର ଦାରୁଣ କାହାଣୀ ।

ଅଧିକାଂଶ ବ୍ୟକ୍ତି ରାଜ ଧର୍ମ ପ୍ରତି ସମ୍ମାନ ପ୍ରଦର୍ଶନ ଏବଂ ଆନୁଷଙ୍ଗିକ କର୍ମପନ୍ଥା ଧାରଣ କରିବା ଶ୍ରେୟସ୍କର ମାନିଥିଲେ, କାରଣ ଏହାର ବ୍ୟତିକ୍ରମ ସ୍ଥଳ ବିଶେଷରେ

ଲୋମହର୍ଷଣକାରୀ ନିର୍ଯାତନା ଓ ହତ୍ୟାର କରୁଣ କାହାଣୀ ସଂରଚନା କରୁଥିଲା। ଯେଉଁମାନେ ଚିନ୍ତା କରୁଥିଲେ ଯେ ତାଙ୍କ ଚିରନ୍ତନ ଆତ୍ମାର ଭାଗ୍ୟ ଏକ ନିର୍ଦ୍ଦିଷ୍ଟ ପୂଜା ପଦ୍ଧତିରେ ପର୍ଯ୍ୟବସିତ, ସେମାନଙ୍କ ପାଇଁ ଏପରି ମୁହୂର୍ମୁହୁ ଧର୍ମୀୟ ପରିବର୍ତ୍ତନ ଖୁବ ହୃଦୟ ବିଦାରକ ଥିଲା। ସଂପ୍ରୀତି ପରିପୂର୍ଣ୍ଣ ସ୍ଥାନୀୟ ସମାଜ ଧର୍ମୀୟ ଆଲୋଡନରେ ବହୁଧା ବିଭକ୍ତ ହୋଇଗଲା, ବନ୍ଧୁତ୍ୱ କଟିଗଲା, ପରିବାର ବିଖଣ୍ଡିତ ହୋଇଗଲା, ପିତା ଓ ପୁତ୍ରଙ୍କ ମଧ୍ୟରେ, ସ୍ୱାମୀ ଓ ସ୍ତ୍ରୀ ମଧ୍ୟରେ ବିଭେଦର ପାଚେରୀ ମୁଣ୍ଡ ଟେକିଲା, ଅନ୍ତର୍ଜୀବନ ଭୟରେ ଆର୍ଦ୍ର ହୋଇଗଲା।

କେବଳ ଶକ୍ତିଶାଳୀ ସାମନ୍ତ ବର୍ଗ ଓ ସମ୍ଭ୍ରାନ୍ତ ଶ୍ରେଣୀ, ଧର୍ମଯାଜକଗଣ ଏଥିରେ ତୀବ୍ର ଆଲୋଡିତ ହୋଇନାହାନ୍ତି, ଜନ ସେକ୍‌ସପିଅରଙ୍କ ପରି ପଦାଧିକାରୀଗଣ ବି ବ୍ୟତିବ୍ୟସ୍ତ ହୋଇଛନ୍ତି। ଜନ ପରିବର୍ତ୍ତିତ ପରିସ୍ଥିତିରେ ଖାପ ଖୁଆଇ ଚାଲିଛନ୍ତି ଓ ପୌରାଞ୍ଚଳର ସମସ୍ତ ପଦବୀ ସୁଚାରୁ ରୂପେ କିଛି ନିର୍ଲିପ୍ତ ନିରପେକ୍ଷତା ସହ ସମ୍ପାଦନ କରିଛନ୍ତି।

ଷ୍ଟ୍ରାଟ୍‌ଫୋର୍ଡ ସ୍କୁଲର ଅଧିକାଂଶ ଶିକ୍ଷକଙ୍କ କ୍ୟାଥଲିକ ଧର୍ମ ପ୍ରତି ଦୃଢ ଆକର୍ଷଣ ବି ପରିଲକ୍ଷିତ ହୁଏ, ଯଦିଓ ପ୍ରୋଟେଷ୍ଟାଣ୍ଟ ଧର୍ମାଚରଣ ବାହ୍ୟତଃ ପ୍ରଦର୍ଶନ କରିବା ପାଇଁ ସେମାନେ ବାଧ୍ୟ ଥିଲେ। ଲଙ୍କାସାୟାର ବାସିନ୍ଦା ସାଇମନ ହଣ୍ଟ ୧୫୭୫ ରେ କ୍ୟାଥଲିକ ଧର୍ମଯାଜକ ହୋଇଛନ୍ତି। ଅନ୍ୟ ଜଣେ କ୍ୟାଥଲିକ ପନ୍ଥୀ ଶିକ୍ଷକ ଥୋମାସ ଜେନକିନ୍ସଙ୍କ ପ୍ରଭାବ ବି ଉଇଲିଅମଙ୍କ ଉପରେ ପଡିଛି। ଜନ କୋଟାମଙ୍କ ପରି କ୍ୟାଥଲିକ ଧର୍ମଧାରା ପ୍ରତି ସମ୍ବେଦନଶୀଳ ବହୁ ଶିକ୍ଷକ ଷ୍ଟ୍ରାଟ୍‌ଫୋର୍ଡ଼ର ସ୍କୁଲରେ ନିଯୁକ୍ତ ହୋଇଛନ୍ତି। ଦ୍ୱିଧା ବିଭକ୍ତ ହୋଇଛି ବିଦ୍ୟାଳୟ ପରିବେଶ। ଅନୁରୂପ ଭାବେ ସେକ୍‌ସପିଅରଙ୍କ ଗୃହ ପ୍ରାୟତଃ ପ୍ରୋଟେଷ୍ଟାଣ୍ଟ ସ୍ୱାମୀ ଜନ ଓ କ୍ୟାଥଲିକ ପନ୍ଥୀ ପତ୍ନୀ ମେରୀଙ୍କ ଧର୍ମ ବିଶ୍ୱାସର ସଂଘାତରେ ବିଖଣ୍ଡିତ ହୋଇଛି। ଯେତେବେଳେ ଉଇଲିଅମ ସ୍କୁଲ ଛାଡିଛନ୍ତି, ତାଙ୍କ ମାନସ ରାଜ୍ୟ ବି ଦ୍ୱିଧା ବିଭକ୍ତ ହୋଇଥିବା ସମ୍ଭବପର। ସେ ଯୁବରାଜ ହାମଲେଟଙ୍କ ଚରିତ୍ର ପରି ବେଳେବେଳେ କ୍ୟାଥଲିକ, ପୁଣି ପ୍ରୋଟେଷ୍ଟାଣ୍ଟ, ପୁନଶ୍ଚ ଧର୍ମ ରହିତ ଜଣା ଯାଆନ୍ତି। ଏଣୁ ବିଭିନ୍ନ ସଂକେତ, ସୂତ୍ର, ରହସ୍ୟ ଉଦ୍‌ଘାଟନ ମଧ୍ୟରେ ଅସଲ ସେକ୍‌ସପିଅରଙ୍କୁ ଚିହ୍ନିବା କଷ୍ଟକର ବ୍ୟାପାର।

ଷ୍ଟ୍ରାଟ୍‌ଫୋର୍ଡ ସ୍କୁଲର ବହୁ ଶିକ୍ଷକ ମୂଳତଃ ଲଙ୍କାଶାୟାର ବାସିନ୍ଦା ଥିଲେ, ଯେଉଁଠାରେ କ୍ୟାଥଲିକ ଧର୍ମର ଦୃଢ ସମର୍ଥନ ଥିଲା। ତୀବ୍ର କ୍ୟାଥଲିକ ପନ୍ଥୀ ଆଲେକଜାଣ୍ଡାର ହଘଟନ ଷ୍ଟ୍ରାଟ୍‌ଫୋର୍ଡ ଶିକ୍ଷକ ଜନ କୋଟାମଙ୍କୁ ଏପରି ଜଣେ ଗୃହ

ଶିକ୍ଷକଙ୍କୁ ସୁପାରିଶ କରିବା ପାଇଁ କହିଥାଇ ପାରନ୍ତି, ଯେ ଉଭୟ ଧର୍ମପନ୍ଥାରେ ଆସ୍ଥା ରଖିଥବେ। ଯେହେତୁ ଉଇଲିଅମଙ୍କ ଆର୍ଥିକ ଅବସ୍ଥା ଅଧିକ ଶିକ୍ଷା ଗ୍ରହଣ କ୍ଷେତ୍ରରେ ଅନ୍ତରାୟ ଥିଲା ଓ ସେ ଚାକିରୀ ଅନ୍ୱେଷଣରେ ଥିଲେ, କୋଟାମ ତାଙ୍କ ନାଁ ସୁପାରିଶ କରିଥିବା ଖୁବ ସମ୍ଭବପର।

ହଘଟନ ବେଆଇନ ଭାବେ କ୍ୟାଥଲିକ ପାଦ୍ରୀଙ୍କୁ ଆଶ୍ରୟ ଦେଉଥିଲେ, ଯାହା ଖୁବ ଗର୍ହିତ କାର୍ଯ୍ୟ ଥିଲା। ଏତଦ୍‌ବ୍ୟତୀତ କ୍ୟାଥଲିକ ଧର୍ମର ଆନୁଷ୍ଠାନିକ ପ୍ରକ୍ରିୟା ବର୍ଣ୍ଣିତ ବେଆଇନ ପୁସ୍ତକାବଳୀ ସେ ସଂଗ୍ରହ କରିଥିଲେ ଯାହା ମାରାତ୍ମକ ଥିଲା। ଏଣୁ ବିଶ୍ୱବିଦ୍ୟାଳୟ ସ୍ନାତକ ପରିବର୍ତ୍ତେ ଆପାତତଃ କ୍ୟାଥଲିକପନ୍ଥୀ ଓ ବିଶ୍ୱାସୀ ଯୁବକର ସେ ସନ୍ଧାନରେ ଥିଲେ। ଉଇଲିଅମ ଏଥି ନିମନ୍ତେ ଯୋଗ୍ୟ ବ୍ୟକ୍ତି ଥିଲେ।

ଆଲେକଜାଣ୍ଡାର ହଘଟନଙ୍କ ଶେଷ ଇଚ୍ଛାପତ୍ର ସେକ୍‌ସପିଅରଙ୍କ ଲଙ୍କାସାୟାର ବିଷୟରେ ସୂଚନା ଦିଏ। କିନ୍ତୁ ଏଥିରେ ସେକ୍‌ସପିଅର ନାଁ shakeshafte ରୂପେ ଲିଖିତ ହୋଇଛି। ଏହି ପ୍ରମାଦ ସେକ୍‌ସପିଅର ଲଙ୍କାସାୟରରେ ହଘଟନ ପରିବାରରେ ରହିବା ବିଷୟରେ ପ୍ରଶ୍ନବାଚୀ ସୃଷ୍ଟି କରିଛି। ତେବେ ଅଧିକାଂଶ ଗବେଷକ ସମ୍ମତ ହୋଇଛନ୍ତି ଯେ, ଏହା ଭ୍ରମାତ୍ମକ ଲିଖନର ଏକ ନମୁନା ମାତ୍ର।

ଯେଉଁ କେତେଜଣ ଗବେଷକ ସହମତି ପ୍ରକାଶ କରନ୍ତି ନାହିଁ, ସେମାନଙ୍କ ମୁଖ୍ୟ ଆଲୋଚନା ପ୍ରସଙ୍ଗ ହେଉଛି ସେକ୍‌ସପିଅରଙ୍କ ସେ ସମୟରେ କ୍ୟାଥଲିକ ଧର୍ମ ପ୍ରତି ଆସକ୍ତି। ଏ ସମ୍ପର୍କରେ ଯେହେତୁ କୌଣସି ସିଦ୍ଧାନ୍ତ ନିର୍ବିବାଦରେ ସୁସ୍ପଷ୍ଟ ନୁହେ, ତାଙ୍କ ଲଙ୍କାସାୟାରରେ ଅବସ୍ଥାନ ବି ଗ୍ରହଣୀୟ ନୁହେ ବୋଲି ସେମାନେ ଯୁକ୍ତି କରନ୍ତି।

ସମକାଳୀନ ସମାଲୋଚକଗଣ ଏତାଦୃଶ ଚିନ୍ତାଧାରାକୁ ଗୁରୁତ୍ୱ ଦିଅନ୍ତି ନାହିଁ। ସେକ୍‌ସପିଅରଙ୍କ ଜୀବନର ବହୁବିଧ ଘଟଣା ନିର୍ବିବାଦୀୟ ନୁହେଁ। ଲଙ୍କାସାୟାର ରହଣି ତାଙ୍କ ନାଟ୍ୟ ପ୍ରତିଭାର ବିକାଶ ପାଇଁ ସହାୟକ ହୋଇଛି। ହଘଟନଙ୍କ ଶେଷ ଇଚ୍ଛା ପତ୍ରରୁ ଜଣା ଯାଏ ଯେ, ସେ ଅନ୍ୟ ଅଭିନେତାମାନଙ୍କ ସହ ପ୍ରଥମେ ମନୋରଞ୍ଜନ ମୂଳକ, ପରେ ଅଧିକ ଗୁରୁତ୍ୱପୂର୍ଣ୍ଣ ନାଟକରେ ଅଭିନୟ କରିଛନ୍ତି। ଏହା ସହ ସଂଗୀତରେ ବି ପାରଦର୍ଶିତା ଲାଭ କରିଛନ୍ତି। ଏତଦ୍ୱାରା ସେ ହଘଟନଙ୍କ ଶୁଭଦୃଷ୍ଟିରେ ଆସିଛନ୍ତି ଯେ ତାଙ୍କ ଭାଇ ସାର ଥୋମାସଙ୍କୁ ଉଇଲିଅମଙ୍କୁ ନିଜ ଦାୟିତ୍ୱରେ କିମ୍ବା କୌଣସି ଉତ୍ତମ ଭଦ୍ରବ୍ୟକ୍ତିଙ୍କ ହେପାଜତରେ ରଖିବା ପାଇଁ ନିର୍ଦ୍ଦେଶ ଦେଇଛନ୍ତି।

୧୫୮୧ ରେ ହଘଟନ ମୃତ୍ୟୁ ବରଣ କରିଛନ୍ତି ଓ ଉଇଲିଅମ ପ୍ରଥମେ ସାର ଥୋମାସ ହେସକେଥ, ପରେ ପ୍ରଭାବଶାଳୀ ଭଦ୍ରବ୍ୟକ୍ତି ଡେର୍ବୀର ଅର୍ଲ ହେନରୀ ଷ୍ଟାନଲୀଙ୍କ ସୁନଜରରେ ଆସିଥାଇ ପାରନ୍ତି। ସେ ତାଙ୍କ ପୁତ୍ର ଫେର୍ଡିନାଣ୍ଡୋ ଷ୍ଟାନଲୀ,

ଲର୍ଡ ଷ୍ଟ୍ରେଞ୍ଜଙ୍କ ସହ ପ୍ରିଭି କାଉନସିଲଙ୍କ ଅନୁମତିରେ ଲର୍ଡ ଷ୍ଟ୍ରେଞ୍ଜଙ୍କ ଦଳ ନାମରେ ଏକ ନାଟ୍ୟାଭିନୟ ଦଳ ଗଠନ କରି ସାରା ଇଂଲଣ୍ଡରେ ନାଟକ ପ୍ରଦର୍ଶନ କରୁଥିଲେ। ଉଇଲିଅମ ସେମାନଙ୍କ ଅଭିନେତାଙ୍କ ସହ ବି ପରିଚିତ ହୋଇଛନ୍ତି ଓ ପରବର୍ତ୍ତୀ ସମୟରେ ଲର୍ଡ ଚାମ୍ବରଲେନଙ୍କ ଦଳରେ ସେମାନଙ୍କ ସହ ସାମିଲ ହୋଇ ନାଟ୍ୟାଭିନୟ କରିଛନ୍ତି।

ଲଙ୍କାସାୟାରରେ ରହଣି ବେଳେ ଉଇଲିଅମଙ୍କ ଅନ୍ତର୍ନିହିତ ପ୍ରତିଭା କିଛି ମାତ୍ରାରେ ବିକଶିତ ହୋଇଛି। ମୁକ୍ତ ରଙ୍ଗମଞ୍ଚରେ ଅଭିନୟ ହେତୁ ତାଙ୍କ ନିଜସ୍ୱ ଯାଦୁକରୀ ଅଭିନୟ କଳା, ସଂଗୀତରେ ପାରଦର୍ଶିତା ଓ ତତକ୍ଷଣାତ ନାଟକ ରଚନା ଶକ୍ତି ଇତ୍ୟାଦି ପ୍ରସ୍ଫୁଟିତ ହୋଇଛି। ହେସକେଥ, ହଘଟନ, ଷ୍ଟାନଲୀ ଖୁବ ଧନୀ ଓ ପ୍ରତିପତ୍ତିଶାଳୀ ଥିଲେ। କିନ୍ତୁ ଟ୍ୟୁଡର ରାଜବଂଶର କେନ୍ଦ୍ରୀଭୂତ ଶ୍ରେଣୀବଦ୍ଧ ପ୍ରଣାଳୀର ସେମାନେ ଅଂଶ ବିଶେଷ ନଥିଲେ। ସେମାନେ ରାଷ୍ଟ୍ରୀୟ ଇଂଲିଶ ପ୍ରୋଟେଷ୍ଟାଣ୍ଟ ଧର୍ମପ୍ରତି ଆନୁଗତ୍ୟ ପ୍ରଦର୍ଶନ କରୁନଥିଲେ। ମୂଳତଃ କ୍ୟାଥଲିକ ଧର୍ମାବଲମ୍ବୀ ହୋଇଥିବା ହେତୁ ସେମାନେ ସନ୍ଦେହ ଘେରରେ ଆସିଛନ୍ତି, ଯଦିଓ ଧର୍ମ ସଂକ୍ରାନ୍ତୀୟ ବିପଦରୁ ଦୁରେଇ ରହିବା ପାଇଁ ଯତ୍ପରୋନାସ୍ତି ଉଦ୍ୟମ କରିଛନ୍ତି।

ଲଙ୍କାସାୟାର ଏ ସମୟରେ ସନ୍ଦେହ, ଉଦବେଗର ବାତାବରଣରେ ଉତ୍ତେଜିତ ଥିଲା। ରାଣୀଙ୍କ ପ୍ରିଭି କାଉନସିଲର ଦୃଷ୍ଟିରେ ଏହା ପୋପ୍‌ଙ୍କ ପ୍ରତି ଆସକ୍ତିର କେନ୍ଦ୍ରବିନ୍ଦୁ ଥିଲା ଯେଉଁଠି ବେଆଇନ କାର୍ଯ୍ୟକଳାପ ସଂଘଟିତ ହେଉଥିଲା ଓ ଅବାଞ୍ଛିତ ବ୍ୟକ୍ତିଗଣ ଏକତ୍ରିତ ହେଉଥିଲେ। ଏପରି ସନ୍ଦେହରେ ରିଚାର୍ଡ ହଘଟନଙ୍କ ଘର ତଲାସୀ ନିଆଗଲା। ପରେ ହେସକେଥଙ୍କୁ ଚର୍ଚ୍ଚରେ ଯୋଗ ନଦେବା ଅଭିଯୋଗରେ କାରାଗାରରେ ନିକ୍ଷେପ କରାଗଲା। କ୍ୟାଥଲିକ ପନ୍ଥୀ ଭୟ ଓ ଆଶଙ୍କାର ଦୁର୍ବିସହ ବାତାବରଣରେ ପ୍ରମାଦ ଗଣିଲେ। ଉଇଲିଅମ ବି ଏହି ଦୁର୍ଦ୍ଦିନରେ ଲଙ୍କାସାୟାର ତ୍ୟାଗ କରି ଷ୍ଟ୍ରାଟ୍‌ଫୋର୍ଡ ଫେରି ଆସିବା ଶ୍ରେୟସ୍କର ମନେ କଲେ।

ଲଣ୍ଡନ ଯାତ୍ରା ପାଇଁ ପ୍ରସ୍ତୁତି

ସେକ୍‌ସପିଅରଙ୍କ ବିଭିନ୍ନ ନାଟକରେ ଗ୍ରାମାଞ୍ଚଳର ଯୁବକ ଗଣ ନିଜ ଗୃହରେ ଅମାର୍ଜିତ ରୂପେ ରହିଥିବା ବିଷୟରେ ଅଭିଯୋଗ କରନ୍ତି। ସେମାନେ ସମସ୍ତ ବନ୍ଧନ କାଟି ନିଜ ପ୍ରବୃତ୍ତି ଓ ଆକାଂକ୍ଷାକୁ ସାକାର କରିବା ପାଇଁ ମୁକ୍ତ ବିହଙ୍ଗ ରୂପେ ଉଡ଼ିଯିବା ପାଇଁ ସ୍ୱପ୍ନ ଦେଖନ୍ତି। କିନ୍ତୁ ସେକ୍‌ସପିଅରଙ୍କ ଅବସ୍ଥା ତାଙ୍କ ବର୍ଗର ସମସାମୟିକ ଯୁବକଙ୍କ ଠାରୁ ଭିନ୍ନ ଥିଲା। ସେମାନେ ଘରେ ପତ୍ନୀ ଓ ସନ୍ତାନ ସନ୍ତତିଙ୍କୁ ଛାଡି ଜୀବିକା ଅର୍ଜନ ନିମନ୍ତେ ଅନ୍ୟତ୍ର ଯାତ୍ରା କରୁନଥିଲେ। ସେ ସମୟର ସମ୍ଭ୍ରାନ୍ତ ଶ୍ରେଣୀର ବ୍ୟକ୍ତିମାନଙ୍କ ପକ୍ଷରେ ବି ଏହା ଅସାଧାରଣ କାର୍ଯ୍ୟ ଥିଲା।

ସେ ବାସ୍ତବବାଦୀ ବ୍ୟକ୍ତି ଥିଲେ। ଏକ ସନ୍ଦିଗ୍ଧ ଭବିଷ୍ୟତର ସୁନେଲି ସ୍ୱପ୍ନରେ ବିଭୋର ହୋଇ ବର୍ତ୍ତମାନକୁ ଜଳାଞ୍ଜଳି ଦେବା ତାଙ୍କ ପ୍ରବୃତ୍ତିର ପରିପନ୍ଥୀ ଥିଲା। ସାମୟିକ ଉତ୍ତେଜନାର ବଶବର୍ତ୍ତୀ ହୋଇ ଲଣ୍ଡନରେ ନିଜ ଭାଗ୍ୟର ରୂପରେଖ ଖୋଜି ପାଇବା ପାଇଁ ଦୌଡ଼ି ଯାଇନାହାନ୍ତି ସେ। ଏକ ମନ୍ଦ ବା ଜବରଦସ୍ତ ବିବାହରୁ ମୁକ୍ତି ପାଇବା ପାଇଁ ସେ ଲଣ୍ଡନ ଯାଇଛନ୍ତି ବୋଲି କେତେଜଣ ଦୋଷାରୋପ କରନ୍ତି। ଏଥି ନିମନ୍ତେ ଆବଶ୍ୟକ କୌଣସି ପ୍ରମାଣ ନାହିଁ। ତଥାପି ଏକ ସୁଖୀ କିମ୍ବା ସଫଳ ବିବାହର ଅଂଶୀଦାର ସେ ଥିଲେ ବୋଲି କୁହାଯାଇ ନପାରେ ଯେହେତୁ ଏକ ଅଜଣା ସହରରେ ଅଜଣା ଭବିଷ୍ୟତର ସନ୍ଧାନରେ ସେ ପରିବାରକୁ ତ୍ୟାଗ କରିଛନ୍ତି। ସେ କିଛି ମାତ୍ରାରେ ଅସନ୍ତୁଷ୍ଟ ଓ ଅଶାନ୍ତ ରହିଥାଇ ପାରନ୍ତି। ପାରିବାରିକ ସ୍ନେହ ବନ୍ଧନରୁ ଅଗ୍ରସର ହେବା ପାଇଁ କିଛି ସୁନିର୍ଦ୍ଦିଷ୍ଟ ଯୋଜନା ତାଙ୍କ ଥାଇପାରେ।

ସେ କୌଣସି ଅଭିନେତା ଗୋଷ୍ଠୀର ନିମନ୍ତ୍ରଣ ରକ୍ଷା କରି ବୋଧେ ଲଣ୍ଡନ ଯାତ୍ରା କରିଛନ୍ତି। ଅଭିନେତାର ଅର୍ଥ ଓ ସମ୍ମାନ ସେ ସମୟର ଜଣେ ଓକିଲଙ୍କ କିରାଣୀଠାରୁ ଅଧିକ ରହିଛି। ଏହା ବି ଦୃଷ୍ଟି ଗୋଚର ହୋଇଛି ଯେ କେତେଜଣ

ଅଭିନେତା କପର୍ଦ୍ଦକ ଶୂନ୍ୟ ହୋଇ ଲଣ୍ଡନ ଯାତ୍ରା କରିଛନ୍ତି ଓ ଖୁବ ଧନୀ ହୋଇ ଫେରିଛନ୍ତି। ପରିବାରର ଭରଣ ପୋଷଣ ପାଇଁ ଯଦି ଲଣ୍ଡନ ଯାତ୍ରା ଶ୍ରେୟସ୍କର, ଏହି ପଥକୁ ଗ୍ରହଣ କରିବାକୁ ସେ ପଶ୍ଚାତ୍‌ପଦ ହୋଇନାହାନ୍ତି।

ମହାନ ବ୍ୟକ୍ତିଙ୍କ ଜୀବନ ବେଳେବେଳେ ଭାଗ୍ୟର ଇସାରାରେ ନିୟନ୍ତ୍ରିତ ହୋଇଥାଏ। ସେମାନଙ୍କ ଜୀବନ ଯାତ୍ରାରେ ସମୟ ଓ ସ୍ଥାନ ଏକ ବିଚିତ୍ର ପଦ୍ଧତିରେ ସ୍ୱତଃ ରୂପରେଖ ଧାରଣ କରନ୍ତି। ବୋରିସ ପାସ୍ଟେରନାକଙ୍କ ମତରେ, ସେକ୍‌ସପିଅର ଏ ସମୟରେ 'led by a definite star which he trusted blindly.'

ଭିନ୍ନ ଏକ ମତରେ, ୧୫୮୪ରୁ ୧୫୮୭ ମଧ୍ୟରେ ଷ୍ଟ୍ରାଟ୍‌ଫୋର୍ଡ ସହରକୁ ଲିସେଷ୍ଟର ଅର୍ଲଙ୍କ ଦଳ, ଏସେକ୍ସ ଅର୍ଲଙ୍କ ଦଳ, ଲର୍ଡ ଆଡମିରାଲଙ୍କ ଦଳ, ସସେକ୍ସ ଅର୍ଲଙ୍କ ଦଳ ଆସିଛନ୍ତି। ସେପରି କୁଇନ୍ସ ମେନ ୧୫୮୭ ରେ ଷ୍ଟ୍ରାଟ୍‌ଫୋର୍ଡରେ ଅଭିନୟ ନିମନ୍ତେ ପହଞ୍ଚିଛନ୍ତି। ତାଙ୍କର ଏକ ପ୍ରମୁଖ ଅଭିନେତା ଉଇଲିଅମ ନେଲ ନିକଟସ୍ଥ ଥେମ ସହରରେ ଏକ ଉନ୍ମାଦ ସଂଘର୍ଷରେ ମୃତ୍ୟୁ ବରଣ କରିଛନ୍ତି ଏବଂ ଏଥି ନିମନ୍ତେ ସେମାନଙ୍କ ପାଇଁ ଏକ ଅଭିନେତାର ଆବଶ୍ୟକତା ରହିଛି। ଯଦି ଏହି ଦଳରେ ଅନ୍ତର୍ଭୁକ୍ତ ହୋଇଥାନ୍ତି, ଅନଭିଜ୍ଞ ସେକ୍‌ସପିଅର ପ୍ରଖ୍ୟାତ ଅଭିନେତା ନେଲଙ୍କ ସ୍ଥାନ ପୂରଣ କରି ପାରି ନଥିବେ, ତେବେ ପୂର୍ବ ଅନୁଭୂତିକୁ ସମ୍ବଳ କରି କିଛି ପରିମାଣରେ ଆବଶ୍ୟକତା ମେଣ୍ଟାଇ ଥିବେ ଓ ପ୍ରଚ୍ଛନ୍ନ କ୍ୟାଥୋଲିକ ଚଳଣି ପ୍ରତି ଆକର୍ଷଣକୁ ଦମନ କରିବା ନିମନ୍ତେ ସମସ୍ତ ଉଦ୍ୟମ କରିଥିବେ, ଯେହେତୁ କୁଇନ୍ସ ମେନ ୧୫୮୩ ରେ ଦେଶରେ ପ୍ରୋଟେଷ୍ଟାଣ୍ଟ ଧର୍ମ ପରିବ୍ୟାପ୍ତ କରିବା ନିମନ୍ତେ ସ୍ଥାପିତ ହୋଇଥିଲା।

ପତ୍ନୀ ଓ ବାଳୁତ ପୁତ୍ର କନ୍ୟାଙ୍କୁ ପରିତ୍ୟାଗ କରି ଅଦୃଷ୍ଟର ଆହ୍ୱାନକୁ ସ୍ୱୀକାର କରିବା ନିଶ୍ଚିତ ରୂପେ କଷ୍ଟକର ହୋଇଥିବ। ତେବେ ସେକ୍‌ସପିଅର ଘରୋଇ ଦାୟିତ୍ୱ ନିର୍ବାହ ପରିବର୍ତ୍ତେ କିଛି ମହତ୍ତର ଲକ୍ଷ୍ୟ ପ୍ରାପ୍ତି ନିମନ୍ତେ ନାଟ୍ୟ ଦଳରେ ସଂଶ୍ଳିଷ୍ଟ ହେବା ଶ୍ରେୟସ୍କର ମନେ କରିଥବେ ଏବଂ ଏଥିନିମନ୍ତେ ଭାଗ୍ୟର ଅଭ୍ୟୁଦୟ ପାଇଁ ଅପେକ୍ଷା କରିଥିବେ।

ଯଦି ଏପରି କୌଣସି ନାଟ୍ୟଦଳରେ ସେ ଅନ୍ତର୍ଭୁକ୍ତ ହୋଇଥାନ୍ତି, ତେବେ ଲଣ୍ଡନ ଶୀଘ୍ର ପହଂଚିବା ସମ୍ଭବପର ହୋଇ ନଥିବ। ପ୍ରାୟ ସମସ୍ତ ନାଟ୍ୟଦଳ ଇଂଲଣ୍ଡର ବିଭିନ୍ନ ଅଂଚଳରେ ଅଭିନୟ ସାରି ଲଣ୍ଡନରେ ପହଞ୍ଚୁଥିଲେ। ଏପରି କୌଣସି ବିଖ୍ୟାତ ଦଳରେ ତିଷ୍ଠି ରହିବା ପାଇଁ ଆବଶ୍ୟକ ଅସାଧାରଣ ସ୍ମୃତି ଶକ୍ତି ଓ ଅଭିନୟ କୁଶଳତା ସେ ହାସଲ କରିଥବେ।

ସେ ସମୟର ଲଣ୍ଡନ

ଲଣ୍ଡନ ସେ ସମୟରେ ନବାଗତମାନଙ୍କ ନଗର ଥିଲା । ଉଦ୍ଦାମ ଯୌବନର ଅଭିମନ୍ତ୍ରରେ ଉଦ୍‌ବୁଦ୍ଧ ଗ୍ରାମାଞ୍ଚଳର ଯୁବକ ଯୁବତୀଗଣ ଲଣ୍ଡନକୁ ଛୁଟି ଆସୁଥିଲେ ଇପ୍ସିତ କର୍ମ ସନ୍ଧାନରେ, ବିତ୍ତ ଓ କ୍ଷମତାର ପ୍ରଚଣ୍ଡ ଆକର୍ଷଣରେ, ସୌଭାଗ୍ୟର ଅନ୍ୱେଷଣରେ । ତେବେ ସମସ୍ତଙ୍କ ସ୍ୱପ୍ନ ଚରିତାର୍ଥ ହେବାର ସମ୍ଭାବନା ନଥିଲା । ବହୁ ବ୍ୟକ୍ତିଙ୍କ ଅଭୀପ୍ସା ଅଚିରେ ଧୂଳିସାତ ହେଉଥିଲା, ପ୍ଲେଗବାହୀ ମୂଷା ଉପଦ୍ରବରେ ବ୍ୟତିବ୍ୟସ୍ତ, ଜନ ବହୁଳତାରେ ବିପର୍ଯ୍ୟସ୍ତ, ଅଗ୍ନି ଓ ଦଙ୍ଗାରେ ପ୍ରପୀଡ଼ିତ ପ୍ରଚଣ୍ଡ ପ୍ରଦୂଷଣ ସମସ୍ୟାରେ ଜର୍ଜରିତ ଲଣ୍ଡନରେ ।

ବାସ୍ତବିକ ଅସ୍ୱାସ୍ଥ୍ୟକର, ବିପଦସଂକୁଳ ସହର ଥିଲା ଲଣ୍ଡନ, ଅକାଳ ମୃତ୍ୟୁର କରାଳ ଛାୟାରେ ସ୍ୱପ୍ନ ସବୁ ସତ୍ତା ହରାଉଥିଲା । ମହାମାରୀର ସଂକ୍ରମଣରେ, ବିଶେଷତଃ ବୁବନିକ ପ୍ଲେଗରେ ଧ୍ୱସ୍ତ ବିଧ୍ୱସ୍ତ ହୋଇଯାଉଥିଲା ଲଣ୍ଡନ । ପରିବାର ସମୂହ, ବସତି ସମୂହ ନିଶ୍ଚିହ୍ନ ହୋଇଯାଉଥିଲେ, ଭୟର ସାମ୍ରାଜ୍ୟ ବିସ୍ତାର ହେଉଥିଲା ବିଭିନ୍ନ ସମୟରେ । ଲଣ୍ଡନରେ ଜନ୍ମ ଅପେକ୍ଷା ମୃତ୍ୟୁ ସଂଖ୍ୟା ଉଚ୍ଚରେ ଥିଲା, କିନ୍ତୁ ନବାଗତଙ୍କ ବୃଦ୍ଧି ହେତୁ ଜନସଂଖ୍ୟା ପ୍ରତିବର୍ଷ ବଢ଼ି ବଢ଼ି ଚାଲିଥିଲା ।

ଏହି କ୍ରମବର୍ଦ୍ଧମାନ ଜନତାର ଆଶ୍ରୟ ଥିଲା ଲଣ୍ଡନ ନଗର , ଯାହାର ଦକ୍ଷିଣରେ ଥେମ୍ସ ନଦୀ, ଅନ୍ୟ ସବୁ ଦିଗରେ ରୋମାନମାନଙ୍କ ଦ୍ୱାରା ଚଉଦ ଶତାବ୍ଦୀ ପୂର୍ବେ ନିର୍ମିତ ଜରାଜୀର୍ଣ୍ଣ ପଥର କାନ୍ଥ । ଏହି ନଗରର ପୂର୍ବ ଦିଗରେ ଥିଲା ବିଶାଳ ନିର୍ମମ ଟୱେର ଅଫ ଲଣ୍ଡନ, ଯାହାର ନିର୍ମାଣ କାର୍ଯ୍ୟ ଆରମ୍ଭ ହୋଇଥିଲା ଉଇଲିଅମ ଦ କଂକେରରଙ୍କ ଦ୍ୱାରା । ପଶ୍ଚିମରେ ବିଦ୍ୟମାନ ଥିଲା ପ୍ରସିଦ୍ଧ ସେଣ୍ଟ ପଲଙ୍କ କ୍ୟାଥେଡ୍ରାଲ । କିଛି ଦୂରରେ ଶକ୍ତିଶାଳୀ ସାମନ୍ତ ବର୍ଗ ଓ ରାଣୀଙ୍କ ପ୍ରିୟ ସଭାସଦମାନଙ୍କ ବୃହତ ଅଟ୍ଟାଳିକାବର୍ଗ ଶୋଭା ପାଉଥିଲା ।

ଏହାର କ୍ଷୁଦ୍ର କଳ କାରଖାନାମାନଙ୍କରେ, ପୋତାଶ୍ରୟ, ପଣ୍ୟଗୃହମାନଙ୍କରେ, ବିଶାଳ ଖାଦ୍ୟ ବିପଣି, ମଦ୍ୟ ଦୋକାନମାନଙ୍କରେ, ଛାପାଖାନା, ଡାକ୍ତରଖାନା, ଅନାଥାଶ୍ରମ, ଆଇନ ବିଦ୍ୟାଳୟ, ସଭାଗୃହ ମାନଙ୍କରେ , ଏହାର ବସ୍ତ୍ର ପ୍ରସ୍ତୁତକାରୀ, ଗ୍ଲାସ ପ୍ରସ୍ତୁତକାରୀ, ଝୁଡ଼ି ପ୍ରସ୍ତୁତକାରୀ, ଇଟା ପ୍ରସ୍ତୁତକାରୀ, ଜାହାଜିଆ, ଟିଣ ମିସ୍ତ୍ରୀ, ଯୁଦ୍ଧାସ୍ତ୍ର ପ୍ରସ୍ତୁତକାରୀ, ରଙ୍ଗ ମିସ୍ତ୍ରୀ, ପୁରୁଷ ବସ୍ତ୍ର ଦୋକାନୀ, ପଶମ ବସ୍ତ୍ର ଦୋକାନୀ, ସୁନା ଦୋକାନୀ, ମାଛ ବେପାରୀ, ବହି ଦୋକାନୀ, ତେଲ, ସାବୁନ, ମହମବତୀ ଦୋକାନୀ, ପର୍ଦ୍ଦା ବିକ୍ରେତା, ଡାଲି ଚାଉଳ ଦୋକାନୀ ତଥା ସରକାରୀ କର୍ମଚାରୀ, ଶିକ୍ଷାନବିସ୍, ସଭାସଦ, ଓକିଲ, ବଣିକ, ମନ୍ତ୍ରୀ, ଶିକ୍ଷକ, ସୈନ୍ୟ, ନାବିକ, କୁଲି, ହୋଟେଲ ମାଲିକ, ବୁଲା ବେପାରୀ, ରୋଷେୟା, ଗାୟକ, ବାଦକ, ଭାଡୁଆ, ବେଶ୍ୟା, ଭିକାରିମାନଙ୍କ ଭିତରେ ଲଣ୍ଡନ ସୀମା ଲଂଘୁଥିଲା।

ଏହା ଥିଲା ବିରାମହୀନ ବେଗର ନଗରୀ ଯେ ଅଭୂତପୂର୍ବ ମାତ୍ରାରେ ନିଜକୁ ମୁହୂର୍ମୁହୁ ପରିବର୍ତ୍ତନ କରୁଥିଲା। ମେୟର ଏବଂ ତାଙ୍କ ଅଧସ୍ତନ ଶାସନ କର୍ତ୍ତାଗଣ ଆଇନ କାନୁନର ବ୍ୟାପକ ବ୍ୟବସ୍ଥା ମଧ୍ୟରେ ନଗରରେ ଶାନ୍ତି ଓ ଶୃଙ୍ଖଳା ବଜାୟ ରଖିବା ପାଇଁ ଯାବତୀୟ ଉଦ୍ୟମ କରୁଥିଲେ। ତେବେ ଏଥିରେ ବାଧକ ସାଜୁଥିଲା ବିଭିନ୍ନ ବ୍ୟତିକ୍ରମ, ଯାହା ସ୍ୱାତନ୍ତ୍ୟ ବୋଲି ନାମିତ ହୋଇଥିଲା ଏବଂ ଆଇନ ଶୃଙ୍ଖଳା ରକ୍ଷାକର୍ତ୍ତାଙ୍କ କ୍ଷମତା ପରିଧିର ବାହାରେ ଥିଲା।

ଏତଦ୍‌ବ୍ୟତୀତ ନୂଆ ଗଢି ଉଠୁଥିବା ନିୟମ ବହିର୍ଭୁତ ଅଳିଆ ଆବର୍ଜନା ପରିପୂର୍ଣ୍ଣ ବିଶାଳ ନଗରତଳି ଅଂଚଳ ଏମାନଙ୍କ କର୍ତ୍ତୃତ୍ୱରେ ଆସୁନଥିଲା। ଏହାଦ୍ୱାରା ନଗରକୁ ଯୋଗ କରୁଥିବା ସୁନ୍ଦର ରାସ୍ତା ସବୁ କେବଳ ଦୂଷିତ ହୋଇନଥିଲା, ଗମନାଗମନ ବି ଭୀତିପ୍ରଦ ଥିଲା।

ଆଦ୍ୟ ଗ୍ରୀଷ୍ମର ଏକ ରମଣୀୟ ସକାଳରେ ସେକ୍‌ସପିଅର ବୋଧେ ଷ୍ଟ୍ରାଟ୍‌ଫୋର୍ଡରୁ ବାହାରିଛନ୍ତି ଲଣ୍ଡନ ଅଭିମୁଖେ। ଚୋର ଉପଦ୍ରବରୁ ରକ୍ଷା ପାଇବା ପାଇଁ ଅନ୍ୟମାନଙ୍କ ଗହଣରେ ବା ଷ୍ଟ୍ରାଟ୍‌ଫୋର୍ଡ - ଲଣ୍ଡନ ବାହକମାନଙ୍କ ସହ ସେ ଯାଇଥାଇ ପାରନ୍ତି। ପଦବ୍ରଜରେ ଲଣ୍ଡନ ଗଲେ ଚାରିଦିନ ସମୟ ଲାଗୁଥିଲା, ଘୋଡାରେ ଗଲେ ଦୁଇଦିନ।

ଯେତେବେଳେ ସେକ୍‌ସପିଅର ଲଣ୍ଡନରେ ପହଞ୍ଚନ୍ତି, ଏକ ଧୂମ୍ର ପଟଳ ତାଙ୍କୁ ସ୍ୱାଗତ କରିଥିବ। ଲଣ୍ଡନର ନିଜସ୍ୱ ବିଚିତ୍ର ଗନ୍ଧରେ ସେ ଚକିତ ହୋଇଥିବେ। ନଗରକୁ ସିଧା ରାସ୍ତା ନେଇ ଅକ୍ସଫୋର୍ଡ ରୋଡରୁ ଚର୍ଚ୍ଚ ଦେଇ ଲଣ୍ଡନର ସହରତଳି ଅଂଚଳରେ ପହଞ୍ଚିଥିବେ ଯାହା ବିଭିନ୍ନ ବେଆଇନ କାର୍ଯ୍ୟକଳାପ ପାଇଁ କୁଖ୍ୟାତ ଥିଲା। ଯେହେତୁ ପୂର୍ବରୁ ଏପରି ବାତାବରଣ ସହ ପରିଚିତ ନଥିବେ, ଏହା ତାଙ୍କୁ କିଛି ନୂତନ ଉଦ୍ଦୀପନା

ଯୋଗାଇଥିବ। ତାପରେ ହଲବର୍ନର ପାନ୍ଥଶାଳା ସମୂହ, ଇତସ୍ତତଃ ଭାବେ ଗଢି ଉଠିଥିବା ବିପଣିମାନ, କ୍ଷୁଦ୍ର ଭଡାଘର ବସ୍ତି, ଶେଷରେ ନ୍ୟୁଗେଟର ଭୀଷଣକାୟ ଜେଲରେ ପହଞ୍ଚିଥିବେ। ନ୍ୟୁଗେଟ ଥିଲା ସେ ସମୟର ଲଣ୍ଡନର ପ୍ରବେଶଦ୍ୱାର।

ଏହି ନଗରକୁ ପ୍ରଥମଥର ପାଇଁ ଆସିଥିବା ବ୍ୟକ୍ତି ବିଭିନ୍ନ ନୂଆ ଅନୁଭୂତିରେ ଅତିଶୟ ବିବ୍ରତ ହୋଇଥିବ। ଲଣ୍ଡନର ରୂପ, ଗନ୍ଧ, ଶବ୍ଦର ଆତିଶଯ୍ୟ ତାର ସମସ୍ତ ଇନ୍ଦ୍ରିୟକୁ ପ୍ରଚଣ୍ଡ ଧକ୍କା ଦେଇଥିବ। ବୁଲା ବେପାରୀ ବା ବଣିକମାନେ ବିଚାରା ପଥିକଟିକୁ ତା ଇଚ୍ଛା ବିରୁଦ୍ଧରେ କିଛି କିଣିବା ପାଇଁ ବାଧ କରିଥିବେ, ତାକୁ ଠେଲାଠେଲି କରିଥିବେ, ଧକ୍କା ବି ଦେଇଥିବେ। ଏହା ଅନବରତ କୋଳାହଳର ନଗର, କ୍ରୟ ବିକ୍ରୟ ପାଇଁ ଯୁକ୍ତିତର୍କ, ଦ୍ୱନ୍ଦ୍ୱର ନଗର। ଗୋବର, ଆବର୍ଜନା ଓ ମଣିଷର ଝାଳଗନ୍ଧରେ ଏ ନଗର ବେଳେବେଳେ ଭୀଷଣ ଗନ୍ଧାଏ, ଭୃତ୍ୟମାନେ ଦୋକାନ ବାହାରେ ଠିଆ ହୋଇ ଗ୍ରାହକମାନଙ୍କୁ ଉଚ୍ଚ ସ୍ୱରରେ ନିମନ୍ତ୍ରଣ କରନ୍ତି। ବହୁ ସମୟରେ ଗୃହ ସ୍ୱାମୀମାନେ ପ୍ରବେଶ ପଥର ପାହାଚ ଉପରେ ଠିଆ ହୋଇ ପ୍ରତିବେଶୀମାନଙ୍କ ସହ ବାଜେଗପ୍ପ କରନ୍ତି ବା ସେମାନଙ୍କୁ ସମାଲୋଚନା କରନ୍ତି।

ଏହା ପନ୍ଦର ଶହ ବର୍ଷର ମଣିଷ ବସତିରେ ପରିପୁଷ୍ଟ ଏକ ପୁରାତନ ସଭ୍ୟତାର କିୟଦଂଶ। ପ୍ରାଚୀନ ପ୍ରାଚୀର ଓ ପ୍ରବେଶ ଦ୍ୱାର, ଉପାସନା ମନ୍ଦିର ଓ ଖମାରରେ ପରିପୂର୍ଣ୍ଣ ଏକ ମଧ୍ୟଯୁଗୀୟ ନଗର। ସେକ୍ସପିଅରଙ୍କ ବିଭିନ୍ନ ନାଟକରେ ସ୍ଥାନ ପାଇଥିବା ଟୱେର ଅଫ ଲଣ୍ଡନ ସେପରି ମଥା ଉନ୍ନତ କରି ଠିଆ ହୋଇଥାଏ ସଦର୍ପରେ। ସାଭୟ ପ୍ରାସାଦ, ୱାରୱିକ୍ ଅର୍ଲଙ୍କ ଅଟ୍ଟାଳିକା, ଲମ୍ବାର୍ଡ ଷ୍ଟ୍ରିଟରେ ଥିବା ରାଜା ଜନଙ୍କ ପ୍ରାସାଦ, କ୍ରସବି ହଲ, ଯେଉଁଠି ରିଚାର୍ଡ ତୃତୀୟ ସିଂହାସନ ଆରୋହଣ କରିଥିଲେ ଇତ୍ୟାଦି ତିଷ୍ଠି ରହିଥିଲା। ସେକ୍ସପିଅରଙ୍କ ଐତିହାସିକ ନାଟକସବୁ ଲଣ୍ଡନର ପୃଷ୍ଠଭୂମିରେ ରଚିତ ହେବା ବିଧି ନିର୍ଦ୍ଦିଷ୍ଟ ଥିଲା।

କିନ୍ତୁ ଷୋଡଶ ଶତାବ୍ଦୀ ଲଣ୍ଡନ ନିଜକୁ ପୁନଃ ନବୀକରଣ କରୁଥିଲା। ଏହି ନିତ୍ୟ ନୂତନତାରେ ତାହାର ଅଲୌକିକତା, ଶକ୍ତି ଓ ସାମର୍ଥ୍ୟ, ଉତ୍ତେଜନା ବିଦ୍ୟମାନ ଥିଲା। ଜନସଂଖ୍ୟାର ପ୍ରାୟ ଅର୍ଦ୍ଧାଂଶଙ୍କ ହାରାହାରି ବୟସ କୋଡିଏ ବର୍ଷରୁ କମ୍ ଥିଲା। ଏଥିରେ ହିଁ ଅନ୍ତର୍ନିହିତ ଥିଲା ତାହାର ଅନମନୀୟତା, ରୁକ୍ଷତା ଓ ପ୍ରଚଣ୍ଡ ଉଚ୍ଚାକାଂକ୍ଷା। ପରବର୍ତ୍ତୀ କୌଣସି ସମୟରେ ଲଣ୍ଡନ ଏହି ଯୁବାବସ୍ଥା ଫେରି ପାଇନି।

ଶିକ୍ଷାର୍ଥୀ ଓ ଶିକ୍ଷାନବିସ୍ ଏହାର ଲୋକସଂଖ୍ୟାର ପ୍ରାୟ ଦଶ ଭାଗ ଥିଲେ। ସେମାନେ ସାଧାରଣତଃ ଉଗ୍ର ପ୍ରକୃତିସମ୍ପନ୍ନ ଓ ବର୍ବରୋଚିତ ଆଚରଣ ପାଇଁ ବେଳେ ବେଳେ ସମାଲୋଚିତ ହେଉଥିଲେ। ସେ ସମୟର ଲଣ୍ଡନର ବାସିନ୍ଦାଙ୍କୁ ଶୀଘ୍ର

ଏକତ୍ରୀକରଣ ଓ ତୁରନ୍ତ ପ୍ରବୃତ୍ତିଗତ କାର୍ଯ୍ୟ ସମ୍ପାଦନ ପାଇଁ ମହୁମାଛିମାନଙ୍କ ସହ ତୁଳନା କରାଯାଇଛି। ରାଣୀ ଏଲିଜାବେଥଙ୍କ ସମୟ ଚପଳମତି, ଅବାଧ ଯୁବ ସଭାସଦଙ୍କ ଦ୍ୱାରା ପରିବେଷ୍ଟିତ ଜଣେ ଶାସକଙ୍କ ରାଜତ୍ୱ ରୂପେ ଦର୍ଶାଯାଇଛି। ଯୁବକ ଯୁବତୀଗଣ ଲଣ୍ଡନର ବିଭିନ୍ନ ସାହିରେ କ୍ରୟ ବିକ୍ରୟ, ତର୍କ ବିତର୍କ ଓ ଗଣ୍ଡଗୋଳରେ ବି ବ୍ୟାପୃତ ଥିଲେ।

ଏହା ଦୁଃସାହସିକ ଜଳଯାତ୍ରା, ସଂଘର୍ଷ ଓ ଆବିଷ୍କାରର ସମୟ ଥିଲା। ମିଳିତ ଷ୍ଟକ କମ୍ପାନୀ ଓ ସାମ୍ରାଜ୍ୟବାଦୀ ମାନସିକତା ତଥା ଏଥିନିମନ୍ତେ ଆବଶ୍ୟକ କଷ୍ଟସିଦ୍ଧ ବ୍ୟାପାରର ସମୟ ଥିଲା। ଏହା ଏପରି ଏକ ସମୟ ଥିଲା ଯେତେବେଳେ ଉଚ୍ଚାକାଂକ୍ଷା ଓ ଅଭିଳାଷ ଯେ କୌଣସି କ୍ଷେତ୍ରରେ ପହଞ୍ଚିପାରେ। ଏହା ୱାଲଟେର ରାଲେ , ଫ୍ରାନସିସ ଡ୍ରେକଙ୍କ ସମୟ ଥିଲା, ଉଇଲିଅମ ସେକ୍ସପିଅରଙ୍କ ସମୟ ଥିଲା।

ଲଣ୍ଡନର ନାଟ୍ୟଜଗତ

ସେକ୍‌ସପିଅରଙ୍କ ଲଣ୍ଡନ ଆଗମନ ଇଂଲିଶ ନାଟ୍ୟ ସାହିତ୍ୟ ପାଇଁ ଏକ ମାହେନ୍ଦ୍ର ବେଳା। ସେତେବେଳେ ରବର୍ଟ ପୀଲ ଓ ଜନ ଲିଲିଙ୍କ ନାଟକ ନାଟ୍ୟ ଜଗତରେ ଆଲୋଡନ ସୃଷ୍ଟି କରିଥାଏ। ମଞ୍ଚଜଗତରେ ଥୋମାସ କିଡ ଓ ଖ୍ରୀଷ୍ଟୋଫର ମାର୍ଲୋଙ୍କ ଆବିର୍ଭାବ ଘଟିଥାଏ। ବିଭିନ୍ନ ନାଟ୍ୟଦଳ ସପ୍ତାହରେ ଛ ଦିନ ପୃଥକ ପୃଥକ ବିଷୟ ବସ୍ତୁରେ ନାଟକ ପରିବେଷଣ କରୁଥାନ୍ତି। ପ୍ରମୁଖ ନାଟ୍ୟଦଳ କୁଇନ୍ସ ମେନ ସେମାନଙ୍କ ପ୍ରାଧାନ୍ୟ ହରାଇଥିଲେ ବି ଲଣ୍ଡନର ବିଭିନ୍ନ ସ୍ଥାନରେ ନାଟକ ମଞ୍ଚସ୍ଥ କରୁଥାନ୍ତି। ଏପରି ଏକ ଶୁଭ ମୁହୂର୍ତ୍ତରେ ଲର୍ଡ୍ ଷ୍ଟ୍ରେଞ୍ଜଙ୍କ ଦଳରେ ଯୋଗ ଦିଅନ୍ତି ସେକ୍‌ସପିଅର।

ସେ ସମୟରେ ଜନ ଲିଲି ଅଧିକ ଲୋକପ୍ରିୟ ହୋଇଥାନ୍ତି। ପ୍ରେମର ବୈଚିତ୍ର୍ୟ ଓ ସମ୍ଭାବନା, ଗ୍ରାମ୍ୟ ଜୀବନର ପ୍ରଚ୍ଛଦପଟରେ ମାନବୀୟ ବ୍ୟବହାରର ବହୁବିଧ ରୂପରେଖ, ରୋମାନ୍ସ ଓ ପୌରାଣିକ ଗାଥାର ସମ୍ମିଶ୍ରଣରେ ରଚିତ ନାଟକ ଅନନ୍ୟ ଆକର୍ଷଣୀୟ ଶୈଳୀରେ ପରିବେଷଣ କରୁଥିଲେ ସେ। ନବାଗତ ସେକ୍‌ସପିଅର ବିମୁଗ୍ଧ ହୋଇଛନ୍ତି ଏପରି ନୂତନ ନାଟକର ଗୀତିମୟତାରେ, ଗୁପ୍ତ ପ୍ରେମ ପ୍ରଣୟର ଆଶ୍ଚର୍ଯ୍ୟ ଅଭିସନ୍ଧିରେ। ଚେତନାର ଦିଗବଳୟ ପ୍ରସାରିତ ହୋଇଛି ତାଙ୍କର, ଖୁବ ପ୍ରଭାବିତ ହୋଇଛନ୍ତି ସେ। ତାଙ୍କ 'ଲଭ୍‌ସ ଲାବର ଲଷ୍ଟ' ଓ 'ଏ ମିଡ୍‌ସମର ନାଇଟ୍‌ସ ଡ୍ରିମ' ନାଟକରେ ଲିଲିଙ୍କ ପ୍ରଭାବ ସୁସ୍ପଷ୍ଟ। ଲିଲି ସେକ୍‌ସପିଅରଙ୍କ ଠାରୁ ଦଶ ବର୍ଷ ବଡ ଥିଲେ, ସୌଖୀନ ଓ ବିତ୍ତଶାଳୀ ଥିଲେ, ପାର୍ଲିଆମେଣ୍ଟର ସଭ୍ୟ ହେବା ନିମନ୍ତେ ମନୋନୀତ ହୋଇଥିଲେ। ସେକ୍‌ସପିଅରଙ୍କ ମହତ୍ ଆକାଂକ୍ଷା ଓ ବିଶିଷ୍ଟ ନାଟକ ରଚନା ଦିଗରେ କିଛି ଭୂମିକା ରହିଛି ଲିଲିଙ୍କର।

ଖୁବ ଶୀଘ୍ର ଜନ ଲିଲିଙ୍କ ଲୋକପ୍ରିୟତାରେ ଭଟ୍ଟା ଆସିଛି ଜର୍ଜ ପିଲ୍, ରବର୍ଟ ଗ୍ରୀନ, ଥୋମାସ ନାସ୍, ଥୋମାସ କିଡ୍, ଖ୍ରୀଷ୍ଟୋଫର ମାର୍ଲୋଙ୍କ ପରି ନାଟ୍ୟକାରଙ୍କ

ନୂତନ ମହକରେ। ପିଲ୍‌ଙ୍କ ଶାସ୍ତ୍ରସିଦ୍ଧ, ଉତ୍ସବମୁଖର ନାଟକ, ଭାଷାର ପ୍ରାଂଜଳତା, ହିଂସାକାଣ୍ଡ, ପାଗଳାମିର ଆଧିକ୍ୟ ସେକ୍‌ସପିଅରଙ୍କୁ ପ୍ରଭାବିତ କରିଛି। ତାଙ୍କ 'ଟାଇଟସ ଆଣ୍ଡ୍ରୋନିକସ' ନାଟକର ପ୍ରଥମ ଅଙ୍କରେ ପିଲ୍‌ଙ୍କ ପ୍ରଭାବ ସୁସ୍ପଷ୍ଟ। ବୋଧେ ଏହି ନାଟକ ସେ ପିଲ୍‌ଙ୍କ ସହ ମିଶି ରଚନା କରିଛନ୍ତି।

ଶୀଘ୍ର ସେକ୍‌ସପିଅର ପିଲ୍‌ଙ୍କୁ ବିଦ୍ରୂପ କରିଛନ୍ତି ତାଙ୍କ ଐତିହାସିକ ନାଟକମାନଙ୍କରେ ଓ ତାଙ୍କ ସହ ସୁସମ୍ପର୍କ ରହିନାହିଁ। ପିଲ୍ ଅକ୍ସଫୋର୍ଡରେ ଶିକ୍ଷାଗ୍ରହଣ କରିଥିଲେ ଏବଂ କଳାରେ ସ୍ନାତକୋତ୍ତର ଉପାଧି ପାଇଁ ବେଶ୍ ଗର୍ବ କରୁଥିଲେ। ସେ ମାର୍ଲୋ, ନାସ, ଗ୍ରୀନଙ୍କ ପରି ଉତ୍ସାହୀ, ମଦ୍ୟପ, ଅପରିଣାମଦର୍ଶୀ, ଉଚ୍ଛୃଙ୍ଖଳ ୟୁନିଭର୍ସିଟି ୱିଟ୍‌ସଙ୍କ ସହ ଅଧିକ ମିଳାମିଶା କରୁଥିଲେ। ସେମାନେ ୧୫୮୦ ଓ ୧୫୯୦ରେ ବିଖ୍ୟାତ ନାଟ୍ୟକାର ଥିଲେ ଓ ମଦ୍ୟପାନ କିମ୍ବା ମହାମାରୀ ଦ୍ୱାରା ଅକାଳ ମୃତ୍ୟୁର ଶିକାର ହୋଇଥିଲେ।

ସେକ୍‌ସପିଅର ସେମାନଙ୍କୁ ଭଲ ଭାବେ ଜାଣିଥିଲେ। କିନ୍ତୁ ସେମାନଙ୍କ ସହ ମିଳାମିଶା କରିବା ବିଷୟରେ ପ୍ରମାଣ ଅନୁପଲବ୍ଧ। ତାଙ୍କର ଯଥେଷ୍ଟ ଆତ୍ମବିଶ୍ୱାସ ଥିଲା, ଏଣୁ ଆତ୍ମରକ୍ଷା ପାଇଁ ଅଧିକ ବିଚାରବୋଧ ଥିଲା। ସେ ସମୟର ଆତ୍ମ ବିଧ୍ୱଂସକାରୀ ଶକ୍ତିମାନଙ୍କ ଠାରୁ ସେ ନିରାପଦ ଦୂରତା ବଜାୟ ରଖୁଥିଲେ।

ସେକ୍‌ସପିଅର ଲଣ୍ଡନର ରଙ୍ଗମଞ୍ଚରେ ପ୍ରବେଶ କରିବା ସମୟରେ ଥୋମାସ କିଡଙ୍କ 'ଦ ସ୍ପେନିସ ଟ୍ରାଜେଡି' ଓ ଖ୍ରୀଷ୍ଟୋଫର ମାରଲୋଙ୍କ 'ଟାଂବରଲେନ ଦ ଗ୍ରେଟ' ଖୁବ ଆଲୋଡନ ସୃଷ୍ଟି କରିଥିଲା। ପ୍ରଥମୋକ୍ତ ନାଟକ ଦ୍ୱାରା ଲଣ୍ଡନ ରଙ୍ଗମଞ୍ଚରେ ପ୍ରତିଶୋଧମୂଳକ ବିୟୋଗାନ୍ତକ ନାଟକଧାରାର ସୂତ୍ରପାତ ହେଲା। ସେକ୍‌ସପିଅରଙ୍କ ହାମଲେଟ ନାଟକକୁ ଏହି ନାଟକ ପ୍ରଭାବିତ କରିଛି।

ସେକ୍‌ସପିଅରଙ୍କ ଠାରୁ ଛଅ ବର୍ଷ ବଡ କିଡ୍ ଯୁବାବସ୍ଥାରେ ଏହି ନାଟକ ଲେଖିଛନ୍ତି। ସେ ଗ୍ରାମାର ସ୍କୁଲରେ ପାଠ ପଢ଼ିଛନ୍ତି ଓ ୧୫୮୭ ରେ ଖ୍ରୀଷ୍ଟୋଫର ମାର୍ଲୋଙ୍କ ସହ ଲର୍ଡ ଷ୍ଟ୍ରେଞ୍ଜଙ୍କ ଦଳରେ ଯୋଗ ଦେଇଛନ୍ତି। ସେକ୍‌ସପିଅର ପରେ ଏହି ଦଳରେ ଯୋଗ ଦେଇଛନ୍ତି ଓ ଏମାନଙ୍କ ନାଟକରେ ଅଭିନୟ କରିଛନ୍ତି। ଏତଦ୍‌ବ୍ୟତୀତ ସେମାନଙ୍କୁ କିଛି ମାତ୍ରାରେ ଅନୁକରଣ ଓ ବିଦ୍ରୂପ ବି କରିଛନ୍ତି।

ଖ୍ରୀଷ୍ଟୋଫର ମାର୍ଲୋଙ୍କ ଇଂଲିଶ ରଙ୍ଗମଞ୍ଚରେ ଆବିର୍ଭାବ ସେକ୍‌ସପିଅରଙ୍କ ସାମାନ୍ୟ ପୂର୍ବରୁ ଘଟିଥିଲା। ସେ କ୍ୟାଣ୍ଟରବରୀର ଜଣେ ଯୋତା ପ୍ରସ୍ତୁତକାରୀଙ୍କ ପୁତ୍ର ଏବଂ କ୍ୟାମ୍ବ୍ରିଜ ବିଶ୍ୱବିଦ୍ୟାଳୟରୁ ସ୍ନାତକ ଡ଼ିଗ୍ରୀ ପ୍ରାପ୍ତ। ସେଠାରେ ଅଧ୍ୟୟନ ସମୟର ବଦଖର୍ଚ୍ଚ, ଉଚ୍ଛୃଙ୍ଖଳତାରୁ ଅନୁମାନ କରାଯାଏ ଯେ, ସେ ରାଷ୍ଟ୍ର ନିମିତ୍ତ ଗୁପ୍ତଚର ବୃତ୍ତିରେ

ଲିପ୍ତ ଥିଲେ ଏବଂ ନାସ୍ତିକତା, ଅସଂଯତ ବଚନ ଓ ଅବାଞ୍ଛନୀୟ କାର୍ଯ୍ୟକଳାପ ହେତୁ ଥିଲେ ଖୁବ ବିବାଦୀୟ।

ସୋରେଡ଼ିଚର ଅଖ୍ୟାତ ଗଳିରେ ସେ ପ୍ରସିଦ୍ଧ ଲେଖକ ଚାପମାନଙ୍କ ସହ ମିଶି ଜଣେ ବ୍ୟକ୍ତିଙ୍କୁ ହତ୍ୟା କରିବା ଅପରାଧରେ ଜେଲ ଯାଇ ଆତ୍ମରକ୍ଷା ଦ୍ୱାହିରେ ମୁକ୍ତି ପାଇଥିଲେ। ତାଙ୍କ ସ୍ମରଣୀୟ ଦମ୍ଭୋକ୍ତି ଥିଲା, 'what nourishes me, destroys me.'

ସେ ନିଃସନ୍ଦେହରେ ଏକ ଜାଜ୍ୱଲ୍ୟମାନ ପ୍ରତିଭା। ୧୫୮୭ରେ ମାତ୍ର ତେଇଶି ବର୍ଷରେ ଟାମ୍ବରଲେନ ନାଟକ ଲେଖି ଅସାମାନ୍ୟ ଖ୍ୟାତି ହାସଲ କରିଥିଲେ। ଏହାପରେ ଜିଉ ଅଫ ମାଲଟା, ଡକ୍ଟର ଫାଷ୍ଟସ, ଏଡୱାର୍ଡ ଦ୍ୱିତୀୟ ନାଟକ ଲେଖି ଇଂଲିଶ ବିୟୋଗାନ୍ତକ ନାଟକର ଜନକ ରୂପେ ଚିହ୍ନିତ ହୋଇଥିଲେ। ଇଂଲିଶ ନାଟକରେ ଯତିବିହୀନ ଛନ୍ଦ ସେ ପ୍ରଥମେ ବ୍ୟବହାର କରିଥିଲେ। ଏ ଦିଗରେ ସେ ସେକ୍‌ସପିଅରଙ୍କ ପୂର୍ବସୂରୀ ଏବଂ ତାଙ୍କ ଦିଗଦର୍ଶକ, ସେ କେବଳ ନାଟ୍ୟ ରଚନା କ୍ଷେତ୍ରରେ ନୁହେଁ, ଇଂଲିଶ କବିତାରେ ବି ଅଭୂତପୂର୍ବ ପରିବର୍ତ୍ତନ ଆଣିଥିଲେ। ମାତ୍ର ଅଣତିରିଶ ବୟସରେ ଖୁବ ଦୁଃଖଦ ପରିସ୍ଥିତିରେ ସେ ପ୍ରାଣତ୍ୟାଗ କରିଥିଲେ।

ସେକ୍‌ସପିଅର ହେନରୀ ଷଷ୍ଠ ରଚନା କରିବା ବେଳେ ମାର୍ଲୋଙ୍କ ସହାୟତା ଲାଭ କରିଥିଲେ। ସେକ୍‌ସପିଅର ତାଙ୍କ ପ୍ରତିଦ୍ୱନ୍ଦ୍ୱୀ ଥିଲେ ଓ ତାଙ୍କ କିଛି ନାଟକରେ ଅଭିନୟ କରିଥିଲେ। ତେବେ ମାର୍ଲୋଙ୍କ ଦ୍ୱାରା ପ୍ରଭାବିତ ହେଲେ ବି ସେ ଦୂରତା ବଜାୟ ରଖୁଥିଲେ। ବିଶ୍ୱ ବିଦ୍ୟାଳୟରେ ଶିକ୍ଷା ପ୍ରାପ୍ତ ମାର୍ଲୋ ମଞ୍ଚକୁ ଭିନ୍ନ ଏକ ଇଲାକାରୁ ଆସିଥିଲେ। ସେକ୍‌ସପିଅରଙ୍କ ଅଭିବୃଦ୍ଧି ମଞ୍ଚରୁ ହିଁ ଘଟିଥିଲା। ବିଶିଷ୍ଟ ଅଭିନେତା ରିଚାର୍ଡ ବର୍ବେଜ ଓ ଉଇଲିଅମ କେମ୍ପଙ୍କ ମତରେ, ମାର୍ଲୋଙ୍କ ପରି ବିଶ୍ୱ ବିଦ୍ୟାଳୟରୁ ଆଗତ ନାଟ୍ୟକାରଗଣ ଓଭିଡଙ୍କ ଦ୍ୱାରା ପ୍ରଭାବିତ ହୋଇଥିବା ବେଳେ ଆମ ସେକ୍‌ସପିଅର 'a shrewd fellow indeed, puts them all down' ବିଷୟ ବସ୍ତୁ ଅପେକ୍ଷା ମଞ୍ଚକଳାରେ ସେକ୍‌ସପିଅର ସେମାନଙ୍କ ଅପେକ୍ଷା ବହୁ ଆଗରେ ଥିଲେ।

ସେକ୍‌ସପିଅରଙ୍କ ନାଟକର ସମୟାନୁକ୍ରମ ନିରୂପଣ କରିବା ଏକ ଦୁରୂହ ବ୍ୟାପାର। କେତେକ ଗବେଷକଙ୍କ ମତରେ ସେକ୍‌ସପିଅର ଲଣ୍ଡନକୁ ଆସିବା ପୂର୍ବରୁ ନାଟକ ରଚନା କାର୍ଯ୍ୟରେ ବ୍ରତୀ ଥିଲେ। ୧୫୮୭ ରେ କୁଇନ୍ସ ମେନ ଦଳରେ ଅନ୍ତର୍ଭୁକ୍ତ ଥିବା ବେଳେ ସେ ସର୍ବପ୍ରଥମେ ହାମଲେଟ ନାଟକ ଲେଖିଥିଲେ ବୋଲି ବି ଦାବି କରାଯାଏ। ଥୋମାସ ନାସ ୧୫୮୯ ରେ ଏହି ନାଟକ ସମ୍ପର୍କରେ ଲେଖିଛନ୍ତି, ଯେଉଁଥିରେ 'to be or not to be' ଉକ୍ତି ସହ ପ୍ରେତାତ୍ମାର 'revenge' ଚିତ୍କାର

ସ୍ଥାନିତ ହୋଇଥିଲା। ଏହି ନାଟକରେ ସେକ୍‌ସପିଅର ପ୍ରେତ ଭୂମିକାରେ ଅଭିନୟ କରିଥିଲେ ବୋଲି ମତ ପ୍ରକାଶ ପାଇଛି। ସମ୍ପ୍ରତି ଏହି ନାଟକ ଅନୁପଲବ୍ଧ।

ସେପରି ତାଙ୍କ ରଚିତ 'ଲେଇର' ନାଟକ ୧୫୮୭ ରେ ଲିଖିତ ବୋଲି ଦର୍ଶାଯାଇଛି ଯେଉଁଥିରେ ରାଜ୍ୟ ବିଭାଜିତ ହୋଇଛି। କିନ୍ତୁ ପରବର୍ତ୍ତୀ ସମୟର ଘଟଣାବଳୀର ଦୁଃଖଦ ବର୍ଣ୍ଣନା ପରିବର୍ତ୍ତେ ପାରମ୍ପରିକ ପ୍ରେମ କାହାଣୀର ବହୁ ଉପାଦାନରେ ନାଟକଟି ମିଳନାନ୍ତକ ହୋଇଛି ଯେଉଁଠି ଲୈର ଓ ତାଙ୍କ ସୁକନ୍ୟା କର୍ଡେଲିଆ ସୁଖରେ କାଳାତିପାତ କରିଛନ୍ତି। ଏହା ବି କୁଇନ୍ସ ମେନ ଦଳ ଦ୍ୱାରା ଅଭିନୀତ ହୋଇଛି। ତେବେ ଏହି ନାଟକ ବାସ୍ତବରେ କେତେ ଦୂର ସେକ୍‌ସପିଅରଙ୍କ ଦ୍ୱାରା ରଚିତ ସେ ସମ୍ପର୍କରେ ବିବାଦ ରହିଛି। ସେପରି ୧୫୮୮ ରେ ରଚିତ 'ଦ ଟେମିଙ୍ଗ ଅଫ ଏ ସ୍ରିଉ' ନାଟକ ପରବର୍ତ୍ତୀ 'ଦ ଟେମିଙ୍ଗ ଅଫ ଦ ସ୍ରିଉ'ର ପୂର୍ବ ସଂସ୍କରଣ ବୋଲି ମତ ପ୍ରକାଶ ପାଇଛି ଓ ସେକ୍‌ସପିଅର ମାର୍ଲୋଙ୍କ ବିଭିନ୍ନ ପଂକ୍ତି ଆହରଣ କରିଛନ୍ତି ବୋଲି ଅଭିଯୋଗ ହୋଇଛି। ତେବେ ସମସ୍ତ ବାଦ ବିସମ୍ବାଦ ଊର୍ଦ୍ଧ୍ୱରେ ଏ ସଂକ୍ରାନ୍ତରେ ନିର୍ଦ୍ଦିଷ୍ଟ ମତ ଉପଲବ୍ଧ ନୁହେଁ।

ସେକ୍‌ସପିଅରଙ୍କ ନାଟକ ଜନସାଧାରଣଙ୍କ ରୁଚିର ପରିବର୍ତ୍ତନ ନିମନ୍ତେ କେବଳ ସହାୟକ ହୋଇନାହିଁ, କିଛି ପରିମାଣରେ ଏହାକୁ ନୂତନ ରୂପେ ସଂଘଟିତ କରିଛି। ଇଂଲିଶ ଇତିହାସ ପ୍ରତି ସେକ୍‌ସପିଅରଙ୍କ ଅସାମାନ୍ୟ ଆକର୍ଷଣ ରହିଛି, ତାଙ୍କ ଦଶ ଗୋଟି ନାଟକ ଇଂଲିଶ ଇତିହାସ ଆଧାରରେ ରଚିତ ହୋଇଛି। ଏଲିଜାବେଥ ଯୁଗର ସାମଗ୍ରୀକ କଳ୍ପନାବୋଧ ତାଙ୍କ ବିଭିନ୍ନ ନାଟକରେ ପ୍ରତିଭାତ।

ପୂର୍ବ ନାଟକ ସମୂହ ସୃଷ୍ଟିଠାରୁ ପ୍ରଳୟ ଯାଏଁ ଧର୍ମୀୟ ଭିତ୍ତିଭୂମିରେ ମୁଖ୍ୟତଃ ପ୍ରତିଷ୍ଠିତ ହେବାବେଳେ ସେକ୍‌ସପିଅର ଷୋଡଶ ଶତାବ୍ଦୀର ନବଜାଗରଣ ଓ ସଂସ୍କାରର ପ୍ରଚ୍ଛଦପଟରେ ନୂତନର ଆହ୍ୱାନକୁ ସ୍ୱୀକାର କରି ନାଟକ ରଚନା କରିଛନ୍ତି। ତାଙ୍କ ନାଟ୍ୟ ପରିଧି ଐତିହାସିକ ନାଟକଠାରୁ ମିଳନାନ୍ତକ, ବିୟୋଗାନ୍ତକ, ଏବଂ ଫାର୍ସ ଯାଏଁ ପ୍ରଲମ୍ବିତ। ରବର୍ଟ ଗ୍ରୀନଙ୍କ କୁତ୍ସା ରଚନାରେ ଉଲ୍ଲିଖିତ 'Johannes factotum', ସକଳ କାର୍ଯ୍ୟର ସୂତ୍ରଧର।

ଇତି ମଧ୍ୟରେ ସେ କୁଇନ୍ସ ମେନ ଦଳଠାରୁ ଲର୍ଡ଼ ଷ୍ଟ୍ରେଞ୍ଜସ ମେନ ଓ ଲର୍ଡ ପେମ୍ବ୍ରୋକସ ମେନ ଯାଏଁ ସ୍ଥାନାନ୍ତରିତ ହୋଇଛନ୍ତି। ପରେ ଲର୍ଡ ଚାମ୍ବରଲେନ୍ସ ମେନ ଓ କିଙ୍ଗ୍‌ସ ମେନ୍ ତାଙ୍କ ଶେଷ କର୍ତ୍ତବ୍ୟ ସ୍ଥଳ ହୋଇଛି। ଏହି ଦଳରେ ପ୍ରାୟ କୋଡ଼ିଏ ବର୍ଷ ରହଣି କାଳରେ ସେ ଦେଶର ପ୍ରାୟ ଅଶିଟି କ୍ଷୁଦ୍ର ଓ ବୃହତ ସହରରେ ଏବଂ ତିରିଶଟି ସାମନ୍ତ ଶ୍ରେଣୀୟ ଭଦ୍ର ବ୍ୟକ୍ତିଙ୍କ ଗୃହରେ ବିଭିନ୍ନ ନାଟକ ପରିବେଷଣ କରିଛନ୍ତି।

ଲର୍ଡ ପେଂବ୍ରୋକଙ୍କ ଦଳରେ ସେ ସଦସ୍ୟ ଥିବା ସମୟରେ ରାଣୀ ଏଲିଜାବେଥଙ୍କ ସମକ୍ଷରେ ନାଟକ ପରିବେଷଣ କରିବା ପାଇଁ ସୁଯୋଗ ପାଇଛନ୍ତି। ଦଳର ମୁଖ୍ୟ ଅଭିନେତା ରିଚାର୍ଡ ବର୍ବେଜ ସେଠାରେ ଖୁବ ପ୍ରଶଂସିତ ହୋଇଛନ୍ତି। ନାଟ୍ୟକାର ସେକ୍‌ସପିଅରଙ୍କ ପ୍ରତିଭା ବି ଆଦୃତ ହୋଇଛି। ତାଙ୍କ ଦ ଟେମିଙ୍ଗ ଅଫ ଏ ସ୍ରିଉ, ଟାଇଟସ ଆଣ୍ଡ୍ରୋନିକସ ଓ ହେନରୀ ସିକ୍ସ ସମ୍ପର୍କିତ ଦୁଇଟି ନାଟକ ସେଠାରେ ପରିବେଷିତ ହୋଇଛି।

ସେକ୍‌ସପିଅର ଏକ ଗ୍ରାମାଞ୍ଚଳରୁ ଆସିଛନ୍ତି ଓ ଏହାର ରୂପ, ରସ, ଗନ୍ଧ ଆଜୀବନ ତ୍ୟାଗ କରି ପାରି ନାହାନ୍ତି। ବିଶ୍ୱ ବିଦ୍ୟାଳୟରୁ ଉତ୍ତୀର୍ଣ୍ଣ ନାଟ୍ୟକାରଗଣଙ୍କ ଦ୍ୱାରା ପ୍ରଥମେ ସାମାନ୍ୟ ବିଦ୍ରୁପର ଶରବ୍ୟ ହୋଇଛନ୍ତି। ପରେ ସେକ୍‌ସପିଅରଙ୍କ ପ୍ରଚଣ୍ଡ ଧୀଶକ୍ତି, ବିପୁଳ ଶବ୍ଦ ସମ୍ପଦର ବ୍ୟବହାର, ଅନନ୍ୟ ଆହରଣ ଦକ୍ଷତା, ରକ୍ଷଣଶୀଳତା ଓ ନୈତିକତା ସେମାନଙ୍କୁ ଆଶ୍ଚର୍ଯ୍ୟାନ୍ୱିତ କରିଛି। ସେମାନଙ୍କ ବିଶୃଙ୍ଖଳ, ଅବ୍ୟବସ୍ଥିତ, ବିପନ୍ନ ମାନସିକତାକୁ ସେକ୍‌ସପିଅର ପ୍ରଶ୍ରୟ ଦେଇ ନାହାନ୍ତି। ଏଣୁ ଏମାନଙ୍କ ଜଣେ ପ୍ରତିନିଧି, ବୋଧେ ରବର୍ଟ ଗ୍ରୀନ, ହତାଶାରେ କହିଛନ୍ତି, ସେକ୍‌ସପିଅର 'would not be debauched'.

ପ୍ରଚଣ୍ଡ ଈର୍ଷାରେ ଜର୍ଜରିତ ହୋଇ ମୃତ୍ୟୁର ଅବ୍ୟବହିତ ପୂର୍ବରୁ ସେକ୍‌ସପିଅରଙ୍କ ସମ୍ପର୍କରେ ସେ ଲେଖିଛନ୍ତି, 'that only Shake - scene in a countrey' who 'supposes he is able to bombast out a blank verse as the best of you'. ଗ୍ରୀନଙ୍କ ରୋଷ ଏତିକିରେ ସମାପ୍ତ ହୋଇନାହିଁ। ସେ ନିଜ ସାଥୀମାନଙ୍କୁ ସେକ୍‌ସପିଅରଙ୍କ ସମ୍ପର୍କରେ ଚେତାଇ ଦେଇଛନ୍ତି,

'Trust them not, vpstart crow beautified with our feathers' whose 'Tygers hart wrapt inn a Players hyde.'

ଗ୍ରୀନ ଏଠାରେ ସେକ୍‌ସପିଅରଙ୍କୁ ଅପାଠୁଆ, ଶବ୍ଦ ଓ ଭାବର ଚୋର ରୂପେ ବର୍ଣ୍ଣନା କରିଛନ୍ତି। ସେକ୍‌ସପିଅରଙ୍କ ଜ୍ଞାନ ଓ ପାଣ୍ଡିତ୍ୟ ସମ୍ପର୍କରେ ପ୍ରଶ୍ନ କରିବା ଅସମୀଚୀନ। ବିଶ୍ୱ ବିଦ୍ୟାଳୟକୁ ଯାଇ ନଥିଲେ ବି ଲାଟିନ ପରି ଶାସ୍ତ୍ରୀୟ ଭାଷା ଓ ଇଂଲିଶ ସାହିତ୍ୟରେ ତାଙ୍କର ବିଶେଷ ବ୍ୟୁତ୍ପତ୍ତି ରହିଛି। କିନ୍ତୁ ଶବ୍ଦ ଓ ଭାବ ଚୋରି ଅଭିଯୋଗ ଯଥାର୍ଥ।

ମାର୍ଲୋଙ୍କୁ ଜଣେ ମହାନ ପ୍ରତିଭା ରୂପେ ଚିହ୍ନିବା ପାଇଁ ସେକ୍‌ସପିଅରଙ୍କୁ ବେଶୀ ସମୟ ଲାଗି ନଥିଲା। କିନ୍ତୁ ଦୁଇଟି ଏମ. ଏ. ଡିଗ୍ରୀରେ ପରିପୁଷ୍ଟ, ନାଲି କେଶରେ ଶୋଭିତ ମସ୍ତକ, ଅତ୍ୟଧିକ କ୍ଷୁଧାରେ ବ୍ୟତିବ୍ୟସ୍ତ ଓ ପ୍ରଚଣ୍ଡ ଶକ୍ତିରେ ଭରପୁର ରବର୍ଟ

ଗ୍ରୀନ ହିଁ ତତ୍କାଳୀନ ଲଣ୍ଡନ ନାଟ୍ୟ ଜଗତର ସର୍ବାଧିକ ଚର୍ଚ୍ଚିତ ଚରିତ୍ର ଥିଲେ। ପ୍ରଥମେ ସେକ୍‌ସପିଅର ଗ୍ରୀନଙ୍କ କିଂଭୁତକିମାକାର ବ୍ୟକ୍ତିତ୍ୱ ଏବଂ ତାଙ୍କ ସାଙ୍ଗମାନଙ୍କ ଦ୍ୱାରା ପ୍ରଭାବିତ ହୋଇଥିଲେ। ସେ ସମୟର ବିଶିଷ୍ଟ ସାହିତ୍ୟିକ ଏଡମଣ୍ଡ ସ୍ପେନ୍‌ସର, ଜନ ଡନ, ଫ୍ରାନସିସ ବେକନ କିମ୍ବା ୱାଲଟର ରାଲେଙ୍କ ପ୍ରଭାବ ତାଙ୍କ ନାଟକ କିମ୍ବା କବିତାରେ ପ୍ରାୟ ଦୃଷ୍ଟିଗୋଚର ହୁଏନାହିଁ। ବରଂ ଲଣ୍ଡନର ବିମର୍ଷ ଗଳିରେ ମାର୍ଲୋ, ଗ୍ରୀନଙ୍କ ପରି ଅସଜଡ଼ା ଜୀବନ ନେଇ ବଂଚୁଥିବା ଲେଖକ ଗଣ ତାଙ୍କୁ ଅଧିକ ଆକର୍ଷିତ କରିଥିଲେ।

ତାଙ୍କ ପ୍ରତି ଅଭିପ୍ରେତ ଗ୍ରୀନ୍‌ଙ୍କ ବାକ୍ୟସବୁ ନିଶ୍ଚିତ ରୂପେ କଷ୍ଟଦାୟକ ଥିଲା। ଯେହେତୁ ଗ୍ରୀନ ଆସନ୍ନ ମୃତ୍ୟୁ ଆଶଙ୍କାରେ ମ୍ରିୟମାଣ ଥିଲେ, ଏହିସବୁ ବାକ୍ୟ ଅଭିଶାପ ପରି ପ୍ରତୀୟମାନ ହେଉଥିଲା। ସେକ୍‌ସପିଅର ଅର୍ଥ ବ୍ୟାପାରରେ ସତର୍କ ଥିଲେ, ଗ୍ରୀନ ଏ ବିଷୟରେ ନିତାନ୍ତ ଅସଂଯତ ଥିଲେ। ଦାରିଦ୍ର୍ୟର କଷାଘାତରେ ପ୍ରପୀଡ଼ିତ ଗ୍ରୀନ ଅତ୍ୟନ୍ତ ଶୋଚନୀୟ ଅବସ୍ଥାରେ ଜଣେ ଦୟାଳୁ ବୃଦ୍ଧାଙ୍କ ହେପାଜତରେ ପ୍ରାଣତ୍ୟାଗ କଲେ ମୋଟେ ତେତିଶ ବର୍ଷ ବୟସରେ।

ସମୟ, ସ୍ଥାନ, କାର୍ଯ୍ୟ ପ୍ରଣାଳୀର ଐକ୍ୟ ଇତ୍ୟାଦି ଆରିଷ୍ଟୋଟଲ ପ୍ରଦର୍ଶିତ ନାଟକୀୟ ନିୟମକୁ ନିର୍ଦ୍ୱନ୍ଦ୍ୱରେ ମାନିନେବା ସେକ୍‌ସପିଅରଙ୍କ ପରି ମହାନ ପ୍ରତିଭାଙ୍କ ପାଇଁ ସମ୍ଭବପର ନଥିଲା। ପରବର୍ତ୍ତୀ ସମୟରେ ସେ ହଲ, ହୋଲିଂସେଡ, ସେନେକା ଆଦିଙ୍କ ପ୍ରଭାବ ଓ ମୂଳ ଉତ୍ସର ସ୍ୱାତନ୍ତ୍ର୍ୟକୁ ଅବଲୀଳା କ୍ରମେ ଅତିକ୍ରମ କରିଛନ୍ତି। ପ୍ରଥାସିଦ୍ଧ ବକ୍ତୃତା ସହ ହାସ୍ୟରସ ପରିପୂର୍ଣ୍ଣ ଗୋପନ ସଂଳାପ, ରୋମାଞ୍ଚକର ପରିସ୍ଥିତି ସହ ଆଦିରସାତ୍ମକ ଦୃଶ୍ୟର ସଂରଚନା ସେ ଖୁବ ନିଖୁଣ ଭାବେ ଉପସ୍ଥାପନ କରିଛନ୍ତି। ତାଙ୍କ ରିଚାର୍ଡ ଥାର୍ଡ ନାଟକରେ ମାର୍ଲୋଙ୍କ ଟାମ୍ବରଲେନ ଓ ଜିଉ ଅଫ ମାଲଟାର ପ୍ରତିଧ୍ୱନି ରହିଛି। ଅନୁରୂପ ଭାବେ ମାର୍ଲୋଙ୍କ ଏଡୱାର୍ଡ ସେକେଣ୍ଡ ନାଟକରେ ସେକ୍‌ସପିଅରଙ୍କ ରିଚାର୍ଡ ଥାର୍ଡର ପ୍ରଭାବ ସୁସ୍ପଷ୍ଟ। ସେକ୍‌ସପିଅରଙ୍କ ଆଦ୍ୟ ପର୍ଯ୍ୟାୟ ନାଟ୍ୟକାରଗଣଙ୍କ ପରସ୍ପରର ଅନୁକରଣ ତଥା ସହଭାଗିତା ଅନୁଭବରେ ଉତ୍କୀର୍ଣ୍ଣ।

ଉଦାହରଣ ସ୍ୱରୂପ, ସେ ଟାଇଟସ ଆଣ୍ଡ୍ରୋନିକ୍ସ ନାଟକରେ ପୀଲ୍‌ଙ୍କ ସହାୟତା ନେଇଛନ୍ତି, ଲଭ୍‌ସ ଲେବର୍ ଲଷ୍ଟ ନାଟକରେ ନାଶଙ୍କ ବିଦ୍ରୂପାତ୍ମକ ସଂଳାପକୁ ଗ୍ରହଣ କରିଛନ୍ତି। ଆଜ ୟୁ ଲାଇକ ଇଟ ନାଟକରେ ଲଜଙ୍କ ରୋଜାଲିଣ୍ଡକୁ ଉତ୍ସ ରୂପେ ନେଇଛନ୍ତି। ଶେଷ ପର୍ଯ୍ୟାୟର ନାଟକ ୱିଣ୍ଟର୍ସ ଟେଲରେ ଗ୍ରୀନଙ୍କ ପଣ୍ଡୋଷ୍ଟକୁ ନାଟକାୟିତ କରିଛନ୍ତି।

ସେକ୍‌ସପିଅରଙ୍କ ସମସାମୟିକ ଛଅ ଜଣ ୟୁନିଭର୍ସିଟି ୱିଟ୍‌ସରୁ କେବଳ ଥୋମାସ ଲଜ ତିରିଶ ବର୍ଷ ବୟସକୁ ଅତିକ୍ରମ କରି ସତଷଠୀ ବର୍ଷ ଯାଏଁ ବଞ୍ଚିଛନ୍ତି। କିନ୍ତୁ ସେ

କବିତା, ଉପନ୍ୟାସ ତ୍ୟାଗ କରି ଭେଷଜ ବିଦ୍ୟାରେ ମନୋନିବେଶ କରିଛନ୍ତି। ୧୫୯୩ ରେ ଗ୍ରୀନ , ୱାଟ୍ସନ, ମାର୍ଲୋ ମୃତ୍ୟୁ ବରଣ କରିଛନ୍ତି। ସେକ୍‌ସପିଅରଙ୍କ କୌଣସି ବଳିଷ୍ଠ ପ୍ରତିଦ୍ୱନ୍ଦ୍ୱୀ ନାଟ୍ୟ ଜଗତରେ ନାହାନ୍ତି। ସେ ସମୟରେ ଐତିହାସିକ ନାଟକ, ରିଚାର୍ଡ ଥାର୍ଡ, ବିୟୋଗାନ୍ତକ ନାଟକ, ଟାଇଟସ ଆଣ୍ଡ୍ରୋନିକ୍ସ, ମିଳନାନ୍ତକ ନାଟକ, ଦ ଟୁ ଜେଣ୍ଟଲମେନ ଅଫ ଭେରୋନା, ଦ ଟେମିଙ୍ଗ ଅଫ ସ୍ରିଉ, ଦ କମେଡି ଅଫ ଏରର୍ସ ରଚନା କରି ନିଜ ପ୍ରତିଭାର ପରାକାଷ୍ଠା ପ୍ରଦର୍ଶନ କରିଛନ୍ତି।

ଏପରି କିଛି ନାଟ୍ୟକାର ସେ ସମୟରେ ଥିଲେ, ଯେଉଁମାନେ ବିୟୋଗାନ୍ତକ ନାଟକରେ ଦକ୍ଷତା ପ୍ରତିପାଦନ କରିଛନ୍ତି। ଆଉ କିଛି ନାଟ୍ୟକାର ମିଳନାନ୍ତକ ନାଟକରେ ଯଶସ୍ୱୀ ହୋଇଛନ୍ତି। ସେକ୍‌ସପିଅର ଜଣେ ବ୍ୟତିକ୍ରମ ଥିଲେ, ଯେ ସମସ୍ତ ନାଟ୍ୟ କଳାରେ ଅଭୂତପୂର୍ବ ସଫଳତା ହାସଲ କରିଛନ୍ତି। ସେ ବି ନିଜ ସମସ୍ତ ନାଟକର ମାଲିକାନା ସାବ୍ୟସ୍ତ କରିଛନ୍ତି। ଏଥିରେ ବି ସେ ବ୍ୟତିକ୍ରମ। ଅବଶ୍ୟ ଏଥେଲୋ, ମାକ୍‌ବେଥ୍ ପରି ମହାନ ନାଟକ ପରବର୍ତ୍ତୀ ସମୟରେ ଅନ୍ୟ ନାଟ୍ୟକାରଙ୍କ ଦ୍ୱାରା ପରିବର୍ଦ୍ଧିତ ହେବା ଲକ୍ଷ୍ୟ କରାଯାଇଛି। ଏଥିରେ ବି ତାଙ୍କ ଈର୍ଷଣୀୟ ଶିଳ୍ପନୈପୁଣ୍ୟ ଲକ୍ଷ୍ୟ କରା ଯାଇପାରେ।

ଦ ଟୁ ଜେଣ୍ଟଲମେନ୍ ଅଫ୍ ଭେରୋନା

ଦ ଟୁ ଜେଣ୍ଟଲମେନ ଅଫ ଭେରୋନା ସେକ୍‌ସପିଅରଙ୍କ ପ୍ରଥମ ନାଟକ ରୂପେ ସ୍ୱୀକାର କରାଯାଏ। ଏହା ୧୫୯୦ - ୯୪ ମଧ୍ୟରେ ଲିଖିତ ପାଞ୍ଚ ଅଙ୍କର ନାଟକ ଏବଂ ଦୁଇ ବନ୍ଧୁଙ୍କ ମିଲାନ ଯାତ୍ରା, ମୁଖ୍ୟ ଚରିତ୍ରଙ୍କ ପ୍ରେମ ସମ୍ପର୍କ ଓ ପାରିଷଦଙ୍କ ବ୍ୟବହାର ସମ୍ପର୍କ ଉପରେ ପର୍ଯ୍ୟବସିତ।

ସ୍ପେନୀୟ ଗଦ୍ୟ ରୋମାନ୍ସରୁ ଅନୁଦିତ ଦ ସେଭେନ ବୁକ୍ସ ଅଫ ଡାୟାନା ଏହି ନାଟକର ମୂଳ ଉତ୍ସ। ଏହା ସହ ରିଚାର୍ଡ ଏଡୱାର୍ଡଙ୍କ ନାଟକ ଡ୍ୟାମନ ଆଣ୍ଡ ପିଥିଆସ ଓ ଚସରଙ୍କ କ୍ୟାଣ୍ଟେରବରୀ ଟେଲସର ନାଇଟ୍ସ ଟେଲ ଇତ୍ୟାଦିରୁ ସେକ୍‌ସପିଅର ଉପାଦାନ ସଂଗ୍ରହ କରିଛନ୍ତି।

ନାଟକର ଆରମ୍ଭରେ ଭାଲେଣ୍ଟାଇନ ବନ୍ଧୁ ପ୍ରଟିଅସଙ୍କୁ ତାଙ୍କ ସହ ମିଲାନ ଯିବା ପରିବର୍ତ୍ତେ ପ୍ରେମିକା ଜୁଲିଆ ସହ କାଳକ୍ଷେପଣ କରିବା ବିଷୟରେ ଅଭିଯୋଗ କରିଛନ୍ତି। ପରେ ପିତାଙ୍କ ନିର୍ଦ୍ଦେଶରେ ପ୍ରଟିଅସ ମିଲାନ ଯିବା ପାଇଁ ତତ୍ପର ହୋଇଛନ୍ତି ଜୁଲିଆଙ୍କୁ ଚିରନ୍ତନ ପ୍ରେମ ସମ୍ଭାଷଣ କରି।

କିନ୍ତୁ ପ୍ରଟିଅସ ମିଲାନ ପହଂଚିବା ପରେ ଡ୍ୟୁକଙ୍କ କନ୍ୟା ସିଲଭିଆଙ୍କ ପ୍ରେମରେ ପଡିଛନ୍ତି ଯାହାଙ୍କ ସହ ଭାଲେଣ୍ଟାଇନ ପୂର୍ବରୁ ପ୍ରେମ ସ୍ଥାପନ କରି ଗୋପନରେ ପଳାୟନ କରିବା ପାଇଁ ଯୋଜନା କରିଛନ୍ତି। ପ୍ରଟିଅସ ପ୍ରତାରଣା କରି ଡ୍ୟୁକଙ୍କୁ ଏ ସମ୍ପର୍କରେ ଜଣାଇଛନ୍ତି। ସେ ଭାଲେଣ୍ଟାଇନଙ୍କୁ ଅବିଳମ୍ବେ ମିଲାନ ପରିତ୍ୟାଗ କରିବା ପାଇଁ ଆଦେଶ ଦେଉଛନ୍ତି। ଇତି ମଧ୍ୟରେ ଜୁଲିଆ ଯୁବକର ଛଦ୍ମ ବେଶରେ ମିଲାନରେ ପହଞ୍ଚିଛନ୍ତି ପ୍ରେମିକ ପ୍ରଟିଅସ ସହ ମିଳିତ ହେବା ପାଇଁ। କିନ୍ତୁ ସେ ସିଲ୍‌ଭିଆଙ୍କୁ ପ୍ରେମ କରୁଥିବା ଜାଣି ବ୍ୟଥିତ ହୋଇଛନ୍ତି।

ନାଟକର ପ୍ରଚ୍ଛଦପଟରେ ସହର ପରିବର୍ତ୍ତେ ଅରଣ୍ୟ ରହିଛି। ସିଲଭିଆ

ଭାଲେଣ୍ଟାଇନଙ୍କୁ ଖୋଜିବା ପାଇଁ ଚେଷ୍ଟା କରିଛନ୍ତି ଯିଏ ଦୁର୍ବୃତ୍ତମାନଙ୍କ ଦ୍ୱାରା ଅପହୃତ ଓ ପରିବର୍ତ୍ତିତ ପରିସ୍ଥିତିରେ ସେମାନଙ୍କ ନାୟକ ସାଜିଛନ୍ତି। ସିଲଭିଆଙ୍କୁ ଦୁର୍ବୃତ୍ତଙ୍କ କବଳରୁ ପ୍ରଟିଅସ ଓ ଛଦ୍ମବେଶୀ ଜୁଲିଆ ଉଦ୍ଧାର କରିଛନ୍ତି। ପ୍ରଟିଅସ ସିଲଭିଆଙ୍କୁ ଅସଦାଚରଣ ଉଦ୍ୟମ କରିବା ବେଳେ ଭାଲେଣ୍ଟାଇନ ତାଙ୍କୁ ରକ୍ଷା କରିଛନ୍ତି ଓ ପ୍ରଟିଅସଙ୍କୁ ତାଙ୍କ ଲଜ୍ଜାଜନକ କାର୍ଯ୍ୟ ପାଇଁ ଅନୁଶୋଚନା କରିବା ପାଇଁ ବାଧ୍ୟ କରିଛନ୍ତି। ବନ୍ଧୁଙ୍କ ପାଇଁ ତ୍ୟାଗର ଚରମ ଦୃଷ୍ଟାନ୍ତରେ ଭାଲେଣ୍ଟାଇନ ସିଲଭିଆଙ୍କୁ ପ୍ରଟିଅସଙ୍କ ପାଇଁ ଉତ୍ସର୍ଗ କରିବା ପାଇଁ ପ୍ରସ୍ତୁତ ହୋଇଛନ୍ତି, ଯଦ୍ଦ୍ୱାରା ଛଦ୍ମବେଶୀ ଜୁଲିଆ ମୂର୍ଚ୍ଛା ଯାଇଛନ୍ତି ଓ ତାଙ୍କର ଅସଲ ପରିଚୟ ଜଣାଯାଇଛି। ଶେଷରେ ବନ୍ଧୁଦ୍ୱୟ ସେମାନଙ୍କ ମୂଳ ପ୍ରେମିକାଙ୍କୁ ବିବାହ କରିବାକୁ ନିଷ୍ପତ୍ତି ନେଇ ପରବର୍ତ୍ତୀ ସମୟ ଖୁସିରେ କଟାଇବା ପାଇଁ ଶପଥ କରିଛନ୍ତି।

ଏହି ନାଟକ ସେକ୍ସପିଅରଙ୍କ ଦୁର୍ବଳତମ ନାଟକ ରୂପେ ଅନେକ ବିବେଚନା କରନ୍ତି। ପ୍ରଟିଅସଙ୍କ ବିଦୂଷକ ଭୃତ୍ୟ ଲାନ୍ସ ଓ ତାଙ୍କ କୁକୁର କ୍ରାବ ବି ଏ ନାଟକରେ ସୁନ୍ଦର ଅଭିନୟ କରିଛନ୍ତି। ଏଥିରେ ସବୁଠାରୁ କମ୍ ଚରିତ୍ର ସନ୍ନିବିଷ୍ଟ ହୋଇଛନ୍ତି। ତେବେ ପ୍ରଥମ ନାଟକ ରୂପେ ଏହା ବିପୁଳ ପ୍ରତିଶ୍ରୁତି ବହନ କରେ।

ଦ ଟୁ ଜେଣ୍ଟେଲମାନ ଅଫ୍ ଭେରୋନାର ସର୍ବୋତ୍ତମ ଦୃଶ୍ୟ ବିଦୂଷକ ଲାନ୍ସ ଓ କୁକୁର କ୍ରାବ ମଧ୍ୟରେ କେନ୍ଦ୍ରୀଭୂତ। ଲାନ୍ସ କ୍ରାବକୁ ଶବ୍ଦରେ ଲାଞ୍ଛନା ଦେଇଛନ୍ତି ଓ ବିଭିନ୍ନ ଅନୁରୋଧ କରିଛନ୍ତି। ଲାନ୍ସଙ୍କ କୁକୁର କ୍ରାବ ପ୍ରତି ଉକ୍ତିରେ ହାସ୍ୟରସର ଚଟୁଳ ତରଙ୍ଗ ସୁସ୍ପଷ୍ଟ।

"My Mother weeping, my Father wayling: my Sister crying, our Maid howling: our Catte wringing her hands, and all our house in a great perplexitie, yet did not this cruel hearted Curre shedde one teare: he is a stone, a very pibble stone, and has no more pitty in him then a dogge."

ନାଟକଟି କିଛି ବ୍ୟସ୍ତତା ମଧ୍ୟରେ ଲେଖା ଯାଇଥିବା ଅନୁମାନ କରାଯାଏ। ନାଟକର ବହୁଳ ଚାହିଦା ହେତୁ ସେକ୍ସପିଅରଙ୍କ ସମସ୍ତ ନାଟକ ବ୍ୟସ୍ତତାରେ ହିଁ ଲେଖା ଯାଇଛି। ସେ ଏହି ନାଟକରେ ଭାବୋଚ୍ଛ୍ୱାସରେ ଭର୍ତ୍ତି ଅଳିକ ପ୍ରେମ ସମ୍ପର୍କକୁ ବିଦ୍ରୂପ କରିଛନ୍ତି। ଲାନ୍ସଙ୍କ କ୍ରାବ ପ୍ରତି ସ୍ନେହ ପ୍ରେମୀଯୁଗଳମାନଙ୍କ ପ୍ରେମ ଅପେକ୍ଷା ମହତ୍ତର ମନେ ହେଉଛି। ପୁଣି ସେ ସମୟରେ ବାଳକ ବେଶରେ ବାଳିକାଙ୍କୁ ପ୍ରଦର୍ଶନ କରିବା ଖୁବ ଚିତ୍ତାକର୍ଷକ ଓ ପରବର୍ତ୍ତୀ ବହୁ ନାଟକର ଅଗ୍ରଦୂତ।

ଏହି ନାଟକରେ ଭାଷା ପ୍ରମୁଖ ଭୂମିକା ଗ୍ରହଣ କରେ। ଭାଲେଣ୍ଟାଇନ ଓ ପ୍ରଟିଅସ୍ କାବ୍ୟିକ ସଂଳାପ ଉଚ୍ଚାରଣ କରୁଥିବା ବେଳେ ଲାନ୍ସ ଓ ସ୍ପୀଡ୍ ଅଧିକାଂଶ ସମୟରେ ଗଦ୍ୟରେ କଥାବାର୍ତ୍ତା କରିଛନ୍ତି। ଭାଲେଣ୍ଟାଇନ ଓ ପ୍ରଟିଅସ୍‌ଙ୍କ ଉଚ୍ଚ ଦୃଷ୍ଟିଭଙ୍ଗୀ ଯେ ଅନ୍ତଃସାରବିହୀନ ତାହା ବେଶ ପ୍ରତୀୟମାନ। ବରଂ ଭୃତ୍ୟମାନଙ୍କ ଦୃଷ୍ଟିଭଙ୍ଗୀ ଅଧିକ ବାସ୍ତବ। ଭାଲେଣ୍ଟାଇନ୍‌ଙ୍କ ସିଲଭିଆ ପ୍ରତି ଅଗଭର ପ୍ରେମ ଲାନ୍ସଙ୍କ କ୍ରାବ ପ୍ରତି ଅକୃତ୍ରିମ ସ୍ନେହ ସହ ତୁଳନା କରା ଯାଇପାରେ।

ଟାଇଟସ୍ ଆଣ୍ଡ୍ରୋନିକସ୍

ଟାଇଟସ୍ ଆଣ୍ଡ୍ରୋନିକସ୍ ସେକ୍ସପିଅରଙ୍କ ପ୍ରଥମ ବିୟୋଗାନ୍ତକ ନାଟକ। ୧୫୮୯ରୁ ୧୫୯୨ ମଧ୍ୟରେ ଏହା ରଚିତ ହୋଇଥିବା ଅନୁମାନ କରାଯାଏ। ନାଟକର ଅମାର୍ଜିତ, ଅସ୍ୱାଭାବିକ ବିଷୟ ବସ୍ତୁ ଓ ଶୈଳୀ, ଜଘନ୍ୟ ହତ୍ୟାକାଣ୍ଡ ସମୂହ, ବାସ୍ତବିକ ସେକ୍ସପିଅରଙ୍କ ଲେଖନୀ ପ୍ରସୂତ ନା ନୁହେଁ, ସେ ସମ୍ପର୍କରେ ପ୍ରଶ୍ନବାଚୀ ସୃଷ୍ଟି କରିଛି। ତେବେ ଆଧୁନିକ ସମାଲୋଚକଗଣ ଏହି ନାଟକକୁ ସେକ୍ସପିଅରଙ୍କ କୃତି ରୂପେ ବିବେଚନା କରନ୍ତି। ରାଜନୈତିକ କନ୍ଦଳ ଓ ଚରମ ପ୍ରତିଶୋଧରେ ପର୍ଯ୍ୟବସିତ ଏହାର କଥାବସ୍ତୁ ଏଲିଜାବେଥଙ୍କ ଯୁଗର ଦର୍ଶକଙ୍କ ପାଇଁ ଆକର୍ଷଣୀୟ ରହିଥିଲା। ୟୁରିପିଡିସଙ୍କ ହେକୁବା, ସେନେକାଙ୍କ ଥାଇଷ୍ଟେସ ଓ ଟ୍ରୋଡସ ତଥା ଓଭିଡ ଓ ପ୍ଲୁଟାର୍କଙ୍କ ରଚନାରୁ ଏହାର ବିଷୟ ବସ୍ତୁ ଆନୀତ।

ରୋମ୍‌ର ସେନାପତି ଟାଇଟସ୍ ଆଣ୍ଡ୍ରୋନିକସ୍ ଦୁର୍ଦ୍ଧର୍ଷ ଗୋଥମାନଙ୍କୁ ପରାସ୍ତ କରି ରାଣୀ ତମୋରା, ତାଙ୍କ ତିନି ପୁତ୍ର, ଅଲର୍ବସ, ଚିରନ, ଡେମେଟ୍ରିଅସ ଓ କୃଷ୍ଣକାୟ ପ୍ରେମିକ ଆରନଙ୍କୁ ସାଙ୍ଗରେ ନେଇ ରୋମକୁ ଫେରିଛନ୍ତି ଓ ତମୋରାଙ୍କୁ ସମ୍ରାଟ ସତର୍ନିନସଙ୍କୁ କ୍ରୀତଦାସୀ ରୂପେ ଭେଟି ଦେଇଛନ୍ତି। ଟାଇଟସ ରାଣୀଙ୍କ ଜ୍ୟେଷ୍ଠ ପୁତ୍ର ଅଲର୍ବସକୁ ଦେବତାମାନଙ୍କ ଉଦ୍ଦେଶ୍ୟରେ ବଳି ଦେଇଛନ୍ତି। ସମ୍ରାଟ ସତର୍ନିନସ ଟାଇଟସଙ୍କ କନ୍ୟା ଲଭିନିଆଙ୍କୁ ବିବାହ କରିବା ଚୂଡାନ୍ତ ହୋଇଥିଲେ ବି ତାଙ୍କ ଭାଇ ବସିଅନସ ତାଙ୍କ ସହ ପ୍ରେମାବଦ୍ଧ ହୋଇ ଗୃହତ୍ୟାଗ କରିବାରୁ ସତର୍ନିନସ ତମୋରାଙ୍କୁ ବିବାହ କରିଛନ୍ତି। ସତର୍ନିନସ ଓ ତମୋରା ଟାଇଟସ ବିରୁଦ୍ଧରେ ପ୍ରତିଶୋଧ ନେବା ପାଇଁ ଷଡଯନ୍ତ୍ର କରନ୍ତି।

ତମୋରାଙ୍କ ନୃଶଂସ ପୁତ୍ର ଡେମେଟ୍ରିଅସ ଓ ଚିରନ ଲଭିନିଆଙ୍କୁ ଧର୍ଷଣ କରି ତାଙ୍କ ହାତ ଓ ଜିଭ କାଟିଦିଅନ୍ତି, ଯଦ୍ଦ୍ୱାରା ସେ ସାକ୍ଷ୍ୟ ପ୍ରଦାନ କରି ପାରିବେନାହିଁ।

ତଥାପି ଲଭିନିଆ ପାଟିରେ ଏକ ଯଷ୍ଟି ଧରି କର୍ତ୍ତିତ ହାତର ଅବଶିଷ୍ଟାଂଶ ଦ୍ୱାରା ଏହାକୁ ଚାଳନା କରି ଆତତାୟୀମାନଙ୍କୁ ଚିହ୍ନଟ କରିବା ପାଇଁ ସମର୍ଥ ହୁଅନ୍ତି ।

ଟାଇଟସ ପ୍ରତିଶୋଧ ପରାୟଣ ହୋଇ ନିଜକୁ ଏକ ପାଗଳ ରୂପେ ସଜାନ୍ତି । ଧର୍ଷଣ ଓ ହତ୍ୟାକାଣ୍ଡର ଖଳନାୟକ ଡେମେଟ୍ରିଅସ ଓ ଚିରନଙ୍କୁ ଗ୍ରହଣ କରିବା ଛଳନା କରି ସେମାନଙ୍କୁ ଗୃହକୁ ନିମନ୍ତ୍ରଣ କରି ସେମାନଙ୍କୁ ହତ୍ୟା କରନ୍ତି ଓ ଲଭିନିଆ ସେମାନଙ୍କ ରକ୍ତକୁ ଏକ ପାତ୍ରରେ ସଂଗ୍ରହ କରନ୍ତି । ଟାଇଟସ ଏକ ଭୋଜିର ଆୟୋଜନ କରନ୍ତି ଯେଉଁଠି ତମୋରାଙ୍କୁ ପୁତ୍ରଙ୍କ ରକ୍ତରଞ୍ଜିତ ଶରୀରର କିୟଦଂଶ ଏକ ପାତ୍ରରେ ପରିବେଷଣ କରନ୍ତି । ଟାଇଟସ ଲଭିନିଆଙ୍କ ଚରମ ଲାଞ୍ଛନାରେ ବିବ୍ରତ ହୋଇ ତାଙ୍କୁ ହତ୍ୟା କରନ୍ତି ଓ ତମୋରାଙ୍କୁ ଛୁରୀରେ ଆଘାତ କରନ୍ତି । ଟାଇଟସଙ୍କୁ ସତର୍ନିନସ ହତ୍ୟା କରନ୍ତି ଏବଂ ତାଙ୍କୁ ଟାଇଟସଙ୍କ ପୁତ୍ର ଲୁସିଅସ ହତ୍ୟା କରନ୍ତି । ଆରନ ବି ବିଭିନ୍ନ ବିଭୀଷିକାରେ ସାମିଲ ହୋଇଥିବା ହେତୁ ମୃତ୍ୟୁଦଣ୍ଡ ପାଇଛନ୍ତି । ରକ୍ତରଞ୍ଜିତ ରଙ୍ଗମଞ୍ଚରେ କେବଳ ଲୁସିଅସ ଓ ଟାଇଟସଙ୍କ ଭାଇ ମାର୍କସ ଉପସ୍ଥିତ ଅଛନ୍ତି ।

ଟାଇଟସ୍ ଆଣ୍ଡ୍ରିନିକସର ଉନ୍ନତ ଆଳଙ୍କରିକ ଭାଷା ବି ହିଂସା ସମ୍ବଳିତ ଜଘନ୍ୟ ଏହି ନାଟକକୁ ସମୃଦ୍ଧ କରିଛି । କନ୍ୟାଙ୍କ ଅଙ୍ଗ ଛେଦନ ଦେଖି ମାର୍କସଙ୍କ ଉକ୍ତି ତାତ୍ପର୍ଯ୍ୟପୂର୍ଣ୍ଣ ।

"Why dost thou not speak to me?
Alas, a crimson river of warm blood,
Like to a bubbling fountain stirred with wind,
Doth rise and fall between thy rosed lips."

ଏହି ନାଟକ ପରବର୍ତ୍ତୀ ବହୁ ସମୃଦ୍ଧ ନାଟକର ନିଶ୍ଚିତ ରୂପେ ପ୍ରତିଶ୍ରୁତି ବହନ କରେ । ସେକ୍ସପିଅର ବୋଧେ ନାଟକରେ ଲୋମହର୍ଷଣକାରୀ ଘୃଣିତ ଦୃଶ୍ୟ ସବୁ ଅବତାରଣା କରିଛନ୍ତି, ଯେହେତୁ ସେ ସମୟର ସାଧାରଣ ଜନତା ଏପରି ନାରକୀୟ ଦୃଶ୍ୟ ସହ ପରିଚିତ ଥିଲେ । ବିଭିନ୍ନ ସାର୍ବଜନୀନ ସ୍ଥାନରେ ରାଷ୍ଟ୍ର ଦ୍ୱାରା ଦୋଷୀ ସାବ୍ୟସ୍ତ ବ୍ୟକ୍ତିଙ୍କୁ ଏପରି ବୀଭତ୍ସ ଦଣ୍ଡ ପ୍ରଦାନ କରାଯାଉଥିଲା । ଅବଶ୍ୟ ଏପରି ଦୃଶ୍ୟର ଅବତାରଣା କରିବା ସମୟରେ ସେକ୍ସପିଅର ନାଟକୀୟ ସୌନ୍ଦର୍ଯ୍ୟ ଭୁଲି ଯାଇଛନ୍ତି । ଏଠାରେ ରୋମାନ ନାଟ୍ୟକାର ସେନେକାଙ୍କ ପ୍ରଭାବ ଲକ୍ଷ୍ୟ କରା ଯାଇପାରେ । ଏଲିଜାବେଥ୍‌ଙ୍କ ସମୟର ରଙ୍ଗମଞ୍ଚରେ ନିୟମ, ବିଧି ବ୍ୟବସ୍ଥାକୁ ବିଶେଷ ଗୁରୁତ୍ୱ ଦିଆଯାଉ ନଥିଲା । ସବୁ କିଛି ଚିନ୍ତାଧାରା ପ୍ରଚଳିତ ଥିଲା । ଏହି ନାଟକ ସେକ୍ସପିଅରଙ୍କ କରିଓଲେନସ, ମାକବେଥ୍, କିଙ୍ଗ୍ ଲିଅର ପରି ବିଶିଷ୍ଟ ନାଟକର ପୂର୍ବସୁରୀ ଥିଲା ।

ଟାଇଟସ୍ ଆଣ୍ଡ୍ରୋନିକସ ସେକ୍ସପିଅରଙ୍କ ସର୍ବାଧିକ ବୀଭତ୍ସ ଓ ଅପନିନ୍ଦିତ ନାଟକ ଯଦିଓ ସପ୍ତଦଶ, ଅଷ୍ଟାଦଶ, ଉନବିଂଶ ଶତାବ୍ଦୀରେ ଏହା ଖୁବ ଲୋକପ୍ରିୟ ହୋଇଛି। ସାମୁଏଲ୍ ଜନସନ୍ ଏହି ନାଟକ ଯାବତୀୟ ଜଘନ୍ୟ ଦୃଶ୍ୟ ଓ ଭୟାନକ ହତ୍ୟାକାଣ୍ଡ ହେତୁ ରଙ୍ଗମଞ୍ଚରେ ଅଭିନୀତ ହେବା ବିଷୟରେ ସନ୍ଦିହାନ ହୋଇଛନ୍ତି। ଟି.ଏସ୍. ଏଲିଅଟ୍ ଏହାକୁ ଅତ୍ୟନ୍ତ ନିର୍ବୋଧ ଓ ପ୍ରେରଣାହୀନ ନାଟକ ରୂପେ ବର୍ଣ୍ଣନା କରିଛନ୍ତି। ପ୍ରଖ୍ୟାତ ସମାଲୋଚକ ହାରଲଡ୍ ବ୍ଲୁମ୍ ଏହା ମାର୍ଲୋଙ୍କୁ ବିଦ୍ରୂପ କରିବା ଉଦ୍ଦେଶ୍ୟରେ ଲିଖିତ ହୋଇଥିଲା ବୋଲି ଯୁକ୍ତି କରିଛନ୍ତି। ନିର୍ଦ୍ଦେଶକ ଜୁଲି ଟେମୋର ଏହାକୁ ୧୯୯୪ରେ ଅଫ୍-ବ୍ରୋଡ୍ୱେ ଓ ୧୯୯୯ରେ ଚଳଚ୍ଚିତ୍ର ରୂପେ ନିର୍ଦ୍ଦେଶନା ଦେଇଛନ୍ତି ଓ ସାମ୍ପ୍ରତିକ ସମୟର ପ୍ରତିଭୂ ରୂପେ ମତ ବ୍ୟକ୍ତ କରିଛନ୍ତି। ସମାଲୋଚକ ଜୋନାଥନ ଫୋର୍‌ମ୍ୟାନ New York Postରେ ଲେଖିଛନ୍ତି,

"It is the Shakespeare play for our time, a work of art that speaks directly to the age of Rwanda and Bosnia."

ଦ ଟେମିଙ୍ଗ୍ ଅଫ୍ ସ୍ରିଉ

ସେକ୍‌ସପିଅରଙ୍କ ଟେମିଙ୍ଗ ଅଫ ସ୍ରିଉ ନାଟକ ୧୫୯୦ଠାରୁ ୧୫୯୨ ମଧ୍ୟରେ ଲେଖା ଯାଇଥିବା ଅନୁମାନ କରାଯାଏ। ପେଟ୍ରୁଚିଓ ଏବଂ ଉଦ୍ଧତ, ଏକଜିଦିଆ କାଥେରିନାଙ୍କ ପ୍ରେମ ସମ୍ପର୍କ ଉପରେ ନାଟକଟି ମୁଖ୍ୟତଃ ପର୍ଯ୍ୟବସିତ। ପ୍ରଥମେ କାଥେରିନା ଏହି ସମ୍ପର୍କରେ ଆଗ୍ରହ ପ୍ରକାଶ କରି ନଥିଲେ ବି ପେଟ୍ରୁଚିଓ ବିଭିନ୍ନ ମାନସିକ ଓ ଦୈହିକ ଯନ୍ତ୍ରଣା, ଏପରିକି ଖାଦ୍ୟ ପେୟ ବାରଣ ସହ କାଥେରିନାଙ୍କୁ ଭୟ ଦ୍ୱାରା ବଶୀଭୂତ କରନ୍ତି, ଯଦ୍ୱାରା ସେ ଈପ୍‌ସିତା ଆଜ୍ଞାଧୀନା ବଧୂରେ ପରିଣତ ହୁଅନ୍ତି। ନାଟକର ଲଘୁ କଥାବସ୍ତୁ କାଥେରିନାଙ୍କ ସାନ ଭଉଣୀ ବାୟାଙ୍କାଙ୍କୁ ବିବାହ ନିମନ୍ତେ ବିଭିନ୍ନ ପ୍ରଣୟପ୍ରାର୍ଥୀଙ୍କ ପ୍ରତିଦ୍ୱନ୍ଦିତାରେ ଆଧାରିତ।

ନାଟକର ପ୍ରାରମ୍ଭରେ ଖ୍ରୀଷ୍ଟୋଫର ସ୍ଲାଇ ନାମକ ମଦ୍ୟପଙ୍କୁ ସମ୍ଭ୍ରାନ୍ତ ବଂଶଜ ରୂପେ ଅଭିହିତ କରିବା ଉଦ୍ୟମରେ ହାସ୍ୟରସ ସୃଷ୍ଟି ହୋଇଛି। ଏଠାରେ ସ୍ଲାଇଙ୍କୁ ତାଙ୍କ ତଥାକଥିତ ପତ୍ନୀଙ୍କଠାରୁ ଦୂରେଇ ରଖିବା ପାଇଁ ପ୍ରଚେଷ୍ଟା ହୋଇଛି, ଯେ ବାସ୍ତବରେ ମହିଳା ବେଶରେ ଥିବା ବାର୍ଥଲୋମିଉ ନାମକ ଭୃତ୍ୟ।

ବାପ୍ଟିଷ୍ଟା ମେନଲାଙ୍କ ଜ୍ୟେଷ୍ଠା କନ୍ୟା କାଥେରିନାଙ୍କ ଜିଦଖୋର ଓ ସ୍ୱେଚ୍ଛାଚାରୀ ମନୋବୃତ୍ତି ହେତୁ ସେ ବିବାହ ନିମନ୍ତେ ଉପଯୁକ୍ତ ନୁହନ୍ତି ବୋଲି ଟ୍ରାନିଓ ଆଦି ବହୁ ବ୍ୟକ୍ତି ବିବେଚନା କରନ୍ତି। ତେବେ ହରଟେନ୍ସିଓ ଏବଂ ଗ୍ରେମିଓ ଆଦି ବାୟାଙ୍କାଙ୍କ ପ୍ରଣୟ ପ୍ରାର୍ଥୀଗଣ କାଥେରିନାଙ୍କ ଶୀଘ୍ର ବିବାହ ଚାହାଁନ୍ତି, ଯଦ୍ୱାରା ସେମାନେ ବାୟାଙ୍କାଙ୍କୁ ପ୍ରେମ ନିବେଦନ କରି ପାରିବେ। ଯେତେବେଳେ ପଡୁଆ ବିଶ୍ୱବିଦ୍ୟାଳୟରେ ପଢିବା ପାଇଁ ଆସିଥିବା ଲୁସେନ୍ସିଓ ବାୟାଙ୍କାଙ୍କ ପ୍ରତି ଆସକ୍ତ ହୁଅନ୍ତି, ଘଟଣା ଭିନ୍ନ ମୋଡ ନିଏ। ବାପ୍ଟିଷ୍ଟା ତାଙ୍କ କନ୍ୟାଙ୍କ ନିମନ୍ତେ ଉପଯୁକ୍ତ ପାତ୍ର ସନ୍ଧାନରେ ଆଗ୍ରହୀ ବୋଲି ଖବର ପାଇ ଲୁସେନ୍ସିଓ ବାୟାଙ୍କାଙ୍କ ସହ ପ୍ରେମାଳାପ ନିମନ୍ତେ ନିଜକୁ ଜଣେ ଲାଟିନ

ଗୃହ ଶିକ୍ଷକ କାମ୍ବିଓଙ୍କ ଛଦ୍ମ ବେଶରେ ସଜ୍ଜିତ କରନ୍ତି ଏବଂ ନିଜ ଭୃତ୍ୟ ଟ୍ରାନିଓଙ୍କୁ ନିଜ ପରିଚିତି ପ୍ରଦାନ କରନ୍ତି।

ଇତିମଧ୍ୟରେ ପେଟ୍ରୁଚିଓ ନିଜ ଭୃତ୍ୟ ଗ୍ରୁମିଓଙ୍କ ସହ ଭେରୋନାରୁ ଆସି ପଡୁଆରେ ପହଞ୍ଚନ୍ତି। ସେ ନିଜ ବନ୍ଧୁ ହରଟେନ୍ସିଓଙ୍କୁ ଜଣାନ୍ତି ଯେ, ତାଙ୍କ ପିତାଙ୍କ ମୃତ୍ୟୁ ପରେ ସେ ବିବାହ କରି ଜୀବନକୁ ଉପଭୋଗ କରିବାକୁ ଚାହାଁନ୍ତି। ଏହା ଶୁଣି ହରଟେନ୍ସିଓ ପେଟ୍ରୁଚିଓଙ୍କୁ କାଥେରିନାଙ୍କ ନିମନ୍ତେ ପ୍ରାର୍ଥୀ ରୂପେ ବିବେଚନା କରନ୍ତି ଏବଂ ସଂଗୀତ ଶିକ୍ଷକ ଲିଟିଓ ରୂପେ ବାପ୍ଟିଷ୍ଟାଙ୍କ ସମ୍ମୁଖରେ ପେଶ କରନ୍ତି। ଲୁସେନ୍ସିଓ ଓ ହରଟେନ୍ସିଓ ବାୟାଙ୍କାଙ୍କୁ ପ୍ରେମ ନିବେଦନ କରନ୍ତି।

କାଥେରିନାଙ୍କ ଜିଦଖୋର ମନୋବୃତ୍ତିକୁ ପ୍ରତିହତ କରିବା ନିମନ୍ତେ ତାଙ୍କ କର୍କଶ କଥା ଓ କାର୍ଯ୍ୟ ସବୁ ବାସ୍ତବରେ ଶାନ୍ତ ଏବଂ ଦୟାର୍ଦ୍ର ବୋଲି ପେଟ୍ରୁଚିଓ ଅଭିନୟ କରନ୍ତି। କାଥେରିନା ଏହା ଦ୍ୱାରା ପ୍ରଭାବିତ ହୋଇ ତାଙ୍କୁ ବିବାହ କରିବା ପାଇଁ ସମ୍ମତ ହୁଅନ୍ତି। ବିବାହ ପରେ ପେଟ୍ରୁଚିଓ କାଥେରିନାଙ୍କୁ ତାଙ୍କ ଅସମ୍ମତି ସତ୍ତ୍ୱେ ନିଜ ଗୃହକୁ ନିଅନ୍ତି। ଇତିମଧ୍ୟରେ ଟ୍ରାନିଓ ହରଟେନ୍ସିଓଙ୍କୁ ପ୍ରବର୍ତ୍ତାନ୍ତି ଯେ, ବାୟାଙ୍କା ତାଙ୍କ ପାଇଁ ଉପଯୁକ୍ତ ନୁହନ୍ତି, ଯଦ୍ଦ୍ୱାରା ଲୁସେନ୍ସିଓ ବିନା ପ୍ରତିଦ୍ୱନ୍ଦିତାରେ ବାୟାଙ୍କାଙ୍କୁ ପ୍ରାପ୍ତ ହୁଅନ୍ତି।

ଭେରୋନାରେ ପେଟ୍ରୁଚିଓ କାଥେରିନାଙ୍କ ଜିଦଖୋର ମନୋବୃତ୍ତିର ପରିବର୍ତ୍ତନ କରିବାକୁ ଚେଷ୍ଟା କରନ୍ତି। ତାଙ୍କୁ ଖାଦ୍ୟ ଓ ବସନ ବାରଣ କରାଯାଏ। ପେଟ୍ରୁଚିଓ ନିପୁଣ ଭାବେ ରନ୍ଧନ ହୋଇଥିବା ମାଂସ ଅତିଶୟ ପକ୍ୱ ହୋଇଛି ବୋଲି ଅଭିଯୋଗ କରନ୍ତି। ସୁନ୍ଦର ପୋଷାକରେ ଯାବତୀୟ ଦୋଷ ଦେଖନ୍ତି। ସେ କାଥେରିନାଙ୍କ ସମସ୍ତ କଥାରେ ଅସମ୍ମତ ହୁଅନ୍ତି ଏବଂ ନିଜ ସବୁ ଉଦ୍ଭଟ ଯୁକ୍ତି ଠିକ ବୋଲି ସ୍ୱୀକାର କରିବା ନିମନ୍ତେ କାଥେରିନାଙ୍କୁ ବାଧ୍ୟ କରନ୍ତି। ବାୟାଙ୍କାଙ୍କ ବିବାହ ଉତ୍ସବରେ ଯୋଗ ଦେବା ପାଇଁ ପଡୁଆ ଯିବା ରାସ୍ତାରେ ସୂର୍ଯ୍ୟ ବାସ୍ତବିକ ଚନ୍ଦ୍ର ବୋଲି ପେଟ୍ରୁଚିଓଙ୍କ ଅସଙ୍ଗତ କଥାରେ କାଥେରିନା ରାଜି ହୁଅନ୍ତି।

ପଡୁଆରେ ବାୟାଙ୍କା ଛଦ୍ମବେଶୀ ଲୁସେନ୍ସିଓ ବା ଟ୍ରାନିଓଙ୍କ ପ୍ରତାରଣାରୁ ରକ୍ଷା ପାଇ ପ୍ରକୃତ ଲୁସେନ୍ସିଓଙ୍କ ସହ ଗୋପନରେ ପଳାୟନ କରନ୍ତି ଏବଂ ତାଙ୍କୁ ବିବାହ କରନ୍ତି। ପରବର୍ତ୍ତୀ ସମୟରେ ସମସ୍ତ ବିଭ୍ରାଟ ମଧ୍ୟରୁ ସତ୍ୟ ଉଦଘାଟିତ ହୁଏ ଏବଂ ଛଦ୍ମବେଶଧାରୀଗଣ କ୍ଷମା ପାଆନ୍ତି।

ଏହି ସମୟରେ ହରଟେନ୍ସିଓ ଜଣେ ଧନୀ ବିଧବାଙ୍କୁ ବିବାହ କରିଛନ୍ତି। ଶେଷ ଦୃଶ୍ୟରେ ତିନୋଟି ନବ ବିବାହିତ ଦମ୍ପତି ରଙ୍ଗମଞ୍ଚରେ ଅବତୀର୍ଣ୍ଣ ହୁଅନ୍ତି। ପତି ତ୍ରୟ

ସେମାନଙ୍କ ପତ୍ନୀମାନଙ୍କ ମଧ୍ୟରେ କିଏ ସର୍ବାଧିକ ଆଜ୍ଞାଧୀନା ନିର୍ଣ୍ଣୟ କରିବା ନିମନ୍ତେ ପରସ୍ପର ମଧ୍ୟରେ ଯୁକ୍ତି କରନ୍ତି। ପେଟ୍ରୁଚିଓ ଏକ ବାଜି ନିମନ୍ତେ ପ୍ରସ୍ତାବ ଦିଅନ୍ତି ଯେ, ସେମାନେ ନିଜ ପତ୍ନୀଙ୍କୁ ଆସିବା ନିମନ୍ତେ ଭୃତ୍ୟ ପଠାଇବେ ଏବଂ ଯେଉଁ ପତ୍ନୀ ଆଜ୍ଞାଧୀନା ହୋଇ ପ୍ରଥମେ ପହଞ୍ଚିବେ, ସେ ବାଜି ଜିଣିବେ। କାଥେରିନା ସର୍ବ ପ୍ରଥମେ ପହଞ୍ଚନ୍ତି ଏବଂ ପେଟ୍ରୁଚିଓ ବାଜି ଜିଣି ନିଅନ୍ତି। ସେ ଅନ୍ୟ ଦୁଇ ପତ୍ନୀଙ୍କୁ ସ୍ୱାମୀଙ୍କ ଆଦେଶ ପାଳନ କରିବା ନିମନ୍ତେ ଏକ ଭାଷଣ ଦିଅନ୍ତି। ପେଟ୍ରୁଚିଓଙ୍କ କାଥେରିନାଙ୍କ ପରି ଜିଦଖୋର ପତ୍ନୀଙ୍କୁ ବଶ୍ୟବର୍ତ୍ତୀ କରିବା ଦେଖି ବାପ୍ଟିଷ୍ଟା, ହରଟେନ୍ସିଓ ଓ ଲୁସେନ୍ସିଓଙ୍କ ଆଶ୍ଚର୍ଯ୍ୟାନ୍ୱିତ ହୁଅନ୍ତି।

ଦ କମେଡି ଅଫ୍ ଏରର୍ସ

୧୫୮୯ - ୯୪ ମଧ୍ୟରେ ଲେଖା ଯାଇଥିବା ଦ କମେଡି ଅଫ ଏରର୍ସ ସେକ୍ସପିଅରଙ୍କ ୧୬୨୩ରେ ପ୍ରକାଶିତ ପ୍ରଥମ ଫୋଲିଓରେ ଅନ୍ତର୍ଭୁକ୍ତ। ଏହା ପ୍ଲାଟସଙ୍କ ମେନାଚେମି ଓ ଆମ୍ଫିଟ୍ରୁଓ ଏବଂ ଟାୟରଙ୍କ ଆପୋଲ୍ଲୋନିଅସ ଗଳ୍ପରେ ଆଧାରିତ। ନାଟକର କୌତୁକପୂର୍ଣ୍ଣ ବିଶୃଙ୍ଖଳା ଏକା ସହରରେ ଥିବା ପରସ୍ପରର ଅଜଣା ଯମଜ ଭାଇଙ୍କ ପରିଚିତି ସମ୍ପର୍କିତ ବିଡମ୍ବନାରୁ ରୂପ ନିଏ। କଥାବସ୍ତୁର ଅଚାନକ ମୋଡ ଅନେକ ସଂଶୟ, ବିସ୍ମୟ, ଆଶା ଓ ଆନନ୍ଦକୁ ଚିତ୍ରଣ କରେ।

ସିରାକ୍ୟୁସର ଆଣ୍ଟିଫୋଲସ ଓ ତାଙ୍କ ଭୃତ୍ୟ ଡ୍ରୋମିଓ ୟୁଫିସସରେ ପହଞ୍ଚନ୍ତି ଯାହା ତାଙ୍କ ଯମଜ ଭାଇ ୟୁଫିସସର ଆଣ୍ଟିଫୋଲସ ଓ ଭୃତ୍ୟ ଡ୍ରୋମିଓଙ୍କ ବାସସ୍ଥାନ। ଯେତେବେଳେ ସିରାକ୍ୟୁସରୁ ଆସିଥିବା ବ୍ୟକ୍ତିଦ୍ୱୟ ସେମାନଙ୍କ ସମାନ ନାମର ବ୍ୟକ୍ତିଦ୍ୱୟ ଏବଂ ସେମାନଙ୍କ ପରିବାର ଓ ବନ୍ଧୁଙ୍କୁ ଭେଟନ୍ତି, ଭୁଲ ପରିଚିତିରୁ ସମ୍ଭୁତ ଏକାଧିକ ଅଚିନ୍ତ୍ୟ ଦୁର୍ଘଟଣା, ଅନୁଚିତ ଦଣ୍ଡ, ୟୁଫିସସର ଆଣ୍ଟିଫୋଲସଙ୍କ ଗିରଫ, ବ୍ୟଭିଚାରର ମିଥ୍ୟା ଦୋଷାରୋପ, ଚୋରି, ପାଗଳାମି ଆଦି ସୃଷ୍ଟି ହୋଇଛି।

ଇତିମଧ୍ୟରେ ଆଣ୍ଟିଫୋଲସ ଦ୍ୱୟଙ୍କ ପିତା ଏଜିୟନ ପୁତ୍ରଙ୍କ ସନ୍ଧାନରେ ସିରାକ୍ୟୁସରୁ ବାହାରି ୟୁଫିସସରେ ପହଞ୍ଚନ୍ତି। ଉଭୟ ସହର ମଧ୍ୟରେ ଶତ୍ରୁତା ଥିବା ହେତୁ ତାଙ୍କୁ ଅବିଳମ୍ବେ ଗିରଫ କରାଯାଏ ଏବଂ ସେ ଅର୍ଥଦଣ୍ଡରେ ଦଣ୍ଡିତ ହୁଅନ୍ତି। ଜୋରିମାନା ଦେଇ ନପାରିବାରୁ ଏଜିଅନଙ୍କୁ ମୃତ୍ୟୁଦଣ୍ଡ ମିଳେ। ସେ ଡ୍ୟୁକ ସୋଲିନସଙ୍କୁ ତାଙ୍କ କରୁଣ କାହାଣୀ କହନ୍ତି। କିଛି ବର୍ଷ ପୂର୍ବେ ତାଙ୍କ ପତ୍ନୀ ଓ ବାଳୁତ ଯମଜ ପୁତ୍ର ଦ୍ୱୟ ସେମାନଙ୍କ ବାଳୁତ ଯମଜ ଭୃତ୍ୟ ଦ୍ୱୟ ସହ ନୌ ଯାତ୍ରା କରିବା ବେଳେ ଝଡ ତୋଫାନର ସମ୍ମୁଖୀନ ହେଲେ। ଉଦ୍ଧାରକାରୀ ଦଳ ଗୋଟିଏ ନୌକାରେ ତାଙ୍କୁ, ଏକ ପୁତ୍ର ଓ ଏକ ଭୃତ୍ୟଙ୍କୁ ଉଦ୍ଧାର କରିବା ବେଳେ ଅନ୍ୟ ଏକ ନୌକାରେ ତାଙ୍କ ପତ୍ନୀ,

ଅନ୍ୟ ଏକ ପୁତ୍ର ଓ ଭୃତ୍ୟ ଉଦ୍ଧାର ପାଇ ନିଖୋଜ ହୋଇଗଲେ। ବୟଃପ୍ରାପ୍ତି ପରେ ପୁତ୍ର ଆଣ୍ଟିଫୋଲସ ଦୀର୍ଘ ପାଞ୍ଚବର୍ଷ ହେଲା ହଜିଯାଇଥିବା ତାଙ୍କ ମାତା, ଯମଜ ଭାଇ ଓ ଭୃତ୍ୟ ସନ୍ଧାନରେ ଯାଇ ଫେରି ନଥିବାରୁ ଏଜିଅନ ସେମାନଙ୍କ ସନ୍ଧାନରେ ଆସି ଯୁଫିସସରେ ପହଞ୍ଚିଛନ୍ତି। ଏହି ଦାରୁଣ କାହାଣୀ ସୋଲିନସଙ୍କୁ ଅଭିଭୂତ କରିଛି ଓ ସେ ଜୋରିମାନା ସଂଗ୍ରହ କରିବା ପାଇଁ ଏକ ଦିନ ସମୟ ଦେଇଛନ୍ତି।

ଉକ୍ତ ଦିନ ହିଁ ସିରାକ୍ୟୁସର ଆଣ୍ଟିଫଲସ ତାଙ୍କ ଭୃତ୍ୟ ଡ୍ରୋମିଓଙ୍କ ସହ ଯୁଫିସସରେ ପହଞ୍ଚିଛନ୍ତି। ପର୍ଯ୍ୟାୟ କ୍ରମେ ଭୁଲ ପରିଚିତି ହେତୁ ବିଭିନ୍ନ ହାସ୍ୟୋଦ୍ଦୀପକ ଘଟଣାମାନ ସଂଘଟିତ ହୋଇଛି, ଭୃତ୍ୟମାନେ ଅଯଥା ଦଣ୍ଡିତ ହୁଅନ୍ତି, ସିରାକ୍ୟୁସର ଆଣ୍ଟିଫଲସ ତାଙ୍କ ଭାଇଙ୍କ ପତ୍ନୀଙ୍କ ଦ୍ୱାରା ଆପ୍ୟାୟିତ ହୁଅନ୍ତି ଓ ତାଙ୍କ ଭଉଣୀଙ୍କୁ ପ୍ରେମ କରନ୍ତି। ସେ ତାଙ୍କ ଭାଇଙ୍କ ପ୍ରତି ଅଭିପ୍ରେତ ସୁନା ଚେନକୁ ଗ୍ରହଣ କରନ୍ତି ଓ ଅର୍ଥ ପ୍ରଦାନ ନ କରିବା ହେତୁ ବଣିଆ ଦ୍ୱାରା ଅନୁଧାବିତ ହୁଅନ୍ତି ଇତ୍ୟାଦି।

ଏହାପରେ ସେ ଓ ତାଙ୍କ ଭୃତ୍ୟ ଏକ ମଠରେ ଆତ୍ମଗୋପନ କରନ୍ତି, ଯେଉଁଠାରୁ ପିତା ଏଜିଅନଙ୍କୁ ମୃତ୍ୟୁଦଣ୍ଡ ପାଇଁ ନିଆ ଯାଉଥିବା ଦୃଶ୍ୟ ଦେଖନ୍ତି। ହଠାତ ଆଣ୍ଟିଫଲସ ମଠସ୍ୱାମିନୀଙ୍କୁ ନିଜ ମାତା ଏମିଲିଆ ବୋଲି ଚିହ୍ନି ପାରନ୍ତି। ପ୍ରକୃତ ପରିଚିତିର ଉନ୍ମୋଚନ ପରେ ଅର୍ଥଦଣ୍ଡର ରାଶି ପ୍ରଦାନ କରାଯାଇଛି, ଏଜିଅନ ମୁକ୍ତି ପାଇଛନ୍ତି ଓ ପରିବାର ସହ ସମ୍ମିଳିତ ହେବା ପରେ ନାଟକର ସୁଖଦ ପରିସମାପ୍ତି ଘଟିଛି।

ଦ କମେଡି ଅଫ ଏରର୍ସକୁ ଉନ୍ମାଦ ଚରିତ୍ର ସମ୍ବଳିତ ଏକ ଉଦ୍ଭ୍ରାନ୍ତ ନାଟକ ରୂପେ ବର୍ଣ୍ଣନା କରାଯାଇଛି। ଶତାବ୍ଦୀ ଶତାବ୍ଦୀ ଧରି ବିଦ୍ୱାନଗଣ ଏହି ନାଟକରେ ଖୁବ କମ ଭାବଗତ ପ୍ରଗାଢ଼ତା ଖୋଜି ପାଇଛନ୍ତି। ବିଶିଷ୍ଟ ସମାଲୋଚକ ହାରଲଡ ବ୍ଲୁମ କିନ୍ତୁ ମତ ବ୍ୟକ୍ତ କରନ୍ତି ଯେ, ଏହି ନାଟକ 'reveals Shakespeare's magnificence at the art of comedy.'

ଦ କମେଡି ଅଫ ଏରର୍ସ ଓ ଦ ଟେମ୍ପେଷ୍ଟ ସେକ୍ସପିଅରଙ୍କ କେବଳ ଦୁଇଟି ନାଟକ ଯେଉଁଠି ଅରିଷ୍ଟୋଟଲ ପ୍ରଦର୍ଶିତ ଐକ୍ୟ ତ୍ରୟୀ ଯଥାବିଧି ପାଳିତ ହୋଇଛି। ସମ୍ପ୍ରତି ଏହି ନାଟକ ଆଡମ୍ବର ସହକାରେ ଇଉରୋପ ଓ ଆମେରିକାର ବିଭିନ୍ନ ସ୍ଥାନରେ ଅଭିନୀତ ହୋଇଛି।

ହେନ୍‌ରୀ ସିକ୍ସ୍‌ଥ୍, ପ୍ରଥମ ଭାଗ

୧୫୮୯ - ୯୨ ମଧ୍ୟରେ ଲେଖାଯାଇଥିବା ହେନରୀ ସିକ୍ସଥ୍, ପ୍ରଥମ ଭାଗ, ଇଂଲଣ୍ଡ ଇତିହାସ ଉପରେ ପର୍ଯ୍ୟବସିତ ଚାରିଗୋଟି ଐତିହାସିକ ନାଟକ ପର୍ଯ୍ୟାୟର ପ୍ରଥମ ନାଟକ ଯାହା ଲଙ୍କାଷ୍ଟର ହାଉସ ଓ ୟର୍କ ହାଉସ ମଧ୍ୟରେ ସଂଘଟିତ ଗୋଲାପର ସମରକୁ ରୂପ ଦିଏ। ଏହି ନାଟକର ଐତିହାସିକ ତଥ୍ୟ ଏଡୱାର୍ଡ ହଲ ଓ ରାଫେଲ ହୋଲିନସେଡ଼ଙ୍କ ଇଂଲିଶ ଇତିବୃତ୍ତରୁ ଆନୀତ।

ହେନରୀ ପଞ୍ଚମଙ୍କ ଅନ୍ତ୍ୟେଷ୍ଟି କ୍ରିୟାରୁ ନାଟକର ଅୟମାରମ୍ଭ, ଯେତେବେଳେ ବାଳକ ରାଜା ହେନରୀ ଷଷ୍ଠଙ୍କ ଚତୁଃପାର୍ଶ୍ୱରେ ବିଭିନ୍ନ ରାଜନୈତିକ ଗୋଷ୍ଠୀଙ୍କ ଉଦ୍ଭବ ହୋଇଛି। ଗ୍ଲୋସେଷ୍ଟରର ଡ୍ୟୁକ ହମଫ୍ରେ ଓ ୱାଇଞ୍ଚେଷ୍ଟରର ବିଶପ ହେନରୀ ବ୍ୟୋଫୋର୍ଟ ଦୁଇ ମୁଖ୍ୟ ପ୍ରତିଦ୍ୱନ୍ଦ୍ୱୀ ରୂପେ ଅବତୀର୍ଣ୍ଣ ହୋଇଛନ୍ତି।

ଫ୍ରାନ୍ସରେ ହେନରୀ ପଞ୍ଚମଙ୍କ ଦ୍ୱାରା ପ୍ରବର୍ତ୍ତିତ ଶାନ୍ତି ବ୍ୟାହତ ହୋଇଛି ଯେହେତୁ ଜୋନ ଅଫ ଆର୍କ, ଫ୍ରାନ୍ସର ରାଜପଦରେ ଅଭିଷିକ୍ତ ଚାର୍ଲସ ସପ୍ତମଙ୍କୁ ଇଂଲିଶ ରାଜାଙ୍କ ଦ୍ୱାରା ଅଧିକୃତ ଭୂମିକୁ ପୁନଃ ଅକ୍ତିଆର କରିବା ପାଇଁ ପ୍ରବାର୍ତ୍ତାଇଛନ୍ତି। ଏହାପରେ ନାଟକର ବହୁଳାଂଶ ଇଂଲିଶ ରାଜ ଦରବାରରେ କ୍ଷମତା ସଂଘର୍ଷ ଓ ଫ୍ରାନ୍ସରେ ଯୁଦ୍ଧ ବର୍ଣ୍ଣନାରେ ପର୍ଯ୍ୟବସିତ।

ଇତିମଧ୍ୟରେ ରାଜା ହେନ୍‌ରୀ ସାମନ୍ତ ବର୍ଗଙ୍କ ସହ ପ୍ୟାରିସରେ ପହଞ୍ଚିଛନ୍ତି। ଇଂଲଣ୍ଡର ସମର୍ଥକ ଡ୍ୟୁକ ଅଫ ବୁର୍ଗଣ୍ଡିଙ୍କ ଫ୍ରାନ୍ସ ପ୍ରତି ପକ୍ଷ ପରିବର୍ତ୍ତନ ଶୁଣି ସେ ମର୍ମାହତ ହୋଇଛନ୍ତି ଓ ସେନାଧ୍ୟକ୍ଷ ଲର୍ଡ଼ ଟାଲବଟଙ୍କୁ ପରାମର୍ଶ ପାଇଁ ଡକାଇଛନ୍ତି। କିନ୍ତୁ ଲର୍ଡ଼ ଟାଲବଟ ଫ୍ରାନ୍ସ ସେନା ଦ୍ୱାରା ଅବରୁଦ୍ଧ ହୋଇଛନ୍ତି ଓ ମୁକ୍ତି ପାଇଁ ସନ୍ଦେଶ ପଠାଇଛନ୍ତି।

ଇଂଲିଶ ଦରବାରର କନ୍ଦଳ ଫ୍ରାନ୍ସ ଯୁଦ୍ଧଭୂମିକୁ ଲମ୍ଫ ଦେଇଛି ଯେତେବେଳେ

ଡ୍ୟୁକ ଅଫ ୟର୍କ ଓ ଡ୍ୟୁକ ଅଫ ସମରସେଟଙ୍କ ମଧ୍ୟରେ ମନାନ୍ତର ଘଟିଛି, ଯୁଦ୍ଧରେ କିଏ ଲର୍ଡ଼ ଟାଲବଟଙ୍କୁ ସୁରକ୍ଷା ଦେବା ପାଇଁ ସୈନ୍ୟ ପ୍ରେରଣ କରିବ, ସେ ନିର୍ଣ୍ଣୟରେ। ହେନରୀ ରିଚାର୍ଡ଼ଙ୍କୁ ପଦାତିକ ସେନାର ଅଧ୍ୟକ୍ଷ ଓ ସମରସେଟଙ୍କୁ ଅଶ୍ୱାରୋହୀଙ୍କ ସେନାପତି ରୂପେ ନିଯୁକ୍ତ କରିଛନ୍ତି ଓ ସେମାନଙ୍କ ବିବାଦରର ଅବସାନ କରିବା ପାଇଁ ଅନୁରୋଧ କରିଛନ୍ତି। ରିଚାର୍ଡଙ୍କ ସଂକେତ ଧଳା ଗୋଲାପ ଓ ସମରସେଟଙ୍କ ସଂକେତ ନାଲି ଗୋଲାପର ରହସ୍ୟ ଉପଲବ୍ଧି କରି ନପାରି ରାଜା ନାଲି ଗୋଲାପକୁ ପସନ୍ଦ କରିଛନ୍ତି, ଯଦ୍ଦ୍ୱାରା ରିଚାର୍ଡ କ୍ଷୁବ୍ଧ ହୋଇଛନ୍ତି। ସେମାନଙ୍କ କାଳକ୍ଷେପଣ ନୀତି ହେତୁ ଲର୍ଡ ଟାଲବଟ ଓ ତାଙ୍କ ପୁତ୍ର ନିହତ ହୋଇଛନ୍ତି।

ଏ ସମୟରେ ଡ୍ୟୁକ ଅଫ ସଫୋଲ୍‌କ ହେନରୀଙ୍କ ମାର୍ଗାରେଟ ଅଫ ଅଂଜୌ ସହ ବିବାହ ପ୍ରସ୍ତାବ ଆଣିଛନ୍ତି। ସେ ଉଚ୍ଚ ବଂଶଜା ହୋଇ ନଥିବା ହେତୁ କିମ୍ବା ଏ ବିବାହ ପ୍ରସ୍ତାବରେ ଧନ ଅର୍ଜନର ସମ୍ଭାବନା ନଥିବାରୁ ପ୍ରସ୍ତାବଟିକୁ ଟାଳି ଦେବା ପାଇଁ ହେନରୀଙ୍କ ଶୁଭାକାଂକ୍ଷୀ ଡ୍ୟୁକ ଅଫ ଗ୍ଲୋସେଷ୍ଟର ପରାମର୍ଶ ଦେଇଛନ୍ତି। କିନ୍ତୁ ସାଫୋଲ୍କ ମାର୍ଗାରେଟଙ୍କ ସୌନ୍ଦର୍ଯ୍ୟର ଏତେ ପ୍ରଶଂସା କରିଛନ୍ତି ଯେ, ହେନ୍‌ରୀ ମାର୍ଗରେଟଙ୍କୁ ବିବାହ କରିବା ପାଇଁ ନିଷ୍ପତ୍ତି ନେଇଛନ୍ତି।

ପ୍ରଥମ ଭାଗ ସମାପ୍ତ ହୁଏ ଅର୍ଲ ଅଫ ସଫୋଲ୍‌କଙ୍କ ଚକ୍ରାନ୍ତରେ। ତାଙ୍କ ପାଇଁ କ୍ଷମତା ଅକ୍ତିଆରର ପନ୍ଥା ସୁଗମ ହୋଇଯିବା ସ୍ୱପ୍ନରେ ସେ ମସ୍‌ଗୁଲ ହୋଇଛନ୍ତି।

Margaret shall now be queen and rule the king,
But I will rule both her, the king and the realm.

ସଫୋଲ୍‌କଙ୍କ ଯୋଜନାର ପ୍ରଥମ ସଫଳତା ହେନରୀ ସିକ୍ସଥ୍, (ଦ୍ୱିତୀୟ ଭାଗ) ନାଟକରେ ରୂପରେଖ ପାଇଛି।

ହେନରୀ ସିକ୍ସଥ୍, ଦ୍ୱିତୀୟ ଭାଗ

ହେନରୀ ଷଷ୍ଠ ଦ୍ୱିତୀୟ ଭାଗ ସେକ୍ସପିଅର ବୋଧେ ୧୫୯୧ରେ ଲେଖିଛନ୍ତି। ରାଜା ହେନରୀଙ୍କ ବିବାହ, ସାମନ୍ତ ବର୍ଗ ମଧ୍ୟରେ ବିଦ୍ରୋହ ଦମନରେ ତାଙ୍କ ଅସଫଳତା, ବିଶ୍ୱସ୍ତ ପରାମର୍ଶଦାତା ଗ୍ଲୋସେଷ୍ଟରର ଅର୍ଲ ହଂଫ୍ରିଙ୍କ ମୃତ୍ୟୁ, ଯୁଦ୍ଧ ଭୂମିରୁ ହେନରୀ ଓ ମାର୍ଗାରେଟଙ୍କ ପଳାୟନ ଇତ୍ୟାଦି ଏହାର ମୁଖ୍ୟ କଥାବସ୍ତୁ।

ନାଟକର ପ୍ରାରମ୍ଭରେ ହେନରୀ ଅଂଜୌର ମାର୍ଗାରେଟଙ୍କ ସହ ବିବାହ କରିଛନ୍ତି, ଯେ ସଫୋଲ୍କର ଅର୍ଲଙ୍କ ପ୍ରେମିକା ଥିଲେ। ମାର୍ଗାରେଟଙ୍କ ପ୍ରତ୍ୟକ୍ଷ ରାଜ୍ୟ ଶାସନ ପ୍ରତି ଭୀଷଣ ଆସକ୍ତି ଥିଲା ଓ ସେ ପ୍ରେତବିଦ୍ୟାରେ ପ୍ରବୀଣା ଥିଲେ। ଇତିମଧ୍ୟରେ ସଫୋଲ୍କ କାର୍ଡିନେଲ ବ୍ୟୁଫୋର୍ଟ ଓ ଡ୍ୟୁକ ଅଫ ସମରସେଟ ସହ ମନ୍ତ୍ରଣା କରି ଗ୍ଲୋସେଷ୍ଟରଙ୍କ ପତନ ବିଷୟରେ ଯୋଜନା କରନ୍ତି ଓ ରାଜଦ୍ରୋହ ଅଭିଯୋଗରେ ତାଙ୍କୁ ଗିରଫ କରନ୍ତି। କିନ୍ତୁ ତାଙ୍କୁ ବିଚାର ପୂର୍ବରୁ ଦୁଇ ଆତତାୟୀଙ୍କ ଦ୍ୱାରା ହତ୍ୟା କରନ୍ତି।

ୟର୍କର ଡ୍ୟୁକ ରିଚାର୍ଡ, ସାଲିସବୁରୀର ଅର୍ଲ ଓ ୱାର୍ୱିକର ଅର୍ଲଙ୍କ ସମ୍ମୁଖରେ ନିଜ ସିଂହାସନ ପ୍ରତି ଅଭିଳାଷ ପ୍ରକଟ କରନ୍ତି ଏବଂ ଏହି ଚକ୍ରାନ୍ତରେ ଅର୍ଲ ଦ୍ୱୟ ସାମିଲ ହୁଅନ୍ତି। ରାଜା ହେନରୀ ଗ୍ଲୋସେଷ୍ଟରଙ୍କ ହତ୍ୟା ଲାଗି ସଫୋଲ୍କଙ୍କୁ ରାଜ୍ୟରୁ ନିର୍ବାସିତ କରନ୍ତି। ୱିନଚେଷ୍ଟେର ଜ୍ୱରରେ ଆକ୍ରାନ୍ତ ହୋଇ ମୃତ୍ୟୁ ବରଣ କରନ୍ତି। ରାଣୀ ମାର୍ଗାରେଟ ପ୍ରେମିକ ସଫୋଲ୍କଙ୍କ ନିର୍ବାସନରେ ମର୍ମାହତ ହୋଇ ତାଙ୍କୁ ରାଜ୍ୟକୁ ଫେରାଇ ଆଣିବା ପାଇଁ ସଂକଳ୍ପ ନିଅନ୍ତି। କିନ୍ତୁ ସଫୋଲ୍କ ଇଂଲଣ୍ଡ ଛାଡ଼ିବା ପରେ ଜଳଦସ୍ୟୁଙ୍କ ଦ୍ୱାରା ନିହତ ହୁଅନ୍ତି। ତାଙ୍କ ଛିନ୍ନ ମସ୍ତକ ମାର୍ଗାରେଟଙ୍କ ନିକଟକୁ ପଠାଯାଏ ଓ ସେ ଶୋକ ସନ୍ତପ୍ତ ହୋଇ ଉଠନ୍ତି।

ଇତିମଧ୍ୟରେ ୟର୍କର ଡ୍ୟୁକ ଏକ ବିଦ୍ରୋହ ଦମନ କରିବା ନିମନ୍ତେ ସେନା

ସହ ଆୟାରଲାଣ୍ଡ ଯାତ୍ରା କରନ୍ତି । ସେ ରାଜାଙ୍କୁ ପ୍ରବଞ୍ଚକ ସମରସେଟଙ୍କ ଠାରୁ ରକ୍ଷା କରିବା ଦ୍ୱାହିରେ ଇଂଲଣ୍ଡ ଫେରି ଆସନ୍ତି ଓ ତାଙ୍କ ବିଷୟରେ ପ୍ରଶ୍ନ କରନ୍ତି । ସମରସେଟ ବନ୍ଦୀ ହୋଇ ଟୱେର ଦୁର୍ଗରେ ନିପତିତ ହୋଇଛନ୍ତି ବୋଲି ଉତ୍ତର ପାଇବା ବେଳେ ସମରସେଟ ରାଜାଙ୍କ ସହ ଆଗମନ କରନ୍ତି । ଏହା ଦେଖି ଉତ୍‌କ୍ଷିପ୍ତ ୟର୍କ ରାଜ ପଦ ପାଇଁ ନିଜ ଦାବି ସାବ୍ୟସ୍ତ କରନ୍ତି ଯାହାକୁ ତାଙ୍କ ପୁତ୍ର ରିଚାର୍ଡ ଓ ଏଡଓ୍ୱାର୍ଡ ସମର୍ଥନ କରନ୍ତି । ଇଂଲଣ୍ଡର ସାମନ୍ତ ବର୍ଗ ୟର୍କ କିମ୍ବା ଲଙ୍କାଷ୍ଟରଙ୍କ ପକ୍ଷ ସମର୍ଥନରେ ଦୁଇ ଭାଗରେ ବିଭକ୍ତ ହୁଅନ୍ତି ଏବଂ ଯୁଦ୍ଧ ଅବଶ୍ୟମ୍ଭାବୀ ହୋଇ ଉଠେ । ସେଣ୍ଟ ଆଲବାନ୍ସର ଯୁଦ୍ଧ କ୍ଷେତ୍ରରେ ୟର୍କଙ୍କ ପୁତ୍ର ରିଚାର୍ଡ୍ ଦ୍ୱାରା ସମରସେଟଙ୍କ ନିଧନ ହୁଏ ଓ ୟର୍କ ଲର୍ଡ କ୍ଲିଫୋର୍ଡଙ୍କୁ ହତ୍ୟା କରନ୍ତି । ବ୍ୟତିବ୍ୟସ୍ତ ରାଜା ହେନରୀଙ୍କୁ ଯୁଦ୍ଧକ୍ଷେତ୍ର ପରିତ୍ୟାଗ କରିବା ପାଇଁ ମାର୍ଗାରେଟ ପ୍ରବର୍ତ୍ତାନ୍ତି । ରାଜା, ରାଣୀ ଓ ତରୁଣ କ୍ଲିଫୋର୍ଡ ଯୁଦ୍ଧଭୂମିରୁ ପଳାୟନ କରିବା ବେଳେ ୟର୍କ ଦୁଇ ପୁତ୍ର ଓ୍ୱାର୍ୱିକ ଓ ସାଲିସବାରୀର ଅର୍ଲଙ୍କ ସହ ସେମାନଙ୍କୁ ଅନୁଧାବନ କରନ୍ତି ।

ସେକ୍‌ସପିଅର ନାଟକରେ ପାତ୍ରୋପଯୋଗୀ ଭାଷା ବ୍ୟବହାର କରିଛନ୍ତି ଯାହା ବିଷୟବସ୍ତୁର ମହତ୍ତ୍ୱ ଓ ନାନ୍ଦନିକ ସୌନ୍ଦର୍ଯ୍ୟକୁ ସାବ୍ୟସ୍ତ କରିଛି । ନାଟକର ଉପୋଦ୍‌ଘାତରେ ସଫୋଲକ୍‌ଙ୍କ ବର୍ଣ୍ଣାଢ୍ୟ, ଔପଚାରିକ ସଂଳାପ ଲକ୍ଷଣୀୟ । ରାଜା ହେନ୍‌ରୀ ବହୁ ସମୟରେ ପବିତ୍ର ବାଇବଲର ଭାଷା ବି ବ୍ୟବହାର କରିଛନ୍ତି । ଉଦାହରଣ ସ୍ୱରୂପ, କେଡଙ୍କ ବିଦ୍ରୋହ କଥା ଶୁଣି ସେ କହିଛନ୍ତି, "O graceless men, they know not what they do" ଏବଂ "blessed are the peace makers on earth". ସେ ବିଭିନ୍ନ ଚରିତ୍ରଙ୍କ ପାଇଁ ପୃଥକ୍ ପୃଥକ୍ ଭାଷା ବ୍ୟବହାର କରିଛନ୍ତି । ରାଜା, ରାଣୀ, ସମ୍ଭ୍ରାନ୍ତଗଣ କାବ୍ୟିକ, ଆଳଙ୍କରିକ ଭାଷା ପ୍ରୟୋଗ କଲାବେଳେ ସାଧାରଣବର୍ଗ ଗଦ୍ୟଭାଷା ଉପଯୋଗ କରିଛନ୍ତି । ଗ୍ଲୋସେଷ୍ଟରଙ୍କ ମୃତଦେହର ସଂଦର୍ଶନରେ ମାର୍ଗାରେଟଙ୍କ ରୂପକ ଓ ଅଳଙ୍କାର ପରିପୂର୍ଣ୍ଣ ଦୀର୍ଘ ସଂଳାପ ଏହାର ଏକ ଦୃଷ୍ଟାନ୍ତ ।

ନାଟକରେ ବ୍ୟବହୃତ ଭାଷା ରାଜା ହେନରୀଙ୍କ ବିଭିନ୍ନ ଦୁର୍ବଳତାକୁ ସୁଚାରୁରୂପେ ଦର୍ଶାଇଛି । କଳହରତ ସାମନ୍ତ ଶ୍ରେଣୀ ମଧ୍ୟରେ ସମନ୍ୱୟ ରକ୍ଷା ଦିଗରେ ସେ ସମ୍ପୂର୍ଣ୍ଣ ବିଫଳ ହୋଇଛନ୍ତି, ରାଣୀ ମାର୍ଗାରେଟଙ୍କ ପ୍ରାଧାନ୍ୟକୁ ନିର୍ବିବାଦରେ ସହ୍ୟ କରିଛନ୍ତି, ପ୍ରିୟ ସଭାଷଦ ନିର୍ଦ୍ଦୋଷ ଗ୍ଲୋସେଷ୍ଟରଙ୍କ ଗିରଫକୁ ସ୍ୱୀକାର କରିଛନ୍ତି ଏବଂ ଏହି ନିଷ୍ପତ୍ତିର ପରିଣାମ ପ୍ରତି ଦୃଷ୍ଟି ନଦେଇ ସଭାସ୍ଥଳ ପରିତ୍ୟାଗ କରିଛନ୍ତି,

My lords, what to your wisdom seemeth best,

Do or undo, as if ourself were here.

ଯେତେବେଳେ ସମରସେଟ ସମସ୍ତ ଫ୍ରେଞ୍ଚ ଭୂ ଅଞ୍ଚଳ ଶତ୍ରୁ ଦ୍ୱାରା ବିଜିତ ହୋଇଥିବା ଜଣାଇଛନ୍ତି, ସେ ନିର୍ଲିପ୍ତ ଭାବରେ କହିଛନ୍ତି, ' Cold news, lord Somerset, but God's will be done."

ହେନରୀ ଓ ମାର୍ଗାରେଟଙ୍କ ମଧ୍ୟରେ ଚାରିତ୍ରିକ ବୈଷମ୍ୟ ସୁସ୍ପଷ୍ଟ। ମାର୍ଗାରେଟ ଉଚ୍ଚାକାଂକ୍ଷୀ, ନିର୍ମମ ଓ ସ୍ୱେଚ୍ଛାଚାରିଣୀ ହୋଇଥିବାବେଳେ ହେନରୀ ଜଣେ ଉତ୍ତମ ବ୍ୟକ୍ତି, କିନ୍ତୁ ଦୁର୍ବଳ ରାଜା। ରାଣୀ ମାର୍ଗାରେଟଙ୍କ ଉକ୍ତି ପ୍ରଣିଧାନଯୋଗ୍ୟ,

" Henry my lord is cold in great affairs,
Too full of foolish pity. "

ବାସ୍ତବିକ ରାଜା ହେନରୀ ଓ ରାଣୀ ମାର୍ଗାରେଟଙ୍କ ମଧ୍ୟରେ ଚାରିତ୍ରିକ ବୈଷମ୍ୟ ଓ ସମ୍ପର୍କର ଆସାମଞ୍ଜସ୍ୟ ଖୁବ ଅଧିକ। ଏଥି ନିମନ୍ତେ ଉଭୟେ ବହୁ ମୂଲ୍ୟ ଦେଇଛନ୍ତି।

ହେନରୀ ସିକ୍ସଥ୍, ତୃତୀୟ ଭାଗ

୧୫୯୦ - ୯୩ ମଧ୍ୟରେ ରଚିତ ହେନରୀ ଷଷ୍ଠ, ତୃତୀୟ ଭାଗ ନାଟକ ମୁଖ୍ୟତଃ ଲଙ୍କାଷ୍ଟର ଓ ୟର୍କ ଗୋଷ୍ଠୀ ମଧ୍ୟରେ ସଂଘଟିତ ଗୋଲାପ ସମର, ଏଥିରେ ରାଜା ହେନରୀ ଓ ରାଣୀ ମାର୍ଗାରେଟ୍‌ଙ୍କ ସମ୍ପୃକ୍ତି ଏବଂ ସେମାନଙ୍କ ଦୁଃଖଦ ପରିଣତିକୁ ଦର୍ଶାଉଛି । ଏଡୱାର୍ଡ ହଲ ଓ ରାଫେଲ ହୋଲିଂସେଡଙ୍କ ଇଂଲଣ୍ଡର ଇତିବୃତ୍ତକୁ ସେକ୍‌ସପିଅର ପାଥେୟ ରୂପେ ଗ୍ରହଣ କରିଛନ୍ତି ।

ଏହି ନାଟକରେ ୟର୍କ ଗୋଷ୍ଠୀ କ୍ଷମତା ଦଖଲ କରିଛନ୍ତି ଓ ଚୁକ୍ତି ଅନୁଯାୟୀ ହେନରୀଙ୍କ ରାଜତ୍ୱ ମୃତ୍ୟୁ ଯାଏଁ ଅକ୍ଷୁର୍ଣ୍ଣ ରହିବା ସହ ତାଙ୍କ ପୁତ୍ରକୁ ଉତ୍ତରାଧିକାରରୁ ବଞ୍ଚିତ କରିବା ପାଇଁ ବ୍ୟବସ୍ଥା ହୋଇଛି । ତଥାପି ୟର୍କ ଗୋଷ୍ଠୀ ଅବିଳମ୍ବେ ଏହି ଚୁକ୍ତି ଖିଲାପ କରି ସିଂହାସନ ଜବରଦସ୍ତ ଅକ୍ତିଆର କରିବା ପାଇଁ ଚେଷ୍ଟା କରିଛନ୍ତି । ଏତଦ୍ୱାରା ସମ୍ମୁଖ ଯୁଦ୍ଧ ହିଁ ଏକମାତ୍ର ବିକଳ୍ପ ହୋଇଛି ।

ରାଣୀ ମାର୍ଗାରେଟ ସକ୍ରିୟ ଭୂମିକା ଗ୍ରହଣ କରି ତାଙ୍କ ପୁତ୍ର ଏଡୱାର୍ଡଙ୍କ ଉତ୍ତରାଧିକାର ସାବ୍ୟସ୍ତ କରିବା ନିମନ୍ତେ ଲର୍ଡ଼ କ୍ଲିଫୋର୍ଡ଼ଙ୍କ ସହାୟତା ଗ୍ରହଣ କରିଛନ୍ତି । ମାର୍ଗାରେଟ ଓ କ୍ଲିଫୋର୍ଡ ଯୁଦ୍ଧରେ ୟର୍କର ଡ୍ୟୁକଙ୍କୁ ପରାସ୍ତ କରିଛନ୍ତି ଏବଂ ଛୁରିକା ଦ୍ୱାରା ହତ୍ୟା କରିଛନ୍ତି । ୟର୍କ ମୃତ୍ୟୁ ବେଳେ ମାର୍ଗାରେଟ୍‌ଙ୍କୁ "she-wolf of France" ରୂପେ ସମ୍ବୋଧନ କରି କହିଛନ୍ତି,

"more inhuman, more inexorable,
oh, ten times more, than tigers of Hyrecania."

ରାଜା ହେନରୀ ଭାଗ୍ୟକୁ ନିନ୍ଦା କରି ଉତ୍କଣ୍ଠାରେ କାଳାତିପାତ କରିବା ବେଳେ ୟର୍କଙ୍କ ପୁତ୍ରମାନେ କ୍ଷମତା ହାସଲ କରିଛନ୍ତି । ୟର୍କଙ୍କ ଜ୍ୟେଷ୍ଠ ପୁତ୍ର ଏଡୱାର୍ଡ ଚତୁର୍ଥ

ନୂତନ ରାଜା ରୂପେ ଅଭିଷିକ୍ତ ହୋଇଛନ୍ତି ଓ ଭାଇ ରିଚାର୍ଡଙ୍କୁ ଗ୍ଲୋସେଷ୍ଟରର ଡ୍ୟୁକ ପଦ ପ୍ରଦାନ କରିଛନ୍ତି ।

ଇତି ମଧ୍ୟରେ ୱାର୍ୱିକର ଅର୍ଲ ଏବଂ ଫ୍ରାନ୍ସର ରାଜା ଲେୱିସ ଏକାଦଶ ଏଡୱାର୍ଡଙ୍କ ବିବାହ ପାଇଁ ଫ୍ରାନ୍ସ ରାଜ ସମ୍ପର୍କୀୟା ଲେଡି ବୋନାଙ୍କୁ ମନୋନୀତ କରିଛନ୍ତି । କିନ୍ତୁ ଏଡୱାର୍ଡ ବିଧବା ଏଲିଜାବେଥଙ୍କ ରୂପରେ ବିମୋହିତ ହୋଇ ତାଙ୍କୁ ବିବାହ କରିଛନ୍ତି । ସେ ଲେଡି ଗ୍ରେ ରୂପେ ଅଭିଷିକ୍ତ ହୋଇଛନ୍ତି ।

ଏହାପରେ ମାର୍ଗାରେଟ ଓ ୱାର୍ୱିକର ଅର୍ଲ ଫ୍ରେଞ୍ଚ ସେନା ସହ ଇଂଲଣ୍ଡ ଆକ୍ରମଣ କରିଛନ୍ତି ଏବଂ ଏଡୱାର୍ଡ ବନ୍ଦୀ ହୋଇଛନ୍ତି । ତେବେ ଭାଇ ରିଚାର୍ଡ, ଲର୍ଡ ହେଷ୍ଟିଂସ ୱିଲିଅମ ଷ୍ଟାନଲୀ ଦ୍ୱାରା ବାରନେଟର ଯୁଦ୍ଧରେ ସେ ମୁକ୍ତ ହୋଇଛନ୍ତି, ୱାର୍ୱିକ ଓ ମଣ୍ଟେଗୁ ପ୍ରାଣ ହରାଇଛନ୍ତି ଓ ହେନରୀ ଟୱେର ଦୁର୍ଗରେ ବନ୍ଦୀ ହୋଇଛନ୍ତି । ଏହି ଗୃହ ଯୁଦ୍ଧରେ ରିଚାର୍ଡ ହିଁ ଖୁବ ଉଚ୍ଚାକାଂକ୍ଷୀ, କ୍ଷମତାଶାଳୀ ବ୍ୟକ୍ତି ରୂପେ ଉଭା ହୋଇଛନ୍ତି, ଯେ ପରବର୍ତ୍ତୀ ସମୟରେ ରାଜା ରିଚାର୍ଡ ତୃତୀୟ ରୂପେ କ୍ଷମତା ଦଖଲ କରି ଇଂଲିଶ ଇତିହାସରେ ଅନ୍ୟତମ ଖଳନାୟକ ରୂପେ କୁଖ୍ୟାତ ହେବେ ।

ଟେୱକେଶବରୀର ଯୁଦ୍ଧରେ ୟର୍କ ଗୋଷ୍ଠୀ ଲଙ୍କାଷ୍ଟର ଗୋଷ୍ଠୀକୁ ପରାଜିତ କରିଛନ୍ତି । ମାର୍ଗାରେଟ, ଯୁବରାଜ ଏଡୱାର୍ଡ, ସମେରସେଟ ଓ ଅକ୍ସଫୋର୍ଡ ବନ୍ଦୀ ହୋଉଛନ୍ତି ଏବଂ ଯୁବରାଜ ଏଡୱାର୍ଡଙ୍କୁ ହତ୍ୟା କରାଯାଇଛି । ମାର୍ଗାରେଟ ଇଂଲଣ୍ଡରୁ ଫ୍ରାନ୍ସକୁ ନିର୍ବାସିତ ହୋଇଛନ୍ତି । ଏହାପରେ ରିଚାର୍ଡ ଟୱେର ଦୁର୍ଗକୁ ଯାଇ ହେନରୀଙ୍କୁ ହତ୍ୟା କରିଛନ୍ତି । ମୃତ୍ୟୁ ସମୟରେ ହେନରୀ ଭବିଷ୍ୟତ ବାଣୀ ଶୁଣାଉଛନ୍ତି ଯେ, ରିଚାର୍ଡଙ୍କ ଅଧୀନରେ ଇଂଲଣ୍ଡର ଆକାଶରେ ଦୁର୍ଦ୍ଦିନର ଘନଘଟା ଦେଖାଯିବ ଏବଂ ଇଂଲଣ୍ଡର ସର୍ବସାଧାରଣ ତାଙ୍କୁ ଘୃଣା କରିବେ ।

ରିଚାର୍ଡ ଥାର୍ଡ

୧୫୯୨ - ୯୪ ମଧ୍ୟରେ ଲେଖା ଯାଇଥିବା ନାଟକ ରିଚାର୍ଡ ଥାର୍ଡ ସେକ୍ସପିଅରଙ୍କ ପ୍ରଥମ ଚତୁଷ୍ଟୟୀର ଶେଷ ଐତିହାସିକ ନାଟକ। ଏଡୱାର୍ଡ ହଲ ଓ ରାଫେଲ ହୋଲିନସେଡ଼ଙ୍କ ଐତିହାସିକ ବିବରଣୀ ଆଧାରିତ ଏହି ନାଟକ ଖଳନାୟକ ରିଚାର୍ଡ ତୃତୀୟଙ୍କ ସମୟର କନ୍ଦଳ, ଯୁଦ୍ଧ ଓ ଦୁଃସ୍ଥିତିକୁ ବର୍ଣ୍ଣନା କରେ।

ନାଟକରେ ପ୍ରାରମ୍ଭ ଘଟିଛି ବିକଳାଙ୍ଗ ରିଚାର୍ଡଙ୍କ ସ୍ୱଗତୋକ୍ତିରେ ଯେଉଁଠି ସେ ନିଜର ବାସ୍ତବ ସ୍ୱରୂପ ଉନ୍ମୋଚନ କରିଛନ୍ତି,

And therefore, since I can not prove a lover to entertain
these fair well - spoken days,
I am determined to prove a villain.

ସେ ସେକ୍ସପିଅରଙ୍କ ହେନରୀ ଷଷ୍ଠ, ତୃତୀୟ ଭାଗ ନାଟକରେ ହେନରୀ ଓ ତାଙ୍କ ପୁତ୍ର ଏଡୱାର୍ଡଙ୍କୁ ହତ୍ୟା କରିଛନ୍ତି। ଏହାପରେ ସିଂହାସନ ପ୍ରାପ୍ତିର ପ୍ରତିବନ୍ଧକ ସମସ୍ତ ବ୍ୟକ୍ତିଙ୍କୁ ହତ୍ୟା କରିବା ପାଇଁ ଉଦ୍ୟତ ହୋଇଛନ୍ତି। ଇତିମଧ୍ୟରେ ପାପର ସମସ୍ତ ସୀମାତିକ୍ରମ କରି ଏଡୱାର୍ଡଙ୍କ ସ୍ତ୍ରୀ ତଥା ହେନରୀଙ୍କ ବୋହୂ ଲେଡି ଆନେଙ୍କୁ ବିବାହ କରିବା ପାଇଁ ପ୍ରବର୍ତ୍ତାଇଛନ୍ତି, ଯଦିଓ ଉଭୟ ପିତା ଓ ପୁତ୍ରଙ୍କୁ ସେ ନିର୍ମମ ହତ୍ୟା କରିଥିଲେ। ବିଡମ୍ବନାର ବିଷୟ, ଲେଡି ଆନେ ବି କିଛି ପ୍ରତିରୋଧ ପରେ ରିଚାର୍ଡଙ୍କ ଏହି ଜଘନ୍ୟ ପ୍ରସ୍ତାବରେ ରାଜି ହୋଇଛନ୍ତି ଯଦିଓ ତାଙ୍କୁ 'foul devil' ଓ 'a dreadful monster of hell' ରୂପେ ସମ୍ବୋଧନ କରିଥିଲେ। ହେନରୀଙ୍କ ହତ୍ୟା ପରେ ତାଙ୍କ ମୃତଦେହ ସମ୍ମୁଖରେ ଆତତାୟୀ ରିଚାର୍ଡଙ୍କୁ ଦେଖି ଶୋକାକୁଳା ଆନେଙ୍କ କ୍ରୋଧ ଏବଂ ଖଳ ଚରିତ୍ର ରିଚାର୍ଡଙ୍କ ଚାଟୁ ଉକ୍ତିକୁ ଅନୁଧ୍ୟାନ କରାଯାଉ।

Anne : Villain, thou know'st nor law of God or man,
No beast so fierce but know some touch of pity.
Richard : More wonderful, when angels are so angry,
Vouchsafe, divine perfections of a woman,
of these supposed crimes to give me leave,
By circumstances but to acquit myself.

ଅତ୍ୟନ୍ତ ବିଡମ୍ବନାର ବିଷୟ, ଏକ ସ୍ୱଗତୋକ୍ତିରେ ବିବାହ ପରେ ସେ ଆନେଙ୍କୁ ହତ୍ୟା କରିବା ପାଇଁ ଯୋଜନା କରିଛନ୍ତି, ଯେତେବେଳେ ଆନେ ତାଙ୍କୁ ଅନାବଶ୍ୟକ ମନେହେବେ। ସେ ବଡଭାଇ ରାଜା ଏଡୱାର୍ଡଙ୍କ ବିଧବା ପତ୍ନୀ ଏଲିଜାବେଥଙ୍କୁ ତାଙ୍କ ଦୁଇ ପୁତ୍ର, ଡୋରସେଟର ମାରକୁଇସ ଲର୍ଡ ଗ୍ରେ ଏବଂ ତାଙ୍କ ଭାଇ ଆନ୍ଥନୀ ଉଡଭିଲେଙ୍କୁ ହତ୍ୟା କରି ଚରମ ଦୁଃଖ ଦେଇଛନ୍ତି। ରାଜା ଏଡୱାର୍ଡଙ୍କ ପୁତ୍ରମାନଙ୍କ ପାଇଁ ସମ୍ବେଦନଶୀଳ ହୋଇଥିବାରୁ ଲର୍ଡ ହେଷ୍ଟିଂସଙ୍କୁ ହତ୍ୟା କରିବା ପାଇଁ ଆଦେଶ ଦେଇଛନ୍ତି।

ପ୍ରଥମେ ରିଚାର୍ଡ ବଂକିଂହାମର ଡ୍ୟୁକଙ୍କ ଦ୍ୱାରା ଉତ୍ତମ ସହାୟତା ପ୍ରାପ୍ତ ହୋଇଛନ୍ତି ଯେ ତରୁଣ ଡ୍ୟୁକ ଅଫ ୟର୍କ ଓ ତାଙ୍କ ଭାଇଙ୍କୁ ରିଚାର୍ଡଙ୍କ ତତ୍ତ୍ୱାବଧାନରେ ଟାୱେର ଦୁର୍ଗରେ ରଖିବା ପାଇଁ କାର୍ଡିନେଲ ବୋର୍ତ୍ତିରଚେରଙ୍କୁ ଅନୁରୋଧ କରିଛନ୍ତି। ବଂକିଂହାମ ବି ହେଷ୍ଟିଂସଙ୍କ ହତ୍ୟା ଏବଂ ରାଜା ଏଡୱାର୍ଡ ଓ ତରୁଣ ଯୁବରାଜ ଦ୍ୱୟଙ୍କ ଅବୈଧତା ସମ୍ପର୍କରେ କୁତ୍ସାରଟନା କରିଛନ୍ତି। ସେ ବି ରିଚାର୍ଡଙ୍କ ରାଜପଦ ପାଇଁ ନିରାସକ୍ତି ବିଷୟରେ ମିଥ୍ୟା ପ୍ରଚାର କରିଛନ୍ତି। ତେବେ ରିଚାର୍ଡ ଓ ବଂକିଂହାମ ମଧ୍ୟରେ ଥିବା ମଧୁଚନ୍ଦ୍ରିକାର ସମାପ୍ତି ଘଟିଛି ଯେତେବେଳେ ରିଚାର୍ଡ ତାଙ୍କୁ ଯୁବରାଜ ଦ୍ୱୟଙ୍କୁ ହତ୍ୟା କରିବା ପାଇଁ ଆଦେଶ ଦେଇଛନ୍ତି। ଏପରି ଭାଗ୍ୟ କାଳେ ନିଜକୁ ସାମ୍ନା କରିବାକୁ ହେବ, ଏହି ଭୟରେ ସେ ପଳାୟନ କରିଛନ୍ତି।

ଏହାପରେ ରିଚମଣ୍ଡର ଅର୍ଲ ହେନରୀ ଟ୍ୟୁଡର ସେନା ସହ ରିଚାର୍ଡଙ୍କ ବିରୁଦ୍ଧରେ ସ୍ୱର୍ଥ ଫିଲଡର ରଣ କ୍ଷେତ୍ରରେ ଅବତୀର୍ଣ୍ଣ ହୋଇଛନ୍ତି। ଯୁଦ୍ଧ ପୂର୍ବ ରାତ୍ରିରେ ରିଚାର୍ଡ ସେ ହତ୍ୟା କରିଥିବା ସମସ୍ତ ଯୋଦ୍ଧାଙ୍କ ପ୍ରେତାତ୍ମାଙ୍କୁ ଦୁଃସ୍ୱପ୍ନରେ ଦେଖି ବିବ୍ରତ ହୋଇଛନ୍ତି। ଏକ ତୁମୁଳ ସଂଗ୍ରାମରେ ରିଚାର୍ଡ ମୃତ୍ୟୁ ବରଣ କରିଛନ୍ତି ଓ ରିଚମଣ୍ଡ ହେନରୀ ସପ୍ତମ ରୂପେ ରାଜପଦରେ ଅଭିଷିକ୍ତ ହୋଇଛନ୍ତି।

ଭେନସ୍ ଆଣ୍ଡ୍ ଆଡନିସ୍

ବୁବନିକ ପ୍ଲେଗର ପ୍ରାଦୁର୍ଭାବ ହେତୁ ଲଣ୍ଡନର ରଙ୍ଗମଞ୍ଚ ସମୂହ ୨ ଫେବୃଆରୀ ୧୫୯୩ରୁ ଜୁନ ୧୫୯୪ ଯାଏଁ ବନ୍ଦ ରହିଛି। ଏଣୁ ଲର୍ଡ଼ ପେଂବ୍ରୋକଙ୍କ ଦଳ ଭୀଷଣ ଆର୍ଥିକ ଦୁର୍ଗତିରେ ଗତି କରିଛନ୍ତି। ଏ ଦୁଃସମୟରେ ନିଜର ସେକ୍ସପିଅର ଭରଣ ପୋଷଣ ନିମନ୍ତେ ଅନ୍ୟ ପନ୍ଥା ଅନ୍ୱେଷଣ କରିବା ପାଇଁ ବାଧ ହୋଇଛନ୍ତି। କବିତା ରଚନା ତାଙ୍କୁ ଅଭୂତପୂର୍ବ ସୁଯୋଗ ଆଣି ଦେଇଛି ଏବଂ ଆଭିଜାତ୍ୟ ସମ୍ପନ୍ନ ଜଣେ ସ୍ୱଳ୍ପବୟସ୍କ ଧନୀକ ବ୍ୟକ୍ତିଙ୍କ ସଂସ୍ପର୍ଶରେ ସେ ଆସିଛନ୍ତି।

ସାଧାରଣତଃ ଉଚ୍ଚାକାଂକ୍ଷୀ କବିଗଣ ବିଶିଷ୍ଟ ବ୍ୟକ୍ତିଙ୍କ ପୃଷ୍ଠ ପୋଷକତା ଗ୍ରହଣ କରି ଅର୍ଥ ଉପାର୍ଜନ ତଥା ସାମାଜିକ ପ୍ରତିଷ୍ଠା ଲାଭ କରିଥାନ୍ତି। ସେକ୍ସପିଅର ତାଙ୍କ ନାଟକ ମାଧ୍ୟମରେ ଏହି ସମୟରେ ଉନ୍ନତ ସାମାଜିକ ବର୍ଗରେ ସୁପରିଚିତ ଅଛନ୍ତି। ସୌଭାଗ୍ୟକ୍ରୁ ଅର୍ଲ ଅଫ ସୌଥାମ୍ପଟନ ପରି ଜଣେ ସମ୍ଭ୍ରାନ୍ତ ବ୍ୟକ୍ତିଙ୍କୁ ପୃଷ୍ଠପୋଷକ ରୂପେ ପାଇଛନ୍ତି।

କ୍ୟାଥଲିକ ଧର୍ମ ପ୍ରତି ଅନୁରକ୍ତ, ଆକର୍ଷଣୀୟ ବ୍ୟକ୍ତିତ୍ୱର ଅଧିକାରୀ, ସାହିତ୍ୟ ପ୍ରେମୀ ସୌଥାମ୍ପଟନର ଅର୍ଲ ହେନରୀ ରିସ୍ଲି ସେ ସମୟରେ ଅଠର ବର୍ଷର ଯୁବକ ଥିଲେ। ତାଙ୍କର ହାମ୍ପସାଇର ଓ ବ୍ୟୁଲିଉରେ ବିଶାଳ ଭୂ ସମ୍ପତ୍ତି ଥିଲା। ତାଙ୍କ ପିତା ଯିଏ କ୍ୟାଥଲିକ ସମ୍ପ୍ରଦାୟର ଜଣେ ପ୍ରଖ୍ୟାତ ବ୍ୟକ୍ତି ଥିଲେ, ରହସ୍ୟମୟ ପରିସ୍ଥିତିରେ ତାଙ୍କର ମୃତ୍ୟୁ ଘଟିଥିଲା। ମାତା ହଲବର୍ନର ସୌଥାମ୍ପଟନ ହାଉସରେ କବି ଓ ସଙ୍ଗୀତଜ୍ଞଙ୍କ ପୃଷ୍ଠପୋଷକ ଥିଲେ। ଏହି ଯୁବକଙ୍କୁ ସେକ୍ସପିଅର ତାଙ୍କ ପ୍ରଥମ କବିତା ପୁସ୍ତକ ଭେନସ ଆଣ୍ଡ ଆଡନିସ ଉତ୍ସର୍ଗ କରିଥିଲେ। ଓଭିଡଙ୍କୁ ଅନୁସରଣ କରି ସେ ତାଙ୍କ ଅଭିପ୍ରାୟ ବର୍ଣ୍ଣନା କରିଛନ୍ତି,

Let what is cheap exite the wonder of the common people,

For me may golden Apollo minister full cups from the spring of the muses.

ଦୀର୍ଘ କବିତାଟି ସେ ସମୟରେ ଖୁବ ଲୋକାଦୃତ ହୋଇ ପଚିଶ ବର୍ଷ ମଧ୍ୟରେ ଦଶଗୋଟି ସଂସ୍କରଣରେ ପ୍ରକାଶ ପାଇଛି । ଓଭିଡଙ୍କ ମେଟାମରଫୋସିସ ଗ୍ରନ୍ଥ ଆଧାରରେ ରଚିତ ଏହି କବିତାରେ ପ୍ରେମର ଦେବୀ ଭେନସ ମର୍ତ୍ତ୍ୟର ଖୁବ ଆକର୍ଷଣୀୟ ମାନବ ଆଡନିସଙ୍କ ପ୍ରେମରେ ନିମଜ୍ଜିତ ହୋଇ ତାଙ୍କୁ ନିଜ ପ୍ରତି ଆକର୍ଷଣ କରିବାକୁ ଚେଷ୍ଟା କରିଛନ୍ତି । କିନ୍ତୁ ଆଡନିସ ପ୍ରେମ ପରିବର୍ତ୍ତେ ଶିକାର ପ୍ରତି ଅଧିକ ଧ୍ୟାନ ଦେଇଛନ୍ତି ଏବଂ ଭେନସଙ୍କ ସମସ୍ତ ଅନୁନୟ ଓ ବାରଣ ସତ୍ତ୍ୱେ ଅରଣ୍ୟକୁ ଗମନ କରି ହିଂସ୍ର ଶୂକରର ଆକ୍ରମଣରେ ପ୍ରାଣ ହରାଇଛନ୍ତି । ଭେନସଙ୍କ ଆଡନିସଙ୍କ ପ୍ରତି ପ୍ରୀତି ସମ୍ଭାଷଣର ସୁନ୍ଦର ଚିତ୍ର ସେକ୍‌ସପିଅର ପରିବେଷଣ କରିଛନ୍ତି ।

I'll be a park, and thou shall be my deer:

Feed where thou wilt, on mountain or in dale...

ଏହି ଦୀର୍ଘ କବିତାରେ ଅସାମାନ୍ୟ ଦୈହିକ ସୌନ୍ଦର୍ଯ୍ୟର ଅଧିକାରୀ ଆଡ୍‌ନିସ୍‌ଙ୍କ ପ୍ରତି ଦେବୀ ଭେନସ୍‌ଙ୍କ ପ୍ରେମାକର୍ଷଣ ଏବଂ ତାଙ୍କ ଦୈହିକ ପ୍ରେମ ପ୍ରତ୍ୟାଖ୍ୟାନ କରିଥିବା ଆଡ୍‌ନିସ୍‌ଙ୍କ ବଣ୍ୟ ପଶୁ ଦ୍ୱାରା ବିୟୋଗର ଚିତ୍ର ଉପଲବ୍ଧ । ଶିକାର ପାଇଁ ଅରଣ୍ୟକୁ ଯାଇଥିବା ଭେନସ୍ ଆଡ୍‌ନିସ୍‌ଙ୍କ ଅଲୌକିକ ସୌନ୍ଦର୍ଯ୍ୟରେ କାମ ବାସନାରେ ଜର୍ଜରିତ ହୋଇଛନ୍ତି । ତାଙ୍କୁ ଅଶ୍ୱରୁ ଟାଣିଆଣି ବିଭିନ୍ନ ଚାଟୁକ୍ତି ପ୍ରୟୋଗ କରିଛନ୍ତି । ଯୁଗପତ ଲଜ୍ଜା ଓ କ୍ରୋଧରେ ବିବ୍ରତ ହୋଇ ଆଡ୍‌ନିସ୍ ତାଙ୍କୁ ପ୍ରତ୍ୟାଖ୍ୟାନ କରିଛନ୍ତି । ତଥାପି ଆଡ୍‌ନିସ୍ ଯୁକ୍ତି କରିଛନ୍ତି ଯେ, ସେ ଆଡ୍‌ନିସ୍‌ଙ୍କୁ ଗଭୀର ପ୍ରେମ କରନ୍ତି, ଯଦିଓ ଦେବତା ଓ ମଣିଷ ତାଙ୍କ ସାନ୍ନିଧ ପାଇବା ପାଇଁ ବ୍ୟାକୁଳ । ଏହା କହି ନିଜ ତନୁ ଆଡ୍‌ନିସ୍‌ଙ୍କୁ ଅର୍ପଣ କରିବା ପାଇଁ ସେ ଇଚ୍ଛା ପ୍ରକାଶ କରନ୍ତି । କିନ୍ତୁ ଆଡ୍‌ନିସ୍ ଭେନସ୍‌ଙ୍କ ଅପରୂପ ଲାବଣ୍ୟ ପ୍ରତି ଭ୍ରୂକ୍ଷେପ କରିନାହାନ୍ତି ଏବଂ ଶିକାର ନିମନ୍ତେ ଯିବାକୁ ଉଦ୍ୟତ ହୋଇଛନ୍ତି । ସେ ଭେନସ୍‌ଙ୍କ ଆଲିଙ୍ଗନରୁ ନିଜକୁ ମୁକ୍ତ କରି ଅଶ୍ୱାରୋହଣ ପାଇଁ ଉଦ୍ୟତ ହୋଇଛନ୍ତି ।

ଏ ସମୟରେ ଏକ ମାଈ ଗଧ ସେଠାରେ ପହଞ୍ଚିଛି । ଆଡ୍‌ନିସ୍‌ଙ୍କ ଅଶ୍ୱ ତା' ପ୍ରତି ଆଶକ୍ତ ହୋଇ ଆଡ୍‌ନିସ୍‌ଙ୍କ ରଜ୍ଜଠାରୁ ନିଜକୁ ମୁକ୍ତ ରଖି ଗଧର ଅନୁଧାବନ କରିଛି । ପ୍ରଥମେ ଗଧଟି ସାମାନ୍ୟ ଲଜ୍ଜାଶୀଳା ହୋଇଥିଲେ ବି ପରେ ଅଶ୍ୱ ପ୍ରତି ଅନୁରକ୍ତ ହୋଇଛି ଏବଂ ଦୁହେଁ ବାସନା ଚରିତାର୍ଥ ନିମନ୍ତେ ଅରଣ୍ୟରେ ପ୍ରବେଶ

କରିଛନ୍ତି। ଏହା ଦେଖି ଆଡ଼ନିସ୍ ଅଧିକ ଉତ୍‌କ୍ଷିପ୍ତ ହୋଇ ଭୂମିରେ ନିପତିତ ହୋଇଛନ୍ତି। ଭେନସ୍ ଆଡ଼ନିସ୍‌ଙ୍କ ନିକଟରେ ବସି ସେ ଅଶ୍ୱର ଆଚରଣ ଗ୍ରହଣ କରିବା ଉଚିତ ବୋଲି ବୁଝାଇଛନ୍ତି, ଯଦ୍ୱାରା ଆଡ଼ନିସ୍ ଅଧିକ କ୍ରୋଧାନ୍ୱିତ ହୋଇଛନ୍ତି। ଶିକାରରେ ବିଳମ୍ବ, ଭେନସ୍‌ଙ୍କ ଅନାହୁତ ପ୍ରେମାଳାପ, ଅଶ୍ୱ ଅନ୍ତର୍ଦ୍ଧାନ ଆଦି ଯାବତୀୟ ଦୁରବସ୍ଥା ପାଇଁ ସେ ଭେନସ୍‌ଙ୍କୁ ଦାୟୀ କରିଛନ୍ତି। ସେ ପ୍ରେମ ନିମନ୍ତେ ଆଗ୍ରହୀ ନୁହନ୍ତି ଏବଂ ଏଥି ନିମନ୍ତେ ଉପଯୁକ୍ତ ବୟସ ତାଙ୍କ ଆସିନାହିଁ ବୋଲି ଦର୍ଶାଇ ଭେନସ୍‌ଙ୍କ ପ୍ରେମକୁ ଆଡନିସ୍ ଅସ୍ୱୀକାର କରିଛନ୍ତି।

ଭେନସ୍ ଏହାକୁ ସହଜରେ ଗ୍ରହଣ କରିପାରି ନାହାନ୍ତି। ସେ ଆଡ଼ନିସ୍‌ଙ୍କ ଦୈହିକ ସୌନ୍ଦର୍ଯ୍ୟରେ କେବଳ ବିମୋହିତ ହୋଇ ନାହାନ୍ତି, ବରଂ ତାଙ୍କ ସମସ୍ତ ଅଙ୍ଗ ପ୍ରତ୍ୟଙ୍ଗ ଆଡ଼ନିସ୍‌ଙ୍କ ସଙ୍ଗ ଲାଭ କରିବା ପାଇଁ ଏକାନ୍ତ ଆକାଂକ୍ଷିତ ବୋଲି ଦର୍ଶାଇଛନ୍ତି। ଏହି ଚାଟୁକ୍ତି ଶୁଣି ଆଡନିସ ଏପରି ଏକ ଅବଜ୍ଞାସୂଚକ ଦୃଷ୍ଟି ତାଙ୍କ ପ୍ରତି ନିକ୍ଷେପ କରିଛନ୍ତି ଯେ, ଭେନସ ସଂଜ୍ଞା ହରାଇଛନ୍ତି। ସେ ମୃତ ବୋଲି ଆଶଙ୍କା କରି ବ୍ୟତିବ୍ୟସ୍ତ ଆଡ଼ନିସ୍ ତାଙ୍କ ସମ୍ବିତ ଲାଭ ପାଇଁ ଯାବତୀୟ ଉଦ୍ୟମ କରିଛନ୍ତି, ମୁଖ ସ୍ପର୍ଶ କରିଛନ୍ତି, ଚୁମ୍ବନ ବି ଦେଇଛନ୍ତି। ଏହା ଦ୍ୱାରା ଭେନସ୍ ଉତ୍‌ଥିତ ହୋଇଛନ୍ତି। ଆଡ଼ନିସ୍ ତାଙ୍କ ପ୍ରତି କୋମଳ ମନୋଭାବ ପ୍ରକାଶ କରିଛନ୍ତି ଏବଂ ଶିକାର ପାଇଁ ଉଦ୍ୟତ ହୋଇଛନ୍ତି।

କିଛି ଦ୍ୱିଧାରେ ଭେନସ୍ ତାଙ୍କୁ ଅରଣ୍ୟ ଗମନ ନିମନ୍ତେ ଅନୁମତି ଦେଇଛନ୍ତି। ଭେନସ୍ ତାଙ୍କୁ ପଅରଦିନ ଭେଟିବା ପାଇଁ ଚାହାଁନ୍ତି। କିନ୍ତୁ ଆଡ଼ନିସ୍ ସେହି ଦିନ ବଣ୍ୟ ବରାହ ଶିକାର ପାଇଁ ଯୋଜନା କରିଛନ୍ତି ବୋଲି କହନ୍ତି। ଏହା ଶୁଣି ଭେନସ୍ ବ୍ୟତିବ୍ୟସ୍ତ ହୁଅନ୍ତି ଏବଂ ଏହି ଶିକାରରୁ କ୍ଷାନ୍ତ ହେବା ପାଇଁ ଅନୁରୋଧ କରନ୍ତି। ଆଡ଼ନିସ୍ ବଣ୍ୟ ବରାହ ଦ୍ୱାରା ନିହତ ହେବା ସମ୍ଭାବନା ସେ ଦେଖି ପାରନ୍ତି। ବରାହ ପରିବର୍ତ୍ତେ ଏକ ଠେକୁଆ ବା ହରିଣ କିମ୍ବା ଶୃଗାଳକୁ ଶିକାର କରିବାକୁ ଆଡନିସ୍‌ଙ୍କୁ ପ୍ରବର୍ତ୍ତାନ୍ତି। ତାଙ୍କୁ ଭୂମିରେ ନିକ୍ଷେପ କରି ଆଲିଙ୍ଗନ କରନ୍ତି। ଆଡ଼ନିସ୍ ଭେନସଙ୍କ ଆଲିଙ୍ଗନରୁ ମୁକ୍ତ ହୋଇ ପ୍ରେମ ଓ କାମର ପ୍ରଭେଦ ବିଷୟରେ ତାଙ୍କୁ ବୁଝାନ୍ତି। ତା'ପରେ ଭେନସ୍‌ଙ୍କୁ ପରିତ୍ୟାଗ କରି ଚାଲି ଯାଆନ୍ତି, ଯଦ୍ୱାରା ଭେନସ କ୍ରନ୍ଦନ କରନ୍ତି।

ପରଦିନ ସକାଳରେ ଭେନସ ଆଡ଼ନିସ୍‌ଙ୍କ ସନ୍ଧାନରେ ଅରଣ୍ୟରେ ଇତସ୍ତତଃ ଭ୍ରମଣ କରନ୍ତି। ସେ ଦୂରରେ ଶିକାରୀ ଓ କୁକୁରମାନଙ୍କ ଶବ୍ଦ ଶୁଣି ପାରନ୍ତି। ଆଡ଼ନିସ୍ ହିଂସ୍ର ବରାହର ଆକ୍ରମଣରେ ନିହତ ହେବା ଆଶଙ୍କାରେ ସେ ଭୟଭୀତ ହୋଇ ଶିକାର ସ୍ଥଳକୁ ଯାତ୍ରା କରନ୍ତି। ଶିକାରୀ କୁକୁରଗୁଡ଼ିକ ଆଘାତପ୍ରାପ୍ତ ହେବା ସେ ଦେଖନ୍ତି।

କିଛି ଦୂରରେ ବଣ୍ୟ ବରାହଙ୍କ ଆକ୍ରମଣରେ ମୃତ ଆଡନିସ୍‌ଙ୍କ କ୍ଷତାକ୍ତ ଶରୀର ତାଙ୍କ ଦୃଷ୍ଟିଗୋଚର ହୁଏ। ଭେନସ୍ ଶୋକରେ ନିମଗ୍ନ ହୁଅନ୍ତି। ପ୍ରେମର ଦେବୀ ଭେନସ୍ ଏହି ଦାରୁଣ କ୍ଷତିରେ ବ୍ୟତିବ୍ୟସ୍ତ ହୋଇ ଘୋଷଣା କରନ୍ତି ଯେ, ପ୍ରେମ, ସନ୍ଦେହ, ଭୟ, ଦୁଃଖ ତଥା ପ୍ରବଞ୍ଚନା ସହ ଜଡିତ ରହିବ।

ଆଡନିସ୍‌ଙ୍କ ମୃତ ଶରୀର ଧୂସର ଓ ଶୀତଳ ହୋଇ ଯାଇଥିଲା, ରକ୍ତରେ ନିକଟସ୍ଥ ଗୁଳ୍ମ ଓ ତୃଣ ରଙ୍ଗାୟିତ ହୋଇଥିଲା। ଏକ ପୁଷ୍ପ ତାଙ୍କ ମରଶରୀର ନିକଟରେ ସ୍ୱତଃ ବର୍ଦ୍ଧିତ ହେଲା, ଯାହା ଆଡ୍‌ନିସ୍‌ଙ୍କ ମାଂସର ଧବଳ ଏବଂ ନୀଳାଭ - ଲୋହିତ ରଙ୍ଗଧାରଣ କଲା। ଏହାପରେ ଶୋକସନ୍ତପ୍ତ ଭେନସ୍ ସାଇପ୍ରସ୍ ଦ୍ୱୀପର ପାଫୋସଠାରେ ଅବସ୍ଥାନ କଲେ ଏବଂ ସେଠାରେ ପୂଜା ପାଇଲେ।

ଦ ରେପ୍ ଅଫ୍ ଲୁକ୍ରିସ୍

ଭେନସ୍ ଆଣ୍ଡ୍ ଆଡ୍‌ନିସ୍ ପ୍ରକାଶନର ଏକ ବର୍ଷ ପରେ, ୧୫୯୪ରେ ସେକ୍‌ସପିଅର ଦ ରେପ୍ ଅଫ୍ ଲୁକ୍ରିସ୍ ନାମକ ଏକ ଦୀର୍ଘ କବିତା ରଚନା କରନ୍ତି ଯାହା ବି ସାଉଥାମ୍ପଟନ୍‌ଙ୍କୁ ଉତ୍ସର୍ଗିତ । 'The love I dedicate your Lordship is without end.' ଏହି କବିତାରେ ବି ଓଭିଡଙ୍କ ମେଟାମରଫୋସିସ୍‌ର ପ୍ରଭାବ ରହିଛି ।

ଏହା ଏକ ବର୍ଣ୍ଣନାତ୍ମକ ଦୁଃଖଦ କବିତା ଯାହା କାବ୍ୟିକ ରୂପକଳ୍ପ, କଳ୍ପନା ଓ ଅଳଙ୍କାରରେ ସମୃଦ୍ଧ । ଏକ ଗର୍ହିତ କାର୍ଯ୍ୟର କାରଣ, ପ୍ରକୃତି ଏବଂ ଶୋଚନୀୟ ପରିଣତି ଏଠାରେ ବର୍ଣ୍ଣନା କରାଯାଇଛି । କୋଲାଟିନ୍‌ଙ୍କ ପତ୍ନୀ ଲୁକ୍ରିସ୍‌ଙ୍କ ବିଷୟରେ ଅତିଶୟ ପ୍ରଶଂସା ହିଁ ନୀଚ ଟର୍କ୍ୱିନଙ୍କ ନିନ୍ଦନୀୟ କାମନାକୁ ଜାଗ୍ରତ କରିଥାଇପାରେ ବୋଲି କିଛି ସମାଲୋଚକ ଦର୍ଶାଇଛନ୍ତି ।

ଏକ ସନ୍ଧ୍ୟାରେ ଯୁଦ୍ଧ ବିଭୀଷିକାରେ ବିପର୍ଯ୍ୟସ୍ତ ଆର୍ଡିଆ ସହରରେ ଦୁଇ ଜଣ ରୋମର ସୈନ୍ୟ ଟାରକ୍ୱିନ ଓ କୋଲ୍ଲାଟିନ ବାର୍ତ୍ତାଳାପରେ ନିମଗ୍ନ ଥିବାବେଳେ କୋଲ୍ଲାଟିନ ତାଙ୍କ ପତ୍ନୀଙ୍କୁ ପ୍ରଶଂସା କରି କହନ୍ତି ଯେ, ସେ ଖୁବ ସୁନ୍ଦରୀ ଓ ପତିବ୍ରତା । ତା'ପର ଦିନ ପ୍ରାତଃ କାଳରେ ଟାରକ୍ୱିନ କୋଲ୍ଲାଟିନଙ୍କ ଗୃହକୁ ଗମନ କରନ୍ତି । କୋଲ୍ଲାଟିନ୍‌ଙ୍କ ପତ୍ନୀ ଲୁକ୍ରିସ ତାଙ୍କୁ ସାଦର ଅଭ୍ୟର୍ଥନା କରନ୍ତି । ଟାରକ୍ୱିନ ଯୁଦ୍ଧଭୂମିରେ ତାଙ୍କ ପତିଙ୍କ ବୀରତ୍ୱ ସମ୍ପର୍କରେ ବର୍ଣ୍ଣନା କରନ୍ତି ।

ଟାରକ୍ୱିନ କୋଲ୍ଲାଟିନଙ୍କ ଗୃହରେ ରାତ୍ରି ଯାପନ କରନ୍ତି ଏବଂ ଲୁକ୍ରିସଙ୍କ ସଙ୍ଗ ଲାଭ ନିମନ୍ତେ ବିବ୍ରତ ହୁଅନ୍ତି । କାମନାର ବଶବର୍ତ୍ତୀ ହୋଇ ସେ ଲୁକ୍ରିସଙ୍କ ପ୍ରକୋଷ୍ଠକୁ ଗମନ କରନ୍ତି ଏବଂ ନିଦ୍ରାମଗ୍ନ ଲୁକ୍ରିସଙ୍କ ଦେହ ସ୍ପର୍ଶ କରନ୍ତି । ଲୁକ୍ରିସଙ୍କ ନିଦ୍ରାଭଗ୍ନ ହୁଏ । ଟାରକ୍ୱିନ ଲୁକ୍ରିସଙ୍କୁ ମୃତ୍ୟୁ ଭୟ ଦେଖାଇ ତାଙ୍କ କାମନା ଚରିତାର୍ଥ ନିମନ୍ତେ ନିର୍ଦ୍ଦେଶ ଦିଅନ୍ତି । ସେ ଭୟାତୁରା ଲୁକ୍ରିସଙ୍କୁ ଧମକ ଦିଅନ୍ତି ଯେ ତାଙ୍କ କାମନା

ଚରିତାର୍ଥ ନହେଲେ ସେ ଲୁକ୍ରିସଙ୍କୁ ହତ୍ୟା କରିବେ ଏବଂ ଏହା ପରେ ଏକ କ୍ରୀତଦାସଙ୍କୁ ହତ୍ୟା କରି ତାଙ୍କ ମୃତଦେହ ଲୁକ୍ରିସଙ୍କ ମୃତଦେହ ସହ ଆଲିଙ୍ଗନରତ ମୁଦ୍ରାରେ ରଖିବେ, ଯଦ୍ଦ୍ୱାରା ମୃତ୍ୟୁ ପରେ ବି ତାଙ୍କ ସମ୍ମାନ ହାନି ଘଟିବ। ପରେ ସେ ଅନ୍ୟମାନଙ୍କୁ ଜଣାଇବେ ଯେ, କ୍ରୀତଦାସ ସହ ଆଲିଙ୍ଗନ ମୁଦ୍ରା ଦେଖି ସେ ତାଙ୍କୁ ହତ୍ୟା କଲେ। ଯଦି ଲୁକ୍ରିସ ତାଙ୍କ ପ୍ରସ୍ତାବ ସ୍ୱୀକାର କରନ୍ତି, ସେ ଏହା ଗୋପନ ରଖିବେ। ଲୁକ୍ରିସ ତାଙ୍କ ପ୍ରସ୍ତାବରେ ସମ୍ମତ ହୁଅନ୍ତି ନାହିଁ ଏବଂ ତାଙ୍କ ସମସ୍ତ ବାରଣ ସତ୍ତ୍ୱେ ଟାରକ୍ୱିନ ତାଙ୍କୁ ଧର୍ଷଣ କରନ୍ତି।

ଏହି ଦୁଷ୍କର୍ମ ପରେ ଲଜ୍ଜା ଓ ଅନୁଶୋଚନାରେ ଟାରକ୍ୱିନ ପଳାୟନ କରନ୍ତି। ଲୁକ୍ରିସ ଅତ୍ୟନ୍ତ କ୍ରୋଧ, ଗ୍ଲାନିରେ ବିବ୍ରତ ହୋଇ ଆତ୍ମହତ୍ୟା କରିବା ପାଇଁ ନିଷ୍ପତ୍ତି ନିଅନ୍ତି। ଶୀଘ୍ର ଗୃହକୁ ଫେରିବା ପାଇଁ ତାଙ୍କ ସ୍ୱାମୀଙ୍କ ନିକଟକୁ ଏକ ପତ୍ର ଲେଖନ୍ତି। କୋଲ୍ଲାଟିନ ଘରକୁ ଆସିବା ପରେ ଲୁକ୍ରିସ ସମସ୍ତ ବିଷୟ ବର୍ଣ୍ଣନା କରନ୍ତି, କିନ୍ତୁ ଘଟଣାର ଖଳନାୟକର ନାମ ପ୍ରକାଶ କରନ୍ତି ନାହିଁ। କୋଲ୍ଲାଟିନ ଏ ବିଷୟ ଜଣାଇବା ପାଇଁ ବାଧ କରିବା ବେଳେ ଲୁକ୍ରିସ ନିକଟରେ ଥିବା ସୈନ୍ୟମାନଙ୍କୁ ଏହି ଅପରାଧର ପ୍ରତିଶୋଧ ନିମନ୍ତେ ଅନୁରୋଧ କରନ୍ତି। ଏହାପରେ ଖଳନାୟକର ନାମ ପତିଙ୍କୁ ଜଣାଇ ଏକ ଛୁରିକା ଦ୍ୱାରା ନିଜକୁ ବିଦ୍ଧ କରନ୍ତି ଓ ମୃତ୍ୟୁବରଣ କରନ୍ତି। କୋଲ୍ଲାଟିନ ବି ଦୁଃଖରେ ଭାଙ୍ଗିପଡ଼ି ନିଜକୁ ହତ୍ୟା କରିବା ପାଇଁ ଉଦ୍ୟତ ହୁଅନ୍ତି। କିନ୍ତୁ ବନ୍ଧୁ ବୃଟୁସ ତାଙ୍କୁ ବୁଝାନ୍ତି ଯେ, ପ୍ରତିଶୋଧ ହିଁ ଶ୍ରେୟସ୍କର। ଲୁକ୍ରିସଙ୍କ ମୃତଦେହକୁ ସୈନ୍ୟମାନେ ରୋମର ରାଜରାସ୍ତାରେ ଶୋଭାଯାତ୍ରାରେ ନିଅନ୍ତି। ପ୍ରଜାଗଣ କ୍ରୋଧାନ୍ୱିତ ହୋଇ ଟାରକ୍ୱିନ ଏବଂ ତାଙ୍କ ପରିବାରକୁ ଦେଶାନ୍ତର ଦଣ୍ଡ ଦିଅନ୍ତି।

ଲଭ୍ସ ଲେବର୍ସ ଲଷ୍ଟ

ଲଭସ ଲେବର୍ସ ଲଷ୍ଟ ୧୫୯୪ - ୯୫ରେ ବୋଧେ ଲେଖା ଯାଇଛି। ନାଟକର ହାସ୍ୟ ରସ ଚାରି ଜଣ ଯୁବକଙ୍କୁ ନେଇ ପରିବେଷିତ ଯେଉଁମାନେ ନାରୀ ସମ୍ପର୍କ ପରିତ୍ୟାଗ କରି ତିନି ବର୍ଷ ବିଦ୍ୟାଧ୍ୟୟନ ଓ ଯତ୍ ସାମାନ୍ୟ ଖାଦ୍ୟ ଗ୍ରହଣ ନିମନ୍ତେ ଶପଥ ନେଇଛନ୍ତି। ତେବେ ଚାରି ଜଣ ଯୁବତୀଙ୍କ ଆଗମନ ଦ୍ୱାରା ସେମାନଙ୍କ ଏହି ଶପଥ ଭଙ୍ଗୁର ହୋଇଯାଇଛି।

ନାଟକର ପ୍ରାରମ୍ଭରେ ସ୍ପେନର ନିଭା (Navarre)ର ରାଜା ଫର୍ଡିନାଣ୍ଡ ଓ ତାଙ୍କ ସାମନ୍ତ ବର୍ଗର ତିନି ଜଣ ବନ୍ଧୁ, ବିରୌଁ, ଲଙ୍ଗଭିଲ ଓ ଡୁମାଇଁ ସେମାନଙ୍କ ବୌଦ୍ଧିକ ଅଭୀପ୍ସା ବିଷୟରେ ତର୍କ କରିଛନ୍ତି। ସେମାନଙ୍କ ଯୋଜନା ସବୁ ବୁଦବୁଦ ପରି ମିଳାଇ ଯାଇଛି ଯେତେବେଳେ ଫ୍ରାନ୍ସର ରାଜକୁମାରୀ ତିନି ଜଣ ସହଚରୀଙ୍କ ସହ (ରୋଜାଲିନ, ମାରିଆ ଓ କାଥେରିନ) ଫ୍ରାନ୍ସ ରାଜାଙ୍କ ଏକ କୂଟନୈତିକ ସନ୍ଦେଶ ନେଇ ପହଞ୍ଚିଛନ୍ତି ଏବଂ ଏଥି ନିମନ୍ତେ ନିଭାର ପାର୍କରେ ପ୍ରବେଶାଧିକାର ଚାହିଁଛନ୍ତି। ଯୁବତୀମାନଙ୍କ ପାଇଁ ଯୁବକମାନଙ୍କ ଆକର୍ଷଣ ସ୍ୱାଭାବିକ ଭାବେ ବୃଦ୍ଧି ପାଇଛି ଓ ଏହା ପରସ୍ପରଠାରୁ ଲୁଚାଇ ରଖିବା ଦୁରୂହ ବ୍ୟାପାର ହୋଇଛି।

ସେମାନଙ୍କ ପରବର୍ତ୍ତୀ କଷ୍ଟକର ସମସ୍ୟା ହୋଇଛି ତୀକ୍ଷ୍ଣ ବୁଦ୍ଧି ସମ୍ପନ୍ନ ନାରୀମାନଙ୍କ ଚାତୁର୍ଯ୍ୟ ସମକ୍ଷରେ ତିଷ୍ଠି ରହିବା। ଭଦ୍ରବ୍ୟକ୍ତିଗଣ ପ୍ରତ୍ୟୁତ୍ପନ୍ନମତି ମହିଳାମାନଙ୍କ ସାମ୍ନାରେ ସମ୍ପୂର୍ଣ୍ଣ ବ୍ୟତିବ୍ୟସ୍ତ। ଏହି ଭାବପ୍ରବଣ ବାତାବରଣକୁ ସେକ୍ସପିଅର କିଂଚିତ ମତିଭ୍ରଷ୍ଟ ବ୍ୟକ୍ତିଙ୍କୁ ପ୍ରେରଣ କରିଛନ୍ତି, ନାଥାନିଏଲ, (ତତ୍ତ୍ୱାବଧାରକ), ହୋଲଫେର୍ନେସ (ସ୍କୁଲ ଶିକ୍ଷକ), ଡଲ (କନଷ୍ଟେବଲ), କଷ୍ଟର୍ଡ଼ (ବିଦୂଷକ), ମୋଥ (ବାଳକ ଭୃତ୍ୟ) ଓ ଜାକେନେଟ୍ଟା, ଗ୍ରାମ୍ୟ ତରୁଣୀ। ଏହି ଦୁଇ ଦଳକୁ ସଂଯୋଗ କରୁଛନ୍ତି ଡନ ଆଡ୍ରିଆନୋ ଡି ଆର୍ମାଡୋ ନାମକ ଜଣେ ସ୍ପେନୀୟ

ସମ୍ଭ୍ରାନ୍ତ ବ୍ୟକ୍ତି ଯାହାଙ୍କ ଛଦ୍ମ କାବ୍ୟିକ ବାକପଟୁତା ଓ ପ୍ରେମ ଜନିତ ବିଷଣ୍ଣତା ଗ୍ରାମ୍ୟ ତରୁଣୀ ଜାକେନେଟ୍ଟା ନିକଟରେ ଅର୍ଥହୀନ। ଆର୍ମାଡୋ ଗୀତ ଓ ସଂଗୀତ ମାଧ୍ୟମରେ ରାଜା ଓ ତାଙ୍କ ପରିଚାରକମାନଙ୍କ ମନୋରଞ୍ଜନ କରିଛନ୍ତି।

Armado : I will hereupon confess that I am in love, and as it is a base for soldier to love, so I am in love with a base wench.... I think scorn to sigh, methinks I should outswear Cupid. Comfort me, boy. What great men have been in love?

ପରିଶେଷରେ ମାର୍କାଦେଙ୍କ ଦ୍ୱାରା ଫ୍ରାନ୍ସ ରାଜାଙ୍କ ମୃତ୍ୟୁ ଜନିତ ଶୋକ ସମ୍ବାଦ ପ୍ରେମିକ ପ୍ରେମିକାମାନଙ୍କୁ ପ୍ରଣୟର କଳ୍ପଲୋକରୁ ବାସ୍ତବ କର୍ମ କ୍ଷେତ୍ରକୁ ଟାଣିଆଣିଛି। ପୂର୍ବରାଗ ଓ ବିବାହ ଯେ ଗମ୍ଭୀର ଦାୟିତ୍ୱପୂର୍ଣ୍ଣ ବିଷୟ, ସେମାନଙ୍କ ପ୍ରତ୍ୟୟ ହୋଇଛି। ଏଠାରେ ମିଳନାନ୍ତକ ନାଟକର ପ୍ରଥାସିଦ୍ଧ ବିବାହ ଓ ତତ୍ପରେ ଖୁସିର ଘର ସଂସାର ବର୍ଣ୍ଣନା ଅନୁପସ୍ଥିତ। ପ୍ରଣୟୀଗଣ ଭବିଷ୍ୟତର ନିଷ୍ପତ୍ତି ଏକ ବର୍ଷ ପରେ ଚୂଡାନ୍ତ କରିବେ ବୋଲି ରାଜି ହୋଇଛନ୍ତି। ଆଶା ଓ ସମ୍ଭାବନାରେ ନାଟକର ପରିସମାପ୍ତି ଘଟିଛି।

ନାଟକରେ ପୁରୁଷକୈନ୍ଦ୍ରିକ ପ୍ରେମ ଓ କାମନା, କଳ୍ପନା ଓ ଯୁକ୍ତିସିଦ୍ଧ ବିଚାର, ବାସ୍ତବତା ଓ ଅଦ୍ଭୁତ ଧାରଣା ଆଦି ବିଭିନ୍ନ ବିଷୟ ବସ୍ତୁର ସଂଘାତ ଘଟିଛି। ଏହାର ଉନ୍ନତ ଶବ୍ଦ ଖେଳ, ଚଟୁଳ ହାସ୍ୟରସ ଏବଂ ସାହିତ୍ୟିକ ଉତ୍କର୍ଷ ତୁଳନାତ୍ମକ ଭାବେ ଅନ୍ୟ ନାଟକ ଅପେକ୍ଷା ମହତ୍ତର ମନେହୁଏ। ପ୍ରେମ, ବିବାହ ଓ କ୍ଷମତାର କନ୍ଦଳ ବି ଏହି ନାଟକର ଗୁରୁତ୍ୱପୂର୍ଣ୍ଣ ପ୍ରସଙ୍ଗ।

କିଙ୍ଗ୍ ଜନ୍

ଲାଇଫ ଆଣ୍ଡ ଡେଥ ଅଫ କିଙ୍ଗ ଜନ ନାଟକ ସେକ୍ସପିଅର ୧୫୯୫ରେ ଲେଖିଛନ୍ତି, ଯାହା ତାଙ୍କ ଦ୍ୱାରା ରଚିତ ଟ୍ରବୁଲସମ ରେନ ଅଫ ଜନ ଦ କିଙ୍ଗ ଅଫ ଇଂଲଣ୍ଡର ନବ ସଂସ୍କରଣ ବୋଲି ଅଧିକାଂଶ ସମାଲୋଚକ ମତ ବ୍ୟକ୍ତ କରନ୍ତି। ସେକ୍ସପିଅର ଏହି ନାଟକରେ କଥାବସ୍ତୁରେ ସାମାନ୍ୟ ପରିବର୍ତ୍ତନ କରିଛନ୍ତି, କିନ୍ତୁ ସଂଳାପ ଓ ଦୃଷ୍ଟିଭଙ୍ଗୀ ସ୍ୱାଭାବିକ ଭାବେ ନିଜସ୍ୱ। ନାଟକର ଉପାଦାନ ଏଡଓ୍ୱାର୍ଡ ହଲ ଓ ରଫେଇ ହୋଲିନସେଡଙ୍କ ଇଂଲଣ୍ଡର ଇତିବୃତ୍ତ ଏବଂ ଜନ ଫୋକ୍ସଙ୍କ ଆକ୍ଟସ ଆଣ୍ଡ ମନୁମେଣ୍ଟସରୁ ସଂଗୃହୀତ।

ନାଟକଟି ଆରମ୍ଭ ହୁଏ ଇଂଲଣ୍ଡର ରାଜା ଜନ ଓ ତାଙ୍କ ମାତା ଏଲେନୋରଙ୍କ ଫ୍ରେଞ୍ଚ ରାଜଦୂତଙ୍କୁ ସ୍ୱାଗତ କରିବା ଦୃଶ୍ୟରେ। ଫ୍ରାନ୍ସର ରାଜା ଫିଲିପ, ଜନଙ୍କ ପୁତୁରା ଯୁବରାଜ ଆର୍ଥରଙ୍କ ଇଂଲଣ୍ଡର ସିଂହାସନ ପ୍ରତି ଦାବି ଯଥାର୍ଥ ବୋଲି ଦର୍ଶାଇ ଏହାକୁ ସମର୍ଥନ କରିଛନ୍ତି ଏବଂ ଏହା ବ୍ୟତିରେକେ ଯୁଦ୍ଧ ଆବଶ୍ୟମ୍ଭାବୀ ବୋଲି ରାଜଦୂତ ଜଣାଇଛନ୍ତି। ମାତା ଏଲେନୋର, ଫିଲିପ ଦ ବାଷ୍ଟାର୍ଡ ପରି ରାଜା ଜନଙ୍କ ପରାମର୍ଶଦାତାଗଣ ମତ ବୈଷମ୍ୟରେ ବହୁଧା ବିଭକ୍ତ। ବାସ୍ତବିକ ଜନ ପୁତୁରା ଆର୍ଥରଙ୍କ ନ୍ୟାଯ୍ୟ ରାଜପଦ ଅପହରଣ କରିଛନ୍ତି ଏବଂ ସେ ଫ୍ରାନ୍ସ ରାଜାଙ୍କ ଚେତାବନୀରେ ବିବ୍ରତ।

ଏହି ସମୟରେ ଦୁଇଭାଇ, ଫିଲିପ ଓ ରବର୍ଟ ଫାଲକନବ୍ରିଜ ନିଜ ଉତ୍ତରାଧିକାର ସାବ୍ୟସ୍ତ ପାଇଁ ତର୍କ ବିତର୍କରେ ବ୍ୟାପୃତ। ଏଲେନୋର ତାଙ୍କ ମୃତ ପୁତ୍ର ରାଜା ରିଚାର୍ଡ କୋୟୁର ଡି ଲିଅନଙ୍କ ସହ ଫିଲିପଙ୍କ ସାମଞ୍ଜସ୍ୟ ଥିବା ଚିହ୍ନଟ କରିଛନ୍ତି ଓ ଫାଲକୋନବ୍ରିଜର ଭୂ ସମ୍ପତ୍ତିରୁ ନିଜ ଅଧିକାର ତ୍ୟାଗ କରିବା ପରେ ସେ ସ୍ୱୀକାର କରିଛନ୍ତି ଯେ ବାସ୍ତବରେ ଫିଲିପ ରିଚାର୍ଡଙ୍କ ପୁତ୍ର। ଏହାପରେ ରାଜା ଜନ ବାଷ୍ଟାର୍ଡ

ରୂପେ ପରିଚିତ ଫିଲିପଙ୍କୁ ନାଇଟ ଉପାଧିରେ ମଣ୍ଡିତ କରି ରିଚାର୍ଡ ପ୍ଲାଣ୍ଟାଜେନେଟ ନାମରେ ପରିଚିତ କରିଛନ୍ତି ଓ ସେ ଫ୍ରାନ୍ସ ବିରୁଦ୍ଧରେ ସଂଘଟିତ ଯୁଦ୍ଧରେ ଜନଙ୍କ ବିଶ୍ୱସ୍ତ ସେନାପତି ରୂପେ କାର୍ଯ୍ୟ କରିଛନ୍ତି।

ଯୁଦ୍ଧର ଘନଘଟା ମଧ୍ୟରେ କିଛି ସମାଧାନ ସୂତ୍ରର ଉଦ୍ଭବ ହୋଇଛି ଓ ଫ୍ରାନ୍ସର ଯୁବରାଜ ଡାଫିନ ଜନଙ୍କ ଝିଆରୀ ବ୍ଲାଞ୍ଚଙ୍କୁ ବିବାହ କରିଛନ୍ତି। କିନ୍ତୁ ଏହି କୌଶଳ ଯୁଦ୍ଧ ପ୍ରଶମିତ ହେବାରେ ସହାୟକ ହୋଇନାହିଁ ଓ ଏଲେନୋରଙ୍କ ରାଜକୀୟ ସୈନ୍ୟ ବାହିନୀ ଓ ଆର୍ଥରଙ୍କ ଯୁଦ୍ଧଖୋର ମାତା କନଷ୍ଟାନ୍ସଙ୍କ ନେତୃତ୍ୱରେ ପରିଚାଳିତ ସେନାବାହିନୀ ପଛକୁ ହଟି ନାହାନ୍ତି। ଇଂଲିଶ ସେନାର ବିଜୟ ହେତୁ ତରୁଣ ଆର୍ଥର ରାଜା ଜନଙ୍କ ଅଧୀନକୁ ଆସିଛନ୍ତି। ଯେତେବେଳେ ଜନ ଜାଣିପାରିଛନ୍ତି ଯେ, ଆର୍ଥର ତାଙ୍କ ରାଜନୈତିକ ବିରୋଧୀ ଗୋଷ୍ଠୀଙ୍କ ମୁଖ୍ୟ, ତାଙ୍କୁ ହତ୍ୟା କରିବା ପାଇଁ ଜନ ହୁବେର୍ଟ ଡି ବର୍ଗଙ୍କୁ ନିର୍ଦ୍ଦେଶ ଦେଇଛନ୍ତି। ହୁବେର୍ଟ କିନ୍ତୁ ଏପରି ଏକ ଅମାନୁଷିକ ନିର୍ଦ୍ଦେଶକୁ ଅମାନ୍ୟ କରିଛନ୍ତି ଓ ଆର୍ଥର ବଞ୍ଚି ଯାଇଛନ୍ତି। ବିଧିର ବିଡମ୍ବନା ଆର୍ଥର ପଳାୟନ କରିବା ପାଇଁ ଚେଷ୍ଟା କରିବା ବେଳେ ଏକ ଗର୍ତ୍ତରେ ନିପତିତ ହୋଇ ମୃତ୍ୟୁ ବରଣ କରିଛନ୍ତି। ଉଭୟ ଏଲୋନେର ଓ କନଷ୍ଟାନ୍ସଙ୍କ ବି ମୃତ୍ୟୁ ଘଟିଛି।

ଜନ ପୋପଙ୍କ ଆଦେଶ ଅବଜ୍ଞା କରୁଥିବା ହେତୁ କାର୍ଡିନେଲ ଫ୍ରେଞ୍ଚମାନଙ୍କୁ ଇଂଲଣ୍ଡ ଆକ୍ରମଣ କରିବା ପାଇଁ ପ୍ରବର୍ତ୍ତାଇଛନ୍ତି। ଜନଙ୍କ ଆଦେଶରେ ରିଚାର୍ଡ ଧର୍ମୀୟ ଆରାଧନା ସ୍ଥଳୀ ମାନଙ୍କରୁ ଜବରଦସ୍ତ ଅର୍ଥ ସଂଗ୍ରହ କରିବା ପାଇଁ ଉଦ୍ୟମ କରିଛନ୍ତି। ପରିଣାମ ସ୍ୱରୂପ ରାଜା ଜନଙ୍କୁ ଧର୍ମଚ୍ୟୁତ କରିବା ପ୍ରକ୍ରିୟା ଆରମ୍ଭ ହୋଇଛି। ଜନ ଅନିଚ୍ଛା ସତ୍ତ୍ୱେ ପୋପଙ୍କ ନିର୍ଦ୍ଦେଶ ମାନି ନେଇଛନ୍ତି। ଫ୍ରାନ୍ସର ଡାଫିନ ସୈନ୍ୟ ପ୍ରତ୍ୟାହାର କରି ନଥିବାରୁ ଏକ ନିଷ୍ଫଳ ଯୁଦ୍ଧ ଚାଲୁ ରହିଛି।

ଇତିମଧ୍ୟରେ ଜନ ଅସୁସ୍ଥ ଓ ଦୁର୍ବଳ ହୋଇ ଯାଇଛନ୍ତି। କେବଳ ସେନାପତି ରିଚାର୍ଡ ଯୁଦ୍ଧ ଚାଲୁ ରଖିଛନ୍ତି। ତେବେ ଜଣେ ବିଶ୍ୱାସଘାତକ ସନ୍ୟାସୀଙ୍କ ଷଡଯନ୍ତ୍ରରେ ଜନ ବିଷପାନ କରିଛନ୍ତି ବୋଲି ସମ୍ବାଦ ପହଞ୍ଚିଛି। ଯୁବରାଜ ହ୍ୟାରୀ ପିତା ଜନଙ୍କ ଶୁଶ୍ରୂଷା ପାଇଁ ପହଞ୍ଚିଛନ୍ତି ଏବଂ ସିଂହାସନ ଆରୋହଣ କରିବା ପ୍ରସ୍ତାବକୁ ଗ୍ରହଣ କରିଛନ୍ତି। ପୂର୍ବରୁ ବାଷ୍ଟାର୍ଡ ରୂପେ ପରିଚିତ ରିଚାର୍ଡ ଶାନ୍ତିର ସମ୍ଭାବନା ଦେଖି ପାରିଛନ୍ତି ଓ ନୂତନ ରାଜାଙ୍କ ସର୍ବ କୁଶଳ କାମନା କରିଛନ୍ତି।

ରିଚାର୍ଡ ସେକଣ୍ଡ

ଦ ଲାଇଫ ଆଣ୍ଡ ଡେଥ ଅଫ କିଙ୍ଗ ରିଚାର୍ଡ ଦ ସେକଣ୍ଡ ୧୫୯୫ରେ ଲେଖା ଯାଇଥିବା ବିଶ୍ୱାସ କରାଯାଏ। ଏହା ରିଚାର୍ଡ ଦ୍ୱିତୀୟଙ୍କ ଜୀବନ ଉପରେ ଆଧାରିତ ଏବଂ ଏଥିରେ ସାମନ୍ତ ବର୍ଗଙ୍କ ପତନ ଓ ଚକ୍ରାନ୍ତ ବର୍ଣ୍ଣିତ। ଐତିହାସିକ ଦ୍ୱିତୀୟ ଚତୁଷ୍ଟୟୀର ଏହା ପ୍ରଥମ ନାଟକ, ଅନ୍ୟ ନାଟକଗୁଡିକ ଯଥାକ୍ରମେ ହେନରୀ ଫୋର୍, ପ୍ରଥମ ଭାଗ, ହେନରୀ ଫୋର୍ଥ, ଦ୍ୱିତୀୟ ଭାଗ ଓ ହେନରୀ ଫିଫ୍ଥ୍।

ରିଚାର୍ଡ୍ଙ୍କ ଜୀବଦ୍ଦଶାର ଶେଷ ଦୁଇ ବର୍ଷ, ୧୩୯୮ ରୁ ୧୪୦୦ର ଘଟଣାବଳୀ ଏହି ନାଟକରେ ଅନ୍ତର୍ଭୁକ୍ତ। ନାଟକ ଆରମ୍ଭରେ ରିଚାର୍ଡ ଦୁଇ ସାମନ୍ତ, ଥୋମାସ ମୋବରାୟ ଓ ନିଜ ସମ୍ପର୍କୀୟ ଭାଇ, ରିଚାର୍ଡ ବୋଲିଂବ୍ରୋକଙ୍କ ମଧ୍ୟରେ ଥିବା କନ୍ଦଳର ସମାଧାନ କରିବା ପାଇଁ ଚେଷ୍ଟା କରିଛନ୍ତି। ବୋଲିଂବ୍ରୋକ ରାଜାଙ୍କ ଦ୍ୱାରା ସୈନ୍ୟଙ୍କୁ ପାଉଣା ଦେବା ଅର୍ଥ ମୋବରାୟ ଅପବ୍ୟୟ କରିବା ଓ ବୋଲିଂବ୍ରୋକଙ୍କ କକେଇ ଗ୍ଲୋସେଷ୍ଟରର ଡ୍ୟୁକଙ୍କୁ ହତ୍ୟା କରିବା ଅଭିଯୋଗ ପେଶ୍ କରିଛନ୍ତି। କିନ୍ତୁ ତାଙ୍କ ପିତା, ଲଙ୍କାଷ୍ଟରର ଡ୍ୟୁକ ତାଙ୍କ ଭାଇଙ୍କ ହତ୍ୟାକାରୀ ସ୍ୱୟଂ ରିଚାର୍ଡ ବୋଲି ବିଶ୍ୱାସ କରନ୍ତି। ଉଭୟଙ୍କୁ କନ୍ଦଳରୁ କ୍ଷାନ୍ତ ହେବା ପାଇଁ ପରାମର୍ଶ ବିଫଳ ହେବା ପରେ ଦ୍ୱନ୍ଦ୍ୱ ଯୁଦ୍ଧରେ ଏହାର ସମାଧାନ କରିବା ପାଇଁ ରିଚାର୍ଡ ଅନୁମତି ଦେଇଛନ୍ତି।

ହଠାତ ରିଚାର୍ଡ ଏହି ନିର୍ଣ୍ଣୟରୁ ଓହରି ଯାଇ ଉଭୟଙ୍କୁ ଇଂଲଣ୍ଡରୁ ନିର୍ବାସିତ କରନ୍ତି , ମୋବରାୟଙ୍କୁ ଆଜୀବନ ଓ ବୋଲିଂବ୍ରୋକଙ୍କୁ ଛଅ ବର୍ଷ ପାଇଁ। ରିଚାର୍ଡଙ୍କ ଏହି ନିଷ୍ପତ୍ତିର ତୀବ୍ର ବିରୋଧ ସାମନ୍ତ ବର୍ଗ କରନ୍ତି। ବୋଲିଂବ୍ରୋକଙ୍କ ପିତା ଅନ୍ତିମ କାଳରେ ତାଙ୍କୁ ଦର୍ଶନ କରି ଆସିଥିବା ରିଚାର୍ଡଙ୍କୁ ତୀବ୍ର ଭର୍ତ୍ସନା କରନ୍ତି। ରିଚାର୍ଡ ତାଙ୍କ ସମସ୍ତ ଅର୍ଥ ଓ ଭୂମି ଜବତ କରି ଆୟାରଲାଣ୍ଡର ଯୁଦ୍ଧ ନିମନ୍ତେ ଉପଯୋଗ କରନ୍ତି। ସେ ସାଧାରଣ ବର୍ଗଙ୍କୁ ଅଧିକ କର ଏବଂ ସାମନ୍ତ ବର୍ଗଙ୍କୁ ସେମାନଙ୍କ ପୂର୍ବଜମାନଙ୍କ

ଅପରାଧ ନିମନ୍ତେ ଅର୍ଥ ଦଣ୍ଡରେ ଦଣ୍ଡିତ କରନ୍ତି। ଏଥି ନିମନ୍ତେ ସାମନ୍ତ ବର୍ଗ ତାଙ୍କ ବିରୁଦ୍ଧରେ ଉତ୍ତେଜିତ ହୋଇ ବୋଲିଂବ୍ରୋକଙ୍କୁ ନିରାପଦରେ ଇଂଲଣ୍ଡ ଫେରିବା ଦିଗରେ ସାହାଯ୍ୟ କରନ୍ତି ଓ ରିଚାର୍ଡଙ୍କୁ ରାଜପଦରୁ ହଟାଇବା ପାଇଁ ଯୋଜନା କରନ୍ତି।

ଅବଶ୍ୟ ସାଧାରଣ ବର୍ଗର କିଛି ପୁରୋଧା ରାଜାଙ୍କ ଦୃଢ଼ ସମର୍ଥକ ଥିଲେ। ଆୟାରଲାଣ୍ଡ ଯୁଦ୍ଧରେ ନେତୃତ୍ୱ ନେବା ପାଇଁ ଯେତେବେଳେ ରିଚାର୍ଡ ଇଂଲଣ୍ଡ ଛାଡି ଯାଆନ୍ତି, ବୋଲିଂବ୍ରୋକ ଏକ ସେନା ବାହିନୀ ଗଠନ କରିବାକୁ ସୁଯୋଗ ପାଆନ୍ତି ଓ ଇଂଲଣ୍ଡର ଉତ୍ତର ଉପକୂଳ ଆକ୍ରମଣ କରନ୍ତି। ବୋଲିଂବ୍ରୋକ ବି ରିଚାର୍ଡଙ୍କ ଅନୁପସ୍ଥିତିରେ ରାଜ୍ୟ ଶାସନ ପରିଚାଳନା କରୁଥିବା ଡ୍ୟୁକ ଅଫ ୟର୍କଙ୍କ ସମର୍ଥନ ପାଇବା ପାଇଁ ସମର୍ଥ ହୁଅନ୍ତି।

ରିଚାର୍ଡଙ୍କ ପ୍ରତ୍ୟାବର୍ତ୍ତନ ପରେ ବୋଲିଂବ୍ରୋକ କେବଳ ନିଜ ଭୂ ସମ୍ପତ୍ତି ହାସଲ କରିନାହାନ୍ତି, ସେ ସିଂହାସନ ପ୍ରତି ବି ନିଜ ଦାବି ଉପସ୍ଥାପନ କରିଛନ୍ତି। ସେ ରିଚାର୍ଡଙ୍କୁ ବନ୍ଦୀ କରିଛନ୍ତି ଓ ଏକ ସାର୍ବଜନୀନ ଉତ୍ସବରେ ନାଟକୀୟ ଢଙ୍ଗରେ ରିଚାର୍ଡଙ୍କୁ ସିଂହାସନ ତ୍ୟାଗ କରିବା ପାଇଁ ବାଧ୍ୟ କରିଛନ୍ତି। ସେ ନିଜକୁ ରାଜା ହେନରୀ ଚତୁର୍ଥ ରୂପେ ଅଭିଷିକ୍ତ କରି ରିଚାର୍ଡଙ୍କୁ ପମ୍ଫରେଟ ଦୁର୍ଗରେ ବନ୍ଦୀ କରିଛନ୍ତି। ନୂତନ ରାଜାଙ୍କ 'ଜୀବନ୍ତ ଭୟ' ଉକ୍ତି ରିଚାର୍ଡଙ୍କୁ ପ୍ରଯୁଜ୍ୟ ମନେ କରି ଏକ୍ସଟନ ନାମକ ଜଣେ ଉଚ୍ଚାକାଂକ୍ଷୀ ସାମନ୍ତ ବନ୍ଦୀ ଗୃହକୁ ଯାଇ ତାଙ୍କୁ ହତ୍ୟା କରିଛନ୍ତି। ରାଜା ହେନରୀ ଏହି ହତ୍ୟାକାଣ୍ଡରେ ସନ୍ତ୍ରସ୍ତ ଓ ଜେରୁଜେଲମ ଯାଇ ନିଜକୁ କାଳିମାମୁକ୍ତ କରିବା ପାଇଁ ଶପଥ ନେଇଛନ୍ତି। ହେନରୀ ରିଚାର୍ଡଙ୍କ କଫିନ ନିକଟରେ ଶୋକ ପ୍ରକାଶ ଓ ଭୂତପୂର୍ବ ରାଜା ରିଚାର୍ଡଙ୍କୁ କ୍ଷମା ପ୍ରାର୍ଥନାରେ ନାଟକର ଶେଷ ହୋଇଛି।

ଏକ ଐଶ୍ୱରୀୟ ଅଧିକାର ରୂପେ ରିଚାର୍ଡଙ୍କ ରାଜତ୍ୱ ମଧ୍ୟଯୁଗୀୟ ଚିନ୍ତାଧାରାର ପ୍ରତିଫଳନ। ବୋଲିଂବ୍ରୋକ ଅଧିକ ଆଧୁନିକ ବିଚାରର ବଶବର୍ତ୍ତୀ, ଯେହେତୁ ସେ ବିଶ୍ୱାସ କରନ୍ତି ଯେ, କେବଳ ରକ୍ତ ସମ୍ପର୍କ ନୁହେ, ବୌଦ୍ଧିକ ଉତ୍କର୍ଷ ଓ ରାଜନୈତିକ ବିଚକ୍ଷଣତା ବି ଏକ ଆଦର୍ଶ ରାଜାର ଲକ୍ଷଣ। ବୋଲିଂବ୍ରୋକଙ୍କ ମଧ୍ୟମ ଓ ନିମ୍ନ ବର୍ଗ ସହ ତୁଳନାତ୍ମକ ଭାବେ ଅଧିକ ସମ୍ପର୍କ ତାଙ୍କୁ ସିଂହାସନ ହାସଲ ନିମନ୍ତେ ସୁଯୋଗ ଦେଇଛି।

ନାଟକଟି ସମ୍ପୂର୍ଣ୍ଣ ଭାବେ ପଦ୍ୟରେ ରଚିତ ହୋଇଛି, ଯାହା ଗତାନୁଗତିକ ଧାରାରୁ ଏକ ବ୍ୟତିକ୍ରମ। ସେକ୍ସପିଅରଙ୍କ କେବଳ ଚାରିଗୋଟି ନାଟକ ପୁରା ପଦ୍ୟରେ ରଚିତ। ନିମ୍ନ ଓ ମଧ୍ୟମ ବର୍ଗଙ୍କ ସଂଳାପ ନିମନ୍ତେ ସେକ୍ସପିଅର ସାଧାରଣତଃ ଗଦ୍ୟ ବ୍ୟବହାର କରିଥାନ୍ତି। ରିଚାର୍ଡ ଆଳଙ୍କାରିକ, ରୂପକ ସମ୍ବଳିତ ଭାଷା ବ୍ୟବହାର କରିବା

ବେଳେ ବୋଲିଂବ୍ରୋକ ସାଦାସିଧା, ସରଳ ଭାଷା ଉପଯୋଗ କରନ୍ତି । ରିଚାର୍ଡଙ୍କ ଦୀର୍ଘ କାବ୍ୟିକ ସଂଳାପ, ଉପମା ଓ ସ୍ୱଗତୋକ୍ତି ତାଙ୍କ ସ୍ୱର୍ଦ୍ଧିତ ଚରିତ୍ରର ପରିଚାୟକ ହୋଇଥିବାବେଳେ ବୋଲିଂବ୍ରୋକଙ୍କ ପ୍ରତ୍ୟକ୍ଷ, ଅକୃତ୍ରିମ ଭାଷା ତାଙ୍କୁ ସମାଜର ସମସ୍ତ ବର୍ଗର ପ୍ରିୟ ନାୟକ ରୂପେ ଦର୍ଶାଏ ।

ରୋମିଓ ଆଣ୍ଡ ଜୁଲିଏଟ୍

ରୋମିଓ ଆଣ୍ଡ ଜୁଲିଏଟ୍ ପରସ୍ପର ବିରୋଧୀ ପରିବାରର ଦୁଇ ଇଟାଲୀୟ ତରୁଣ ତରୁଣୀଙ୍କ ଅବିସ୍ମରଣୀୟ ପ୍ରେମ କାହାଣୀ ଉପରେ ପର୍ଯ୍ୟବସିତ ଏବଂ ଶତାବ୍ଦୀ ଶତାବ୍ଦୀ ଧରି ଏହା ଖୁବ ଲୋକପ୍ରିୟ ନାଟକ ରୂପେ ବିବେଚିତ ହୋଇଛି। ଏହାର କଥାବସ୍ତୁ ମଟ୍ଟିଓ ବଣ୍ଡେଲୋଙ୍କ ଇଟାଲୀୟ କାହାଣୀରୁ ଆନୀତ ଯାହା ଆର୍ଥର ବ୍ରୁକ୍ ପଦ୍ୟରେ ଦ ଟ୍ରାଜିକାଲ ହିଷ୍ଟ୍ରି ଅଫ ରୋମିଅସ ଆଣ୍ଡ ଜୁଲିଏଟ ରୂପେ ୧୫୬୨ରେ ଏବଂ ୱିଲିଅମ ପେଇଣ୍ଟର ୧୫୬୭ରେ ଗଦ୍ୟରେ ଅନୁବାଦ କରିଛନ୍ତି। ସେକ୍‌ସପିଅର ଏହି ସୂତ୍ରରୁ ଯଥେଷ୍ଟ ପାଥେୟ ସଂଗ୍ରହ କରିଛନ୍ତି ସତ୍ୟ, କିନ୍ତୁ କିଛି ନୂତନ ଚରିତ୍ର, ବିଶେଷତଃ ମେରକୁଟିଓ ଓ ପାରିସଙ୍କ ଅବତାରଣାରେ କଥାବସ୍ତୁକୁ ବେଶ ବିସ୍ତାର କରିଛନ୍ତି। ଉତ୍କଣ୍ଠା ବୃଦ୍ଧି କରିବା ନିମନ୍ତେ ଯୁଗପତ୍ ମିଳନାନ୍ତକ ଓ ବିୟୋଗାନ୍ତକ ନାଟକର ଉପାଦାନ ମିଶ୍ରଣ କରିଛନ୍ତି।

ଭେରୋନା ପୃଷ୍ଠଭୂମିରେ ରଚିତ ଏହି ନାଟକର ପ୍ରାରମ୍ଭ ହୋଇଛି ପରସ୍ପରର ଶତ୍ରୁ ମଣ୍ଟେଗୁ ଓ କାପୁଲେଟ ପରିବାରର ଭୃତ୍ୟ ମାନଙ୍କ କନ୍ଦଳରୁ। ଭେରୋନାର ଯୁବରାଜ ଏସକାଲାସ ସେଠାରେ ପହଞ୍ଚିଛନ୍ତି ଏବଂ ଶାନ୍ତି ଅଧିକ ବ୍ୟାହତ ହେଲେ ସମ୍ଭାବ୍ୟ ପରିଣତି ମୃତ୍ୟୁଦଣ୍ଡ ବୋଲି ଚେତାବନୀ ଶୁଣାଇଛନ୍ତି। ପରବର୍ତ୍ତୀ ସମୟରେ କାଉଣ୍ଟ ପାରିସ କାପୁଲେଟଙ୍କ କନ୍ୟାକୁ ବିବାହ କରିବା ନିମନ୍ତେ ପ୍ରସ୍ତାବ ଦେଇଛନ୍ତି। କିନ୍ତୁ କାପୁଲେଟ ପାରିସଙ୍କୁ ଦୁଇ ବର୍ଷ ଅପେକ୍ଷା କରିବା ନିମନ୍ତେ କହି ତାଙ୍କ ଘରେ ଅନୁଷ୍ଠିତ ଏକ ସାମୂହିକ ନୃତ୍ୟରେ ଅଂଶ ଗ୍ରହଣ କରିବା ନିମନ୍ତେ ଆମନ୍ତ୍ରଣ କରିଛନ୍ତି। ଜୁଲିଏଟଙ୍କୁ ଏହି ନୃତ୍ୟରେ ଭାଗ ନେବା ପାଇଁ ତାଙ୍କ ମା ଓ ପରିଚାରିକା ପ୍ରବର୍ତ୍ତାଇଛନ୍ତି।

ଜୁଲିଏଟ ଓ ରୋମିଓ କାପୁଲେଟଙ୍କ ସମୂହ ନୃତ୍ୟରେ ପରସ୍ପରକୁ ଦେଖି ପ୍ରଥମ ଦୃଷ୍ଟି ବିନିମୟରେ ହିଁ ପ୍ରେମରେ ପଡିଛନ୍ତି। ରୋମିଓ କାପୁଲେଟଙ୍କ ଗୃହ ପରିତ୍ୟାଗ

କରିବାକୁ ଅନିଚ୍ଛା ପ୍ରକାଶ କରି ପ୍ରାଚୀର ଆରୋହଣ ଦ୍ୱାରା କାପୁଲେଟ ପରିବାରର ଫଳ ଉଦ୍ୟାନରେ ପହଞ୍ଚିଛନ୍ତି। ସେଠାରେ ଜୁଲିଏଟଙ୍କୁ ତାଙ୍କ କୋଠରୀର ଝରକା ନିକଟରେ ଦେଖିଛନ୍ତି ଓ ସେଠାରେ ପହଞ୍ଚି ପ୍ରେମ ସମ୍ଭାଷଣ କରିଛନ୍ତି। ସମ୍ଭ୍ରାନ୍ତ ପରିବାର ଦ୍ୱୟ ପରସ୍ପରର ଶତ୍ରୁ ଥିବା ହେତୁ ସେମାନେ ଫ୍ରାୟାର ଲରେନ୍ସଙ୍କ ଦ୍ୱାରା ଗୋପନରେ ବିବାହ କରିଛନ୍ତି।

କାପୁଲେଟ ଗୋଷ୍ଠୀର ଟିବାଲଟ ଜୁଲିଏଟଙ୍କ ପ୍ରତି ରୋମିଓଙ୍କ ପ୍ରେମ ସମ୍ଭାଷଣରେ କ୍ଷୁବ୍ଧ ହୋଇ ପ୍ରତିଶୋଧ ନିମନ୍ତେ ଉଦ୍ୟତ ହୁଅନ୍ତି। ଏକ ଗଣ୍ଡଗୋଳର ସୂତ୍ରପାତ ହୁଏ ଯହିଁରେ ରୋମିଓଙ୍କ ଘନିଷ୍ଠ ମିତ୍ର ମେର୍କୁଟିଓଙ୍କ ମୃତ୍ୟୁ ଘଟେ। ସେ ସମୟରେ ପ୍ରତିଷ୍ଠିତ ପୁରୁଷଙ୍କ ସମ୍ମାନରକ୍ଷାର ବିଧି ଅନୁଯାୟୀ ରୋମିଓ ପ୍ରତିଶୋଧ ନିଅନ୍ତି ଓ ଟିବାଲଟଙ୍କୁ ହତ୍ୟା କରନ୍ତି। ଦୁଇ ପରିବାରରେ ଶାନ୍ତି ପ୍ରତିଷ୍ଠା ନିମନ୍ତେ ବ୍ୟଗ୍ର ଥିବା ଭେରୋନାର ଯୁବରାଜଙ୍କ ଦ୍ୱାରା ସେ ମଣ୍ଟୁଆକୁ ନିର୍ବାସିତ ହୁଅନ୍ତି।

ଜୁଲିଏଟଙ୍କ ପିତା ଜୁଲିଏଟ ଓ ରୋମିଓଙ୍କ ଗୋପନ ବିବାହ ସମ୍ପର୍କରେ ନଜାଣି କାଉଣ୍ଟ ପାରିସ ସହ ବିବାହ ବନ୍ଦୋବସ୍ତ କରନ୍ତି। ଏଥିରେ ବ୍ୟତିବ୍ୟସ୍ତ ଜୁଲିଏଟ ଫ୍ରାୟାର ଲରେନ୍ସଙ୍କ ପରାମର୍ଶ ନିଅନ୍ତି। ଫ୍ରାୟାର ତାଙ୍କୁ ଏପରି ଏକ ଔଷଧ ପ୍ରଦାନ କରନ୍ତି ଯାହାର ସେବନରେ ସେ କିଛି ସମୟ ମୃତପ୍ରାୟ ପଡି ରହିବେ ଏବଂ ଏହି ସୁଯୋଗରେ ରୋମିଓ ତାଙ୍କୁ ଉଦ୍ଧାର କରିବେ। ଏ ବିଷୟରେ ରୋମିଓଙ୍କୁ ଜୁଲିଏଟ ଏକ ପତ୍ର ଲେଖନ୍ତି ଯାହା ରୋମିଓଙ୍କ ନିକଟରେ ପହଞ୍ଚେ ନାହିଁ। ଏଣୁ ରୋମିଓ ଉକ୍ତ ଯୋଜନା ସମ୍ପର୍କରେ ନଜାଣି ଜୁଲିଏଟଙ୍କ ମୃତ୍ୟୁ ସମ୍ବାଦ ଶୁଣି ଭେରୋନା ଫେରି ଆସନ୍ତି। ସେ ଜୁଲିଏଟଙ୍କ ସମାଧି ସ୍ଥଳ ନିକଟରେ ଶୋକାକୁଳ ପାରିସଙ୍କୁ ଭେଟନ୍ତି। ଭୂ ନିମ୍ନସ୍ଥ କ୍ଷୁଦ୍ର ପ୍ରକୋଷ୍ଠକୁ ପ୍ରବେଶ କରିବା ପାଇଁ ରୋମିଓ ଉଦ୍ୟତ ହେବାବେଳେ ପାରିସ ତାଙ୍କୁ ବାଧା ଦିଅନ୍ତି। ଏଣୁ ଅନିଚ୍ଛା ସତ୍ତ୍ୱେ ରୋମିଓ ପାରିସଙ୍କୁ ହତ୍ୟା କରନ୍ତି। ସେ ଜୁଲିଏଟଙ୍କୁ ମୃତପ୍ରାୟ ଅବସ୍ଥାରେ ଦେଖନ୍ତି ଓ ଶେଷ ଚୁମ୍ବନ ଦିଅନ୍ତି। ତାପରେ ବିଷପାନ କରି ମୃତ୍ୟୁ ବରଣ କରନ୍ତି। ଜୁଲିଏଟ କିଛି ସମୟ ପରେ ଉଠି ରୋମିଓଙ୍କ ମୃତଦେହ ଦେଖନ୍ତି ଓ ଦୁଃଖରେ ଭାଙ୍ଗି ପଡି ଆତ୍ମହତ୍ୟା କରନ୍ତି। ମଣ୍ଟେଗୁ ଓ କାପୁଲେଟ ପରିବାର ଦ୍ୱୟ କନ୍ଦଳର ଶୋଚନୀୟ ପରିଣତି ହୃଦୟଙ୍ଗମ କରି ସେମାନଙ୍କ ଶତ୍ରୁତାର ଅନ୍ତ ଘଟାନ୍ତି।

ଏହି ନାଟକର କଥାବସ୍ତୁ ପ୍ରାଚୀନ ବିୟୋଗାନ୍ତକ ଲୋକକଥାରୁ ଆନୀତ। ଓଭିଡଙ୍କ ମେଟାମରଫୋସିସର ପିରାମସ ଆଣ୍ଡ ଥିସବି, ଇଫିଅସଙ୍କ ଇଫିସିଆକା ସହ ଏହି କଥାବସ୍ତୁର ସାମଞ୍ଜସ୍ୟ ରହିଛି। ଦାନ୍ତେଙ୍କ ଡିଭାଇନ କମେଡିର ପର୍ଗାଟୋରିଓ

ଅଧ୍ୟାୟର ଷଷ୍ଠ ଅନୁସର୍ଗରେ ମୋଣ୍ଟେଚ୍ଚି ଓ କପୁଲେଟ୍ଟୀ ଶବ୍ଦ ବ୍ୟବହାର ହୋଇଛି। ମାସୁକିଓ ସାଲେର୍ନିଟାନୋଙ୍କ ମନୋଚ୍ଚୋ ଓ ଗୋନଜାରେ ଏହାର ସାଦୃଶ୍ୟ ଦେଖିବାକୁ ମିଳେ। ଉଇଲିଅମ ପେଣ୍ଟେରଙ୍କ ପାଲେସ ଅଫ ପ୍ଲେଜର ଉପନ୍ୟାସରୁ ସେକ୍ସପିଅର ଏହି ନାଟକ ସହ ମର୍ଚ୍ଚାଣ୍ଟ ଅଫ ଭେନିସ, ମଚ ଆଡୋ ଆବାଉଟ ନଥିଙ୍ଗ, ଅଲସ ୱେଲ ଦାଟ ଏଣ୍ଡସ ୱେଲ, ମେଜର ଫର ମେଜର ପରି ନାଟକର କଥାବସ୍ତୁ ସଂଗ୍ରହ କରିଛନ୍ତି। ଖ୍ରୀଷ୍ଟୋଫେର ମାର୍ଲୋଙ୍କ ହିରୋ ଓ ଲିଆଣ୍ଡେର କବିତା ଏବଂ ଡିଡୋ ନାଟକରେ ଏପରି ଦୁଃଖଦ ପ୍ରେମକାହାଣୀର ବାତାବରଣ ଉପଲବ୍ଧ।

ନାଟକଟି କୌଣସି ନିର୍ଦ୍ଦିଷ୍ଟ ଏକ ଭାବକେନ୍ଦ୍ରରେ ପ୍ରତିଷ୍ଠିତ ନୁହେଁ, ଯଦିଓ ତରୁଣ ତରୁଣୀଙ୍କ ଉତ୍ସର୍ଗୀକୃତ ପ୍ରେମ ଓ ତଜ୍ଜନିତ ଦାରୁଣ ବିପର୍ଯ୍ୟୟ ଏହାର ମୁଖ୍ୟ ବିଷୟବସ୍ତୁ। ଏହା ସହ ଭାଗ୍ୟ ଓ ସୁଯୋଗ, ଆଲୁଅ ଓ ଅନ୍ଧାରର ଦ୍ୱୈତ ଅବସ୍ଥା, ସମୟ, ଚାଞ୍ଚଲ୍ୟ ଆଦି ବିଷୟ ନାଟକକୁ ଆଚ୍ଛନ୍ନ କରି ରଖେ।

ନାଟକରେ ପ୍ରେମ ମୃତ୍ୟୁ ସହ ଅଙ୍ଗାଙ୍ଗୀ ଭାବେ ଜଡିତ। ରୋମିଓ ଓ ଜୁଲିଏଟ ପ୍ରେମ ସହ ମୃତ୍ୟୁ ଚେତନାରେ ଆକ୍ରାନ୍ତ। ମୃତ୍ୟୁ କୃଷ୍ଣ ବର୍ଣ୍ଣର ଏକ ଶକ୍ତିଶାଳୀ ପ୍ରେମିକ। ଜୁଲିଏଟ ରୋମିଓଙ୍କୁ ମୃତ୍ୟୁ ସହ ତୁଳନା କରିଛନ୍ତି। "O happy dagger! This is thy sheath. There rust and let me die."

ଭାଗ୍ୟ ଓ ସୁଯୋଗ ନାଟକରେ ଗୁରୁତ୍ୱପୂର୍ଣ୍ଣ ଭୂମିକା ନିର୍ବାହ କରିଛନ୍ତି। ରୋମିଓ କହିଛନ୍ତି, "O, I am nature's fool". ପ୍ରେମିକ ଓ ପ୍ରେମିକା ନକ୍ଷତ୍ରମାନଙ୍କ ଦ୍ୱାରା ଶାପଯୁକ୍ତ, ସେମାନଙ୍କ ଭବିଷ୍ୟତ ନକ୍ଷତ୍ରଗଣଙ୍କ ଦ୍ୱାରା ପୂର୍ବରୁ ନିର୍ଦ୍ଧାରିତ। ସେପରି ଆଲୁଅ ଓ ଅନ୍ଧାରର ଦ୍ୱୈତ ଅବସ୍ଥାର ବର୍ଣ୍ଣନା ଖୁବ ମାର୍ମିକ।

O brawling love, O loving hate,
O anything of nothing first create,
O heavy lightness, serious vanity,
Misshapen chaos of well seeming forms,
Feather of lead, bright smoke, cold fire, sick health,
Still waking sleep, that is not what it is.

ଆଲୁଅ ତରୁଣ ପ୍ରେମର ପ୍ରାକୃତିକ ସୌନ୍ଦର୍ଯ୍ୟ। ଉଭୟ ରୋମିଓ ଜୁଲିଏଟ ଚତୁର୍ଦ୍ଦିଗର ଅନ୍ଧକାରରେ ପ୍ରେମ ହିଁ ଏକମାତ୍ର ଆଲୋକ ବୋଲି ଉପଲବ୍ଧି କରିଛନ୍ତି। ରୋମିଓ ଜୁଲିଏଟଙ୍କୁ ସୂର୍ଯ୍ୟ ରୂପେ, ଟର୍ଚ୍ଚ ଆଲୁଅ ଠାରୁ ଅଧିକ ଉଜ୍ଜ୍ୱଳ, ରାତ୍ରିରେ ଚମକୁଥିବା ଏକ ରତ୍ନ ପରି, ଅନ୍ଧାରୁଆ ମେଘ ମଧ୍ୟରେ ଏକ ଆଲୋକିତ ପରୀ ରୂପେ ବର୍ଣ୍ଣନା କରିବା ବେଳେ ଜୁଲିଏଟ ରୋମିଓଙ୍କୁ ରାତ୍ରି ମଧ୍ୟରେ ଦିନର ଔଜ୍ଜ୍ୱଲ୍ୟ, କୁଆ

ପିଠିରେ ଚମକୁଥିବା ବରଫ ଠାରୁ ଅଧିକ ତେଜୀୟାନ ରୂପେ ସମ୍ବୋଧନ କରିଛନ୍ତି। ଚାରିଦିଗରେ ପୁଞ୍ଜିଭୂତ ଘୃଣା ମଧ୍ୟରେ ରୋମିଓ ଓ ଜୁଲିଏଟଙ୍କ ପ୍ରେମ ହିଁ ଆଲୋକିତ ସମ୍ଭାବନା ଯାହା ନିଗଡ଼ ବାସ୍ତବତାର ସଂଘାତରେ ତିଷ୍ଠି ପାରିନାହିଁ। ପ୍ରେମ ପ୍ରତି ବିଶ୍ୱସ୍ତତା ପରିବାର ପ୍ରତି ବିଶ୍ୱସ୍ତତା ଠାରୁ ଅଧିକ ଶକ୍ତିଶାଳୀ ମନେ ହେଉଥିଲେ ବି ସମୟର ଦୃପ୍ତ କଟାକ୍ଷରେ ଏହା ନିତାନ୍ତ ଅଳୀକ ସାବ୍ୟସ୍ତ ହୋଇଛି।

ଏ ମିଡ୍ ସମର୍ ନାଇଟସ୍ ଡ୍ରିମ୍

ଏ ମିଡ୍ ସମର୍ ନାଇଟସ୍ ଡ୍ରିମ୍ ସେକ୍ସପିଅରଙ୍କ ଏକ ମିଳନାନ୍ତକ ନାଟକ ଯାହା ୧୫୯୫ କିମ୍ବା ୧୫୯୬ରେ ଲେଖା ଯାଇଛି। ଏହା ଗ୍ରୀସର ଏଥେନ୍ସ ପୃଷ୍ଠଭୂମିରେ ଲିଖିତ। ଡ୍ୟୁକ ଥଏସେସ ଓ ଆମାଜନ ରାଣୀ ହିପୋଲିଟାଙ୍କ ବିବାହ ସମ୍ପର୍କିତ କଥାବସ୍ତୁ, ପରୀ ରାଜା ଓ ରାଣୀଙ୍କ ଉପସ୍ଥିତି ଓ ଏହାଙ୍କ ଚତୁଃପାର୍ଶ୍ୱରେ ଘୂର୍ଣ୍ଣାୟମାନ କିଛି ଭିନ୍ନ ବିଷୟକୁ ନେଇ ଏହା ପ୍ରତିଷ୍ଠିତ। ଚାରିଜଣ ଏଥେନୀୟ ପ୍ରଣୟୀ ଅନ୍ୟ କଥା ବସ୍ତୁର ଉପଜୀବ୍ୟ। ଉଭୟ ଦଳ ଭିନ୍ନ ରାଜ୍ୟର ପରୀମାନଙ୍କ ଅଧ୍ୟୁଷିତ ଏକ ଅରଣ୍ୟରେ ପ୍ରବେଶ କରିଛନ୍ତି। ସେଠାରେ ନିଜ ଆଭ୍ୟନ୍ତରୀଣ କନ୍ଦଳ ମଧ୍ୟରେ ବ୍ୟାପୃତ ଥିବା ପରୀଗଣ ମଣିଷମାନଙ୍କୁ ବି ନିୟନ୍ତ୍ରଣ କରନ୍ତି।

ନାଟକଟି ସେକ୍ସପିଅରଙ୍କ ଖୁବ ବିଖ୍ୟାତ ଓ ଲୋକପ୍ରିୟ ନାଟକ ମଧ୍ୟରେ ଅନ୍ୟତମ ଏବଂ ବହୁ ଚର୍ଚ୍ଚିତ। ଏହା ପ୍ରାୟ ଏକ ମୌଳିକ ନାଟକ। କୌଣସି ନିର୍ଦ୍ଦିଷ୍ଟ ମୂଳ ଉତ୍ସ ବା ଅନ୍ୟ ପାଠ୍ୟର ଅନୁବାଦ କିମ୍ବା କଥାବସ୍ତୁ ସଂଗ୍ରହ, ଏହି ନାଟକରେ ଏ ଯାଏଁ ଅନୁଧ୍ୟାନ କରା ଯାଇନାହିଁ। ତେବେ ଓଭିଡଙ୍କ ମେଟାମରଫୋସିସ, ଚସରଙ୍କ ନାଇଟ୍ସ ଟେଲ୍, ଏହାର ପ୍ରେରଣା ହୋଇ ଥାଇପାରେ। ଅରିଷ୍ଟୋଫେନ୍ସଙ୍କ ଗ୍ରୀକ୍ ମିଳନାନ୍ତକ ନାଟକ ଏହାକୁ ପ୍ରଭାବିତ କରି ଥାଇପାରେ। ନାଟ୍ୟକାରଙ୍କ ପ୍ରାରମ୍ଭିକ ଓ ମଧ୍ୟବର୍ତ୍ତୀ ସମୟର ଏହି ନାଟକରେ ଗୀତିମୟତା ପ୍ରତି ଅଧିକ ଧ୍ୟାନ ଦିଆଯାଇଛି।

ନାଟକର ପ୍ରାରମ୍ଭରେ ଥଏସେସ ହିପୋଲିତାଙ୍କୁ ସମରରେ ପରାସ୍ତ କରି ବିବାହ କରିବା ପାଇଁ ଉଦ୍ୟତ। ଇତି ମଧ୍ୟରେ ଦୁଇ ପ୍ରଣୟୀ ହର୍ମିଆ ଓ ଲିସାଣ୍ଡର ନିକଟସ୍ଥ ଅରଣ୍ୟରେ ପ୍ରବେଶ କରି ଆଶ୍ରୟ ଖୋଜନ୍ତି, ଯେହେତୁ ହର୍ମିଆଙ୍କ ପିତା ସେ ଡେମେଟ୍ରିଅସଙ୍କୁ ବିବାହ କରନ୍ତୁ ବୋଲି ନିର୍ଦ୍ଦେଶ ଦେଇଛନ୍ତି। ଡେମେଟ୍ରିଅସଙ୍କୁ ଭଲ ପାଉଥିବା ହର୍ମିଆଙ୍କ ବନ୍ଧୁ ହେଲେନା ତାଙ୍କୁ ଫେରି ପାଇବା ପାଇଁ ସେମାନଙ୍କ ଠିକଣା

ହେଲେନାଙ୍କ ପିତାଙ୍କୁ ଜଣାଇ ଦିଅନ୍ତି ଏବଂ ସେମାନଙ୍କୁ ଅରଣ୍ୟରେ ଅନୁସରଣ କରନ୍ତି।

ଉକ୍ତ ବିବାହୋତ୍ସବରେ ଯୋଗ ଦେବାପାଇଁ ଅରଣ୍ୟକୁ ପରୀମାନେ ବି ଆଗମନ କରିଛନ୍ତି। ପରୀଙ୍କ ରାଜା ଓବେରନ ତାଙ୍କୁ ଅମାନ୍ୟ କରୁଥିବା ହେତୁ ପତ୍ନୀ ଟିଟାନିଆଙ୍କ ସହ ଝଗଡ଼ା କରି ବିବେଚନା ଶୂନ୍ୟ ଭୃତ୍ୟ ପ୍ୟୁକଙ୍କୁ ଟିଟାନିଆ ନିଦରେ ଶୋଇଥିବା ବେଳେ କୁହୁକ ରସ ଆଖିରେ ପକାଇବା ପାଇଁ ନିର୍ଦ୍ଦେଶ ଦେଇଛନ୍ତି, ଯଦ୍ଦ୍ୱାରା ସେ ଯେଉଁ ମନୁଷ୍ୟ ବା ପ୍ରାଣୀଙ୍କୁ ଆଖି ଖୋଲିବା ମାତ୍ରେ ଦେଖିବେ, ତାଙ୍କୁ ଗଭୀର ଭଲ ପାଇ ବସିବେ। ଅରଣ୍ୟରେ ଥିବା ମଣିଷମାନଙ୍କ ସମ୍ପର୍କରେ ବ୍ୟତିକ୍ରମ ଦେଖି ସେ କୁହୁକ ରସ ଡେମେଟ୍ରିଅସଙ୍କ ଆଖିରେ ବି ପକାଇବା ପାଇଁ କହିଛନ୍ତି ଯଦ୍ଦ୍ୱାରା ସେ ହେଲେନାଙ୍କୁ ଭଲ ପାଇବେ।

ଏଥେନସବାସୀ ଲିସାଣ୍ଡେର ଓ ଡେମେଟ୍ରିଅସ ଏକା ପରି ଦିଶୁଥିବାରୁ ପ୍ୟୁକ କୁହୁକ ପ୍ରେମ ରସ ନିଦ୍ରାମଗ୍ନ ଲିସାଣ୍ଡେରଙ୍କ ଆଖିରେ ଭୁଲରେ ପକାଇଛନ୍ତି ଏବଂ ସେ ଉଠିବାକ୍ଷଣି ହେଲେନାଙ୍କୁ ଦେଖି ତାଙ୍କ ପ୍ରେମରେ ମସଗୁଲ ହୋଇଛନ୍ତି। ଏଣୁ ହେଲେନାଙ୍କୁ ଉଭୟ ଯୁବକ ଭଲ ପାଇଛନ୍ତି ଓ ହର୍ମିଆ ଏକାକିନୀ ହୋଇ ଯାଇଛନ୍ତି। ଏହି କାର୍ଯ୍ୟ ଦ୍ୱାରା ହେଲେନା ଖୁସି ହୁଅନ୍ତି ନାହିଁ। ସେମାନେ ଭଲ ପାଇବା ଅଭିନୟ କରି ତାଙ୍କୁ ପରିହାସ କରୁଛନ୍ତି ବୋଲି ସେ ବୁଝିଛନ୍ତି, ଯେହେତୁ ଅତୀତରେ ତାଙ୍କ ପ୍ରେମ ଅନୁକୂଳ ପ୍ରତିକ୍ରିୟା ପାଇନଥିଲା। ବରଂ ହେଲେନା ଓ ହର୍ମିଆଙ୍କ ମଧ୍ୟରେ କନ୍ଦଳ ସୃଷ୍ଟି ହୋଇଛି। ଏଣେ ଡେମେଟ୍ରିଅସ ଓ ଲିସାଣ୍ଡେର ମଧ୍ୟରେ ହେଲେନାଙ୍କ ପାଇଁ ଶତ୍ରୁତା ତୀବ୍ର ରୂପରେଖ ଧାରଣ କରିଛି।

ଏ ସମୟରେ ଅରଣ୍ୟ ମଧ୍ୟରେ ଦଳେ କାରିଗର ଡ୍ୟୁକଙ୍କ ବିବାହରେ ପରିବେଷଣ ପାଇଁ ଏକ ନାଟକର ଅଭ୍ୟାସ କରୁଛନ୍ତି। ଆମୋଦପ୍ରିୟ ପ୍ୟୁକ କାରିଗରଙ୍କ ମଧ୍ୟରେ ନିକ ବଟମଙ୍କୁ ଏକ ଗଧର ମୁଣ୍ଡ ଦେଇଛନ୍ତି ଓ ସେ ଖୁସିରେ ଏହାକୁ ଧାରଣ କରିଛନ୍ତି। ଯେତେବେଳେ ଟିଟାନିଆ ନିଦ୍ରାରୁ ଉଠନ୍ତି, ବଟମଙ୍କୁ ଦେଖି ତାଙ୍କ ପ୍ରେମରେ ପଡି ଯାଆନ୍ତି। ବହୁ ବିଶୃଙ୍ଖଳା ଓ ହାସ୍ୟରସାତ୍ମକ ଅବୁଝାମଣା ପରେ ଓବେରନଙ୍କ ଇନ୍ଦ୍ରଜାଲ ଟିଟାନିଆ ଓ ଚାରିଜଣ ପ୍ରେମୀଙ୍କୁ ପୂର୍ବ ଅବସ୍ଥାକୁ ଫେରାଇ ଆଣେ। ଡ୍ୟୁକ ଦୁଇ ପ୍ରେମୀଯୁଗଳଙ୍କୁ ନିମନ୍ତ୍ରଣ କରନ୍ତି ବିବାହ ନିମନ୍ତେ ଓ ଏକା ସଙ୍ଗେ ତିନୋଟି ବିବୋହୋତ୍ସବ ଅନୁଷ୍ଠିତ ହୁଏ। ଏହି ଉତ୍ସବରେ ବଟମଙ୍କ ଦଳ ପିରାମସ ଓ ଥିସବି ନାଟକର ଅସଂଗତ ପରିବେଷଣ କରନ୍ତି ଯାହା କିଛି ସମୟ ପୂର୍ବର ଘଟଣାବଳୀର ଏକ ହାସ୍ୟାନୁକୃତି।

ଅରଣ୍ୟ ପୃଷ୍ଠଭୂମି, ଉଚ୍ଚ ବର୍ଗ ଓ ନିମ୍ନ ବର୍ଗର ବ୍ୟକ୍ତି ଚରିତ୍ର ତଥା ପରୀମାନଙ୍କ

ଉପସ୍ଥିତି, ହାସ୍ୟରସର ପ୍ରାବଲ୍ୟ ଆଦି ଏହି ନାଟକର ସ୍ୱାତନ୍ତ୍ର୍ୟ, ସମକାଳୀନ କଥନର 'ସ୍ୱିଟ ସେକ୍‌ସପିଅର'ଙ୍କ ସ୍ୱାକ୍ଷର। ଚଷର, ଓଭିଡ, ସେନେକା, ମାର୍ଲୋ, ଲିଲି ଓ ସ୍ପେନ୍ସର ଇତ୍ୟାଦିଙ୍କ କୃତିର ସମ୍ବେଦନଶୀଳ ପଠନ ଏକ ସମ୍ମୋହନକାରୀ ପରିବେଶ ନିର୍ମାଣରେ ସହାୟକ ହୋଇଛି ଯେଉଁଠି ପୁରାଣ ପ୍ରସିଦ୍ଧ ଥଏସେସ ଓ ହିପୋଲିଟାଙ୍କ ବିବାହ ଉତ୍ସବ ଅନୁଷ୍ଠିତ ହୁଏ, ପରୀ ରାଜ୍ୟର ରାଜା ଓ ରାଣୀ ଏକ ବିକଳାଙ୍ଗ ବାଳକର ମାଲିକାନା ପାଇଁ କନ୍ଦଳ କରନ୍ତି, ଯେଉଁଠି ବଟମ ଓ ଗ୍ରାମୀଣ ଅଭିନେତାଦଳ ମନୋରଞ୍ଜନ ଯୋଗାନ୍ତି, ଯେଉଁଠି ଭାଗ୍ୟର କ୍ରୀଡ଼ନକ ପ୍ରେମିକ ପ୍ରେମିକାଙ୍କ ମିଳନ ଆକାଂକ୍ଷା ସାକାର ହୁଏ। ଜହ୍ନ ହିଁ ଏ ସବୁ କାର୍ଯ୍ୟକ୍ରମର ନିୟନ୍ତା।

ଏହାର ଶୀର୍ଷକ ଦର୍ଶାଏ ଯେ ସ୍ୱପ୍ନ ହିଁ ନାଟକକୁ ପରିପ୍ଲୁତ କରାଏ। ଚରିତ୍ରଗଣ ନିଦ୍ରା ଯାଇ ଉଠିବା ବେଳେ ପରିବର୍ତ୍ତିତ ହୋଇଯାଆନ୍ତି। ଏଠି ସେକ୍‌ସପିଅରଙ୍କ ଅଭିପ୍ରାୟ ଓ ପ୍ରେରଣା ଯୁକ୍ତି ବା ବିବେକ ଦ୍ୱାରା ପରିଚାଳିତ ହୁଅନ୍ତି ନାହିଁ, କଳ୍ପନା ଓ ସ୍ୱତଃସିଦ୍ଧ ଜ୍ଞାନ ହିଁ ତାଙ୍କ ସୃଷ୍ଟିର ନିୟାମକ। ଥଏସେସଙ୍କ ବହୁଉଦ୍ଧୃତ ବାକ୍ୟ, The lunatic, the lover and the poet / Are of imagination all compact ରେ କଳ୍ପନା ହିଁ ସାର୍ବଭୌମ। ଅବଶ୍ୟ କଳ୍ପନାର ବଳୟ ଚିରସ୍ଥାୟୀ ନୁହେଁ", ପରୀ ରାଜା ଓ ରାଣୀ, ପ୍ରେମୀଗଣ, କାରିଗର ସମୂହ ଅରଣ୍ୟ ତ୍ୟାଗ କରି ବାସ୍ତବ ରାଜ୍ୟକୁ ଫେରିବା ପାଇଁ ବାଧ୍ୟ ହୁଅନ୍ତି ମଧ୍ୟ ଗ୍ରୀଷ୍ମ ରାତ୍ରିର ସ୍ୱପ୍ନ ପରେ।

ହାମ୍‌ନେଟ୍‌ଙ୍କ ବିୟୋଗ

୧୫୯୬ ଗ୍ରୀଷ୍ମ ଋତୁରେ ସେକ୍‌ସପିଅର ଇଂଲଣ୍ଡର ସର୍ବଶ୍ରେଷ୍ଠ କବି ରୂପେ ପ୍ରସିଦ୍ଧି ଅର୍ଜନ କରିଥିଲେ। ରୋମିଓ ଆଣ୍ଡ ଜୁଲିଏଟ ନାଟକ ପରେ ଯଦି ସେ ଅନ୍ୟ କୌଣସି ନାଟକ ଲେଖି ନଥାନ୍ତେ, ତେବେ ବି ଏ ଖ୍ୟାତି ସେ ପାଇଥାନ୍ତେ। ନାଟକର ଉତ୍କର୍ଷ ହେତୁ ସେ ଜନପ୍ରିୟ ଥିଲେ ଓ ବହୁବିଧ ପରୀକ୍ଷା ନିରୀକ୍ଷା ହେତୁ ଗତାନୁଗତିକ ଧାରାରୁ ପୃଥକ ଥିଲେ, ସମ୍ଭ୍ରାନ୍ତ ବ୍ୟକ୍ତିଙ୍କ ପୃଷ୍ଠ ପୋଷକତା ଲାଭ କରିଥିଲେ। ତାଙ୍କ ନାଟକ ଖ୍ରୀଷ୍ଟମାସ ପରବର୍ତ୍ତୀ ସମୟରେ ରାଣୀ ଏଲିଜାବେଥଙ୍କୁ ଆପ୍ୟାୟିତ କରୁଥିଲା। ଆନେ ଏବଂ ପରିବାରର ସାନ୍ନିଧ୍ୟ ବ୍ୟତୀତ ଅନ୍ୟ ସବୁ ପାର୍ଥିବ ଦିଗରେ ତାଙ୍କ ଜୀବନ ସୁଖପ୍ରଦ ଥିଲା।

ଏହି ସମୟରେ ସେ ଲଣ୍ଡନରେ ଥିଲେ ଓ ତାଙ୍କ ପରିବାର ପିତାମାତା, ଭାଇ ଓ ଭଉଣୀ ସହ ଷ୍ଟ୍ରାଟଫୋର୍ଡର ହେନ୍‌ଲି ଷ୍ଟ୍ରୀଟରେ ବସବାସ କରୁଥିଲେ। ପ୍ରତିବର୍ଷ ତିରିଶ ଦିନିଆ ଲେଣ୍ଟ ସମୟରେ ଯେତେବେଳେ ରଙ୍ଗମଞ୍ଚ ବନ୍ଦ ରହୁଥିଲା ଷ୍ଟ୍ରାଟ୍‌ଫୋର୍ଡ ଆସୁଥିଲେ। ଏକ ଦୃଷ୍ଟିରେ ସେ ପରିବାରକୁ ପରିତ୍ୟାଗ କରିଥିଲେ, ଯଦିଓ ଆର୍ଥିକ ଦୃଷ୍ଟିରୁ ନୁହେଁ, ଆବେଗ ଦୃଷ୍ଟିରୁ। ତେବେ ପରିସ୍ଥିତି ସହ ଖାପ ଖୁଆଇ ଚାଲିବା ମଣିଷର ଧର୍ମ। ଲଣ୍ଡନରେ ହିଁ ତାଙ୍କ ଜୀବିକାର୍ଜନର ପନ୍ଥା ନିର୍ଦ୍ଧାରିତ ହୋଇଥିଲା। ନିଶ୍ଚିତ ରୂପେ, ସେ ଘର ସହ ପତ୍ରାଳାପ କରୁଥିଲେ।

ସେ ବର୍ଷର ଗ୍ରୀଷ୍ମ ଦିନରେ ତାଙ୍କୁ ଦୁଇ ଗୋଟି ଦାରୁଣ ଧକ୍କା ସହିବାକୁ ହେଲା। ୨୨ ଜୁଲାଇରେ ତାଙ୍କ ପୃଷ୍ଠ ପୋଷକ ଲର୍ଡ ହଂସଡନଙ୍କ ମୃତ୍ୟୁ ହେଲା। ଲର୍ଡ କୋଭମ ତାଙ୍କ ଉତ୍ତରାଧିକାରୀ ହେଲେ, ଯେ ଅଭିନେତାଙ୍କ ପ୍ରତି ସହାନୁଭୂତିଶୀଳ ନଥିଲେ। ଏହାଠାରୁ ଦାରୁଣ ଦୁଃଖଦାୟକ ଘଟଣା ହେଉଛି ୧୧ ଅଗଷ୍ଟରେ ତାଙ୍କ ଏଗାର ବର୍ଷ ବୟସ୍କ ପୁତ୍ର ହାମନେଟ ମୃତ୍ୟୁ ବରଣ କଲେ। ମୃତ୍ୟୁର କାରଣ ଥିଲା ଅସ୍ପଷ୍ଟ। ସେତେବେଳେ ସେକ୍‌ସପିଅର କେଣ୍ଟ ଠାରେ ନାଟକ ପରିବେଷଣ କରୁଥିଲେ। ଏ ଦୁଃଖଦ ଘଟଣା ତାଙ୍କୁ ତୀବ୍ର ଆଘାତ ଦେଇଥିବା ସ୍ୱାଭାବିକ।

ସେତେବେଳକୁ ସେକ୍‌ସପିଅରଙ୍କୁ ବତିଶ ବର୍ଷ। ଏହାଠାରୁ ମର୍ମନ୍ତୁଦ ଦୁଃଖ ଆଉ ହୋଇ ନପାରେ। ବର୍ଷେ, ଦୁଇ ବର୍ଷ ମଧ୍ୟରେ ତାଙ୍କ ଲେଖାର ଭାବ ଓ ଶୈଳୀରେ, ଭାଷା ଓ ରୂପକରେ ପରିବର୍ତ୍ତନ ଆସିଛି। ଏହା ପରେ ମହାନ୍ ବିୟୋଗାନ୍ତକ ନାଟକସବୁ ଲେଖାଯାଇଛି, ଅନ୍ଧାରର କୂପ ମଧ୍ୟରେ ସେକ୍‌ସପିଅର ନିପତିତ ହୋଇଛନ୍ତି। ଏହା କେବଳ ଆତ୍ମିକ ଦୁଃଖ ନଥିଲା, ମୃତ୍ୟୁର ଶକ୍ତିଶାଳୀ ସ୍ୱରୂପର ଆବିଷ୍କାର ଥିଲା।

ପୁତ୍ରର ମୃତ୍ୟୁ ପରେ ସେକ୍‌ସପିଅର ଷ୍ଟ୍ରାଟ୍‌ଫୋର୍ଡରେ କିଛି ଦିନ ଅତିବାହିତ କରି ଲଣ୍ଡନ ଫେରି ଆସିଛନ୍ତି, ପୂର୍ବବତ୍ ନାଟକ ଓ କବିତାରେ ମନୋନିବେଶ କରିଛନ୍ତି। ଶୋକର ପ୍ରଭାବ ତାଙ୍କ କବିତାରେ କିଛି ମାତ୍ରାରେ ଅନୁଭୂତ। ଏକ ସୁନ୍ଦର ବାଳକ ପ୍ରତି ଅକୁଣ୍ଠ ସ୍ନେହ ଓ ଜଣେ ବିବାହିତା ମହିଳାଙ୍କ ପ୍ରତି ଆବେଗପୂର୍ଣ୍ଣ ଦୈହିକ ଆକର୍ଷଣ ତାଙ୍କ ସନେଟ୍ ମାନଙ୍କରେ ବିମ୍ବିତ ହୋଇଛି, ଯାହା ଜଣେ ମଧ୍ୟ ବୟସ୍କ ବ୍ୟକ୍ତି ନିମନ୍ତେ ଭୀଷଣ ବ୍ୟକ୍ତିଗତ ଦୁଃଖ ଓ ଦୋଳନର ପ୍ରତିଫଳନ ହୋଇପାରେ।

ପରବର୍ତ୍ତୀ କିଛି ମାସରେ ଅଧିକ ପାର୍ଥିବ ବିଷୟରେ ସେ ମନୋନିବେଶ କରି ବୋଧେ ଦୁଃଖକୁ ଲାଘବ କରିବାକୁ ଚେଷ୍ଟା କରିଛନ୍ତି। ଷ୍ଟ୍ରାଟ୍‌ଫୋର୍ଡରେ ଏକ ବିଶାଳ ଗୃହ କ୍ରୟ କରି ତାହାର ନବୀକରଣ କରିଛନ୍ତି। ତେବେ ହାମନେଟଙ୍କ ମୃତ୍ୟୁର ଦଶମାସ ପରେ ୨୦ ଅକ୍ଟୋବର ୧୫୯୬ରେ ସେକ୍‌ସପିଅର ଲଣ୍ଡନର କଲେଜ ଅଫ ଆର୍ମସକୁ ଯାତ୍ରା କରିଛନ୍ତି, କୋର୍ଟ ଅଫ ଆର୍ମସ ଉଦ୍ଦେଶ୍ୟରେ ପିତାଙ୍କୁ ଜଣେ ଭଦ୍ରବ୍ୟକ୍ତି କରିବା ନିମନ୍ତେ। ସେଠାରେ କ୍ଷଣକୋପୀ ଉଇଲିଅମ ଡେଥିକ ସେକ୍‌ସପିଅରଙ୍କୁ ବିବିଧ ପ୍ରଶ୍ନ କରିଛନ୍ତି। ଏତେ ବର୍ଷ ପରେ ବି ସେକ୍‌ସପିଅରଙ୍କ ଏ ବିଷୟରେ ଦରଖାସ୍ତ ଉପଲବ୍ଧ ଓ ଡେଥିକଙ୍କ ସହ କଥୋପକଥନ ଖୁବ ମୂଲ୍ୟବାନ।

ସେକ୍‌ସପିଅରଙ୍କ କାହାଣୀ କେବଳ ଇତିହାସ ଓ ସାହିତ୍ୟ ସମ୍ପର୍କିତ ନୁହେଁ, ଶ୍ରେଣୀ ଓ ସାମାଜିକ ଅଭ୍ୟୁତ୍ଥାନ ବିଷୟରେ ବି ଆଶାର କିରଣ। ଏକ କୃଷକ ପରିବାରର ନିର୍ଦ୍ଦିଷ୍ଟ ସାମାଜିକ ସ୍ତର ପଚାଶ ବର୍ଷର ଅବଧିରେ କିପରି ଭଦ୍ରବ୍ୟକ୍ତି ଶ୍ରେଣୀକୁ ଉନ୍ନୀତ ହୋଇପାରେ ପ୍ରଚଣ୍ଡ ଆତ୍ମବିଶ୍ୱାସ ଓ କଷ୍ଟୋପାର୍ଜିତ ଅର୍ଥର ଅବଲମ୍ବନରେ, ଏହା ତାହାର ଏକ ନିଛକ ପ୍ରତିଛବି। ସେକ୍‌ସପିଅରଙ୍କ ପାଇଁ ଡେଥିକଙ୍କ ସହ ଆଲୋଚନା ଗୁରୁତ୍ୱପୂର୍ଣ୍ଣ। ପିତାଙ୍କ କର୍ମ ଜୀବନର ଅଗ୍ର ଓ ପଶ୍ଚାତ ଗତିର ବିଡମ୍ବନା ପରିପ୍ରେକ୍ଷୀରେ, ପୁତ୍ର ହାମନେଟର ଦୁଃଖଦ ବିୟୋଗର ସାମାନ୍ୟ ଉପଶମ ଉଦ୍ଦେଶ୍ୟରେ, ରଙ୍ଗମଞ୍ଚରେ ନିଜ ଅସାମାନ୍ୟ ପ୍ରତିଷ୍ଠାର ଆତ୍ମ ସନ୍ତୋଷରେ। ତାଙ୍କ ଚର୍ମୋପରି ବ୍ୟବହୃତ ମର୍ଯ୍ୟାଦାସୂଚକ ଚିହ୍ନ (coat of arms)ରେ ଏକ ବର୍ଚ୍ଛା ଓ ଏକ ମହତ୍ତ୍ୱପୂର୍ଣ୍ଣ ସୂକ୍ତି ଉଲ୍ଲିଖିତ, 'Not without right'.

ଦ ମର୍ଚାଣ୍ଟ୍ ଅଫ୍ ଭେନିସ୍

ଦ ମର୍ଚାଣ୍ଟ୍ ଅଫ୍ ଭେନିସ୍ ୧୫୯୬ - ୯୭ ମଧ୍ୟରେ ଲେଖା ଯାଇଥିବା ବିଶ୍ୱାସ କରାଯାଏ। ୧୫୯୮ରେ ନାଟକ ସମ୍ପର୍କରେ ଫ୍ରାନସିସ ମେରେସ ଟିପ୍ପଣୀ ଦେଇଛନ୍ତି। ନାଟକର ୧୬୦୦ରେ ପ୍ରକାଶିତ ପ୍ରଥମ ସଂସ୍କରଣ ସୂଚନା ଦିଏ ଯେ, ଏହା ବହୁବାର ଅଭିନୀତ ହୋଇଛି। ସେକ୍ସପିଅର ୧୫୫୮ରେ ପ୍ରକାଶିତ ଇଟାଲୀୟ ଗଳ୍ପ ଇଲ ପେକୋରନରୁ କିଛି କଥାବସ୍ତୁ ସଂଗ୍ରହ କରି ଥାଇପାରନ୍ତି। ତେବେ ସେ ସମୟରେ ଏହି ଗଳ୍ପର ଇଂଲିଶ ଅନୁବାଦ ନଥିବା ହେତୁ ସେକ୍ସପିଅର୍ ମୂଳ ଇଟାଲିଆନ ଭାଷାରେ ପଢିଛନ୍ତି। ସେ ମାର୍ଲୋଙ୍କ ଶକ୍ତିଶାଳୀ ନାଟକ ଜିଉ ଅଫ ମାଲଟାରୁ କିଛି ଉପାଦାନ ସଂଗ୍ରହ କରିଥିବା ଅନୁମେୟ।

ଯଦିଓ ସମ୍ପ୍ରତି ଏହି ନାଟକ ବହୁ ବାର ରଙ୍ଗମଞ୍ଚରେ ପ୍ରଦର୍ଶିତ ହୋଇଛି, ଏହାର ମୂଳ ଇହୁଦୀ ବିରୋଧୀ ମାନସିକତା ଆଧୁନିକ ଦର୍ଶକଙ୍କୁ ଦ୍ୱନ୍ଦ୍ୱରେ ପକାଇଛି। ଏଲିଜାବେଥଙ୍କ ସମୟର ଇଂଲଣ୍ଡ ଇହୁଦୀ ବିରୋଧୀ ଥିଲା। ତ୍ରୟୋଦଶ ଶତାବ୍ଦୀରେ ଏଡୱାର୍ଡ ପ୍ରଥମଙ୍କ ଦ୍ୱାରା ଇହୁଦୀଗଣ ଇଂଲଣ୍ଡରୁ ବିତାଡିତ ହୋଇଥିଲେ। ଅଲିଭର କ୍ରମୱେଲ ୧୬୫୬ ରେ ସେମାନଙ୍କୁ ଇଂଲଣ୍ଡ ଫେରିବା ପାଇଁ ଅନୁମତି ଦେଇଥିଲେ। ଷୋଡଶ ଶତାବ୍ଦୀରେ ଭେନିସ ଓ ଅନ୍ୟାନ୍ୟ ସ୍ଥାନରେ ଇହୁଦୀଗଣ ସହଜରେ ଚିହ୍ନଟ ନିମନ୍ତେ ନାଲି ଟୋପି ସବୁ ସମୟରେ ପିନ୍ଧିବା ପାଇଁ ଏବଂ ଏକ ନିର୍ଦ୍ଦିଷ୍ଟ ଅଂଚଳରେ ବାସ କରିବା ପାଇଁ ବାଧ୍ୟ ହେଉଥିଲେ। ଏହି ନାଟକ ଇହୁଦୀ ବିରୋଧୀ ପରମ୍ପରାର ଏକ ପ୍ରତୀକ।

ବାସାନିଓ ନାମକ ଭେନିସ ସହରର ଜଣେ ସମ୍ଭ୍ରାନ୍ତ ତଥା ଦରିଦ୍ର ବ୍ୟକ୍ତି ତାଙ୍କ ଧନୀକ ବନ୍ଧୁ ଆଣ୍ଟୋନିଓଙ୍କୁ ଏକ ଋଣପାଇଁ ଅନୁରୋଧ କରନ୍ତି ଯଦ୍ଦ୍ୱାରା ସେ ସୁଦୂର ଯାତ୍ରା କରି ପୋର୍ସିଆ ନାମ୍ନୀ ଧନୀ ଉତ୍ତରାଧିକାରିଣୀଙ୍କୁ ବିବାହ କରିବା ପାଇଁ ଉଦ୍ୟମ

କରିବେ। ଆଣ୍ଟୋନିଓଙ୍କ ପୁଞ୍ଜି ବିଦେଶର ବିଭିନ୍ନ ଉଦ୍ୟୋଗରେ ବ୍ୟବହୃତ ହୋଇଥିବାରୁ ସେ ସାଇଲକ ନାମକ ଇହୁଦୀ ଋଣ ପ୍ରଦାନକାରୀଙ୍କଠାରୁ ଏକ ଅଦ୍ଭୁତ ସର୍ତ୍ତରେ ଋଣ ନେବା ପାଇଁ ରାଜି ହୁଅନ୍ତି ଯେ, ଯଦି ସେ ନିର୍ଦ୍ଧାରିତ ସମୟ ମଧ୍ୟରେ ଋଣ ଫେରସ୍ତ କରିବେ ନାହିଁ, ତେବେ ତାଙ୍କ ଶରୀରରୁ ଏକ ପାଉଣ୍ଡର ମାଂସ କର୍ତ୍ତିତ ହୋଇ ସାଇଲକଙ୍କୁ ପ୍ରଦତ୍ତ ହେବ। ଋଣ ପାଇଁ ସୁଧ ଆଦାୟ କରୁଥିବା ସାଇଲକଙ୍କ ସହ ବ୍ୟବସାୟ କରିବା ପାଇଁ ଆଣ୍ଟୋନିଓ ଖ୍ରୀଷ୍ଟିଆନ ଧର୍ମବିଶ୍ୱାସ ଦୃଷ୍ଟିରୁ ଅନିଚ୍ଛା ପ୍ରକାଶ କରୁଥିଲେ ବି ଏ ବିଚିତ୍ର ବ୍ୟବସ୍ଥାରେ ଅଗତ୍ୟା ରାଜି ହୋଇଛନ୍ତି।

ଇତିମଧ୍ୟରେ ଆଣ୍ଟୋନିଓଙ୍କ ଜାହାଜସବୁ ସମୁଦ୍ରରେ ନିଖୋଜ ହୋଇ ଯାଇଛି ଓ ନିର୍ଦ୍ଦିଷ୍ଟ ସମୟରେ ସେ ଋଣ ପରିଶୋଧ କରି ପାରିନାହାନ୍ତି। ତେଣୁ ସାଇଲକ ଆଣ୍ଟୋନିଓଙ୍କ ଉପରେ ମୃତ୍ୟୁସମ ପ୍ରତିଶୋଧ ନେବା ପାଇଁ ତତ୍ପର ହୋଇଛନ୍ତି ଓ ତାଙ୍କ ଶରୀରର ଏକ ପାଉଣ୍ଡର ମାଂସ ଦାବି କରିଛନ୍ତି। ସାଇଲକଙ୍କ ପ୍ରତିଶୋଧ କାମନାର ମୁଖ୍ୟ କାରଣ ହେଉଛି, ତାଙ୍କ କନ୍ୟା ଜେସିକା ଖ୍ରୀଷ୍ଟିଆନ ଧର୍ମାବଲମ୍ବୀ ପ୍ରେମିକ ଲରେଞ୍ଜୋ ସହ ଯଥେଷ୍ଟ ଧନ ସମ୍ପଦ ନେଇ ଗୃହ ତ୍ୟାଗ କରି ପଳାୟନ ବେଳେ ଖ୍ରୀଷ୍ଟିଆନମାନଙ୍କର ତାଙ୍କ ପ୍ରତି ତାଚ୍ଛଲ୍ୟ ଓ ଲାଞ୍ଛନା।

ସାଇଲକଙ୍କ ପ୍ରତିଶୋଧ ନିମନ୍ତେ କାମନା ଓକିଲଙ୍କ ଛଦ୍ମବେଶରେ ଥିବା ପୋର୍ସିଆଙ୍କ ଦ୍ୱାରା ବିନଷ୍ଟ ହୋଇଛି ଯେତେବେଳେ ସେ ସାଇଲକଙ୍କୁ ଆଇନର ଗୋଲକଧନ୍ଦାରେ ପକାଇ କହିଛନ୍ତି ଯେ, ଚୁକ୍ତି ଅନୁଯାୟୀ ସେ ଆଣ୍ଟୋନିଓଙ୍କ ଶରୀରରୁ କେବଳ ଏକ ପାଉଣ୍ଡ ମାଂସ ହିଁ ନେବେ, ଯଦି କିଛି ରକ୍ତ କ୍ଷରିତ ହୁଏ, ସାଇଲକ ନିଶ୍ଚିତ ଭାବେ ମୃତ୍ୟୁଦଣ୍ଡ ପାଇବେ। ସାଇଲକ କିଂକର୍ତ୍ତବ୍ୟବିମୂଢ଼ ହୋଇ ଚୁକ୍ତି ରଦ୍ଦ କରିବା ପାଇଁ ବାଧ୍ୟ ହୋଇଛନ୍ତି। ଆଣ୍ଟୋନିଓଙ୍କୁ ତାଙ୍କ ସମ୍ପତ୍ତିର ଅର୍ଦ୍ଧେକ ପ୍ରଦାନ କରିବା ପାଇଁ ଆଦେଶ ହୋଇଛି।

ସାଇଲକ ଖ୍ରୀଷ୍ଟିଆନ ଧର୍ମରେ ଦୀକ୍ଷିତ ହେଲେ ଏବଂ ଉତ୍ତରାଧିକାରରୁ ବଞ୍ଚିତ ହୋଇଥିବା ତାଙ୍କ କନ୍ୟା ଜେସିକାଙ୍କୁ ଅଧିକାର ପୁନଃ ପ୍ରଦାନ କଲେ ଆଣ୍ଟୋନିଓ ସମ୍ପତ୍ତି ପାଇଁ ଦାବି ପେଶ କରିବେ ନାହିଁ ବୋଲି ରାଜି ହୋଇଛନ୍ତି। ସାଇଲକ୍ ଗତ୍ୟନ୍ତର ନପାଇ ଏହି ବ୍ୟବସ୍ଥାରେ ରାଜି ହୋଇଛନ୍ତି। ନାଟକର ସମାପ୍ତି ବେଳେ ଖବର ପହଞ୍ଚିଛି ଯେ, ଆଣ୍ଟୋନିଓଙ୍କ କିଛି ଜାହାଜ ବନ୍ଦରରେ ନିରାପଦରେ ପହଞ୍ଚିଛି।

ଇହୁଦୀ ବିରୋଧୀ ଚିନ୍ତାଧାରା ଓ ଧର୍ମୀୟ ସହନଶୀଳତା ପ୍ରସଙ୍ଗରେ ସାଇଲକଙ୍କ ଚରିତ୍ର ସମ୍ପ୍ରତି ବିଦ୍ୱାନମାନଙ୍କ ମଧ୍ୟରେ ତର୍କ ବିତର୍କର ବିଷୟ ହୋଇଛି। ଅତ୍ୟଧିକ ସୁଧଖୋର ମାନସିକତାରେ ଆକ୍ରାନ୍ତ ସାଇଲକ ଭେନିସର ଖ୍ରୀଷ୍ଟିଆନ ଅଧିବାସୀଙ୍କ

ଦ୍ୱାରା ଶାରୀରିକ ଓ ମାନସିକ ଲାଞ୍ଛନାର ପାତ୍ର ହୋଇଛନ୍ତି । ଏଣୁ ଘୃଣାରେ ପରିପୂର୍ଣ୍ଣ ହୋଇଛି ତାଙ୍କ ସ୍ୱଭାବ । ଖ୍ରୀଷ୍ଟିଆନ ଚରିତ୍ରମାନଙ୍କ ଅନ୍ତର୍ନିହିତ କରୁଣା ସହ ଇହୁଦୀ ମହାଜନଙ୍କ ପ୍ରତିଶୋଧପରାୟଣତାର ତୁଳନାଗତ ବୈଷମ୍ୟ ସେକ୍‌ସପିଅର ପ୍ରତିପାଦନ କରିବା ପାଇଁ ଚାହିଁଛନ୍ତି ବୋଲି କିଛି ସମାଲୋଚକ ଯୁକ୍ତି କରନ୍ତି । ସାଇଲକଙ୍କ ଖ୍ରୀଷ୍ଟିଆନ ଧର୍ମକୁ ଜବରଦସ୍ତ ପରିବର୍ତ୍ତନ ତାଙ୍କ ଆତ୍ମାର ସଦଗତି ନିମନ୍ତେ ଆବଶ୍ୟକତା ଥିଲା ବୋଲି ବି ଦର୍ଶାଯାଇଛି ।

କିଛି ଆଧୁନିକ ପାଠକ ଏବଂ ନାଟ୍ୟପ୍ରେମୀ ବ୍ୟକ୍ତିବିଶେଷଙ୍କ ମତରେ ନାଟକଟି ସହନଶୀଳତା ନିମନ୍ତେ ଏକ ବଳିଷ୍ଠ ଯୁକ୍ତି । ସେମାନେ ନାଟକର ଶେଷରେ ସାଇଲକଙ୍କ ବିଚାର ପ୍ରକ୍ରିୟା ନ୍ୟାୟର ପରିପନ୍ଥୀ ବୋଲି ସିଦ୍ଧାନ୍ତରେ ପହଞ୍ଚି ପୋର୍ସିଆଙ୍କ ବିଚାରକ ଭୂମିକା ଗ୍ରହଣୀୟ ନୁହେଁ ବୋଲି ଆପତ୍ତି ଉଠାଇଛନ୍ତି । ସେମାନଙ୍କ ମତରେ ସାଇଲକ ଏକ ସମ୍ବେଦନଶୀଳ ଚରିତ୍ର । ଅଦାଲତରେ ତାଙ୍କ ବଳିଷ୍ଠ ବକ୍ତୃତା ପ୍ରତି ସେମାନେ ଗୁରୁତ୍ୱ ଦେଇଛନ୍ତି ।

"I am a jew. Hath not a jew eyes? Hath not a jew hands, organs, dimensions, senses, affections, passions, fed with the same food, hurt with the same weapons, subject to the same diseases, healed by the same means, warmed and cooled by the same winter and summer as a Christian is? If you prick us do we not bleed? If you tickle us, do we not laugh? If you poison us do we not die? And if you wrong us shall we not revenge?"

ସାଇଲକଙ୍କୁ ଅସାଧୁତା ନିମନ୍ତେ ନିନ୍ଦା କରୁଥିବା ଚରିତ୍ରଗଣ ଅଦାଲତରେ ବିଜୟ ହାସଲ ନିମନ୍ତେ ପ୍ରତାରଣାର ଆଶ୍ରୟ ନେଇଛନ୍ତି । ବିଚାରର ଶେଷ ପରିଣତି ନିର୍ଭର କରିଛି ଆଇନର ସୂକ୍ଷ୍ମ ବୌଦ୍ଧିକ ଫନ୍ଦିରେ, ଯାହା ଆପାତତଃ ପ୍ରବଞ୍ଚନା, ସମସ୍ତ ସନ୍ଦେହର ଊର୍ଦ୍ଧ୍ୱରେ ସର୍ବଜନଗ୍ରାହ୍ୟ ନୁହେଁ । ଏହାକୁ କଳାତ୍ମକ ରୂପ ଦେବା ସେକ୍‌ସପିଅରଙ୍କ ପରି ମହାନ ନାଟ୍ୟକାରଙ୍କ ବିଚକ୍ଷଣତା, ସନ୍ଦେହର ଅବକାଶ ନାହିଁ ।

ଦ ମର୍ଚାଣ୍ଟ ଅଫ ଭେନିସ ୧୫୯୬ - ୯୭ ମଧ୍ୟରେ ଲେଖା ଯାଇଥିବା ବିଶ୍ୱାସ କରାଯାଏ । ୧୫୯୮ରେ ନାଟକ ସମ୍ପର୍କରେ ଫ୍ରାନସିସ ମେରେସ ଟିପ୍ପଣୀ ଦେଇଛନ୍ତି । ନାଟକର ୧୬୦୦ର ପ୍ରଥମ ସଂସ୍କରଣ ସୂଚନା ଦିଏ ଯେ, ଏହା ବହୁବାର ଅଭିନୀତ ହୋଇଛି । ସେ ମାର୍ଲୋଙ୍କ ଶକ୍ତିଶାଳୀ ନାଟକ ଜିଉ ଅଫ ମାଲଟାରୁ କିଛି ଉପାଦାନ ସଂଗ୍ରହ କରିଥିବା ସମ୍ଭବପର ।

ହେନରୀ ଫୋର୍ଥ ପ୍ରଥମ ଭାଗ

ହେନରୀ ଫୋର୍ଥ ପ୍ରଥମ ଭାଗ ୧୫୯୬-୯୭ରେ ଲେଖା ଯାଇଛି ଓ ଏକ ବିଶ୍ୱସ୍ତ ଲେଖକୀୟ ଟିପ୍ପଣୀ ଅନୁଯାୟୀ ୧୫୯୮ରେ ପ୍ରକାଶିତ ହୋଇଛି। ଐତିହାସିକ ଘଟଣାବଳୀ ଏଡଓ୍ୱାର୍ଡ ହଲ ଓ ରାଫେଲ ହୋଲିନଷେଡଙ୍କ ବିବରଣୀରୁ ନିଆଯାଇଥିବା ବେଳେ ସାର ଜନ ଫାଲଷ୍ଟାଫ ଓ ତାଙ୍କ ପ୍ରିୟ ବନ୍ଧୁଗଣ ସେକ୍‌ସପିଅରଙ୍କ ନିଜସ୍ୱ ସୃଷ୍ଟି। ସେମାନେ ନାଟକରେ ବଳିଷ୍ଠ ହାସ୍ୟରସ ପରିବେଷଣ କରିଛନ୍ତି, ଯାହା ପୂର୍ବ ନାଟକ ମାନଙ୍କରେ ଅନୁପସ୍ଥିତ ଥିଲା।

ରାଜା ରିଚାର୍ଡ ଦ୍ୱିତୀୟଙ୍କ ବିତାଡନ ଓ ହତ୍ୟାର ସଂଗୀନ ପୃଷ୍ଠଭୂମିରେ, ବିଦ୍ରୋହର ଝଡଝଞ୍ଜାରେ ଆନ୍ଦୋଳିତ ତଥା ପରିବର୍ତ୍ତନଶୀଳ ମେଣ୍ଟ ସମୂହର ଅବିଶ୍ୱସନୀୟ କୃତଘ୍ନ ପରିବେଶରେ ହେନରୀ ଫୋର୍ଥ ନାଟକର ଉଭୟ ଭାଗ ରାଜା ହେନରୀ ଫୋର୍ଥଙ୍କ ପରିବର୍ତ୍ତେ ଯୁବରାଜ ହଲଙ୍କ ଚାରିତ୍ରିକ ବିକାଶ ଉପରେ ମୁଖ୍ୟତଃ ଆଧାରିତ। ବାସ୍ତବିକ ଏଠାରେ ରାଜାଙ୍କ ଭୂମିକା ନିଜ ପୁତ୍ର ହଲ, ସମର ନିପୁଣ ବିଦ୍ରୋହୀ ଯୁବନେତା ହଟ୍‌ସ୍ପୁର ଏବଂ ହଲଙ୍କ ଧୂର୍ତ୍ତ ସାଥୀ ଫାଲଷ୍ଟାଫଙ୍କ ସମ୍ମୁଖରେ ନିଷ୍ପ୍ରଭ। ନାଟକରେ ଅସଂଖ୍ୟ କୌତୁକିଆ ଗୌଣ ଚରିତ୍ରଙ୍କ ଉପସ୍ଥିତି ରାଜାଙ୍କ ବିରୁଦ୍ଧରେ ଓ୍ୱେଲଶ ଓ ବିଦ୍ରୋହୀ ନର୍ଥମ୍ବରଲାଣ୍ଡର ପର୍ଶୀ ପରିବାରଙ୍କ ମେଣ୍ଟ, ଯୁଦ୍ଧର ଘନଘଟା ମଧ୍ୟରେ ହାସ୍ୟୋଦ୍ଦୀପକ ଦୃଶ୍ୟ ସମୂହର ଅବତାରଣା କରିଛି।

ନାଟକ ପ୍ରାରମ୍ଭରେ ରାଜା ହେନରୀ ଚତୁର୍ଥ ତାଙ୍କ ସିଂହାସନ ଆରୋହଣ ଜନିତ କନ୍ଦଳ ମଧ୍ୟରେ ପବିତ୍ର ଧର୍ମସ୍ଥଳୀ ଜେରୁଜେଲମ ଯାତ୍ରା ନିମନ୍ତେ ପୂର୍ବ ଶପଥ ଦୋହରାନ୍ତି। ଇତି ମଧ୍ୟରେ ସେ ଖବର ପାଇଛନ୍ତି ଯେ, ଓ୍ୱେଲଶ ମୁଖ୍ୟ ଓ୍ୱେନ ଗ୍ଲେନ୍‌ଦୋଓ୍ୱେର ମାର୍ଚ୍ଚର ଅର୍ଲ ଏଡଓ୍ୱାର୍ଡ ମୋର୍ଟିମେର ଏବଂ ହେନରୀ ପର୍ଶୀ

ବା ହୋଟ୍ସପୁରଙ୍କୁ ବନ୍ଦୀ କରି ନେଇଛନ୍ତି ଏବଂ ମୋର୍ଟିମେରଙ୍କ ମୁକୁଳିବା ପାଇଁ ରାଜା ମୁକ୍ତିମୂଲ୍ୟ ନ ଦେବା ଯାଏଁ ଖଲାସ କରିବାକୁ ମନା କରିଛନ୍ତି। ହେନରୀ ତାଙ୍କ ପୁଅ ହଲ ନିର୍ଭୀକ ହୋଟ୍ସପୁରଙ୍କ ସମକକ୍ଷ ନୁହନ୍ତି ବୋଲି ମନଦୁଃଖ କରିଛନ୍ତି। ଯେତେବେଳେ ଯୁଦ୍ଧ ଅଗ୍ରଗତି କରିଛି, ଗ୍ଲେନ୍ଦୋୱେର, ମୋର୍ଟିମେର ଏବଂ ହୋଟ୍ସପୁର ହେନରୀଙ୍କ ରାଜ୍ୟକୁ ତିନି ସମାନ ଭାଗରେ ବିଭକ୍ତ କରିବା ପାଇଁ ଚକ୍ରାନ୍ତ କରିଛନ୍ତି।

ଇତି ମଧ୍ୟରେ ଯୁବରାଜ ହଲ ନିଜ ପ୍ରିୟବନ୍ଧୁ ପୃଥୁଳ, ଦୁର୍ଦ୍ଦାନ୍ତ, ହାସ୍ୟରସିକ ଫାଲଷ୍ଟାଫ, ନାଲି ନାକରେ ପରିଶୋଭିତ ବରଡୋଲ୍ଫଙ୍କ ସହ ମିଷ୍ଟ୍ରେସ କ୍ୱିକଲିଙ୍କ ଇଷ୍ଟଚିପ ମଦ୍ୟଶାଳାରେ ମଦ୍ୟପାନ ସହ ନିର୍ବୋଧ କୌତୁକରେ ବ୍ୟସ୍ତ। ହଲ ଯେ ଏକ ସ୍ୱଗତୋକ୍ତିରେ ଏହି ଚୋର ବଦମାସଙ୍କ ସହ କେବଳ କିଛି ସମୟ ବିତାଇବା ପାଇଁ ଚାହାନ୍ତି ବୋଲି ଜଣାଇଛନ୍ତି, ବାସ୍ତବିକ ରାଜପଥର ଡକାୟତିରେ ବି ଏମାନଙ୍କ ସହ ସାମିଲ ହୋଇଛନ୍ତି। ଏଥିରେ କିଛି ସର୍ତ୍ତ ଆରୋପ ହୋଇଛି, ଯଥା ଫାଲଷ୍ଟାଫ ଓ ତାଙ୍କ ସାଙ୍ଗମାନଙ୍କ ଠାରୁ ଅର୍ଥ ଯୁବରାଜ ହଲ ଓ ତାଙ୍କ ସାଥୀ ପଇନ୍ସ ଛଦ୍ମବେଶରେ ରହି ନେଇଯିବେ ଓ ତାହା ପ୍ରକୃତ ମାଲିକଙ୍କୁ ଫେରାଇ ଦିଆଯିବ, ଯଦ୍ୱାରା ପୂରା ଘଟଣାଟି ଡକାୟତି ପରିବର୍ତ୍ତେ ଫାଲଷ୍ଟାଫଙ୍କ ପ୍ରତି ଏକ ବାସ୍ତବ ପରିହାସ ସଦୃଶ ମନେହେବ।

ଏହି କୌତୁକମୟ ପରିବେଶ ୱେଲଶ ଓ ପର୍ଶୀଙ୍କ ବିରୁଦ୍ଧରେ ପିତାଙ୍କୁ ସହାୟତା କରିବା ପାଇଁ ହଲଙ୍କୁ ଡାକରାରେ ସମାପ୍ତ ହୋଇଛି। ଯୁବରାଜ ହଲ ଓ ତାଙ୍କ ପିତା ହେନରୀଙ୍କ ମଧ୍ୟରେ ଥିବା ମନୋମାଳିନ୍ୟର ସାମୟିକ ଅନ୍ତ ଘଟିଛି, ଯେତେବେଳେ ହଲ ରଣକ୍ଷେତ୍ରରେ ପିତାଙ୍କ ଜୀବନ ବଞ୍ଚାଇଛନ୍ତି। ହଲ ବି ଯୁଦ୍ଧକ୍ଷେତ୍ରରେ ନିଜ ପରାକ୍ରମ ପ୍ରଦର୍ଶନ କରିଛନ୍ତି ଏବଂ ଫାଲଷ୍ଟାଫଙ୍କୁ ଅତ୍ୟଧିକ ମଦ୍ୟପାନ ଓ ଅସୁସ୍ଥତାର ଆଳ ନିମନ୍ତେ ଭର୍ତ୍ସନା କରିଛନ୍ତି। ହଲ ଶ୍ରେସବୁରୀ ଯୁଦ୍ଧରେ ହୋଟ୍ସପୁରଙ୍କୁ ହତ୍ୟା କରିଛନ୍ତି। ତେବେ ଏପରି ସମ୍ଭ୍ରାନ୍ତ ଯୋଦ୍ଧାଙ୍କ ମୃତ୍ୟୁ ତଥା ବନ୍ଧୁ ଫାଲଷ୍ଟାଫଙ୍କ ନିଧନର ଗୁଜବରେ ଶୋକ କରିଛନ୍ତି।

ବାସ୍ତବିକ ରଣାଙ୍ଗନରେ ଫାଲଷ୍ଟାଫଙ୍କ ମୃତ୍ୟୁ ହୋଇନାହିଁ। ସେ ଡଗଲାସଙ୍କ ଠାରୁ ରକ୍ଷା ପାଇବା ପାଇଁ ସେଠାରେ ନିତାନ୍ତ ଅସମ୍ମାନଜନକ ଭାବେ ମୃତପ୍ରାୟ ଅଭିନୟ କରିଥିଲେ। ହୋଟ୍ସପୁରଙ୍କ ମୃତ୍ୟୁ ହଲଙ୍କ ଦ୍ୱାରା ହେବା ପରେ ଫାଲଷ୍ଟାଫ ତାଙ୍କ ଜଙ୍ଘକୁ ଛୁରିକାଘାତ କରି ସମସ୍ତ ପ୍ରଶଂସା ସାଉଁଟିବା ପାଇଁ ଅପଚେଷ୍ଟା କରିଛନ୍ତି। ଯୁବରାଜ ହଲ ବି ଏହି ବିରାଟ ମିଥ୍ୟାରେ ବିଶ୍ୱାସ କରିବା ପରି ଅଭିନୟ

କରିଛନ୍ତି। ମୁଖ୍ୟ ବିଦ୍ରୋହୀ ପର୍ଶୀଙ୍କୁ ହେନରୀ ହତ୍ୟା କରିଛନ୍ତି। କିନ୍ତୁ ଅନ୍ୟତମ ବିଦ୍ରୋହୀ ନେତା ବନ୍ଦୀ ଡଗଲାସଙ୍କୁ କୌଣସି ମୁକ୍ତିମୂଲ୍ୟ ବିନା ଖଲାସ କରିଛନ୍ତି। ବିଦ୍ରୋହ ସାମୟିକ ଭାବେ ପ୍ରଶମିତ ହୋଇଛି। ଏତଦ୍ଦ୍ୱାରା ରାଜା ଆଶ୍ୱସ୍ତ ହୋଇଛନ୍ତି। ତଥାପି ବିଦ୍ରୋହ ଆର୍କବିଶପ ୟର୍କ ଓ ନର୍ଥମ୍ବରଲାଣ୍ଡର ଅର୍ଲଙ୍କ ଦ୍ୱାରା ଚାଲୁ ରହିଛି।

ରାଣୀ ଏଲିଜାବେଥଙ୍କ ରାଜତ୍ୱର ଶେଷ ପର୍ଯ୍ୟାୟରେ ରଙ୍ଗମଞ୍ଚରେ ଫାଲଷ୍ଟାଫ ଚରିତ୍ରର ଆବିର୍ଭାବ ଏକ ବିଶିଷ୍ଟ ଘଟଣା। ଏହି ପୃଥୁଳକାୟ, ହସ୍ୟୋଦ୍ଦୀପକ ଚରିତ୍ର ସେକ୍‌ସପିଅରଙ୍କ ଅନ୍ୟତମ ଅମର ସୃଷ୍ଟି। ତାଙ୍କ ଅବିର୍ଭାବରେ ରଙ୍ଗମଞ୍ଚ ଦର୍ଶକଙ୍କ ତାଳିମାଡରେ ପ୍ରକମ୍ପିତ ହେଉଥିଲା, ସମସ୍ତ ସ୍ଥାନ ଶୁଭାକାଂକ୍ଷୀଙ୍କ ଦ୍ୱାରା ପରିପୂର୍ଣ୍ଣ ହେଉଥିଲା। ସେ ସମୟର ଏକ କବିତାରେ ଥିଏଟର ପରିପ୍ରେକ୍ଷୀରେ ବର୍ଣ୍ଣିତ ହୋଇଛି,

but let Falstaff come, you scarce have a roome.

ଫାଲଷ୍ଟାଫ ହିଁ ନାଟକର କେନ୍ଦ୍ରବିନ୍ଦୁ। ସେ ଲଣ୍ଡନର ପାନଶାଳାମାନଙ୍କର ଯୁବରାଜ ହଲଙ୍କ ତତ୍ତ୍ୱାବଧାରକ। ଯେତେବେଳେ ହଲ ରାଜା ହୋଇ ତାଙ୍କୁ ଅବଜ୍ଞା କରିଛନ୍ତି, ସେ ମର୍ମାହତ ହୋଇଛନ୍ତି। ହଲଙ୍କୁ ସେକ୍‌ସପିଅରଙ୍କ ସହ ତୁଳନା କରାଯାଇଛି, ଯେ ଖ୍ୟାତି ପାଇବା ପରେ ରବର୍ଟ ଗ୍ରୀନ ଓ ଥୋମାସ ନାଶଙ୍କ ପରି ପାନଶାଳାର ବନ୍ଧୁଙ୍କୁ ଅବହେଳା କରିଛନ୍ତି।

ବୃଦ୍ଧା ଏଲିଜାବେଥଙ୍କ ରୋମାଞ୍ଚହୀନ ଶାସନର ଅସାଧୁ ରାଜ ପ୍ରତିନିଧି, ନିର୍ଲିପ୍ତ ଯୁବରାଜ ଗଣ, ରୂଢିବାଦୀ ବିଚାରକଙ୍କ ବିପରୀତ ରୂପେ ଅବତୀର୍ଣ୍ଣ ହୋଇଥଲେ ଉଦ୍ଦାମ ପ୍ରାଣପ୍ରାଚୁର୍ଯ୍ୟରେ ଭରପୂର, ହାସ୍ୟରସ ପ୍ରିୟ, ମଦ୍ୟପ, ଆତ୍ମଗର୍ବୀ, ବେଶ୍ୟାସକ୍ତ ଫାଲଷ୍ଟାଫ। ଉଚ୍ଚ ନୀଚ ବର୍ଗ ନିର୍ବିଶେଷରେ ସେ ନିଛକ ଇଂଲିଶ ବ୍ୟକ୍ତିର ପ୍ରତିନିଧି ଥିଲେ। ସାମରିକ କର୍ତ୍ତବ୍ୟ ନିମନ୍ତେ ଉଦ୍ୟତ ଫାଲଷ୍ଟାଫଙ୍କ ସଂଳାପ ଲକ୍ଷ୍ୟ କରାଯାଉ।

"Pay the musicians, sirrah. Farewell, hostess, farewell, farewell Doll. You see, my good wenches, how men of merit are sought after, the undeserver may sleep, when the man of action is called on. Farewell good wenches, if I be not sent away post, I will see you again ere I go."

ଉଚ୍ଚବର୍ଗର ଦର୍ଶକମାନଙ୍କ ପାଇଁ ସେ ବଦମାସ ହୋଇପାରନ୍ତି। ମିଷ୍ଟ୍ରେସ କ୍ୱିକଲି ତାଙ୍କୁ କହିଛନ୍ତି,

"Well, fare thee well, I have known thee these twenty-nine years, come peascod-time, but an honester and truer hearted man - Well, fare thee well."

ପରିଶେଷରେ ଫାଲଷ୍ଟାଫଙ୍କ ଚୈତନ୍ୟ ଉଦୟ ଘଟିଛି । ସାମାନ୍ୟ ଅନୁଶୋଚନା ସହ ସେ କହିଛନ୍ତି ଯେ, ତାଙ୍କ ଜୀବନ ପରିବର୍ତ୍ତନ କରିବା ପାଇଁ ସେ ଚାହାଁନ୍ତି, 'to live cleanly as a noble man should do.'

ଦ ମେରୀ ୱାଇଭ୍ସ ଅଫ୍ ୱିଣ୍ଡ୍ସୋର

ଦ ମେରୀ ୱାଇଭ୍ସ ଅଫ୍ ୱିଣ୍ଡ୍ସୋର ନାଟକରେ ଫାଲଷ୍ଟାଫଙ୍କ ବିଭିନ୍ନ ହାସ୍ୟରସାତ୍ମକ କାର୍ଯ୍ୟର ଅବତାରଣା କରାଯାଇଛି। ପ୍ଲାଟସଙ୍କ ମିଳନାନ୍ତକ ନାଟକ ଓ ଇଟାଲୀୟ କ୍ଷୁଦ୍ର ଉପନ୍ୟାସରୁ ଏହାର କଥାବସ୍ତୁ ବୋଧେ ଆନୀତ। ଏହାର ପୃଷ୍ଠଭୂମି ୱିଣ୍ଡସୋର ଦୁର୍ଗ ଯେଉଁଠି ନୂଆ ବୀର ପୁରୁଷଗଣ ଅବତୀର୍ଣ୍ଣ ହୋଇଛନ୍ତି। ଏହି ଦୁର୍ଗରେ ପୂର୍ଣ୍ଣ ନାଟକ ପରିବର୍ତ୍ତେ ଆଡମ୍ବରପୂର୍ଣ୍ଣ ଏକ ଗୀତିନାଟ୍ୟ ପରିବେଷଣ କରାଯାଇଛି, ଯେଉଁଠି ମିଷ୍ଟ୍ରେସ କ୍ୱିକଲି ପରୀ ରାଣୀଙ୍କ ଉଦ୍ଭଟ ଛଦ୍ମବେଶରେ ଉପସ୍ଥାପିତ ହୋଇ ହାସ୍ୟରସ ପ୍ରଦର୍ଶନ କରିଛନ୍ତି। ସେକ୍ସପିଅର ତାପରେ ନାଟକର ଅବଶିଷ୍ଟାଂଶ ଲେଖି ଯଥାବିଧି ନାଟକର ଦ୍ୱନ୍ଦ୍ୱ ଉପସ୍ଥାପନ କରିଛନ୍ତି।

ଫାଲଷ୍ଟାଫ, ଶାଲୋ, ପିସ୍ତଲ, ବରଡୋଲ୍ଫ ଇତ୍ୟାଦିଙ୍କୁ ପରିତ୍ୟାଗ କରିବା ସମ୍ଭବପର ନୁହେଁ, ଲୋକପ୍ରିୟତାର ଆଧାରରେ ସେମାନଙ୍କୁ ପୁଣି ରଙ୍ଗମଞ୍ଚକୁ ଅଣାଯାଇଛି। ନାଟକର ଜଣେ ଚରିତ୍ର ଯେ ପତ୍ନୀଙ୍କ ଫାଲଷ୍ଟାଫଙ୍କ ସହ ପ୍ରେମ ସମ୍ପର୍କ ସନ୍ଦେହ କରି ବ୍ୟତିବ୍ୟସ୍ତ, ବୃକ ଛଦ୍ମ ନାମ ଗ୍ରହଣ କରିଛନ୍ତି। ତେବେ ନିକଟ ଅତୀତରେ ମୃତ୍ୟୁ ମୁଖରେ ପଡ଼ିଥିବା ନାଟକ ବିଦ୍ୱେଷୀ ଲର୍ଡ କଭାମଙ୍କ ପିତୃ ପକ୍ଷର ସାଙ୍ଗା ବୃକ ହୋଇଥିବାରୁ ଏହାକୁ ବୃମକୁ ପରିବର୍ତ୍ତନ କରିବା ପାଇଁ ସେକ୍ସପିଅର ବାଧ୍ୟ ହୋଇଛନ୍ତି।

ଏହି ନାଟକରେ ପାରମ୍ପରିକ ଇଂଲିଶ ମିଳନାନ୍ତକ ନାଟକର ସମସ୍ତ ଉପାଦାନ ରହିଛି। କ୍ରମାଗତ ଅଶ୍ଳୀଳ ଉଦ୍ଦେଶ୍ୟ, କାମ ଚେତନା, ପୁରୁଷର ପରିଚିତି ଏଡାଇବା ଉଦ୍ଦେଶ୍ୟରେ ଜାଲ ଅଙ୍ଗବସ୍ତ୍ରରେ ଆଚ୍ଛାଦିତ ହୋଇ ମହିଳା ଫାଲଷ୍ଟାଫ ରୂପେ ପଳାୟନ ଆଦି। ଏହା ସହ ଏକ ରସିକ ଫରାସୀ ବ୍ୟକ୍ତିର ଅବତାରଣା ଓ ନିଛକ ଗ୍ରାମୀଣ ଶୈଳୀରେ ପେଶ ହୋଇଥିବା ଅତୀନ୍ଦ୍ରିୟ ଭୌତିକ ପୃଷ୍ଠଭୂମି ତାତ୍ପର୍ଯ୍ୟପୂର୍ଣ୍ଣ।

ସେକ୍ସପିଅର ଦୁଇ ବିବାହିତା ମହିଳା ମିସେସ ପେଜ ଓ ମିସେସ ଫୋର୍ଡ

ନାଟକରେ ଉପସ୍ଥାପନ କରିଛନ୍ତି। ଫାଲଷ୍ଟାଫ ସେମାନଙ୍କ ଅର୍ଥ ତୋଷରପାତ କରି କାମ ବାସନା ଚରିତାର୍ଥ କରିବାକୁ ଚାହିଁଛନ୍ତି। କିନ୍ତୁ ବୁଦ୍ଧିମତୀ ମହିଳା ଦ୍ୱୟ ତାଙ୍କ ଅସଲ ସ୍ୱରୂପ ଉନ୍ମୋଚନ କରିଛନ୍ତି।

ମୁଖ୍ୟତଃ କାମ ପ୍ରବଣତା ଏଠାରେ ପ୍ରହସନରେ ରୂପାନ୍ତରିତ ହୋଇଛି। ଫରାସୀ ଓ ୱେଲଶ ବ୍ୟକ୍ତି ଇଂଲିଶ ଭାଷାକୁ ଶତାଧିକ ଭିନ୍ନ ଆକାରରେ ବଦଳାଇଛନ୍ତି, ଯାହା ନିରୋଳା ହାସ୍ୟରସ ସୃଷ୍ଟି ପାଇଁ ସହାୟକ ହୋଇଛି। ସେକ୍ସପିଅରଙ୍କ ନିର୍ଦ୍ଦିଷ୍ଟ ଏହି ପୃଥିବୀରେ ଶବ୍ଦ ସବୁ ପ୍ରହସନରେ ପରିଣତ ହୋଇଛନ୍ତି, ଯେଉଁଠି ଅସମ୍ଭବ ଓ ଅସଂଗତିର ରାଜତ୍ୱ ଅପ୍ରତିହତ। ଏହି ନାଟକ ସେ ସମୟରେ ଅନୁସୃତ ନାଗରିକ ନାଟକର ଏକ ଅନୁକୃତି, ଯାହା ଖୁବ ଲୋକପ୍ରିୟ ଥିଲା। ଗ୍ରାମୀଣ କ୍ଷୁଦ୍ର ସହରରେ ଏହାକୁ ପରିବେଷଣ କରି ସେକ୍ସପିଅର ବେନ ଜନସନ ଓ ଡେକେରଙ୍କ ପ୍ରବର୍ତ୍ତିତ ପୌର ବ୍ୟଙ୍ଗୋକ୍ତି ପରିହାର କରିଛନ୍ତି।

ବିଷୟ ବସ୍ତୁର ହଠାତ ପରିବର୍ତ୍ତନ, ଭ୍ରମାତ୍ମକ ପରିଚିତିସବୁ ନାଟ୍ୟକାରଙ୍କ ଅଭିନେତାଙ୍କ ପ୍ରତି ନୂତନ ଉପହାର। ନିଶ୍ଚିତ ରୂପେ ସେକ୍ସପିଅର ମିଳନାନ୍ତକ ନାଟକର ଅନେକ ଉପାଦାନ ଇଟାଲୀୟ ନାଟକରୁ ଆହରଣ କରିଛନ୍ତି। କିନ୍ତୁ ଇଂଲଣ୍ଡର ପରିବେଶରେ ସେ ସବୁର ସମ୍ୟକ୍ ପରିବର୍ତ୍ତନ ଘଟିଛି। ଏହା ଇଂଲିଶ ପରିକଳ୍ପନାର ବଳିଷ୍ଠ ନମୁନା, ଯାହାର ସେ ସର୍ବଶ୍ରେଷ୍ଠ ପ୍ରତିଭୂ।

ହେନରୀ ଫୋର୍ଥ - ଦ୍ୱିତୀୟ ଭାଗ

ହେନରୀ ଫୋର୍ଥ, ଦ୍ୱିତୀୟ ଭାଗ, ସେକ୍‌ସପିଅରଙ୍କ ଏକ ଐତିହାସିକ ନାଟକ ଯାହା ୧୫୯୬ - ୯୯ ମଧ୍ୟରେ ଲିଖିତ ଓ ପ୍ରଥମ ଭାଗର ବହୁ ଦୃଷ୍ଟିରୁ ଏକ ସମ୍ପ୍ରସାରଣ। ଏହାର ଐତିହାସିକ ଘଟଣାବଳୀ ରାଫେଲ ହୋଲିନଷେଡ଼ଙ୍କ ଇତିବୃତ୍ତରୁ ନିଆଯାଇଛି।

ନାଟକରେ ରାଜା ହେନରୀ ଚତୁର୍ଥଙ୍କ ପୁତ୍ର ଜନ ଅଫ ଲଙ୍କାଷ୍ଟର ଓ୍ୱେଲଶ ମୁଖ୍ୟ ଓ୍ୱେନ ଗ୍ଲେନ୍ଦୋଓ୍ୱେର ଓ ହଟ୍‌ସ୍ପୁରଙ୍କ ପିତା ହେନରୀ ପର୍ଶୀଙ୍କ ବିରୁଦ୍ଧରେ ଯୁଦ୍ଧରତ ଅଛନ୍ତି। ଗର୍ବୋଦ୍ଧତ ସାର ଜନ ଫାଲଷ୍ଟାଫ ଅଧିକ ପୃଥୁଳକାୟ ହୋଇ ମିଷ୍ଟ୍ରେସ କ୍ୱିକଲିଙ୍କ ସହ ଶଠତା, ଲର୍ଡ଼ ଚିଫ ଜଷ୍ଟିସଙ୍କୁ ଦୁର୍ବ୍ୟବହାର, ବାରବନିତା ଡୋଲ ଟିଅରଶୀଟଙ୍କ ନିକଟରେ ବାଗାଡମ୍ବର ଆଦି ଯାବତୀୟ ଅନୈତିକ କାର୍ଯ୍ୟରେ ଲିପ୍ତ ଥିବା ସହ ସମସ୍ତଙ୍କ ଠାରୁ ସୁବିଧା ହାସଲ ନିମନ୍ତେ ବ୍ୟଗ୍ର ଅଛନ୍ତି।

ନାଟକଟି ମୁଖ୍ୟତଃ ଯୁବରାଜ ହଲଙ୍କ ରାଜପଦ ପାଇଁ ପ୍ରସ୍ତୁତି ଓ ଫାଲଷ୍ଟାଫ ପରି ସଂଶୟାଚ୍ଛନ୍ନ ଚରିତ୍ରକୁ ପରିତ୍ୟାଗ ଉପରେ କେନ୍ଦ୍ରୀଭୂତ। ହେନରୀ ଚତୁର୍ଥ, ପ୍ରଥମ ଭାଗର ଏହି ମୁଖ୍ୟ ଚରିତ୍ର ଦ୍ୱୟଙ୍କ ଘନିଷ୍ଠତା ପରିବର୍ତ୍ତେ ଉଭୟ ନିଜ ନିଜ ପୃଥକ ରାସ୍ତାରେ ଯାତ୍ରା କରିଛନ୍ତି ଏବଂ ଅଳ୍ପ ସମୟ ପାଇଁ କେବଳ ଦୁଇଥର ମିଶିବା ନିମନ୍ତେ ସୁଯୋଗ ପାଇଛନ୍ତି। ନାଟକର ସ୍ୱର ମୁଖ୍ୟତଃ କରୁଣ, ଯେହେତୁ କ୍ରମଶଃ ବୟୋବୃଦ୍ଧ ଫାଲଷ୍ଟାଫ ରାଜା ହେନରୀ ଆସନ୍ନ ମୃତ୍ୟୁର ପଦଧ୍ୱନି ଶୁଣିଛନ୍ତି।

ଫାଲଷ୍ଟାଫ ଜଣେ ବାଳକ ଅନୁଚର ସହ କଥାବାର୍ତ୍ତା ବେଳେ ଗର୍ବରେ କହିଛନ୍ତି, 'I am not only witty myself, but cause of that wit in other men.' ସେ ତାଙ୍କ ଦେବାଳିଆ ଅବସ୍ଥା ପାଇଁ ଅସଂଯତ ଝର୍ଚ୍ଚକୁ ଦାୟୀ କରିଛନ୍ତି। ତାପରେ ପତ୍ନୀ ଅନ୍ୱେଷଣରେ ବେଶ୍ୟାପଡା ଯାଇଛନ୍ତି।

ତାଙ୍କ ଡୋଲ୍ ଟିଅରଶୀଟ ନାମକ ବାରଙ୍ଗନା ସହ ସମ୍ପର୍କ ରହିଛି ଯେ

ଆନସିଏଣ୍ଟ ପିସ୍ତଲ ନାମକ ତାଙ୍କ ପତାକା ବାହକ ସହ କଳି କରିଛନ୍ତି। ଫାଲଷ୍ଟାଫ ପିସ୍ତଲଙ୍କୁ ତ୍ୟାଗ କରିବା ପରେ ଡୋଲ ଯୁବରାଜଙ୍କ ସମ୍ପର୍କରେ ପଚାରିଛନ୍ତି। ଯୁବରାଜଙ୍କ ସମ୍ପର୍କରେ ତାଙ୍କ ଅରୁଚିକର ମନ୍ତବ୍ୟ ସଙ୍ଗୀତଜ୍ଞଙ୍କ ଛଦ୍ମ ବେଶରେ ଥିବା ଯୁବରାଜ ହଲ ଶୁଣି ପାରିଛନ୍ତି। ଫାଲଷ୍ଟାଫ ଲଜ୍ଜିତ ହୋଇ କଥା ଭୁଲାଇବା ପାଇଁ ଚେଷ୍ଟା କରିଛନ୍ତି, କିନ୍ତୁ ଯୁବରାଜ ସନ୍ଦେହଶୁନ୍ୟ ହୋଇନାହାନ୍ତି। ଏ ସମୟରେ ଅନ୍ୟ ଏକ ବିଦ୍ରୋହର ବାର୍ତ୍ତା ଆସି ପହଞ୍ଚିଛି।

ଫାଲଷ୍ଟାଫ ସୈନ୍ୟବାହିନୀରେ ପୁଣି ଯୋଗ ଦେବା ପାଇଁ ଯାତ୍ରା କରି ସୈନ୍ୟ ସଂଗ୍ରହ ନିମନ୍ତେ ଗ୍ରାମାଞ୍ଚଳକୁ ଯାଇଛନ୍ତି। ସେଠାରେ ବିଗତ ବାଲ୍ୟ ଜୀବନର ସାଥୀ ଜଷ୍ଟିସ ସାଲୋଙ୍କୁ ଭେଟି ସ୍କୁଲ ସମୟର ଦୁଷ୍ଟାମି ବିଷୟରେ ଆଲୋଚନା କରିଛନ୍ତି। ସାଲୋ ସୈନ୍ୟବାହିନୀ ନିମନ୍ତେ ମୋଲ୍‌ଦୀ, ବୁଲକାଫ, ଶାଡୋ, ୱାର୍ଟ ଆଦି ଗାଉଁଲି ଲୋକଙ୍କୁ ସଂଗ୍ରହ କରିଛନ୍ତି। ଫାଲଷ୍ଟାଫ ଓ ତାଙ୍କ ସାଙ୍ଗମାନେ ଲାଞ୍ଚ ନେଇ ମୋଲ୍‌ଦୀ ଓ ବୁଲକାଫଙ୍କୁ ଛାଡି ଦେଇଛନ୍ତି।

ଭିନ୍ନ ବୃତ୍ତାନ୍ତରେ ହଲ ଲଣ୍ଡନର ଅଖ୍ୟାତ ଗଳିମାନଙ୍କରେ ଅଧିକ ସମୟ କଟାନ୍ତି। ଏହା ରାଜପଦ ପାଇଁ ତାଙ୍କ ଯୋଗ୍ୟତା ସମ୍ପର୍କରେ ପ୍ରଶ୍ନବାଚୀ ସୃଷ୍ଟି କରେ। ରାଜ ପରିଷଦର ସାନ୍ତ୍ୱନା ସତ୍ତ୍ୱେ ରାଜା ହେନରୀ ଏ ଦିଗରେ ବିବ୍ରତ ହୋଇ ଉଠନ୍ତି। ଏ ସମୟରେ ଅନ୍ୟ ଏକ ବିଦ୍ରୋହର ବାର୍ତ୍ତା ପହଞ୍ଚିଛି। କିନ୍ତୁ ଏହାର ସମାଧାନ ଯୁଦ୍ଧକ୍ଷେତ୍ରରେ ନହୋଇ ଯୁବରାଜ ହଲଙ୍କ ଭାଇ ଯୁବରାଜ ଜନଙ୍କ ହୀନ ରାଜନୈତିକ ଚାଲ ଦ୍ୱାରା ହୋଇଛି। ପରିଣାମରେ ରାଜା ହେନରୀ ଭୀଷଣ ଅସୁସ୍ଥ ହୋଇ ମୃତପ୍ରାୟ ପଡି ରହିଛନ୍ତି। ଏ ଦୁର୍ଦ୍ଦିନରେ ହଲ ରାଜାଙ୍କ ମୁକୁଟ ନେଇ ରୋଗଶଯ୍ୟାରୁ ବିଦାୟ ନେଇଛନ୍ତି। ସମ୍ଭବତଃ କୃତକର୍ମ ନିମନ୍ତେ ସିଂହାସନରୁ ବଞ୍ଚିତ ହେବା ଆଶଙ୍କା ତାଙ୍କୁ ଘାରିଛି। ସାମାନ୍ୟ ସୁସ୍ଥ ହୋଇଥିବା ରାଜା ହେନରୀ ଏ ଖବର ପାଇ ଖୁବ ବ୍ୟଥିତ ହୋଇଛନ୍ତି। ହଲଙ୍କ ସମସ୍ତ ଅଭିପ୍ରାୟ କେବଳ ସିଂହାସନ ହାସଲରେ କେନ୍ଦ୍ରୀଭୂତ ବୋଲି ଚିନ୍ତା କରି ମ୍ରିୟମାଣ ହୋଇଛନ୍ତି। ହଲ ତାଙ୍କୁ ଓ ଭାଇମାନଙ୍କୁ ନିଜ ଉନ୍ନତ ଚିନ୍ତାଧାରା ସମ୍ପର୍କରେ ବୁଝାଇଛନ୍ତି। ବିଦ୍ରୋହ ଦମନ ନିମନ୍ତେ ବିଦେଶରୁ ସହାୟତା ନେବା ପାଇଁ ଉପଦେଶ ଦେଇ ରାଜା ହେନରୀ ପ୍ରାଣତ୍ୟାଗ କରିଛନ୍ତି। ଯୁବରାଜ ହଲ ହେନରୀ ପଞ୍ଚମ ରୂପେ ସିଂହାସନ ଆରୋହଣ କରିଛନ୍ତି।

ଏହି ସମ୍ବାଦରେ ଉଲ୍ଲସିତ ହୋଇ ଫାଲଷ୍ଟାଫ ବହୁ ପୁରସ୍କାର ଲାଭ ଆଶାରେ ନିଜ ପ୍ରିୟ ବନ୍ଧୁମାନଙ୍କ ସହ ଲଣ୍ଡନରେ ପହଞ୍ଚିଛନ୍ତି। କିନ୍ତୁ ଇତିମଧ୍ୟରେ ନୂତନ ରାଜାଙ୍କ ମନୋଭାବରେ ସମ୍ୟକ୍ ପରିବର୍ତ୍ତନ ଘଟିଛି। ସେ ଫାଲଷ୍ଟାଫଙ୍କୁ ପ୍ରକାଶ୍ୟରେ

ଧମକାଇଛନ୍ତି ଓ ତାଙ୍କୁ ଓ ତାଙ୍କ ମଦୁଆ ସାଙ୍ଗମାନଙ୍କୁ ଲାମ୍ପଟ୍ୟ ଓ ଭ୍ରଷ୍ଟ କାର୍ଯ୍ୟ ନିମନ୍ତେ ପାଶ୍ଚାତ୍ତାପ କରିବା ପାଇଁ ନିର୍ଦ୍ଦେଶ ଦେଇ ଲର୍ଡ ଚିଫ ଜଷ୍ଟିସଙ୍କୁ ସେମାନେ ପରିବର୍ତ୍ତିତ ହେବା ଯାଏଁ ଫ୍ଲିଟ ଜେଲରେ ବନ୍ଦୀ କରିବା ପାଇଁ ଆଦେଶ ଦେଇଛନ୍ତି। ଲଣ୍ଡନର କୁଖ୍ୟାତ ଗଳିର ବାସିନ୍ଦାଙ୍କୁ ଶୀଘ୍ର ସେଠାରୁ ଅପସାରିତ ହେବା ପାଇଁ ବି ଆଦେଶ ଦେଇଛନ୍ତି।

ନାଟକର ଉପସଂହାରରେ ନାଟ୍ୟକାର ଦର୍ଶକଙ୍କୁ ଧନ୍ୟବାଦ ଦେଇଛନ୍ତି ଏବଂ ଜଣାଇଛନ୍ତି ଯେ, ପରବର୍ତ୍ତୀ ନାଟକରେ ଏହି କାହାଣୀ ପରିବର୍ଦ୍ଧିତ ହେବ ଏବଂ ସାର ଜନ ଫାଲଷ୍ଟାଫ ଅଂଶ ଗ୍ରହଣ କରି ଫ୍ରାନ୍ସର ସୁନ୍ଦରୀ କାଥେରିନଙ୍କ ସହ ବିନୋଦ କରିବେ। ପରେ ଫାଲଷ୍ଟାଫଙ୍କ ଅଧିକ ସ୍ୱେଦ ନିର୍ଗତ ହୋଇ ସେ ମୃତ୍ୟୁ ବରଣ କରିବେ। କିନ୍ତୁ ପରବର୍ତ୍ତୀ ନାଟକ ହେନରୀ ଫିଫ୍‌ଥରେ ଫାଲଷ୍ଟାଫଙ୍କ ଭୂମିକା ନାହିଁ ଯଦିଓ ସେ ମୃତ୍ୟୁ ବରଣ କରିଛନ୍ତି ବୋଲି ସୂଚନା ଅଛି।

ମଚ୍ ଆଡୋ ଆବାଉଟ୍ ନଥିଙ୍ଗ୍

ସେକ୍ସପିଅରଙ୍କ ମିଳନାନ୍ତକ ନାଟକ ମଚ୍ ଆଡୋ ଆବଉଟ୍ ନଥିଙ୍ଗ୍ ବୋଧେ ୧୫୯୫ - ୯୮ ମଧ୍ୟରେ ଲେଖାଯାଇଛି ଓ ୧୬୦୦ରେ ନାଟ୍ୟକାରଙ୍କ ହାତଲେଖାରୁ ଛାପା ଯାଇଛି। ନାଟକଟି ଏକ ପ୍ରାଚୀନ କଥାବସ୍ତୁ, ଜଣେ ମହିଳାଙ୍କ ପ୍ରତି ଅବିଶ୍ୱସ୍ତତାର ମିଥ୍ୟା ଆରୋପ ବିଷୟରୁ ପାଥେୟ ସଂଗ୍ରହ କରି ଅସାଧାରଣ ବ୍ୟାପ୍ତି ଆହରଣ କରିଛି।

ଏହା ଇଟାଲୀର ମେସିନା ସହରର ପୃଷ୍ଠଭୂମିରେ ରଚିତ, ଯେଉଁଠି ଲିଓନାଟୋ ନିଜ କନ୍ୟା ହିରୋ ଓ ତାଙ୍କ ସାଥୀ ବ୍ୟାଟ୍ରିସ ସହ ବାସ କରନ୍ତି। ଲିଓନାଟୋ ଖବର ପାଆନ୍ତି ଯେ, ଡ୍ୟୁକ୍ ଡନ ପେଡ୍ରୋ ଯୁଦ୍ଧରୁ ଫେରିଛନ୍ତି ଏବଂ କିଛି ସାଥୀ ସୈନିକଙ୍କ ଗୃହକୁ ବୁଲି ଯିବା ପାଇଁ ଯୋଜନା କରିଛନ୍ତି। ଲିଓନାଟୋ ଏକ ନୈଶ ଭୋଜି ଆୟୋଜନ କରିଛନ୍ତି। ସେଠାରେ କ୍ଲଡିଓ ନାମକ ଜଣେ ସୈନିକ ହିରୋଙ୍କୁ ଦେଖି ଭଲ ପାଇଛନ୍ତି। ଅବିବାହିତ ଯୁବକ ବେନେଡିକ ବି ଆସିଛନ୍ତି ଓ ବ୍ୟାଟ୍ରିସ ସହ ଚାତୁର୍ଯ୍ୟପୂର୍ଣ୍ଣ କଥାବାର୍ତ୍ତାରେ ନିୟୋଜିତ ଅଛନ୍ତି।

ଲିଓନାଟୋ ଏକ ମୁଖାନୃତ୍ୟ ବି ଆୟୋଜନ କରିଛନ୍ତି। ଏହି ନୃତ୍ୟରେ କ୍ଲଡିଓ ଓ ହିରୋଙ୍କ ନିର୍ବନ୍ଧ କାର୍ଯ୍ୟ ସମାପନ ହୋଇଛି। ସର୍ବଦା ଈର୍ଷା ପରାୟଣ ଡନ ପେଡ୍ରୋଙ୍କ ଭାଇ ଡନ ଜନ ଉକ୍ତ ନୃତ୍ୟରେ ଯୋଗ ଦେଇଛନ୍ତି ଓ ଉଲ୍ଲାସଭରା ବାତାବରଣକୁ ନଷ୍ଟ କରିବା ନିମନ୍ତେ ତତ୍ପର ହୋଇଛନ୍ତି। ସେ ବୋରାକିଓ ଓ କନରାଡ ନାମକ ଦୁଇ ସୈନ୍ୟଙ୍କ ସହ ଏକତ୍ର ହୋଇ ହିରୋ କ୍ଲଡିଓଙ୍କୁ ଧୋକ୍କା ଦେଇଛନ୍ତି ବୋଲି ମିଥ୍ୟା ପ୍ରଚାର କରିଛନ୍ତି।

ସେହି ରାତ୍ରିରେ ହିରୋଙ୍କ ପରିଚାରିକା ମାର୍ଗାରେଟ ହିରୋଙ୍କ ଶୟନ କକ୍ଷର ଝରକା ନିକଟରେ କିଛି କଥାବାର୍ତ୍ତା କରିଛନ୍ତି। ଏହାକୁ କ୍ଲଡିଓ ଓ ଡ୍ୟୁକ କିଛି ଦୂରରୁ ନିରୀକ୍ଷଣ କରିଛନ୍ତି ଓ ମହିଳା ଜଣକ ହିରୋ ବୋଲି ଭାବିଛନ୍ତି। ଇତିମଧ୍ୟରେ ହିରୋ,

କ୍ଲଡିଆସ ଓ ଡନ ପେଡ୍ରୋ ଠିକ କରିଛନ୍ତି ଯେ , ବେନେଡିକ ଓ ବ୍ୟାଟ୍ରିସ ବାସ୍ତବିକ ପ୍ରେମୀ ଯୁଗଳ, ଯଦିଓ ସେମାନଙ୍କ ମଧରେ ବହୁ ସମୟରେ କନ୍ଦଳ ହୁଏ। ବେନେଡିକଙ୍କ ବ୍ୟାଟ୍ରିସଙ୍କ ପାଇଁ ଓ ବ୍ୟାଟ୍ରିସଙ୍କ ବେନେଡିକଙ୍କ ପାଇଁ ପ୍ରେମ ସମ୍ପର୍କରେ ଶୁଣିବା ପାଇଁ ସେମାନେ ବ୍ୟବସ୍ଥା କରନ୍ତି। ଅଜାଣତରେ ଏପରି ବହୁ କଥାବାର୍ତ୍ତା ଶୁଣିବା ପରେ ଉଭୟ ବେନେଡିକ ଓ ବ୍ୟାଟ୍ରିସ ବୁଝି ପାରନ୍ତି ଯେ, ସେମାନେ ପରସ୍ପରକୁ ଭଲ ପାଉଛନ୍ତି।

ହିରୋଙ୍କ ବିବାହର ଅବ୍ୟବହିତ ପୂର୍ବରୁ କ୍ଲଡିଓ ଭୁଲରେ ଭାବୁଛନ୍ତି ଯେ , ହିରୋ ତାଙ୍କୁ ପ୍ରବଞ୍ଚନା କରିଛନ୍ତି। ସେ ତାଙ୍କ ପ୍ରତି ଦୋଷାରୋପ କରିଛନ୍ତି ଏବଂ ହିରୋ ଏହି ପ୍ରବଳ ଧକ୍କା ହେତୁ ମୃତପ୍ରାୟ ପଡି ରହିଛନ୍ତି। ପୁରୋହିତଙ୍କ ସହାୟତାରେ ବେନେଡିକ ଓ ବ୍ୟାଟ୍ରିସ ନିଷ୍ପତ୍ତି ନେଇଛନ୍ତି ଯେ, ହିରୋ ସୁନାମ ଫେରି ପାଇବା ଯାଏଁ ମୃତ ପରି ଅଭିନୟ କରନ୍ତୁ। ଗ୍ରାମ କନଷ୍ଟେବଳ ଡଗବେରୀଙ୍କ ପ୍ରହରୀ ବୋରାକିଓ କ୍ଲଡ଼ିଓ ଓ ଡନ ପେଡ୍ରୋଙ୍କୁ ପ୍ରତାରଣା କରିଥିବା ଆସ୍ଫାଳନ ଶୁଣି ପାରିଛନ୍ତି। ସେ ଦୁହିଁଙ୍କୁ ଗିରଫ କରା ଯାଇଛି।

ସାମାନ୍ୟ ଦ୍ୱିଧାରେ ଡଗବେରୀଙ୍କ ସାକ୍ଷ୍ୟ ଲିଓନାଟୋ ଓ ଡନ ପେଡ୍ରୋଙ୍କୁ ଦିଆ ଯାଇଛି। ହିରୋଙ୍କ ମୃତ୍ୟୁର କାରଣର ପ୍ରାୟଶ୍ଚିତ ରୂପେ କ୍ଲଡିଓ ହିରୋଙ୍କ ପରିବର୍ତ୍ତେ ତାଙ୍କ ସମ୍ପର୍କୀୟ ଭଉଣୀଙ୍କୁ ବିବାହ କରିବାକୁ ସମ୍ମତ ହୁଅନ୍ତି। ଉକ୍ତ ଭଉଣୀ ହିରୋ ରୂପେ ହିଁ ଆବିର୍ଭୁତା ହୁଅନ୍ତି। ଏଣେ ବେନେଡିକ ଓ ବ୍ୟାଟ୍ରିସ ବିବାହ ପାଇଁ ନିଷ୍ପତ୍ତି ନେଇଛନ୍ତି। ଡନ ଜନ ପଳାୟନ କରିବା ପାଇଁ ଉଦ୍ୟମ କରିବା ବେଳେ ଧରା ପଡିଛନ୍ତି ଓ ଭବିଷ୍ୟତ ବିଚାର ପାଇଁ ବନ୍ଦୀ ହୋଇଛନ୍ତି। ପ୍ରେମୀମାନଙ୍କ ପୁନଃ ମିଳନରେ ଏକ ନୃତ୍ୟ ସହ ନାଟକ ସମାପ୍ତ ହୋଇଛି।

ବେନେଡିକ ଓ ବ୍ୟାଟ୍ରିସ ନାଟକର ମୁଖ୍ୟ ଚରିତ୍ର, ଯଦିଓ ସେମାନଙ୍କୁ କ୍ଲଡିଓ ଓ ହିରୋଙ୍କ ଅପେକ୍ଷା କମ୍ ଗୁରୁତ୍ୱ ମିଳିଛି। ଲିଙ୍ଗ ବୈଷମ୍ୟ ଉତ୍ତେଜକ ଆଚରଣ ରେନାସାଁ ପରିସରରେ ଗ୍ରହଣ କରିବା ବାଞ୍ଛନୀୟ। ନାଟକର ପିତୃକେନ୍ଦ୍ରିକ ସମାଜ ପୁରୁଷ ପ୍ରତି ଆନୁଗତ୍ୟ ପାରମ୍ପରିକ ସମ୍ମାନ, ବନ୍ଧୁତ୍ୱ ଓ ମହିଳାଙ୍କ ଠାରୁ ପୁରୁଷର ଉଚ୍ଚାସନର ଅଲିଖିତ ନିୟମ ଦ୍ୱାରା ନିୟନ୍ତ୍ରିତ। ହିରୋଙ୍କ ବିରୁଦ୍ଧରେ ଖଳ ଚରିତ୍ର ସମ୍ପନ୍ନ ବ୍ୟକ୍ତିଙ୍କ ମିଥ୍ୟା ଅଭିଯୋଗ, ମହିଳାଗଣ ଯେ ସ୍ୱଭାବତଃ ଅସ୍ଥିର ଚିତ୍ତ, ସମସାମୟିକ ସମାଜର ପୁରୁଷକେନ୍ଦ୍ରିକ ମାନସିକତାର ପରିଚାୟକ।

ହେନରୀ ଫିଫ୍‌ଥ

ହେନରୀ ଫିଫ୍‌ଥ ସେକ୍‌ସପିଅରଙ୍କ ଏକ ଐତିହାସିକ ନାଟକ ଯାହା ୧୫୯୯ରେ ଲେଖାଯାଇଛି। ଏହା ଆଜିନକୋର୍ଟ ଯୁଦ୍ଧର ପୂର୍ବ ଓ ପରବର୍ତ୍ତୀ ଘଟଣାବଳୀରେ ପର୍ଯ୍ୟବସିତ। ହେନରୀ ଫୋର୍ଥ ନାଟକ ଦ୍ୱୟରେ ଉଚ୍ଛୃଙ୍ଖଳ, ଅନିୟନ୍ତ୍ରିତ ଯୁବକ ରୂପେ ବର୍ଣ୍ଣିତ ହେନରୀ ଏହି ନାଟକରେ ବେଶ୍ ପରିପକ୍ୱ ଏବଂ ରାଜା ଭୂମିକାରେ ଅବତୀର୍ଣ୍ଣ। ସେ ଫ୍ରାନ୍ସକୁ ଯୁଦ୍ଧ ଅଭିଯାନରେ ଯାଇ ଅପେକ୍ଷାକୃତ କମ୍ ସୈନ୍ୟ ଥିବା ସତ୍ତ୍ୱେ ଆଜିନକୋର୍ଟ ଠାରେ ଫରାସୀ ସେନାକୁ ପରାସ୍ତ କରିଛନ୍ତି।

ପ୍ରଥମ ଅଙ୍କରେ ରାଜାଙ୍କ ଫ୍ରାନ୍ସ ଆକ୍ରମଣ କରିବା ନିଷ୍ପତ୍ତି ଚୂଡ଼ାନ୍ତ ହୋଇଛି। ଫ୍ରାନ୍ସ ଉପରେ ବଂଶଗତ ଅଧିକାର ରହିଛି ବୋଲି ତାଙ୍କ ହୃଦବୋଧ ହୋଇଛି। ଫ୍ରାନ୍ସ ରାଜା ଚାର୍ଲସ ଷଷ୍ଠଙ୍କ ପୁତ୍ର ଡାଫିନ ହେନରୀଙ୍କ ଦାବିକୁ ଅସ୍ୱୀକାର କରି ଅପମାନସୂଚକ ଟେନିସ ବଲ ପଠାଇଛନ୍ତି।

ଦ୍ୱିତୀୟ ଅଙ୍କ ଆରମ୍ଭରେ କୋରସଦ୍ୱାରା ବର୍ଣ୍ଣିତ ହୋଇଛି ଦେଶର ଯୁଦ୍ଧ ପାଇଁ ସଂକଳ୍ପ।" Now all the youth of England are on fire..... They sell the pasture now to buy the horse, following the mirror of all christian kings."

ଏହି ଅଙ୍କରେ ଅର୍ଲ ଅଫ କ୍ୟାମ୍ବ୍ରିଜ ଓ ତାଙ୍କ ଦୁଇ ସହଯୋଗୀଙ୍କ ରାଜା ହେନରୀଙ୍କୁ ହତ୍ୟା ନିମନ୍ତେ ଯୋଜନା ପ୍ରକଟିତ ହୋଇଛି। ହେନରୀଙ୍କ ଏହି ଚକ୍ରାନ୍ତର କୌଶଳପୂର୍ଣ୍ଣ ପରିଚାଳନା ଓ ଆତତାୟୀମାନଙ୍କୁ ନିର୍ମମ ଦମନ ଦର୍ଶାଏ ଯେ ସେ ପୂର୍ବ ନାଟକମାନଙ୍କରେ ପରିଦୃଷ୍ଟ ଯୁବରାଜଙ୍କ ଠାରୁ ପୂରା ଭିନ୍ନ।

ତୃତୀୟ ଅଙ୍କରେ ହେନରୀ ଓ ତାଙ୍କ ସେନା ଇଂଲିଶ ପ୍ରଣାଳୀ ଅତିକ୍ରମ କରି ହରଫ୍ଲେର ବନ୍ଦର ଅବରୋଧ କରିଛନ୍ତି। ଫ୍ରାନ୍ସର ରାଜା, କୋରସଙ୍କ ଅନୁଯାୟୀ,

'doth offer him, Catherine his daughter, and with her, to dowry, some petty and unprofitable dukedoms." ଏଥିରେ ହେନରୀ ସନ୍ତୁଷ୍ଟ ହୋଇନାହାନ୍ତି। ହରଫ୍ଲେର ଅବରୋଧ ସମୟରେ ଇଂଲିଶ ସେନା ପ୍ରଥମେ ପରାସ୍ତ ହୋଇଛନ୍ତି, କିନ୍ତୁ ହେନରୀ ସେମାନଙ୍କୁ ଏକ ପ୍ରସିଦ୍ଧ ଉକ୍ତିରେ ଅନୁପ୍ରେରିତ କରିଛନ୍ତି,

"Once more to the breach, dear friends once more,
Or close the wall up with English dead...."

ଏକ ରକ୍ତାକ୍ତ ସଂଘର୍ଷ ପରେ ଇଂଲିଶ ସେନା ହରଫ୍ଲେର ଅଧିକାର କରିଛନ୍ତି, କିନ୍ତୁ ସେନା ସଂଖ୍ୟା ହ୍ରାସ ପାଇ ପରିଣାମ ଏପରି ଶୋଚନୀୟ ହୋଇଛି ଯେ, ଇଂଲିଶ ସେନା ପାରିସକୁ ଅଗ୍ରଗତି ନକରିବା ପାଇଁ ନିଷ୍ପତ୍ତି ନେଇଛନ୍ତି। ଏହା ପରିବର୍ତ୍ତେ କଲାଇସ ସମୁଦ୍ର ବେଳା ଆଡ଼କୁ ସେମାନେ ଅଗ୍ରସର ହୋଇଛନ୍ତି। ଫରାସୀ ରାଜା ଏକ ଶକ୍ତିଶାଳୀ ସୈନ୍ୟ ବାହିନୀ ଗଠନ କରି ତାଙ୍କ ଅନୁଗମନ କରିଛନ୍ତି।

ସେମାନେ ଇଂଲିଶ ସେନାକୁ ଆଜିନକୋର୍ଟ କ୍ଷୁଦ୍ର ସହରରେ ଘେରାଉ କରିଛନ୍ତି। ଚତୁର୍ଥ ଅଙ୍କରେ ଯୁଦ୍ଧର ପୂର୍ବ ରାତ୍ରିରେ ଇଂଲିଶ ସେନା ସଂଖ୍ୟାଲଘୁ ଥିବା ଜାଣି ରାଜା ହେନରୀ ଇଂଲିଶ ଛାଉଣୀରେ ଛଦ୍ମବେଶରେ ଘୁରି ସୈନ୍ୟ ମାନଙ୍କ ମନୋବଳ ବୃଦ୍ଧି କରିବା ପାଇଁ ଚେଷ୍ଟା କରିଛନ୍ତି। ସେକ୍‌ସପିଅର ଏହି ଯୁଦ୍ଧର ସବିଶେଷ ବର୍ଣ୍ଣନା ନାଟକରେ ଦେଇ ନାହାନ୍ତି। ଯୁଦ୍ଧର ପରିଣାମ ମଣ୍ଟଜୟ ତାଙ୍କୁ କହିବା ଯାଏଁ ସେ ବୁଝିନାହାନ୍ତି। ମଣ୍ଟଜୟଙ୍କ ଭାଷାରେ "the day is yours." ଯୁଦ୍ଧରେ ଇଂଲିଶ ସେନାର ବିଜୟ ଚୂଡାନ୍ତ ନୁହେଁ, ଅମୀମାଂସିତ। ହେନରୀ କହିଛନ୍ତି, "O God, thy arm was here."

ପଞ୍ଚମ ଅଙ୍କର ଘଟଣାକ୍ରମ ବହୁ ବର୍ଷ ପରେ ଆସିଛି, ଯେତେବେଳେ ଇଂଲିଶ ଓ ଫରାସୀ ଶକ୍ତି ଟ୍ରୟେସର ଚୁକ୍ତି ସମ୍ପାଦନ କରିଛନ୍ତି ଓ ହେନରୀ ଫରାସୀ ରାଜକୁମାରୀ କାଥେରିନ ଅଫ ଟ୍ରୟେସଙ୍କ ସହ ପ୍ରେମ ସମ୍ପର୍କ ସ୍ଥାପନ କରିବା ପାଇଁ ଚେଷ୍ଟା କରିଛନ୍ତି। କିଏ ବି ଅନ୍ୟର ଭାଷା ଠିକ ବୁଝି ପାରିନାହାନ୍ତି, ତେବେ ଭ୍ରମଜନିତ ହାସ୍ୟରସ ଈପ୍ସିତ ଲକ୍ଷ୍ୟ ପୂରଣ କରିବା ଦିଗରେ ସକ୍ଷମ ହୋଉଛି। ଦୃଶ୍ୟର ଶେଷରେ ଫରାସୀ ରାଜା ହେନରୀଙ୍କ ସିଂହାସନ ପ୍ରତି ଉତ୍ତରାଧିକାର ସ୍ୱୀକାର କରିଛନ୍ତି ଓ ତାଙ୍କ ରାଣୀ ପ୍ରାର୍ଥନା କରିଛନ୍ତି, "that English may as French, French Englishmen, receive each other, God speaks thus, Amen."

ସେକ୍‌ସପିଅରଙ୍କ ବିଭିନ୍ନ ନାଟକ ପରି ଏହି ନାଟକରେ ବହୁ ଗୌଣ ଚରିତ୍ରଙ୍କ ଆବିର୍ଭାବ ଘଟିଛି, ଯେଉଁମାନେ ମୁଖ୍ୟ କଥାବସ୍ତୁର ତୁଳନାତ୍ମକ ବୈଷମ୍ୟ ପ୍ରଦର୍ଶନ

କରିଛନ୍ତି କିମ୍ବା ଟିପ୍ପଣୀ ଦେଇଛନ୍ତି। ଏହି ନାଟକରେ ସେମାନେ ହେନରୀଙ୍କ ସେନାର ଅଂଶବିଶେଷ, ହେନରୀ ଚତୁର୍ଥ ନାଟକର ପିସ୍ତଲ, ନିମ, ବରଡୋଲ୍ଫ ଆଦି ଅଛନ୍ତି। ଇତିମଧ୍ୟରେ ପିସ୍ତଲ ମିଷ୍ଟ୍ରେସ କ୍ୱିକଲିଙ୍କୁ ବିବାହ କରିଛନ୍ତି। ନାଟକରେ ହେନରୀଙ୍କ ସଙ୍ଗ ବିବର୍ଜିତ ସାର ଜନ ଫାଲଷ୍ଟାଫଙ୍କ ମୃତ୍ୟୁ ବର୍ଣ୍ଣନା ହୋଇଛି, ଯାହାଙ୍କୁ ହେନରୀ ଫୋର୍ଥର ଦ୍ୱିତୀୟ ଭାଗରେ ପରିତ୍ୟାଗ କରିଛନ୍ତି ରାଜା ହେନରୀ।

ଜୁଲିୟସ୍ ସିଜର୍

ଜୁଲିଅସ୍ ସିଜର୍ ନାଟକ ୧୫୯୯ - ୧୬୦୦ରେ ରଚିତ ହୋଇ ୧୬୨୩ରେ ପ୍ରଥମ ପୁସ୍ତକ (folio)ରେ ଛାପା ହୋଇଛି । ପ୍ଲୁଟାର୍କଙ୍କ Bioi Paralleloi (Parallel lives) ପୁସ୍ତକ ସାର ଥୋମାସ ନର୍ଥଙ୍କ ଦ୍ୱାରା ୧୫୭୯ରେ ଅନୁଦିତ ହୋଇଛି । ଖ୍ରୀ. ପୂ ୪୪ରେ ଜୁଲିଅସ ସିଜରଙ୍କ ରୋମକୁ ପ୍ରତ୍ୟାବର୍ତ୍ତନ ଓ ତାଙ୍କ ନିର୍ମମ ହତ୍ୟା ବିଷୟରେ ସେକ୍ସପିଅର ମୁଖ୍ୟତଃ ଏହି ପୁସ୍ତକରୁ ଉପାଦାନ ସଂଗ୍ରହ କରିଛନ୍ତି ।

ନାଟକର ପ୍ରାରମ୍ଭରେ ରୋମର ଦୁଇ ଜଣ ରାଜନୈତିକ ନେତା (Tribune) ନାଗରିକଗଣଙ୍କ ଦ୍ୱାରା ଜୁଲିଅସ ସିଜରଙ୍କ ବିଜୟ ଉତ୍ସବ ଉଲ୍ଲାସରେ ପାଳନ କରିବା ଦେଖି କ୍ଷୁବ୍ଧ ହୋଇଛନ୍ତି । ପମ୍ପେଇଙ୍କ ଠାରୁ ଆନୁଗତ୍ୟର ପରିବର୍ତ୍ତନକୁ ସେମାନେ ବିରୋଧ କରିଛନ୍ତି ଓ ସେଠାରେ କନ୍ଦଳର ସୂତ୍ରପାତ ହୋଇଛି । ଜଣେ ଭବିଷ୍ୟ ବକ୍ତା ସିଜରଙ୍କୁ 'beware the ides of march' କହିଛନ୍ତି ଯାହାକୁ ସିଜର ଗୁରୁତ୍ୱ ଦେଇ ନାହାନ୍ତି । ଇତି ମଧ୍ୟରେ କାସିଅସ, ସିଜରଙ୍କୁ ହତ୍ୟା କରିବା ନିମନ୍ତେ ଗଠିତ ହୋଇଥିବା ଷଡଯନ୍ତ୍ରକାରୀ ଦଳରେ ବ୍ରୁଟସ ସାମିଲ ହେବା ପାଇଁ ଚେଷ୍ଟା କରିଛନ୍ତି । ବ୍ରୁଟସ ସିଜରଙ୍କ ସହ ଭଲ ସମ୍ପର୍କ ଥିବାରୁ ତାଙ୍କୁ ହତ୍ୟା କରିବା ପାଇଁ ଦ୍ୱିଧାଗ୍ରସ୍ତ ହୋଇଛନ୍ତି । ତେବେ ସିଜରଙ୍କ କ୍ଷମତାର ଦୁରୁପଯୋଗର ବି ଆଶଙ୍କା ପ୍ରକାଶ କରିଛନ୍ତି ।

ଏ ସମୟରେ କାସ୍କା ସେମାନଙ୍କୁ ଜଣାଇଛନ୍ତି ଯେ, ମାର୍କ ଆଣ୍ଟନୀ ସିଜରଙ୍କୁ ରୋମର ମୁକୁଟ ତିନି ଥର ପ୍ରଦାନ କରିଛନ୍ତି ଓ ସିଜର ପ୍ରତିଥର ପ୍ରତ୍ୟାଖ୍ୟାନ କରିଛନ୍ତି । ସିଜରଙ୍କ ଏହି ନିଷ୍ପତ୍ତିରେ ଜନତା କରତାଳି ଦ୍ୱାରା ପ୍ରଶଂସା ବ୍ୟକ୍ତ କରିଛନ୍ତି, ଯାହା ସିଜରଙ୍କୁ ଭଲ ଲାଗିନାହିଁ । ମାର୍ଚ୍ଚ ଚଉଦ ତାରିଖ ସନ୍ଧ୍ୟାରେ ଷଡଯନ୍ତ୍ରକାରୀଗଣ ଏକତ୍ରିତ ହୋଇ ଜଣାନ୍ତି ଯେ ରୋମର ସାଧାରଣ ଜନତା ବ୍ରୁଟସ ସେମାନଙ୍କ ସହ ମିଳିତ ହେବା ପାଇଁ ଇଚ୍ଛା କରନ୍ତି ଓ ଏ ସଂକ୍ରାନ୍ତରେ ଏକ ଜାଲ ଚିଠି ବ୍ରୁଟସଙ୍କୁ ଦିଅନ୍ତି ।

ବ୍ରୁଟସ ଚିଠି ପଢ଼ନ୍ତି ଓ ବହୁ ନୈତିକ ଆଲୋଡନ ପରେ ସିଜର ରୋମର ରାଜାମୁକୁଟ ପରିଧାନ କରି ଜନସାଧାରଣଙ୍କ କ୍ଷତି ପହଞ୍ଚାଇବା ଆଶଙ୍କା ଏଡାଇବା ପାଇଁ ଷଡଯନ୍ତ୍ରକାରୀମାନଙ୍କ ସହ ଯୋଗ ଦେବା ପାଇଁ ନିଷ୍ପତ୍ତି ନିଅନ୍ତି।

ଭବିଷ୍ୟବାଣୀ ଓ ପତ୍ନୀ କାଲପୂର୍ଣ୍ଣିଆଙ୍କ ଆଶଙ୍କାକୁ ଭ୍ରୂକ୍ଷେପ ନକରି ତା ପର ଦିନ ସିଜର ସିନେଟକୁ ବାହାରିଛନ୍ତି। ଷଡଯନ୍ତ୍ରକାରୀଗଣ ମେଟେଲ୍ଲୁସ ସିମ୍ବେରଙ୍କ ଭାଇଙ୍କ ଦେଶାନ୍ତର ବିଷୟରେ ଏକ ଜାଲ ଅଭିଯୋଗ ପତ୍ର ସିଜରଙ୍କୁ ଦେଇଛନ୍ତି। ସେ ଏହାକୁ ପ୍ରତ୍ୟାଖ୍ୟାନ କରିବା ହେତୁ କାସ୍କା ଓ ଅନ୍ୟମାନେ ତାଙ୍କୁ ହଠାତ ଛୁରିକାଘାତ କରିଛନ୍ତି। ବ୍ରୁଟସ ଶେଷରେ ତାଙ୍କୁ ଛୁରୀ ବିଦ୍ଧ କରିବା ଦେଖି ସିଜର ଚକିତ ହୋଇ ସମ୍ବୋଧନ କରିଛନ୍ତି, "Et tu Brute? Then fall caesar".

ଷଡଯନ୍ତ୍ରକାରୀମାନେ ପ୍ରଚାର କରିଛନ୍ତି ଯେ, ରୋମର ସ୍ୱାର୍ଥରକ୍ଷା ପାଇଁ ସେମାନେ ସିଜରଙ୍କ ପରି ଜଣେ ଏକଛାତ୍ରବାଦୀଙ୍କୁ ହତ୍ୟା କରିଛନ୍ତି। ସେମାନେ ହତ୍ୟାପରେ ପଳାୟନ ନକରି ଏହା ପ୍ରମାଣ କରିଛନ୍ତି। ବ୍ରୁଟସ୍ ତାଙ୍କ କାର୍ଯ୍ୟକୁ ସମର୍ଥନ କରି ଯୁକ୍ତିଯୁକ୍ତ ଏକ ଭାଷଣ ଦେଇଛନ୍ତି, ଯଦ୍ଦ୍ୱାରା ଜନତା ତାଙ୍କ ପ୍ରତି ସମ୍ବେଦନଶୀଳ ହୋଇଛନ୍ତି। ତେବେ ମାର୍କ ଆଣ୍ଟନୀ ସିଜରଙ୍କ ମୃତଦେହ ନିକଟରେ ଏକ ହୃଦୟସ୍ପର୍ଶୀ ସ୍ମରଣୀୟ ବକ୍ତୃତା, 'Friends, Romans, Countrymen, lend me your ears' ପ୍ରଦାନ କରି ହତ୍ୟାକାରୀଙ୍କ ବିରୁଦ୍ଧରେ ଜନମତ ସୃଷ୍ଟି କରିଛନ୍ତି। ବିକ୍ଷୁବ୍ଧ ଜନତା ହତ୍ୟାକାରୀମାନଙ୍କୁ ରୋମରୁ ବିତାଡିତ କରିବା ପାଇଁ ଆହ୍ୱାନ କରିଛନ୍ତି ଓ ପ୍ରବଳ ହିଂସାକାଣ୍ଡ ମଧ୍ୟରେ ଅନ୍ୟମାନଙ୍କ ସହ ସିନ୍ନା ନାମକ କବି ଆକ୍ରାନ୍ତ ହୋଇଛନ୍ତି। ସେ ରୋମାନ ସିନେଟର ଲୁସିନ ସିନ୍ନା ନୁହନ୍ତି, କବି ସିନ୍ନା ବୋଲି ପରିଚୟ ଦେଲେ ବି ଜନତାଙ୍କ କ୍ରୋଧ ପ୍ରଶମିତ ହୋଇନାହିଁ। ବରଂ 'Kill him for his bad verses' ଚିତ୍କାର କରି ତାଙ୍କୁ ହତ୍ୟା କରିଛନ୍ତି।

ବ୍ରୁଟସ୍ ଓ କାସିଅସ ପ୍ରସ୍ତୁତ ହୋଇଛନ୍ତି ତୁମୂଳ ଘରୋଇ ଯୁଦ୍ଧ ନିମନ୍ତେ, ସିଜରଙ୍କ ପୋଷ୍ୟପୁତ୍ର ଅକ୍ଟାଭିଆନ ଓ ମାର୍କ ଆଣ୍ଟନୀଙ୍କ ସେନା ବିରୁଦ୍ଧରେ। ସିଜରଙ୍କ ପ୍ରେତ ବ୍ରୁଟସଙ୍କ ସ୍ୱପ୍ନରେ ପରାଜୟର ଚେତାବନୀ ଦିଅନ୍ତି, 'Thou shalt see me at Philppi.' ଫିଲପ୍ପୀ ଯୁଦ୍ଧରେ ପରାସ୍ତ କାସିଅସ ନିଜ ଭୃତ୍ୟକୁ ଆଦେଶ ଦିଅନ୍ତି ତାଙ୍କୁ ହତ୍ୟା କରିବା ନିମନ୍ତେ। ବ୍ରୁଟସ୍ ପ୍ରାଥମିକ ଅବସ୍ଥାରେ ବିଜୟୀ ହୋଇଥିଲେ ବି ନିଜ ଖଣ୍ଡାରେ ଭୁଷି ହୋଇ ଆତ୍ମହତ୍ୟା କରନ୍ତି। ମାର୍କ ଆଣ୍ଟନୀଙ୍କ ବ୍ରୁଟସ୍‌ଙ୍କ ପ୍ରତି ପ୍ରଶସ୍ତିଗାନ, 'the noblest Roman of them all' ଓ ଅକ୍ଟାଭିଆନ ସିଜର ଓ ଆଣ୍ଟନୀଙ୍କ ମଧ୍ୟରେ ଭବିଷ୍ୟତ କନ୍ଦଳ ପୃଷ୍ଠଭୂମିରେ ନାଟକର ପରିସମାପ୍ତି ଘଟିଛି।

ଏହି ନାଟକରେ ସେକ୍ସପିଅର ଘଟଣାବଳୀ ଅପେକ୍ଷା ଚରିତ୍ରମାନଙ୍କ ଉପରେ ଅଧିକ ଗୁରୁତ୍ୱ ଦେଇଛନ୍ତି। ଘଟଣାକ୍ରମ ଏପରି କୌଶଳରେ ସଂଯୋଜିତ ହୋଇଛି ଯେ, କୌଣସି ଚରିତ୍ରର ଦୋଷ କିମ୍ବା ଦାୟିତ୍ୱବୋଧ ସମ୍ପର୍କରେ ନିର୍ବିବାଦରେ ନିଶ୍ଚିତ ହେବା ଅସମ୍ଭବ। ସତରେ ସିଜର ଅନୁପମ ବ୍ୟକ୍ତିତ୍ୱ ଥିଲେ ନା ଦୋଷଯୁକ୍ତ ? ନାଟକରେ ସିଜର ଓ ବ୍ରୁଟସ୍ଙ୍କ ମଧ୍ୟରେ ଥିବା ଚିନ୍ତାଧାରାର ବିରୋଧ ଓ ତୁଳନାତ୍ମକ ବୈଷମ୍ୟ ବାସ୍ତବିକ ସମାହିତ ହୋଇଛି କି ? ଏହି ଦୁଇ ଜଣ ବିଶିଷ୍ଟ ବ୍ୟକ୍ତିଙ୍କ ମଧ୍ୟରେ ତତ୍କାଳୀନ ସଙ୍ଗୀନ ପରିସ୍ଥିତିରେ କିଏ ଠିକ ? ଏହା କେବଳ ଐତିହାସିକ ନାଟକ ନା ପ୍ରତିଶୋଧମୂଳକ ନାଟକ ରୂପେ ପରିଗଣିତ ହେବା ଉଚିତ ? ସେକ୍ସପିଅରଙ୍କ ମହନୀୟ ପ୍ରତିଭା ଦର୍ଶକମାନଙ୍କୁ ଏହି ପ୍ରଶ୍ନମାନଙ୍କର ଗଭୀର ଅନୁଧ୍ୟାନ କରିବା ପାଇଁ ଆହ୍ୱାନ ଦେଇଛି।

ଆଜ୍ ୟୁ ଲାଇକ୍ ଇଟ୍

ଆଜ୍ ୟୁ ଲାଇକ୍ ଇଟ୍ ସେକ୍ସପିଅରଙ୍କ ଏକ ବିଶିଷ୍ଟ ମିଳନାନ୍ତକ ନାଟକ ଯାହା ୧୫୯୮ -୧୬୦୦ରେ ରଚିତ ହୋଇ ଗ୍ଲୋବ ରଙ୍ଗମଞ୍ଚରେ ପ୍ରଦର୍ଶିତ ହୋଇଛି। ସେକ୍ସପିଅର ଏହାର ଉପାଦାନ ଥୋମାସ ଲଜଙ୍କ ୧୫୯୦ରେ ଗଦ୍ୟରେ ରଚିତ ପ୍ରେମ କାହାଣୀ ରୋଜାଲିଣ୍ଡରୁ ଆହରଣ କରିଛନ୍ତି।

ନାଟକର ମୁଖ୍ୟତଃ ଦୁଇଟି ପୃଷ୍ଠଭୂମି ରହିଛି। ପ୍ରଥମତଃ, ବରିଷ୍ଠ ଡ୍ୟୁକଙ୍କ ଠାରୁ ତାଙ୍କ ସାନ ଭାଇ ଫ୍ରେଡେରିକ ବଳପୂର୍ବକ ହାସଲ କରି ଥିବା ପ୍ରାସାଦ। ଦ୍ୱିତୀୟତଃ, ଆର୍ଡେନର ଅରଣ୍ୟ, ଯେଉଁଠି ଡ୍ୟୁକ ଓ ନିରାଶ ଜାକ୍ସ ଏବଂ ଅନ୍ୟ ଅନୁଚର ବାସ କରନ୍ତି। ବରିଷ୍ଠ ଡ୍ୟୁକଙ୍କ କନ୍ୟା ରୋଜାଲିଣ୍ଡ ପ୍ରାସାଦରେ ବାସ କରନ୍ତି ଓ ଅବସ୍ଥା ଚକ୍ରରେ ଅର୍ଲାଣ୍ଡୋ ନାମକ ଯୁବକଙ୍କ ପ୍ରେମରେ ପଡିଛନ୍ତି, ଯେ ତାଙ୍କ ବଡ଼ ଭାଇ ଅଲିଭରଙ୍କ ଦ୍ୱାରା ନ୍ୟାଯ୍ୟ ଶିକ୍ଷା ଓ ଉପଯୁକ୍ତ ସଂସ୍କାରରୁ ବଞ୍ଚିତ। ଅଲିଭରଙ୍କ ଜଘନ୍ୟ ଘୃଣାରୁ ରକ୍ଷା ପାଇବା ପାଇଁ ଅର୍ଲାଣ୍ଡୋ ନିଜ ବିଶ୍ୱସ୍ତ ଭୃତ୍ୟ ଆଡାମ ସହ ଆର୍ଡେନର ଅରଣ୍ୟକୁ ପଳାୟନ କରିଛନ୍ତି।

ରୋଜାଲିଣ୍ଡ ବି ସ୍ପଷ୍ଟବାଦୀ ବରିଷ୍ଠ ଡ୍ୟୁକଙ୍କ କନ୍ୟା ହୋଇଥିବାରୁ ଫ୍ରେଡେରିକଙ୍କ ଦ୍ୱାରା ଅରଣ୍ୟକୁ ନିର୍ବାସିତ ହୋଇଛନ୍ତି। ସେ ନିଜ ସମ୍ପର୍କୀୟା ଭଉଣୀ ସିଲିଆ ଓ ବିଦୂଷକ ଟଚଷ୍ଟୋନଙ୍କ ସହ ବନ ଗମନ କରିଛନ୍ତି। ଯୁବକ ଗନିମେଡଙ୍କ ଛଦ୍ମବେଶରେ ଥିବା ରୋଜାଲିଣ୍ଡ ତାଙ୍କ ପ୍ରେମରେ ଉଦ୍‌ଭ୍ରାନ୍ତ ଅର୍ଲାଣ୍ଡୋଙ୍କୁ ଭେଟିଛନ୍ତି ଏବଂ ତାଙ୍କୁ ପ୍ରେମ ଜନିତ ଅସୁସ୍ଥତାରୁ ଆରୋଗ୍ୟ କରିବା ପାଇଁ ପ୍ରତିଶ୍ରୁତି ଦେଇଛନ୍ତି। ଅର୍ଲାଣ୍ଡୋଙ୍କ ସମ୍ମୁଖରେ ସେ ରୋଜାଲିଣ୍ଡଙ୍କ ଛଳନା କରିବେ, ଯଦ୍ଦ୍ୱାରା ଅର୍ଲାଣ୍ଡୋ ନାରୀ ମାନଙ୍କ ବାସ୍ତବିକ ସ୍ୱରୂପ ସମ୍ପର୍କରେ ଜାଣି ପାରିବେ।

ଇତି ମଧ୍ୟରେ ଅଲିଭର ଅରଣ୍ୟରେ ପହଞ୍ଚନ୍ତି ଅର୍ଲାଣ୍ଡୋଙ୍କୁ ହତ୍ୟା କରିବା

ଉଦ୍ଦେଶ୍ୟରେ। କିନ୍ତୁ ଅର୍ଲାଣ୍ଡୋ ନିଜ ଭାଇ ଅଲିଭରଙ୍କୁ ଏକ କ୍ଷୁଧିତା ସିଂହୀ ଓ ସର୍ପର ଆକ୍ରମଣରୁ ବଞ୍ଚାଇବାରୁ ଅଲିଭର ଅର୍ଲାଣ୍ଡୋଙ୍କ ନିକଟରେ ଗଭୀର ଅନୁତାପ କରନ୍ତି। ଏହାପରେ ସେ ଅରଣ୍ୟବାସିନୀ ସିଲିଆଙ୍କ ପ୍ରେମରେ ପଡିଯାଆନ୍ତି।

ଯୁବତୀମାନଙ୍କ ବାସ୍ତବ ପରିଚୟରେ ଏକ ସାମୂହିକ ବିବାହ ଉତ୍ସବର ସୂତ୍ରପାତ ହୁଏ। ଏ ମଧ୍ୟରେ ସମ୍ବାଦ ହସ୍ତଗତ ହୁଏ ଯେ, ଫ୍ରେଡେରିକ କୃତ କର୍ମ ନିମନ୍ତେ ପଶ୍ଚାତ୍ତାପ କରିଛନ୍ତି। ଏହା ଦ୍ୱାରା ଡ୍ୟୁକଙ୍କ ବନବାସ ସମାପ୍ତ ହୁଏ। ଅରଣ୍ୟ ଅଧିବାସୀ, ଉଇଲିଅମ, ଅଡ୍ରୀ, ସିଲବିଅସ, ଫୋଏବେ, ଏବଂ ସଭାଷଦ ଲେ ବ୍ୟୁ ନାଟକର ବିଭିନ୍ନ ଦୃଶ୍ୟକୁ ଋଦ୍ଧିମନ୍ତ କରିଛନ୍ତି। ସଂଗୀତର ପ୍ରାଚୁର୍ଯ୍ୟ ଏହାର ପ୍ରେମ ଓ ପ୍ରଣୟର ପରିବେଶକୁ ଆନନ୍ଦର ଆତିଶଯ୍ୟରେ ସମ୍ମୋହିତ କରିଛି, ଯଥା, "Blow, blow, thou winter wind", "Under the green wood tree". ଏତଦ୍‌ବ୍ୟତୀତ,

"If music be the food of love, play on,
give me excess of it, that surfeiting,
The appetite may sicken, so die." ମଧ୍ୟ ଖୁବ୍ ଲୋକପ୍ରିୟ।

ବକ୍ରୋକ୍ତି ଓ ହାସ୍ୟ ରସର ପ୍ରାବଲ୍ୟ ଏହି ନାଟକର ବିଶେଷ ଲକ୍ଷଣ। ମୁଖ୍ୟତଃ ତିନି ପ୍ରକାର ହାସ୍ୟରସ ଏଠାରେ ଦେଖିବାକୁ ମିଳେ। ରୋଜାଲିଣ୍ଡଙ୍କ ତୀକ୍ଷ୍ଣ ବୁଦ୍ଧିମତ୍ତା, "come, woo me, woo me, for I am in a holiday humour and like enough to consent", ବିଦୂଷକ ଟଚଷ୍ଟୋନଙ୍କ ସହଜ ସାଧ୍ୟ ବୃତ୍ତିଗତ ବ୍ୟଙ୍ଗ, ଯାହା ପ୍ରେମିକା ଅଡ୍ରିଙ୍କ ଆଗମନରେ ସେ ପ୍ରକାଶ କରିଛନ୍ତି,

"A poor virgin Sir, an ill-formed thing, but mine own."

ଅରଣ୍ୟର ଆନନ୍ଦମୟ ପରିବେଶରେ ମୋଟେ ଅଂଶୀଦାର ନୁହନ୍ତି ଜାକସ। ଟଚଷ୍ଟୋନ ଓ ଅଡ୍ରିଙ୍କ ଆଗମନରେ ତାଙ୍କ ବିଷଣ୍ଣ ବିଦ୍ରୂପ ଲକ୍ଷ୍ୟ କରାଯାଉ,

"Here comes a pair of very strange beasts, which in all tongues are called fools."

ଯଦିଓ ଏହି ନାଟକ ପ୍ରତି ଯୁଗରେ ଖୁବ ଲୋକପ୍ରିୟ ହୋଇଛି, କିଛି ବିଦ୍ୱାନ ବ୍ୟକ୍ତି ଏହାର ଗୁଣବତ୍ତା ସମ୍ପର୍କରେ ପ୍ରଶ୍ନ ଉଠାଇଛନ୍ତି। ଜର୍ଜ ବର୍ଣ୍ଣାର୍ଡ ଶ' ଏଠାରେ ଉଚ୍ଚ କଳା ଚାତୁର୍ଯ୍ୟର ଅଭାବ ଲକ୍ଷ୍ୟ କରିଛନ୍ତି। ଲିଓ ଟଲଷ୍ଟୟ ଚରିତ୍ରମାନଙ୍କ ଅନୈତିକତା ଓ ଟଚଷ୍ଟୋନଙ୍କ କ୍ରମାଗତ ବ୍ୟଙ୍ଗ ପ୍ରତି ଆପତ୍ତି ଉଠାଇଛନ୍ତି। ତେବେ ଅଧିକାଂଶ ସମାଲୋଚକ ନାଟକରେ ଉନ୍ନତ ସାହିତ୍ୟିକ ମୂଲ୍ୟ ଦେଖିଛନ୍ତି। ହାରଲଡ ବ୍ଲୁମ୍‌ଙ୍କ ମତରେ ରୋଜାଲିଣ୍ଡ ସେକ୍‌ସପିଅରଙ୍କ ବିଶିଷ୍ଟ ନାୟିକାଙ୍କ ମଧ୍ୟରେ ଅନ୍ୟତମ।

ପ୍ରେମ ହିଁ ନାଟକର ମୁଖ୍ୟ ବିଷୟ ବସ୍ତୁ। ଅଧିକାଂଶ ସମୟରେ ପ୍ରେମ ପ୍ରଥମ ସାକ୍ଷାତରେ ହିଁ ସୃଷ୍ଟ। ଏତଦ୍‌ବ୍ୟତୀତ ନାଟକର ଶେଷରେ ଅପହରଣ ଓ ଅନ୍ୟାୟର କଦର୍ଯ୍ୟ ବାତାବରଣର ଅନ୍ତ ଘଟି କ୍ଷମା ଓ ଉତ୍ତମ ବୁଝାମଣା ସ୍ଥାପିତ ହୋଇଛି।

ହାମ୍‌ଲେଟ୍

ସେକ୍‌ସପିଅରଙ୍କ ମହାନ ନାଟକ ହାମ୍‌ଲେଟ୍ ୧୫୯୯-୧୬୦୧ ମଧ୍ୟରେ ଲିଖିତ ହୋଇଛି। ବିଭିନ୍ନ ସୂତ୍ର, ମୁଖ୍ୟତଃ ସାକ୍ସଓ ଗ୍ରାମାଟିକସଙ୍କ ଗେଷ୍ଟା ଡାନୋରମ ଏବଂ ୧୫୭୦ରେ ଲିଖିତ ହିଷ୍ଟୋଇରେସ ଟ୍ରାଜିକଏସରୁ ଏହାର ଉପାଦାନ ଆହରଣ କରାଯାଇଛି। ଏହା ପୂର୍ବରୁ ଉର ହାମଲେଟ ନାମକ ଏକ ନାଟକ ଟମାସ୍ କିଡ୍, ସେକ୍‌ସପିଅର୍ ଓ ଅନ୍ୟମାନଙ୍କ ଦ୍ୱାରା ଲେଖାଯାଇ ଅଭିନୀତ ହୋଇଛି, ଯାହା ସମ୍ପୂର୍ଣ୍ଣ ଭାବେ ଲୁପ୍ତ। ଏହି ନାଟକରେ ସେକ୍‌ସପିଅର ଅଭିନୟ କରିଛନ୍ତି ବୋଲି ଅନୁମାନ କରାଯାଏ।

ନାଟକର ପ୍ରାରମ୍ଭରେ ଡେନମାର୍କର ଯୁବରାଜ ହାମଲେଟ ପିତାଙ୍କ ମୃତ୍ୟୁରେ ଓ ମାତା ଗେର୍ଟ୍ରୁଡ ହାମଲେଟଙ୍କ କକେଇ କ୍ଲଡିଆସଙ୍କ ସହ ମୃତ୍ୟୁର ଏକ ମାସ ମଧ୍ୟରେ ଦ୍ୱିତୀୟ ବିବାହରେ ଖୁବ ବ୍ୟଥିତ। ପିତାଙ୍କ ପ୍ରେତ ରାତ୍ରିରେ ହାମଲେଟଙ୍କୁ ଦେଖା ଦେଇ ତାଙ୍କ ମୃତ୍ୟୁ କ୍ଲଡିଅସଙ୍କ ଦ୍ୱାରା ସଂଘଟିତ ହୋଇଛି ବୋଲି ଜଣାଇ ଏହାର ପ୍ରତିଶୋଧ ନେବା ପାଇଁ ଆଦେଶ ଦେଇଛନ୍ତି। ଯଦିଓ ପ୍ରେତଙ୍କ ଆଦେଶରେ ହାମଲେଟ ବ୍ୟତିବ୍ୟସ୍ତ, ତଥାପି ପ୍ରେତଙ୍କ ସନ୍ଦେଶର ଅଧିକ ପ୍ରମାଣ ଖୋଜିବା ପାଇଁ ନିଷ୍ପତ୍ତି ନେଇଛନ୍ତି। ସେ ମାନସିକ ଅବସାଦରେ ବିବ୍ରତ ଓ ପାଗଳ ପ୍ରାୟ ବ୍ୟବହାର କରି ପ୍ରାସାଦରେ ସମସ୍ତଙ୍କୁ ପ୍ରବଞ୍ଚିତ କରିବା ପାଇଁ ଚେଷ୍ଟା କରିଛନ୍ତି, ଯାହା ତାଙ୍କ ମୂଳ ବିଷାଦଗ୍ରସ୍ତ ସ୍ୱଭାବ ହେତୁ ବିଶ୍ୱାସଯୋଗ୍ୟ ହୋଇ ପାରିଛି।

ହାମଲେଟଙ୍କ ପ୍ରିୟ ବନ୍ଧୁ ହୋରାସିଓ କ୍ଲଡିଅସଙ୍କ ଦୋଷ ସମ୍ପର୍କରେ ନିଶ୍ଚିତ। କ୍ଲଡିଅସ ବି ହାମଲେଟଙ୍କ ଚିନ୍ତାଜନକ ବ୍ୟବହାର ବିଷୟରେ ଅନୁସନ୍ଧାନ କରିବା ପାଇଁ ତାଙ୍କ ବନ୍ଧୁ ରୋଷେନ୍‌କ୍ରାଜ ଓ ଗିଲଡେନ୍‌ଷ୍ଟେର୍ନଙ୍କୁ ଦାୟିତ୍ୱ ଦେଇଛନ୍ତି। ହାମଲେଟ ଏହି ଯୋଜନା ବୁଝିପାରି ସେମାନଙ୍କ ସମ୍ମୁଖରେ ପାଗଳ ପ୍ରାୟ ବ୍ୟବହାର କରିଛନ୍ତି।

ଆତ୍ମଗର୍ବୀ ବୃଦ୍ଧ ପଲୋନିଅସ ବୁଝିଛନ୍ତି ଯେ ଏହା ତାଙ୍କ କନ୍ୟା ଅଫେଲିଆ ପ୍ରତି ହାମଲେଟଙ୍କ ଦୁର୍ବାର ପ୍ରେମର ପରିଣତି। ପ୍ରେମିକା ଅଫେଲିଆ ତାଙ୍କ ପ୍ରତି ବିଶ୍ୱସ୍ତ ଥିଲେ ବି ହାମଲେଟ ଭାବିଛନ୍ତି ଯେ, ସେ ତାଙ୍କ ପ୍ରତି ବିରୁଦ୍ଧାଚରଣ କରୁଛନ୍ତି ଓ ତାଙ୍କ ଆଗରେ ବି ପାଗଳର ଅଭିନୟ କରିଛନ୍ତି, ଯେହେତୁ ସେ ବି ତାଙ୍କ ମା'ଙ୍କ ପରି କୃତଘ୍ନ ନାରୀ ଜାତିର ପ୍ରତିନିଧି।

ଇତି ମଧ୍ୟରେ ହାମଲେଟ ପ୍ରେତଙ୍କ ଦୋଷାରୋପ ପ୍ରମାଣ କରିବା ପାଇଁ ଏକ ନାଟକ ପ୍ରାସାଦରେ ଅଭିନୟ କରିବା ପାଇଁ ବନ୍ଦୋବସ୍ତ କରିଛନ୍ତି, ଯେଉଁଠି ପ୍ରେତ ବର୍ଣ୍ଣିତ କାହାଣୀ, ଯଥା କ୍ଲଡିଅସଙ୍କ ଦ୍ୱାରା ବିଷପାନ ଜରିଆରେ ହାମଲେଟଙ୍କ ପିତାଙ୍କ ହତ୍ୟା ବର୍ଣ୍ଣିତ ହୋଇଛି। ନାଟକଟି ଦ୍ୱାରା କ୍ଲଡିଅସ ଖୁବ ବିବ୍ରତ ହୋଇଛନ୍ତି।

ନାଟକ ଅଭିନୟ ପରେ ହାମଲେଟ ମାତାଙ୍କ ପ୍ରକୋଷ୍ଠକୁ ଯାଇ କ୍ଲଡିଅସ ପ୍ରତି ତାଙ୍କ ଦୂଷଣୀୟ ଆନୁଗତ୍ୟ ସମ୍ପର୍କରେ ପ୍ରଶ୍ନ କରିଛନ୍ତି। ପରଦାର ଅନ୍ତରାଳରୁ ଯେତେବେଳେ ସେ ଜଣେ ପୁରୁଷଙ୍କ ସ୍ୱର ଶୁଣିଛନ୍ତି, କ୍ଲଡିଅସ ଭାବି କ୍ରୋଧରେ ଛୁରିକାଘାତ କରିଛନ୍ତି। ବାସ୍ତବିକ ସେ ପଲୋନିଅସ ଥିଲେ, ଯେ ହାମଲେଟଙ୍କ ବିଚିତ୍ର ବ୍ୟବହାରର କାରଣ ଜାଣିବା ପାଇଁ ଗୋପନରେ ସେଠାରେ କଥାବାର୍ତ୍ତା ଶୁଣୁଥିଲେ। ଏହି ହତ୍ୟାକାଣ୍ଡ ଦ୍ୱାରା କ୍ଲଡିଅସ ଦୃଢ ନିଶ୍ଚିତ ଯେ, ତାଙ୍କ ଜୀବନ ସଂକଟାପନ୍ନ ରହିଛି। ପୂର୍ବୋକ୍ତ ଦୁଇ ବନ୍ଧୁଙ୍କ ସହ ହାମଲେଟଙ୍କୁ ଇଂଲଣ୍ଡ ପଠାଇ ତାଙ୍କୁ ସେଠାରେ ହତ୍ୟା କରିବା ନିମନ୍ତେ ଇଂଲଣ୍ଡର ରାଜାଙ୍କ ପାଖକୁ ସନ୍ଦେଶ ଦେଇଛନ୍ତି। ଯେତେବେଳେ ହାମଲେଟ ଏହି ସନ୍ଦେଶ ବିଷୟରେ ଜାଣିଛନ୍ତି, ସେ ଏହାକୁ ପରିବର୍ତ୍ତନ କରି ବନ୍ଧୁ ଦ୍ୱୟଙ୍କୁ ହତ୍ୟା ପାଇଁ ଇଂଲଣ୍ଡ ରାଜାଙ୍କୁ ଅନୁରୋଧ କରି ଡେନମାର୍କ ଫେରି ଆସିଛନ୍ତି।

ଡେନମାର୍କ ଫେରିବା ପରେ ହାମଲେଟ ଶୁଣିଛନ୍ତି ଯେ ଅଫେଲିଆ ଆତ୍ମହତ୍ୟା କରି ପ୍ରାଣ ହରାଇଛନ୍ତି। ବୋଧେ ପିତାଙ୍କ ହଠାତ ମୃତ୍ୟୁ ହୋଇଥିବା ସମ୍ବାଦର ଏହା ପରିଣତି ହୋଇପାରେ। ତାଙ୍କ ଭାଇ ଲରେଟସ ଏହି ହତ୍ୟାର ପ୍ରତିଶୋଧ ନେବା ପାଇଁ ଦୃଢ଼ପରିକର। କ୍ଲଡିଅସ ଲରେଟସ ଓ ହାମଲେଟଙ୍କ ମଧ୍ୟରେ ଦ୍ୱନ୍ଦ୍ୱ ଯୁଦ୍ଧ ପାଇଁ ସବୁ ଯୋଜନା କରିଛନ୍ତି। ପରିଣାମ ସ୍ୱରୂପ, ଗଣସଂହାର ସଂଘଟିତ ହୋଇଛି। କ୍ଲଡିଅସ ଓ ଲରେଟସ ଖଣ୍ଡା ମୂନରେ ବିଷ ଲେପନ କରିଛନ୍ତି ହାମଲେଟଙ୍କୁ ହତ୍ୟା କରିବା ପାଇଁ। ଯୁଦ୍ଧରେ ହାମଲେଟ ଆଘାତପ୍ରାପ୍ତ ହୋଇ ବିଷ ଲେପନ ବିଷୟ ଜାଣିପାରିଛନ୍ତି ଓ ଲରେଟେସଙ୍କୁ ଖଣ୍ଡା ବଦଳ କରିବା ପାଇଁ ବାଧ୍ୟ କରିଛନ୍ତି। ଫଳତଃ ଉଭୟେ ଆଘାତରେ ମୃତ୍ୟୁ ବରଣ କରିଛନ୍ତି। ଲରେଟସ ନିଜ ବିଶ୍ୱାସଘାତକତା ହେତୁ ମୃତ୍ୟୁ ମୁଖରେ ପଡିଛନ୍ତି ବୋଲି ସ୍ପଷ୍ଟ ଉପଲବ୍ଧି କରିଛନ୍ତି। ଗେର୍ଟ୍ରୁଡ ଯେ ଦ୍ୱନ୍ଦ୍ୱ ଯୁଦ୍ଧରେ ଉପସ୍ଥିତ

ଅଛନ୍ତି, ଭୁଲ କ୍ରମେ କ୍ଲଡିଅସ ହାମଲେଟଙ୍କୁ ହତ୍ୟା କରିବା ପାଇଁ ରଖିଥିବା ବିଷ ପାତ୍ରରୁ ପାଣି ଭାବି ବିଷ ପିଇ ମୃତ୍ୟୁ ବରଣ କରିଛନ୍ତି । ହାମଲେଟ ଶେଷ ନିଃଶ୍ୱାସ ତ୍ୟାଗ କରିବା ପୂର୍ବରୁ କ୍ଲଡିଅସଙ୍କୁ ଖଡ୍‌ଗାହତ କରି ହତ୍ୟା କରିଛନ୍ତି ଓ ତାଙ୍କ ସମ୍ମାନ ବଜାୟ ରଖିବା ପାଇଁ ବନ୍ଧୁ ହୋରାସିଓଙ୍କୁ ଅନୁରୋଧ କରିଛନ୍ତି ।

ସପ୍ତଦଶ ଶତାବ୍ଦୀ ପ୍ରାରମ୍ଭରୁ ନାଟକଟି ପ୍ରେତାତ୍ମା, ବିଷାଦ ଓ ପାଗଳାମିର ବର୍ଣ୍ଣନା ସକାଶେ ଚର୍ଚ୍ଚାରେ ରହିଛି । ସପ୍ତଦଶ ଶତାବ୍ଦୀର ଶେଷ ଭାଗରେ ସମାଲୋଚକଗଣ ହାମଲେଟ ନାଟକ ଆଦିମ ପ୍ରବୃତ୍ତିରେ ଭରପୁର ବୋଲି ବିଚାର କରିଛନ୍ତି ଓ ନାଟକୀୟ ସଂହତି ଓ ଐକ୍ୟର ଅଭାବ ବିଷୟ ଉଲ୍ଲେଖ କରିଛନ୍ତି । ଅଷ୍ଟାଦଶ ଶତାବ୍ଦୀରେ ଏହି ଦୃଷ୍ଟିଭଙ୍ଗୀ ପରିବର୍ତ୍ତିତ ହୋଇଛି ଓ ହାମଲେଟ ନାୟକ ରୂପେ ପ୍ରଶଂସିତ ହୋଇଛନ୍ତି, ଯିଏ ଦୁର୍ଭାଗ୍ୟଜନକ ପରିସ୍ଥିତିର କ୍ରୀଡ଼ନକ ହୋଇଛନ୍ତି । ଊନବିଂଶ ଶତାବ୍ଦୀର ରୋମାଣ୍ଟିକ ସମାଲୋଚକଗଣ ଏହାକୁ ଧର୍ମୀୟ, ଦାର୍ଶନିକ ଦୃଷ୍ଟିଭଙ୍ଗୀରେ ବିଶ୍ଳେଷଣ କରିଛନ୍ତି ଓ ହାମଲେଟଙ୍କ ଅନ୍ତଃ ଚରିତ୍ର ପ୍ରତି ଗୁରୁତ୍ୱ ଆରୋପ କରି ତାଙ୍କ ଆଭ୍ୟନ୍ତରୀଣ ସଂଘର୍ଷର ଝଡଝଞ୍ଜାକୁ ଚିତ୍ରଣ କରିଛନ୍ତି । ବିଂଶ ଶତାବ୍ଦୀର ପ୍ରଥମାର୍ଦ୍ଧରେ ଏହି ଧାରା ସହ ମନୋବୈଜ୍ଞାନିକ ପଦ୍ଧତିରେ ବିଶ୍ଳେଷଣ ବଳବତ୍ତର ଥିବା ବେଳେ ଦ୍ୱିତୀୟାର୍ଦ୍ଧରେ ସ୍ଥିତିବାଦ, ଉତ୍ତର ଆଧୁନିକବାଦ, ନାରୀବାଦ ଦୃଷ୍ଟିକୋଣରେ ପର୍ଯ୍ୟାଲୋଚନା କରାଯାଇଛି ।

ହାମଲେଟଙ୍କୁ ଦାର୍ଶନିକ ଦୃଷ୍ଟିଭଙ୍ଗୀରେ ସମୃଦ୍ଧ ଚରିତ୍ର ରୂପେ ବିବେଚନା କରାଯାଇଛି ଯେ ସେ ଆପେକ୍ଷିକ ବିଚାରବୋଧ ସହ ସ୍ଥିତିବାଦୀ ଓ ସଂଶୟବାଦୀ ମାନସିକତାରେ ବିକ୍ଷୁବ୍ଧ । ସେ ବ୍ୟକ୍ତିବାଦୀ ଚିନ୍ତାଧାରାରେ ବି ପ୍ରଭାବିତ ଯେତେବେଳେ ରୋଷେନ୍‌କ୍ରାଜଙ୍କୁ କହିଛନ୍ତି, "There is nothing either good or bad, but thinking makes it so." ଏହା ପ୍ରାଚୀନ ଗ୍ରୀକ ସୋଫିଷ୍ଟଙ୍କ ଚିନ୍ତାଧାରା, ଯେଉଁମାନେ ଯୁକ୍ତି କରନ୍ତି ଯେ ଇନ୍ଦ୍ରିୟ ବ୍ୟତିରେକ କୌଣସି ଅସ୍ତିତ୍ୱର ସଂଜ୍ଞା ଯେହେତୁ ଅନୁପଲବ୍ଧ, ବିଭିନ୍ନ ବ୍ୟକ୍ତି, ବିଭିନ୍ନ ବସ୍ତୁକୁ ପୃଥକ, ପୃଥକ ଭାବେ ଯେହେତୁ ଜ୍ଞାତ କରନ୍ତି, କିଛି ବି ନିଶ୍ଚିତ ସତ୍ୟ ନୁହେ", ସବୁ କିଛି ଆପେକ୍ଷିକ । ହାମଲେଟଙ୍କ ବିଶ୍ରୁତ ବାକ୍ୟ 'To be, or not to be, that's the question' ରେ ମହାଜାଗତିକ ଶକ୍ତିମାନଙ୍କ ସଂଘାତରେ ସାଧାରଣ ମଣିଷର ନିଃସହାୟତା, ବିଭିନ୍ନ ଚିନ୍ତନର ଊର୍ଦ୍ଧ୍ୱରେ ସ୍ଥିତିବାଦୀ ଦର୍ଶନର ପ୍ରାସଙ୍ଗିକତା ଅନ୍ତର୍ନିହିତ ।

ଟ୍ୱେଲ୍‌ଫ୍‌ଥ ନାଇଟ୍

୧୬୦୧ - ୧୬୦୨ ରେ ଲେଖାଯାଇଥିବା ଟ୍ୱେଲ୍ଥ ନାଇଟ ସେକ୍‌ସପିଅରଙ୍କ ଏକ ରୋମାଣ୍ଟିକ ମିଳନାନ୍ତକ ନାଟକ। ଖ୍ରୀଷ୍ଟମାସ ପର୍ବର ପରିଶେଷରେ ଆନନ୍ଦ ଉଲ୍ଲାସ ଭରା ଉତ୍ସବ ଶୀର୍ଷ ଛୁଇଁଛି। ଯନ୍ତ୍ରସଂଗୀତ ଓ ଗୀତର ପ୍ରାବଲ୍ୟ ମଧ୍ୟରେ ଯାବତୀୟ ହାସ୍ୟ ରସ, କୌତୁକର ଅଜସ୍ର ହିଲ୍ଲୋଳ। ମତ୍ତେଓ ବନ୍ଦେଲୋ ଓ ବର୍ଣ୍ଣାବେ ରିଚଙ୍କ ଗଳ୍ପ ଆଧାରରେ ଏହି ନାଟକ ରଚିତ।

ନାଟକର ପ୍ରାରମ୍ଭରେ ଇଲ୍ଲିରିଆର ଉପକୂଳରେ ଜାହାଜ ବୁଡି ଯାଇଛି ଓ ଯମଜ ଭାଇ ଭଉଣୀ, ସେବାଷ୍ଟିଆନ ଓ ଭାୟୋଲା ପରସ୍ପର ଠାରୁ ବିଚ୍ଛିନ୍ନ ହୋଇ ଯାଇଛନ୍ତି। ସେମାନେ ଅନ୍ୟ ଜଣକ ମୃତ ବୋଲି ବିଶ୍ୱାସ କରିଛନ୍ତି। କ୍ୟାପଟେନଙ୍କ ସହାୟତାରେ ଭାୟୋଲା ନିଜକୁ ଯୁବକ ସିଜାରିଓ ରୂପେ ସଜାଇଛନ୍ତି ଓ ଡ୍ୟୁକ ଅର୍ସିନୋଙ୍କ ସେବାରେ ନିୟୋଜିତ ହୋଇଛନ୍ତି। ଅର୍ସିନୋ ଜଣେ ଧନୀ ଉତ୍ତରାଧିକାରିଣୀ ଅଲିଭିଆଙ୍କୁ ଭଲ ପାଉଛନ୍ତି ଓ ସିଜାରିଓଙ୍କୁ ପଠାଇଛନ୍ତି ତାଙ୍କ ନିକଟକୁ ନିଜ ପ୍ରେମ ବିଷୟର ଅବଗତି ନିମନ୍ତେ। ପ୍ରଥମ ଦେଖାରେ ହିଁ ଅଲିଭିଆ ଭାୟୋଲା ଓରଫ ସିଜାରିଓଙ୍କୁ ଭଲ ପାଇଛନ୍ତି। ତେବେ ଭାୟୋଲା ଅର୍ସିନୋଙ୍କୁ ଭଲ ପାଇଛନ୍ତି। ଇତି ମଧ୍ୟରେ ଭାୟୋଲାଙ୍କ ଭାଇ ସେବାଷ୍ଟିଆନ ସେଠାରେ ପହଞ୍ଚିଛନ୍ତି ଏବଂ ବହୁବିଧ ଭ୍ରମାତ୍ମକ ପରିଚିତିରୁ ହାସ୍ୟୋଦ୍ଦୀପକ ପରିସ୍ଥିତି ସୃଷ୍ଟି ହୋଇଛି।

ଲେଡି ଅଲିଭିଆଙ୍କ ଗୃହରେ ବିଦୂଷକ ଫେଷ୍ଟେ, ଭୃତ୍ୟା ମାରିଆ, ଅଲିଭିଆଙ୍କ ମାମୁଁ ସାର ଟୋବି ବେଲଚ, ସାର ଟୋବିଙ୍କ ବନ୍ଧୁ ସାର ଆଣ୍ଡ୍ରିଉ ଆଗୁଏଚୀକଙ୍କୁ ନେଇ ଏକ ଷଡଯନ୍ତ୍ର ଉଚ୍ଚ ଆକାଂକ୍ଷାଯୁକ୍ତ, ଗର୍ବୀ ମାଲଭୋଲିଓଙ୍କୁ ବିଦ୍ରୂପ ନିମନ୍ତେ ରଚିତ ହୋଇଛି। ମାରିଆ ପ୍ରତାରଣାପୂର୍ବକ ଅଲିଭିଆଙ୍କ ନାମରେ ଏକ ପ୍ରେମ ପତ୍ର ଲେଖି ମାଲଭୋଲିଓ ସର୍ବଦା ସ୍ମିତ ହସ ସହ ଛକ ପଡ଼ିଥିବା ହଳଦିଆ ପୋଷାକ ପିନ୍ଧି ଅଲିଭିଆଙ୍କୁ

ପ୍ରେମ ସମ୍ଭାଷଣ କରିବା ଓ ଭୃତ୍ୟ ମାନଙ୍କୁ ଦୁର୍ବ୍ୟବହାର କରିବା ନିମନ୍ତେ ପ୍ରସ୍ତାବ ଦେଇଛନ୍ତି। ମାଲଭୋଲିଓ ଯେ ସର୍ବଦା ସଂଭ୍ରମ ଓ ଶିଷ୍ଟାଚାରର ପ୍ରତୀକ ବୋଲି ନିଜକୁ ଉପସ୍ଥାପନ କରନ୍ତି, ଏପରି ସନ୍ଦେଶ ଦ୍ୱାରା ଆନନ୍ଦିତ ହୋଇଛନ୍ତି ଓ ଅନୁରୂପ କାର୍ଯ୍ୟ କରିଛନ୍ତି।

ଅଲିଭିଆ ଏହା ଦ୍ୱାରା ବିଚଳିତ ହୋଇ ତାଙ୍କୁ ପାଗଳ ମନେ କରିଛନ୍ତି ଓ କିଛି ସମୟ ଘର ମଧ୍ୟରେ ଅବରୁଦ୍ଧ ରଖିଛନ୍ତି। ଏକ କ୍ଷୁଦ୍ର ନାଟକ ମାଲଭଲିଓଙ୍କୁ ଉପଯୁକ୍ତ ଶାସ୍ତି ପ୍ରଦାନ ନିମନ୍ତେ ସଂଘଟିତ ହୋଇଛି। ହର୍ଷ ଉଲ୍ଲାସ ପ୍ରତି ତାଙ୍କ ବୈରତା କେବଳ ଏଥିରେ ହାସ୍ୟ ଉଲ୍ଲାସରେ ନିମଜ୍ଜିତ ଚରିତ୍ରମାନଙ୍କ ପାଇଁ ନୁହେଁ, ଅନ୍ୟ ଗମ୍ଭୀର ଚରିତ୍ରଙ୍କ ପାଇଁ ବି ସମସ୍ୟା ରୂପେ ଦେଖା ଦେଇଛି। ମାଲଭୋଲିଓ ଅନ୍ୟମାନଙ୍କ ଦ୍ୱାରା ଏପରି ଚକ୍ରାନ୍ତରେ ଅତିଶୟ ବିରକ୍ତ ହୋଇଛନ୍ତି। ଏ ସମୟରେ ତାଙ୍କ ପ୍ରତି ଫେଷ୍ଟେଙ୍କ ସ୍ମରଣୀୟ ଉକ୍ତି ତାତ୍ପର୍ଯ୍ୟପୂର୍ଣ୍ଣ।

"Dost thou think, because thou art are virtuous, there shall be no more cakes and ale?"

ଇତି ମଧ୍ୟରେ, ଛଦ୍ମବେଶୀ ଭାୟୋଲା ଓରଫ ସିଜାରିଓଙ୍କୁ ଭଲ ପାଉଥିବା ଅଲିଭିଆ ସମାନ ଚେହେରାର ସେବାଷ୍ଟିଆନଙ୍କୁ ବିବାହ ପ୍ରସ୍ତାବ ଦେଇଛନ୍ତି ଓ ସେମାନେ ଚର୍ଚ୍ଚରେ ଗୋପନରେ ବିବାହ କରିଛନ୍ତି। ଯେତେବେଳେ ସିଜାରିଓ ଓ ସେବାଷ୍ଟିଆନ ଅଲିଭିଆ ଓ ଅର୍ସିନୋଙ୍କ ସମକ୍ଷରେ ପହଞ୍ଚନ୍ତି, ପରିଚିତିକୁ ନେଇ ଦ୍ୱନ୍ଦ୍ୱ ସୃଷ୍ଟି ହୁଏ।

ଏ ସମୟରେ ଭାୟୋଲା ନିଜ ପରିଚୟ ସେମାନଙ୍କୁ ଜଣାନ୍ତି ଏବଂ ଡ୍ୟୁକ ଅର୍ସିନୋ ଓ ଭାୟୋଲା ଏବଂ ସାର ଟୋବି ଓ ମାରିଆଙ୍କ ମଧ୍ୟରେ ବିବାହ ଅନୁଷ୍ଠିତ ହୁଏ। ମାଲଭୋଲିଓ ତାଙ୍କୁ ଯନ୍ତ୍ରଣା ଦେଇଥିବା ବ୍ୟକ୍ତିଙ୍କ ବିରୁଦ୍ଧରେ ପ୍ରତିଶୋଧ ବାଞ୍ଛା କରନ୍ତି, କିନ୍ତୁ ଅର୍ସିନୋ ତାଙ୍କୁ ବୁଝାଇବା ପାଇଁ ଭୃତ୍ୟ ଫାବିଆନଙ୍କୁ ପଠାଇଛନ୍ତି।

ଟ୍ୱେଲ୍ଫଥ ନାଇଟ ବେନ ଜନସନଙ୍କ ଏଭ୍ରି ମ୍ୟାନ ଆଉଟ ଅଫ ହିଜ ହ୍ୟୁମର ନାଟକର ରୋମାଣ୍ଟିକ ମିଳନର ପରିପନ୍ଥୀ ଚିନ୍ତାଧାରା ପ୍ରତି ସେକ୍‌ସପିଅରଙ୍କ ଉତ୍ତର। ଏଥିରେ ସାମାଜିକ ବ୍ୟଙ୍ଗ ସହ ହର୍ଷ, ବିଷାଦ, ହଜି ଯାଇଥିବା ଯମଜ ଭାଇ ଭଉଣୀଙ୍କ ଭ୍ରମାତ୍ମକ ପରିଚିତି, ବିପରୀତ ଲିଙ୍ଗ ଅନୁରାଗର ବହୁଳ ଉପଯୋଗ ରହିଛି। ପ୍ଲାଟସଙ୍କ ଲାଟିନ ହାସ୍ୟ ରସର ନାଟକର ଅନୁକୃତି ଅଛି ସତ୍ୟ, କିନ୍ତୁ ସେକ୍‌ସପିଅରଙ୍କ ନାଟକ ସାମାଜିକ ସ୍ଥିତିର ଏକ ଭିନ୍ନ ଧରଣର ତର୍ଜମା। ଏଥିରେ ବି ଅଛି ଉଚ୍ଚ ସ୍ତରର କିଛି ଉନ୍ନତ ଗୀତର ସୁମଧୁର ଝଙ୍କାର। ସେକ୍‌ସପିଅରଙ୍କ ଆନନ୍ଦ ଉଚ୍ଛ୍ୱାସ ପରିପୂର୍ଣ୍ଣ ନାଟକ ମଧ୍ୟରେ ରହିଛି ମାଲଭୋଲିଓଙ୍କ ପ୍ରତି ନିର୍ଦ୍ଦୟ ବ୍ୟବହାର।

ଟ୍ରଇଲାସ୍ ଆଣ୍ଡ୍ କ୍ରେସିଡା

ଟ୍ରଇଲାସ୍ ଆଣ୍ଡ୍ କ୍ରେସିଡା ୧୬୦୧ - ୧୬୦୨ରେ ଲେଖାଯାଇଛି ଓ ୧୬୦୯ରେ ପ୍ରକାଶିତ ହୋଇଛି। ଏହି ନାଟକକୁ ଏକ ନିର୍ଦ୍ଦିଷ୍ଟ ବର୍ଗରେ ଅନ୍ତର୍ଭୁକ୍ତ କରିବା ନିଶ୍ଚିତ ରୂପେ କଷ୍ଟକର ବ୍ୟାପାର। ତେଣୁ ବହୁ ସମାଲୋଚକ ଏହାକୁ ସମସ୍ୟା ପ୍ରଧାନ ନାଟକ ବା ତମିସ୍ରାଛନ୍ନ ମିଳନାନ୍ତକ ନାଟକ ରୂପେ ଅଭହିତ କରିଛନ୍ତି। ଜର୍ଜ ଚାପମାନଙ୍କ ହୋମର ପ୍ରଣୀତ ଇଲିଆଡ କାବ୍ୟର ଅନୁବାଦ ଓ ପଞ୍ଚଦଶ ଶତାବ୍ଦୀର ଲିଡଗେଟ ଓ ଉଇଲିଅମ କ୍ୟାକ୍ସଟନଙ୍କ ଟ୍ରୟ ଯୁଦ୍ଧର ବିବରଣୀ ଏହାର ଆଧାର ରୂପେ ଗ୍ରହଣ କରାଯାଏ। ଗ୍ରୀକ ଓ ଟ୍ରୋଜାନ ସେନାଙ୍କ ଯୁଦ୍ଧର ବିଦ୍ୱେଷ ପୂର୍ଣ୍ଣ ପ୍ରତିକ୍ରିୟା, ଯଥା ପ୍ରେମର ପ୍ରତାରଣା, ବୀରତ୍ୱର ଅନୁପସ୍ଥିତି ଓ ଗୌରବର ଅନ୍ତଃସାରଶୁନ୍ୟତା ଏଠାରେ ଦେଖିବାକୁ ମିଳେ। ନାଟକଟି ଜେଓଫ୍ରେ ଚଷରଙ୍କ ଦୀର୍ଘ ପ୍ରେମ କବିତା ଟ୍ରଇଲସ ଓ କ୍ରିସେଡି ଦ୍ୱାରା ବି ପ୍ରଭାବିତ ଯଦିଓ ଏହି ନାଟକରେ ସେକ୍ସପିଅରଙ୍କ ପ୍ରେମ ପ୍ରତି ମନୋଭାବ ଚଷରଙ୍କ ମନୋଭାବ ଠାରୁ ଭିନ୍ନ।

ଟ୍ରୟର ନାରୀ କ୍ରେସିଡା, ଯାହାଙ୍କ ପିତା କାଲଚାସ, ଗ୍ରୀକ ସେନା ପ୍ରତି ଆନୁଗତ୍ୟ ରଖିଛନ୍ତି, ଟ୍ରୟର ଯୋଦ୍ଧା ତଥା ରାଜା ପ୍ରାୟାମଙ୍କ ପୁତ୍ର ଟ୍ରଇଲସଙ୍କୁ ପ୍ରେମ କରନ୍ତି। କିନ୍ତୁ ଯେତେବେଳେ ତାଙ୍କ ପିତା ଗ୍ରୀକ ସେନା ଶିବିରରେ ତାଙ୍କ ଉପସ୍ଥିତି କାମନା କରନ୍ତି, ସେ ଅନିଚ୍ଛା ସତ୍ତ୍ୱେ ଗ୍ରୀକ ବୀର ଡିଓମେଡିସଙ୍କ ସହାୟତାରେ ସେଠାରେ ପହଞ୍ଚିଛନ୍ତି ଯେ ତାଙ୍କ ଦେହରକ୍ଷୀ ରୂପେ କାର୍ଯ୍ୟ କରିଥିଲେ। ଜଣେ ସୁନ୍ଦରୀ ମହିଳାଙ୍କ ପାଇଁ ଗ୍ରୀକ ଶତ୍ରୁ ଶିବିରର ପୁରୁଷଙ୍କ ଲୋଲୁପ ଦୃଷ୍ଟିରୁ ବର୍ତ୍ତିବା ଏକ କଷ୍ଟକର ପରିସ୍ଥିତି ଥିଲା। ବାସ୍ତବିକ ଟ୍ରଇଲାସ ଓ କ୍ରେସିଡାଙ୍କ ପ୍ରେମ ଏକ ଅନୁକୂଳ ବାତାବରଣରେ ଆରମ୍ଭ ହୋଇ ଯୁଦ୍ଧର ଘନଘଟାରେ ଅଚିନ୍ତନୀୟ ସ୍ୱରୂପ ଉନ୍ମୋଚନ କରିଛି, ଯାହା ସେମାନଙ୍କ ନିୟନ୍ତ୍ରଣରେ ନାହିଁ।

ଏହାପରେ ଯୁଦ୍ଧର ସମସ୍ତ ଗର୍ହିତ ରୂପରେଖ ବର୍ଣ୍ଣିତ ହୋଇଛି। ମୁଖ୍ୟତଃ ଏହି ଅର୍ଥହୀନ ଯୁଦ୍ଧରେ ସ୍ପାର୍ଟା ରାଜା ମିନିଲାସଙ୍କ ପତ୍ନୀ ହେଲେନ ଟ୍ରୟର ଯୁବରାଜ ପାରିସ ସହ ପ୍ରଣୟପାଶରେ ଆବଦ୍ଧ ହୋଇ ଗ୍ରୀସ ତ୍ୟାଗ କରି ଟ୍ରୟରେ ରହିଛନ୍ତି। ଗ୍ରୀସର ସମ୍ମାନ ନିମନ୍ତେ ଶ୍ରେଷ୍ଠ ଗ୍ରୀକ ବୀରମାନେ ସେନା ସାମନ୍ତଙ୍କ ସହ ଜଳଯାତ୍ରା କରି ଟ୍ରୟରେ ପହଞ୍ଚିଛନ୍ତି ଏବଂ ଦୀର୍ଘ ସାତ ବର୍ଷ ଧରି ଏହାକୁ ଅବରୋଧ କରିଛନ୍ତି।

ନାଟକରେ ବର୍ଣ୍ଣିତ ପାରିସ ଓ ହେଲେନଙ୍କ ଏକତ୍ର ଦୃଶ୍ୟ ହୃଦୟଗ୍ରାହୀ ନୁହେଁ, ବରଂ ଉଭୟେ ପ୍ରଚଣ୍ଡ ଆତ୍ମକୈନ୍ଦ୍ରିକ ଓ ଭବିଷ୍ୟତ ପ୍ରତି ସନ୍ଦିହାନ। ଅନ୍ୟ ଚରିତ୍ରଗଣ ବି ଅନୁରୂପ ଭାବେ ସ୍ୱାର୍ଥପର। ମହାନ ବୀର ଏକିଲିସ ଅତ୍ୟନ୍ତ କ୍ରୋଧୀ ଓ ସମ୍ମାନ ରକ୍ଷା ପାଇଁ ତତ୍ପର। ଏପରିକି ବିଶିଷ୍ଟ ଟ୍ରୟ ଯୋଦ୍ଧା ହେକ୍ଟର ନିରସ୍ତ୍ର ଥିବା ବେଳେ ତାଙ୍କୁ ସେ ନିର୍ମମ ହତ୍ୟା କରିଛନ୍ତି। ହେକ୍ଟର ଟ୍ରୟର ଯୋଦ୍ଧାମାନଙ୍କ ମଧ୍ୟରେ ଏକମାତ୍ର ଶୂରବୀର ରୂପେ ବର୍ଣ୍ଣିତ ହୋଇଛନ୍ତି, ଯେ ପତ୍ନୀ ଓ ପରିବାରଙ୍କ ତୀବ୍ର ବାରଣ ସତ୍ତ୍ୱେ ମର୍ଯ୍ୟାଦା ଦୃଷ୍ଟିରୁ ଯୁଦ୍ଧ କ୍ଷେତ୍ରରେ ଅବତୀର୍ଣ୍ଣ ହୋଇଛନ୍ତି। ଗ୍ରୀକ୍ ରାଜା ଆଗାମେମନନ ଓ ବୃଦ୍ଧ ନେଷ୍ଟର ନିରର୍ଥକ ଦୀର୍ଘ ବକ୍ତୃତାରେ ସନ୍ତୁଷ୍ଟ। ଗ୍ରୀକ ସେନାପତି ମାନଙ୍କ ମଧ୍ୟରେ ସବୁଠାରୁ ବୁଦ୍ଧିମାନ ୟୁଲିସିସ ବହୁ ବିଷୟରେ ଠିକ ନିଷ୍ପତ୍ତି ଦେଲେ ବି ଦୋଷଦର୍ଶୀ ଓ ସ୍ୱାର୍ଥପର। ଆଜାକ୍ସ ନିର୍ଭୀକ ବୀର ହେଲେ ବି ନିର୍ବୋଧ, ଅନ୍ୟ ଯୋଦ୍ଧାମାନଙ୍କ ଦ୍ୱାରା ସହଜରେ ପ୍ରଭାବିତ। ବିକଳାଙ୍ଗ ଗ୍ରୀକ ସୈନିକ ଥର୍ସିଟେସ ଅନ୍ୟ ଯୋଦ୍ଧାମାନଙ୍କ କାର୍ଯ୍ୟଧାରା ପ୍ରତି କୁଟିଳ ମନ୍ତବ୍ୟ ପ୍ରଦାନ କରନ୍ତି। କ୍ରେସିଡାଙ୍କ ମାମୁଁ ପାଣ୍ଡାରସ ପ୍ରେମିକ ଓ ପ୍ରେମିକାଙ୍କ ମଧ୍ୟରେ ସମନ୍ୱୟ ରଖିବା ବେଳେ ସେମାନଙ୍କ ନୈତିକ ଅବନତିରେ ଖୁସି ହୁଅନ୍ତି।

ପାଣ୍ଡାରସଙ୍କ ଉଦ୍ୟମ ଫଳରେ ଟ୍ରଇଲାସ ଓ କ୍ରେସିଡାଙ୍କ ମିଳନ ସମ୍ଭବପର ହୋଇପାରିଛି ଏବଂ ପରସ୍ପରର ବିଶ୍ୱସ୍ତ ରହିବା ପାଇଁ ଶପଥ ନେଇଛନ୍ତି। ତେବେ କ୍ରେସିଡାଙ୍କ ପିତା କଲଚାସ ଗ୍ରୀକ ସେନାପତି ଔଟନେରଙ୍କ ମୁକ୍ତି ନିମନ୍ତେ କ୍ରେସିଡାଙ୍କୁ ଗ୍ରୀକ କ୍ୟାମ୍ପକୁ ଆଣିବା ପାଇଁ ସ୍ୱୀକୃତ ହୋଇଛନ୍ତି। ଏହି କାର୍ଯ୍ୟ ତଦାରଖ ନିମନ୍ତେ ଡିଓମେଡିସଙ୍କୁ ଦାୟିତ୍ୱ ଦିଆ ଯାଇଛି। ଡିଓମେଡିସଙ୍କୁ ଯେତେବେଳେ ପ୍ରଶ୍ନ କରାଯାଇଛି, ମେନେଲାସ ଓ ପାରିସଙ୍କ ମଧ୍ୟରେ ହେଲେନଙ୍କୁ ପାଇବା ପାଇଁ କିଏ ଅଧିକ ଯୋଗ୍ୟ, ସେ ଉତ୍ତର ଦେଇଛନ୍ତି ଯେ ଯେହେତୁ ଉଭୟେ ମୂର୍ଖ, ଏକ ବେଶ୍ୟା ପାଇଁ ଯୁଦ୍ଧରେ ଭୟାନକ ରକ୍ତ କ୍ଷରଣ ପାଇଁ ପ୍ରସ୍ତୁତ, ଉଭୟେ ହେଲେନଙ୍କ ପାଇଁ ଯୋଗ୍ୟ। ସକାଳେ ପାଣ୍ଡାରସ କ୍ରେସିଡାଙ୍କୁ ଗ୍ରୀକ କ୍ୟାମ୍ପକୁ ନେଇଛନ୍ତି, ଯେଉଁଠି ୟୁଲିସିସ ବ୍ୟତୀତ ସମସ୍ତ ଗ୍ରୀକ ବୀର ତାଙ୍କୁ ଚୁମ୍ବନ କରିଛନ୍ତି। କଲଚାସଙ୍କ ଶିବିରରେ ଡିଓମେଡିସ କ୍ରେସିଡାଙ୍କୁ

ପ୍ରେମ ସମ୍ଭାଷଣ କରିଛନ୍ତି ଯାହାକୁ ଅନିଚ୍ଛା ସତ୍ତ୍ୱେ କ୍ରେସିଡା ଗ୍ରହଣ କରିଛନ୍ତି। ଏହି ଦୃଶ୍ୟ ୟୁଲିସିସଙ୍କ ସହ ଟ୍ରଇଲାସ ଦେଖିଛନ୍ତି ଓ କ୍ରେସିଡାଙ୍କ ପ୍ରତାରଣାର ପ୍ରମାଣ ପାଇ କ୍ରୋଧରେ ଗ୍ରୀକମାନଙ୍କ ସହ ଯୁଦ୍ଧ କରିବା ପାଇଁ ଟ୍ରୟ ପ୍ରସାଦକୁ ଫେରିଛନ୍ତି।

ଏକିଲିସଙ୍କ ଅତ୍ୟନ୍ତ ଗର୍ବ ହେତୁ ଆଜାକ୍ସ ହେକ୍ଟରଙ୍କ ସହ ଯୁଦ୍ଧ ପାଇଁ ପ୍ରଥମେ ମନୋନୀତ ହୋଇଛନ୍ତି। କିନ୍ତୁ ଯୁଦ୍ଧ ଆରମ୍ଭ ହେବା ପୂର୍ବରୁ ହେକ୍‌ଟରଙ୍କ ସହ ଶାନ୍ତି ସ୍ଥାପନ କରିଛନ୍ତି। ତେବେ ଯୁଦ୍ଧରେ ପ୍ରିୟ ବନ୍ଧୁ ପାଟ୍ରୋକ୍ଲସଙ୍କ ମୃତ୍ୟୁରେ ମର୍ମାହତ ଏକିଲିସ ଯୁଦ୍ଧକ୍ଷେତ୍ରରେ ଅବତୀର୍ଣ୍ଣ ହୋଇ ହେକ୍ଟରଙ୍କୁ ହତ୍ୟା କରିଛନ୍ତି।

ଆଧୁନିକ ସମାଲୋଚକ ଜୋନାଥନ ବେଟଙ୍କ ମତରେ, ନାଟକଟି ଜର୍ଜ ଚାପମାନ କୃତ ହୋମରଙ୍କ ଇଲିଆଡ କାବ୍ୟ ଅନୁବାଦର ଏକ ବ୍ୟଙ୍ଗାନୁକୃତି। ସମାଲୋଚକ ଜୟସ କାରଲ ଓଏଟେସ ଏହି ନାଟକ ସେକ୍‌ସପିଅରଙ୍କ ସବୁଠାରୁ ଅନିଶ୍ଚିତାର୍ଥକ ନାଟକ ରୂପେ ବର୍ଣ୍ଣନା କରିଛନ୍ତି। ତାଙ୍କ ମତରେ ଏହା "a new kind of contemporary history, - a grand existential treatment". କିନ୍ତୁ ବହୁ ସମକାଳୀନ ସମାଲୋଚକ ଏହାର ଅନୁରକ୍ତି ବିହୀନ କୃତ୍ରିମ ସମ୍ପର୍କ , ଯୁଦ୍ଧର ଭୟାନକ, ବୀଭତ୍ସ ପରିଣାମ ତଥା ଆବଶ୍ୟକତା ଓ ସ୍ଥିତିବାଦର ଚିରନ୍ତନ ଦ୍ୱନ୍ଦ୍ୱ ହେତୁ ଏହାକୁ ସାମ୍ପ୍ରତିକ ସମୟର ବାସ୍ତବ ପ୍ରତିଭୂ ରୂପେ ଅଭିହିତ କରିଛନ୍ତି। ବାସ୍ତବିକ ଏହା ସ୍ୱତନ୍ତ୍ର ବିୟୋଗାନ୍ତକ ନାଟକ, ପାରମ୍ପରିକ ଟ୍ରାଜେଡିର ଏକ ଅସମ୍ଭବ ପରିପ୍ରକାଶ।

ଅଲ୍ ଇଜ୍ ୱେଲ୍ ଦାଟ୍ ଏଣ୍ଡସ୍ ୱେଲ୍

ଅଲ୍ ଇଜ୍ ୱେଲ୍ ଦାଟ୍ ଏଣ୍ଡସ୍ ୱେଲ୍ ନାଟକ ୧୬୦୧ରୁ ୧୬୦୫ ମଧ୍ୟରେ ସେକ୍‌ସପିଅରଙ୍କ ଦ୍ୱାରା ଲିଖିତ ହୋଇ ୧୬୨୩ରେ ପ୍ରକାଶିତ ହୋଇଛି। ଏହା ସେକ୍‌ସପିଅରଙ୍କ ସମସ୍ୟା ପ୍ରଧାନ ନାଟକ ପର୍ଯ୍ୟାୟରେ ଅନ୍ତର୍ଭୁକ୍ତ, ଯେଉଁଠି ପ୍ରତିନିଧି ମୂଳକ ନୈତିକ ପ୍ରସଙ୍ଗ ସବୁ ଉପସ୍ଥାପିତ ହୋଇଛି, ଯାହାର ସରଳ ସମାଧାନ ପାଇବା ଦୁରୂହ ବ୍ୟାପାର।

ଜଣେ ଫ୍ରେଞ୍ଚ - ସ୍ପେନୀୟ ସମ୍ଭ୍ରାନ୍ତ ମହିଳାଙ୍କ ତତ୍ତ୍ୱାବଧାନରେ ଥିବା ନିମ୍ନ ବର୍ଗର ଯୁବତୀ ହେଲେନା ମହିଳାଙ୍କ ପୁତ୍ର ବେର୍ଟ୍ରାମଙ୍କ ପ୍ରେମରେ ପଡିଯାଆନ୍ତି, ଯଦିଓ ବେର୍ଟ୍ରାମ ତାଙ୍କ ପ୍ରତି ଉଦାସୀନ। ତାଙ୍କ ମୃତ ପିତା ରାଜାଙ୍କ ଅନୁଚର ରୂପେ କାର୍ଯ୍ୟ କରୁଥିଲେ। ସେତେବେଳେ ରାଜା ଅସୁସ୍ଥ ଥିବାରୁ ପିତାଙ୍କ ସ୍ଥାନ ପୂରଣ କରିବା ପାଇଁ ବେର୍ଟ୍ରାମ ପାରିସ ଯାଆନ୍ତି। ହେଲେନାଙ୍କ ଚିକିତ୍ସକ ପିତା ବି ନିକଟ ଅତୀତରେ ମୃତ। ରାଜାଙ୍କ ଚିକିତ୍ସା ନିମନ୍ତେ ହେଲେନା ବି ବେର୍ଟ୍ରାମଙ୍କୁ ଅନୁସରଣ କରି ପାରିସରେ ପହଞ୍ଚନ୍ତି। ରାଜା ତାଙ୍କ ଦକ୍ଷତା ପ୍ରତି ସଂଶୟାଚ୍ଛନ୍ନ, କିନ୍ତୁ ହେଲେନା ନିଜ ଜୀବନ ବିନିମୟରେ ସଫଳ ଚିକିତ୍ସାର ପ୍ରତିଶ୍ରୁତି ଦିଅନ୍ତି। ଯଦି ସେ ଚିକିତ୍ସାରେ ସଫଳ ହୁଅନ୍ତି, ରାଜାଙ୍କ ଅଦାଲତର କୌଣସି କାର୍ଯ୍ୟକର୍ତ୍ତାଙ୍କୁ ବିବାହ କରିବାର ସୁଯୋଗ ଆଶା କରନ୍ତି।

ରାଜା ସୁସ୍ଥ ହୁଅନ୍ତି ଏବଂ ହେଲେନା ବେର୍ଟ୍ରାମଙ୍କୁ ବିବାହ ନିମନ୍ତେ ମନୋନୀତ କରନ୍ତି। କିନ୍ତୁ ହେଲେନା ଦରିଦ୍ର ଓ ନିମ୍ନ ବର୍ଗର ମହିଳା ହୋଇଥିବା ହେତୁ ତାଙ୍କୁ ବେର୍ଟ୍ରାମ ପ୍ରତ୍ୟାଖ୍ୟାନ କରନ୍ତି। ତେବେ ରାଜା ତାଙ୍କୁ ବିବାହ ନିମନ୍ତେ ବାଧ୍ୟ କରନ୍ତି। ବିବାହର ପରକ୍ଷଣରେ ସେ ଯୁଦ୍ଧରେ ଭାଗ ନେବା ପାଇଁ ହେଲେନାଙ୍କ ଠାରୁ ବିଦାୟ ନନେଇ ଇଟାଲୀ ଚାଲି ଯାଆନ୍ତି। ଯିବା ପୂର୍ବରୁ ହେଲେନାଙ୍କୁ ଜଣାନ୍ତି ଯେ, ସେ ତାଙ୍କ ମୁଦି ପିନ୍ଧି ସନ୍ତାନର ଜନନୀ ହେଲେ ହିଁ ତାଙ୍କୁ ଗ୍ରହଣ କରିବେ। ହେଲେନା ବେର୍ଟ୍ରାମଙ୍କ

ଗୃହକୁ ଫେରି ଆସି ତାଙ୍କ ମାଆଙ୍କୁ ସମସ୍ତ ବୃତ୍ତାନ୍ତ ଜଣାନ୍ତି। ବେର୍ଟ୍ରାମଙ୍କ ଏପରି ଅଶୋଭନୀୟ କାର୍ଯ୍ୟକଳାପରେ ତାଙ୍କ ମାତା କ୍ଷୁବ୍ଧ ହୁଅନ୍ତି ଏବଂ ବେର୍ଟ୍ରାମଙ୍କ ବଦଳରେ ହେଲେନାଙ୍କୁ ନିଜ ଗୃହରେ ସ୍ଥାନ ଦିଅନ୍ତି।

ଇଟାଲୀରେ ବେର୍ଟ୍ରାମ ଜଣେ ସଫଳ ଯୋଦ୍ଧା ଓ ପ୍ରେମିକ ରୂପେ ପରିଚିତ ହୁଅନ୍ତି। ହେଲେନା ତାଙ୍କୁ ଇଟାଲୀ ଯାଏଁ ଅନୁସରଣ କରନ୍ତି ଓ ବେର୍ଟ୍ରାମ ପ୍ରେମ କରୁଥିବା ତରୁଣୀ ଡାୟାନାଙ୍କ ସହ ବନ୍ଧୁତା ସ୍ଥାପନ କରନ୍ତି। ସେମାନେ ଡାୟାନା ପରିବର୍ତ୍ତେ ହେଲେନା ବେର୍ଟ୍ରାମଙ୍କ ଶଯ୍ୟାସଙ୍ଗିନୀ ହେବା ପାଇଁ ଯୋଜନା କରନ୍ତି। ଡାୟାନା ହେଲେନାଙ୍କ ଏକ ମୁଦି ବିନିମୟରେ ବେର୍ଟ୍ରାମଙ୍କ ଠାରୁ ଏକ ମୁଦି ନେଇ ଆସନ୍ତି ଓ ହେଲେନାଙ୍କୁ ପିନ୍ଧିବା ପାଇଁ ଦିଅନ୍ତି। ଏତଦ୍ଦ୍ୱାରା ହେଲେନାଙ୍କ ପ୍ରକୃତ ବିବାହ ବେର୍ଟ୍ରାମଙ୍କ ଅଜାଣତରେ ତାଙ୍କ ସହ ସମ୍ପନ୍ନ ହୁଏ।

ତଥାପି ବେର୍ଟ୍ରାମଙ୍କ ବିତୃଷ୍ଣା ଜାଣି ହେଲେନା ନିଜ ମୃତ୍ୟୁ ଛଳନା କରନ୍ତି। ବେର୍ଟ୍ରାମ ତାଙ୍କ ଠାରୁ ମୁକ୍ତି ପାଇଛନ୍ତି ଭାବି ନିଜ ଗୃହକୁ ଫେରି ଆସନ୍ତି। ସେ ସ୍ଥାନୀୟ ସମ୍ଭ୍ରାନ୍ତ ବ୍ୟକ୍ତିଙ୍କ କନ୍ୟାକୁ ବିବାହ କରିବାକୁ ଉଦ୍ୟମ କରନ୍ତି। କିନ୍ତୁ ଡାୟାନା ପହଞ୍ଚି ନିର୍ବନ୍ଧରେ ବିଘ୍ନ ଘଟାନ୍ତି। ହେଲେନା ବି ସେଠାରେ ପହଞ୍ଚି ବେର୍ଟ୍ରାମଙ୍କ ମୁଦି ବିନିମୟର ରହସ୍ୟ ଓ ବେର୍ଟ୍ରାମଙ୍କ ସବୁ ସର୍ତ୍ତ ପୂରଣ ହୋଇଥିବା ଜଣାନ୍ତି। ବେର୍ଟ୍ରାମ ତାଙ୍କୁ ଫେରି ପାଇବା ପାଇଁ ହେଲେନାଙ୍କ ଉଦ୍ୟମକୁ ପ୍ରଶଂସା କରି ତାଙ୍କ ପ୍ରେମକୁ ସ୍ୱୀକାର କରନ୍ତି। ଏହି ପରି ସମସ୍ତ କାର୍ଯ୍ୟର ଉତ୍ତମ ସମାପନ ଘଟିଛି।

ଏହା ସହ ପରୋଲ୍ଲେସ ନାମକ ବେର୍ଟ୍ରାମଙ୍କ ଜଣେ ଅବିଶ୍ୱସ୍ତ ସହଯୋଗୀଙ୍କ ଆଖ୍ୟାନ ନାଟକରେ ସ୍ଥାନ ପାଇଛି। ଦରବାରର କିଛି ପାରିଷଦ ବେର୍ଟ୍ରାମଙ୍କୁ ଜଣାଇବା ପାଇଁ ଚାହିଁଛନ୍ତି ଯେ, ପରୋଲ୍ଲେସ ଏକ ଅହଙ୍କାରୀ ଏବଂ ଭୀରୁ ବ୍ୟକ୍ତି। ସେମାନେ ପରୋଲ୍ଲେସଙ୍କୁ ଶତ୍ରୁ ଇଲାକାରେ ସେ ଛାଡି ଆସିଥିବା ଏକ ଫିମ୍ପା ନେଇ ଆସିବା ପାଇଁ ନିର୍ଦ୍ଦେଶ ଦିଅନ୍ତି। ପରୋଲ୍ଲେସ ଯେତେବେଳେ ସେ ଅଂଚଳକୁ ଯାତ୍ରା କରନ୍ତି, ସେମାନେ ଶତ୍ରୁ ବେଶରେ ତାଙ୍କୁ ଅପହରଣ କରି, ଆଖିରେ କଳାପଟି ବାନ୍ଧିଛନ୍ତି ଓ ବେର୍ଟ୍ରାମଙ୍କ ସମକ୍ଷରେ ତାଙ୍କ ସମସ୍ତ ବନ୍ଧୁଙ୍କ ପ୍ରତି ବିଶ୍ୱାସଘାତକତା କରି ବେର୍ଟ୍ରାମଙ୍କ ଚରିତ୍ର ସଂହାର କରିବା ପାଇଁ ବାଧ କରନ୍ତି।

ଏହି ନାଟକଟି ସେକ୍‌ସପିଅରଙ୍କ ଜୀବଦ୍ଦଶାରେ ଲୋକପ୍ରିୟ ହୋଇଥିବା ପ୍ରମାଣ ମିଳେ ନାହିଁ। ମୂଳତଃ ନାରୀ ଭୂମିକାର ବୈପରୀତ୍ୟ, ଦ୍ୱେଷପୂର୍ଣ୍ଣ ବାସ୍ତବତା ଓ ପରୀ କାହାଣୀର ମିଳନାନ୍ତକ ପରିଣତି ଏହାର କାରଣ ହୋଇପାରେ। ବାସ୍ତବିକ ନାଟକର ଉପସଂହାରରେ ବେର୍ଟ୍ରାମଙ୍କ ପରିବର୍ତ୍ତନ ଅସ୍ୱାଭାବିକ ଜଣାଯାଏ। କେତେଜଣ

ସମାଲୋଚକ ଚିନ୍ତା କରନ୍ତି ଯେ , ବେର୍ଟ୍ରାମ ଘୃଣ୍ୟ ବ୍ୟକ୍ତି ରୂପେ ଉପସ୍ଥାପିତ ହୋଇନାହାନ୍ତି, ଜୀବନର କିଛି ଗୁରୁତ୍ୱପୂର୍ଣ୍ଣ ମୂଲ୍ୟବୋଧ ଶିକ୍ଷା କରିବା ତାଙ୍କ ଏକାନ୍ତ ଆବଶ୍ୟକ ଥିଲା। କେବଳ ବୃଦ୍ଧା ସମ୍ଭ୍ରାନ୍ତ ମହିଳା ବେର୍ଟ୍ରାମଙ୍କ ମାତା ହିଁ ଗୋଟିଏ ଚରିତ୍ର, ଯେ ବିଶିଷ୍ଟ ନାଟ୍ୟକାର ଜର୍ଜ ବର୍ଣ୍ଣାର୍ଡ ଶ'ଙ୍କ ଦ୍ୱାରା ଉଚ୍ଚ ପ୍ରଶଂସିତ ହୋଇଛନ୍ତି, "the most beautiful old woman's part ever written."

ମେଜର୍ ଫର ମେଜର୍

ସେକ୍‌ସପିଅରଙ୍କ ତମସାଚ୍ଛନ୍ନ ମିଳନାନ୍ତକ ନାଟକ ମେଜର ଫର ମେଜର ୧୬୦୩ - ୦୪ରେ ଲିଖିତ ଏବଂ ପ୍ରଥମ ଫୋଲିଓରେ ୧୬୨୩ରେ ପ୍ରକାଶିତ। ନାଟକଟି ଦୟା ଓ ନ୍ୟାୟ ମଧ୍ୟରେ ପ୍ରତିଷ୍ଠିତ କ୍ରିୟା ଓ ପ୍ରତିକ୍ରିୟାର ନିଗୂଢ ରହସ୍ୟ ଉନ୍ମୋଚନ କରିବାକୁ ଉଦ୍ୟମ କରେ। ଇଟାଲୀୟ ନାଟ୍ୟକାର ଜିଏମ୍ବାତ୍ତିଷ୍ଟା ଗିରଲ୍‌ଦୀ ଓରଫ ସିଂଥିଓଙ୍କ ଏପିଟିଆ ଓ ଜର୍ଜ ହ୍ୱେଟଷ୍ଟୋନଙ୍କ ପ୍ରମୋସ ଆଣ୍ଡ କାସାଣ୍ଡ୍ରା ନାଟକରୁ ଏହାର କଥାବସ୍ତୁ ଆହରଣ କରାଯାଇଛି।

ନାଟକର ଆରମ୍ଭରେ ଭିଏନାର ଜନହିତୈଷୀ ଡ୍ୟୁକ ଭିନସେନ୍ସିଓ ପୋଲାଣ୍ଡ ଯାତ୍ରା ଆଳରେ ତାଙ୍କ ପ୍ରତିନିଧି ଆଞ୍ଜେଲୋଙ୍କୁ ଶାସନ ଭାର ଅର୍ପଣ କରିଛନ୍ତି। ବାସ୍ତବିକ ଡ୍ୟୁକ ଭିଏନାରେ ହିଁ ସନ୍ୟାସୀଙ୍କ ଛଦ୍ମବେଶରେ ଅବସ୍ଥାନ କରି ପରବର୍ତ୍ତୀ କାର୍ଯ୍ୟପନ୍ଥା ଅନୁଧ୍ୟାନ କରନ୍ତି। ଆଇନ ରକ୍ଷାକାରୀଙ୍କ ପତ୍ର ଆଧାରରେ ଆଞ୍ଜେଲୋ ସମ୍ଭ୍ରାନ୍ତ ବର୍ଗର କ୍ଲାଡିଓଙ୍କୁ ନିଜ ବାକଦତ୍ତା ଜୁଲିଏଟଙ୍କୁ ଅନ୍ତଃସତ୍ତ୍ୱା କରିଥିବା ହେତୁ ମୃତ୍ୟୁ ଦଣ୍ଡ ଦେଇଛନ୍ତି, ଯେହେତୁ ସେ ସମୟରେ ବିବାହ ପୂର୍ବରୁ ଯୌନ କ୍ରିୟା ନିମନ୍ତେ ମୃତ୍ୟୁ ଦଣ୍ଡର ବ୍ୟବସ୍ଥା ଥିଲା। ସନ୍ୟାସିନୀଙ୍କ ଆଶ୍ରମରେ ଶିକ୍ଷାର୍ଥୀ କ୍ଲାଡିଓଙ୍କ ଭଉଣୀ ଇସାବେଲା କ୍ଲାଡିଓଙ୍କ ବିଷୟ ଆଞ୍ଜେଲୋଙ୍କ ସାମ୍ନାରେ ଉପସ୍ଥାପନ କରନ୍ତି।

ନିଜ ନୈତିକ ଶୃଙ୍ଖଳା ଓ କଠୋର ଆତ୍ମନିୟନ୍ତ୍ରଣ ନିମନ୍ତେ ସୁପରିଚିତ ଆଞ୍ଜେଲୋ ଆଶ୍ଚର୍ଯ୍ୟ ଓ ସନ୍ତ୍ରସ୍ତ ହୋଇଛନ୍ତି ଯେ, ସେ ଇସାବେଲାଙ୍କ ପ୍ରତି ଗଭୀର ଆକୃଷ୍ଟ ହୋଇଛନ୍ତି। ତାଙ୍କ ମନରେ ଦୁର୍ବାର ବାସନା ଜାତ ହୋଇଛି ଓ ତାଙ୍କ କାମନା ପୂର୍ଣ୍ଣ କଲେ ଭାଇ କ୍ଲାଡିଓଙ୍କୁ ମୁକ୍ତି ଦେବେ ବୋଲି ଏକ ଅଭିସନ୍ଧିମୂଳକ ପ୍ରସ୍ତାବ ଇସାବେଲାଙ୍କ ପାଖରେ ରଖିଛନ୍ତି। ଇସାବେଲା ଏହାକୁ ପ୍ରତ୍ୟାଖ୍ୟାନ କରନ୍ତି। ତାଙ୍କ

ଭାଇ ଏ ସମ୍ପର୍କରେ ପୁନର୍ବିଚାର କରିବା ପାଇଁ ଅନୁରୋଧ କରିବା ହେତୁ ତାଙ୍କ ଉପରେ ଭୀଷଣ ବିରକ୍ତ ହୁଅନ୍ତି।

ଏ ଦାରୁଣ ସମୟରେ ଛଦ୍ମବେଶୀ ଭିନସେନ୍ସିଓ ଇସାବେଲାଙ୍କ ଉପଯୋଗରେ ଆସିଛନ୍ତି। ତାଙ୍କ ପରାମର୍ଶରେ ଇସାବେଲା ଏକ ମିଳନ ସ୍ଥାନ ଠିକ କରନ୍ତି ଏବଂ ତାଙ୍କ ପରିବର୍ତ୍ତେ ଆଞ୍ଜେଲୋଙ୍କ ପୂର୍ବତନ ବାଗଦତ୍ତା ମାରିଆନା ଆଞ୍ଜେଲୋଙ୍କୁ ଆପ୍ୟାୟିତ କରିବା ପାଇଁ ବନ୍ଦୋବସ୍ତ କରିଛନ୍ତି, ଯାହାଙ୍କୁ ପୂର୍ବେ ସ୍ୱଳ୍ପ ଯୌତୁକ ହେତୁ ଆଞ୍ଜେଲୋ ପରିତ୍ୟାଗ କରିଥିଲେ।

ଏହାପରେ ଆଞ୍ଜେଲୋ କ୍ଲାଡିଓଙ୍କୁ ରକ୍ଷା କରିବା ପ୍ରସ୍ତାବରୁ ଓହରି ଆସନ୍ତି, ଯେହେତୁ କ୍ଲାଡିଓ ତାଙ୍କ ନୀଚ ଉଦ୍ଦେଶ୍ୟ ବିଷୟରେ ବହୁ କିଛି ଜାଣିଛନ୍ତି, ଏଣୁ ବିପଦଜନକ। ଏ ସମୟରେ ଭିନସେନ୍ସିଓ ତାଙ୍କ ତଥାକଥିତ ଯାତ୍ରାରୁ ଫେରି ଆସିଛନ୍ତି ଓ ଏହି ଘୃଣ୍ୟ ଉପାଖ୍ୟାନର ବିଚାର କରିଛନ୍ତି। ଆଞ୍ଜେଲୋଙ୍କ ସମ୍ମାନ ହାନି ଘଟେ ଓ ମାରିଆନାଙ୍କୁ ବିବାହ କରିବା ପାଇଁ ସେ ନିର୍ଦ୍ଦେଶିତ ହୁଅନ୍ତି। ଜେଲରେ ମୃତ୍ୟୁ ଲଭିଥିବା ଜଣେ ବନ୍ଦୀଙ୍କ ଗୋପନ ଅବସ୍ଥାପନରେ କ୍ଲାଡିଓ ମୁକ୍ତି ପାଆନ୍ତି ଓ ଜୁଲିଏଟଙ୍କୁ ବିବାହ କରିବା ଅନୁମତି ପାଆନ୍ତି। ଲ୍ୟୁସିଓ ନାମକ ଜଣେ ଦାୟିତ୍ୱହୀନ ତଥା ବହୁ ନାରୀ ସମ୍ପର୍କରେ ଆସିଥିବା ବ୍ୟକ୍ତି ଜଣେ ବେଶ୍ୟାଙ୍କୁ ବିବାହ କରିବା ପାଇଁ ଆଦେଶ ହୁଏ, ଯାହାଙ୍କ ଦ୍ୱାରା ସେ ଏକ ସନ୍ତାନର ଜନନୀ ହୋଇଛନ୍ତି।

ମାଜିଷ୍ଟ୍ରେଟ ଏସ୍କାଲାସଙ୍କ ତତ୍ତ୍ୱାବଧାନରେ ଭିଏନାର କୁଖ୍ୟାତ ଗଳିର ବଦମାସ ଚରିତ୍ରଗଣଙ୍କ ବିରୁଦ୍ଧରେ କାର୍ଯ୍ୟାନୁଷ୍ଠାନ ହୋଇଛି। ଭିନସେନ୍ସିଓ ଇସାବେଲାଙ୍କୁ ସନ୍ୟାସିନୀ ହେବା ଅଭିପ୍ରାୟ ତ୍ୟାଗ କରି ତାଙ୍କୁ ବିବାହ କରିବା ପାଇଁ ପ୍ରସ୍ତାବ ଦେଇଛନ୍ତି। ସେ ଏ ପ୍ରସ୍ତାବ ଗ୍ରହଣ କରିଛନ୍ତି ନା ନାହିଁ, ସ୍ପଷ୍ଟ ହୋଇନାହିଁ।

ନାଟକର ମୁଖ୍ୟ ବିଷୟ ବସ୍ତୁ ଭିଏନାରେ ନ୍ୟାୟ, ନୈତିକତା ଓ ଦୟାର ଭୂମିକା ଏବଂ ପବିତ୍ରତା ଓ ଦୁର୍ନୀତି ମଧ୍ୟରେ ବିଭାଜନ। ସେଠାରେ ସଦ୍‌ଗୁଣ ଓ ଦୟାର ବିଜୟ ଘଟିଛି, କ୍ଷମା ଓ କରୁଣାର ପରାକାଷ୍ଠା ସାବ୍ୟସ୍ତ ହୋଇଛି। କଠୋର ଶାସ୍ତି ପରିବର୍ତ୍ତେ ମାନବିକତା ଓ ସହନଶୀଳତାକୁ ଅଧିକ ଗୁରୁତ୍ୱ ଦେଇଛନ୍ତି ସେକ୍‌ସପିଅର।

ଏଥେଲୋ

ସେକ୍‌ସପିଅରଙ୍କ ମହାନ ବିୟୋଗାନ୍ତକ ନାଟକ ଏଥେଲୋ ୧୬୦୩ରେ ରଚିତ ହୋଇଛି। ସିନ୍ଥିଓଙ୍କ ଏକ ଶହ କ୍ଷୁଦ୍ର ଉପନ୍ୟାସର ସଂକଳନ ଡି ଗ୍ଲି ହେକାଟୋମିଥି (୧୫୬୫)ର ସତତିରିଶ ଉପନ୍ୟାସିକା ନାଟକର ମୁଖ୍ୟ ଆଧାର। ଏତଦ୍‌ବ୍ୟତୀତ ନାଟକରେ ଭର୍ଜିଲଙ୍କ ଏନିଡ, ଓଭିଡଙ୍କ ମେଟାମରଫୋସିସ, ଚସରଙ୍କ କାଣ୍ଟର୍ବରୀ ଟେଲସ ଆଦିର ପ୍ରଭାବ ରହିଛି।

ନାଟକର ପ୍ରାରମ୍ଭରେ ଭେନିସର ଜଣେ ଧନୀ ଓ ଭ୍ରଷ୍ଟ ସମ୍ଭ୍ରାନ୍ତ ବ୍ୟକ୍ତି ରୋଡରିଗୋ ନିମ୍ନପଦସ୍ଥ ସାମରିକ ଅଧିକାରୀ ଇଆଗୋଙ୍କୁ ଭେନିସର କୃଷ୍ଣକାୟ ସେନାପତି ଏଥେଲୋ ଓ ସିନେଟର ବ୍ରାବାନ୍ସିଓଙ୍କ କନ୍ୟା ଡେସଡେମୋନାଙ୍କ ବିବାହ ବିଷୟ ତାଙ୍କୁ ନ ଜଣାଇବା ନେଇ ଅଭିଯୋଗ କରିଛନ୍ତି। ତାଙ୍କୁ ଉପେକ୍ଷା କରି ସମ୍ଭ୍ରାନ୍ତ କାସିଓଙ୍କୁ ପଦୋନ୍ନତି ଦେଇଥିବା ହେତୁ ଇଆଗୋ ଏଥେଲୋଙ୍କୁ ଘୃଣା କରନ୍ତି। ସେ ରୋଡରିଗୋଙ୍କୁ କହନ୍ତି ଯେ, ସେ ଏଥେଲୋଙ୍କୁ ନିଜ ସ୍ୱାର୍ଥ ସାଧନ ନିମନ୍ତେ ବ୍ୟବହାର କରିବେ। ବ୍ରାବାନ୍ସିଓଙ୍କୁ ନିଦରୁ ଉଠାଇ କନ୍ୟା ଡେସଡେମୋନା ଏଥେଲୋଙ୍କ ସହ ଗୁପ୍ତରେ ପଳାୟନ ବିଷୟ ଜଣାଇବା ପାଇଁ କହିଛନ୍ତି। ଇତି ମଧ୍ୟରେ ଇଆଗୋ ସେଠାରୁ ଗୋପନରେ ପଳାଇ ଏଥେଲୋଙ୍କୁ ବ୍ରାବାନ୍ସିଓଙ୍କ ଆଗମନ ବିଷୟ ଜଣାଇଦିଅନ୍ତି।

ରୋଡରିଗୋ ଠାରୁ ଖବର ପାଇ କ୍ଷୁବ୍ଧ ବ୍ରାବାନ୍ସିଓ ଏଥେଲୋଙ୍କୁ ଠାବ କରନ୍ତି। କିନ୍ତୁ ଭେନିସର ପ୍ରହରୀମାନଙ୍କ ସହ ପରିବେଷ୍ଟିତ ହୋଇଥିବା ହେତୁ ଏ ବିଷୟରେ ଏଥେଲୋଙ୍କ ସହ ବିତର୍କ କରି ପାରନ୍ତି ନାହିଁ। ଏ ସମୟରେ ସମ୍ବାଦ ଆସେ ଯେ, ତୁର୍କଗଣ ସାଇପ୍ରସ ଆକ୍ରମଣ ପାଇଁ ଯୋଜନା କରୁଛନ୍ତି ଓ ଏଥେଲୋ ଏ ବିଷୟରେ ସିନେଟକୁ ପରାମର୍ଶ ଦେବା ପାଇଁ ଡ୍ୟୁକଙ୍କ ପ୍ରାସାଦରେ ପହଞ୍ଚନ୍ତି। ବ୍ରାବାନ୍ସିଓ ବି ସେଠାରେ

ପହଞ୍ଚି ଡେସଡେମୋନାଙ୍କୁ ଗୁଣି ବିଦ୍ୟା ମାଧ୍ୟମରେ ଏଥେଲୋ ଅପହରଣ କରିଛନ୍ତି ବୋଲି ଅଭିଯୋଗ କରନ୍ତି ।

ଏଥେଲୋଙ୍କ ବୀରତ୍ୱପୂର୍ଣ୍ଣ ତଥା ବିଷାଦମୟ କାହାଣୀ ଶୁଣି ଡେସଡେମୋନା ସ୍ୱତଃ ତାଙ୍କ ପ୍ରତି ଆକୃଷ୍ଟ ହୋଇଛନ୍ତି ବୋଲି ସେ କହିଛନ୍ତି । ଡେସଡେମୋନା ସେଠାରେ ପହଞ୍ଚି ଏଥେଲୋଙ୍କୁ ଭଲ ପାଆନ୍ତି ବୋଲି କହିଛନ୍ତି ଓ ତାଙ୍କ ଉତ୍ତରରେ ସିନେଟ ସନ୍ତୁଷ୍ଟ ହୋଇଛନ୍ତି । ବ୍ରାବାନ୍ସିଓ ଏଥେଲୋଙ୍କୁ କହିଛନ୍ତି ଯେ, ଡେସଡେମୋନା ତାଙ୍କୁ ପ୍ରତାରଣା କରିବେ ।

"Look to her moor, if thou hast eyes to see,
She has deceived her father, and may thee."

ଏହାପରେ ଏଥେଲୋ ଡେସଡେମୋନା, କାସିଓ, ଇଆଗୋ, ତାଙ୍କ ସ୍ତ୍ରୀ ଏମିଲିଆ ଓ ସୈନ୍ୟ ମାନଙ୍କ ସହ ସାଇପ୍ରସରେ ପହଞ୍ଚନ୍ତି । ଇତି ମଧ୍ୟରେ ଏକ ଝଡ ତୋଫାନରେ ତୁର୍କୀର ସେନା ବାହିନୀ ଧ୍ୱଂସ ହୋଇଛନ୍ତି । ଏଥେଲୋ ଖୁସିରେ ଉତ୍ସବ ପାଳନ ନିମନ୍ତେ ଆଦେଶ ଦେଇଛନ୍ତି । ଇଆଗୋ କାସିଓଙ୍କୁ ମଦ୍ୟପାନ କରାଇଛନ୍ତି ଓ ରୋଡରିଗୋଙ୍କୁ କାସିଓଙ୍କ ସହ କଳହ କରିବା ପାଇଁ ପ୍ରବର୍ତ୍ତାଇଛନ୍ତି । ଏଥେଲୋ ସେଠାରେ ପହଞ୍ଚି କଳହ ନିମନ୍ତେ କାସିଓଙ୍କୁ ଦାୟୀ କରି ତାଙ୍କୁ ପଦଚ୍ୟୁତ କରନ୍ତି । ଶୋକାକୁଳ କାସିଓଙ୍କୁ ଡେସଡେମୋନାଙ୍କ ସହାୟତା ନେବା ପାଇଁ ଇଆଗୋ ପ୍ରବର୍ତ୍ତାଇଛନ୍ତି ।

ଇଆଗୋ କାସିଓ ଓ ଡେସଡେମୋନାଙ୍କ ସମ୍ପର୍କ ବିଷୟରେ ସନ୍ଦେହ କରିବା ନିମନ୍ତେ ଏଥେଲୋଙ୍କୁ ପ୍ରବର୍ତ୍ତାନ୍ତି । ଏଥେଲୋ ପ୍ରଥମ ଉପହାର ରୂପେ ଦେଇଥିବା ରୁମାଲକୁ ଡେସଡେମୋନା ଯେତେବେଳେ ଅନ୍ୟମନସ୍କତାରେ ପକାଇ ଦିଅନ୍ତି, ଏମିଲିଆ ଏହାକୁ ପାଇ ଇଆଗୋଙ୍କୁ ଦିଅନ୍ତି ଓ ଇଆଗୋ ଏହାକୁ କାସିଓଙ୍କୁ ଏକ ମନ୍ଦ ଅଭିପ୍ରାୟରେ ଦିଅନ୍ତି । ଏଥେଲୋ ଇଆଗୋଙ୍କ ଦ୍ୱାରା ନିଶ୍ଚିତ ହୁଅନ୍ତି ଯେ, ଡେସଡେମୋନାଙ୍କ କାସିଓଙ୍କ ସହ ସମ୍ପର୍କ ରହିଛି । ତାଙ୍କୁ ହତ୍ୟା କରିବା ପାଇଁ ଏଥେଲୋ ଚିନ୍ତା କରନ୍ତି ଓ ଇଆଗୋଙ୍କୁ ନିଜ ସହକାରୀ ରୂପେ ନିଯୁକ୍ତ କରନ୍ତି ।

ଇଆଗୋ ରୁମାଲଟିକୁ କାସିଓଙ୍କ ବାସଗୃହରେ ରଖି କାସିଓ ସହ କଥାବାର୍ତ୍ତା ବେଳେ ତାଙ୍କ ପ୍ରତିକ୍ରିୟା ଲକ୍ଷ୍ୟ କରିବା ପାଇଁ ଏଥେଲୋଙ୍କୁ ଅନୁରୋଧ କରନ୍ତି । ଇଆଗୋ କାସିଓଙ୍କୁ ବେଶ୍ୟା ବାୟାଙ୍କା ସମ୍ପର୍କରେ ପଚାରନ୍ତି କିନ୍ତୁ ତାଙ୍କ ନାମ ସନ୍ତର୍ପଣରେ ଉଚ୍ଚାରଣ କରିବା ହେତୁ ଗୋପନରେ ଲକ୍ଷ୍ୟ କରୁଥିବା ଏଥେଲୋ ଭାବନ୍ତି ଯେ, ସେମାନେ ଡେସଡେମୋନାଙ୍କ ବିଷୟରେ କଥା ହେଉଛନ୍ତି । କାସିଓ ରୁମାଲଟି ଡେସଡେମୋନା ଠାରୁ ପାଇଛନ୍ତି ବୋଲି ଇଆଗୋ ଏଥେଲୋଙ୍କୁ ଜଣାନ୍ତି ।

ଡେସଡେମୋନାଙ୍କ ଜୀବନ ବରବାଦ କରିବା ଶପଥ ନେଇ ତାଙ୍କୁ ଏଥେଲୋ ତାଙ୍କ ନିକଟକୁ ଭ୍ରମଣରେ ଆସିଥିବା ସିନେଟର ମାନଙ୍କ ସମ୍ମୁଖରେ ଆଘାତ ଦିଅନ୍ତି। ଡେସଡେମୋନାଙ୍କୁ ଫେରି ପାଇବା ପାଇଁ କାସିଓ ପ୍ରତିବନ୍ଧକ ଦର୍ଶାଇ ତାଙ୍କୁ ହତ୍ୟା କରିବା ପାଇଁ ନିର୍ବୋଧ ରୋଡରିଗୋଙ୍କୁ ଇଆଗୋ ବୁଝାନ୍ତି।

ଏଥେଲୋ ନିଦ୍ରାଗତ ଡେସଡେମୋନାଙ୍କୁ ଉଠାଇ ତାଙ୍କ ଅବିଶ୍ୱସ୍ତତା ସମ୍ପର୍କରେ ପ୍ରଶ୍ନ କରନ୍ତି। ଡେସଡେମୋନା ଆଚମ୍ବିତ ହୋଇ ମନା କରିବା ସତ୍ତ୍ୱେ ଏଥେଲୋ ତାଙ୍କୁ ଅଧିକ ସମୟ ନଦେଇ ହତ୍ୟା କରନ୍ତି। ମୃତ୍ୟୁ ପୂର୍ବରୁ ଅତ୍ୟନ୍ତ ସରଳ ଡେସଡେମୋନା ସ୍ୱାମୀଙ୍କୁ ସମର୍ଥନ କରନ୍ତି ଓ ଏଥେଲୋ ତାଙ୍କ ବ୍ୟଭିଚାର ବିଷୟରେ ଦୋଷାରୋପ କରନ୍ତି। ଏଥେଲୋ ଯେତେବେଳେ ରୁମାଲକୁ ପ୍ରମାଣ ରୂପେ ଆରୋପ କରନ୍ତି, ଏମିଲିଆ ତାଙ୍କ ସ୍ୱାମୀ ଇଆଗୋଙ୍କ ଚକ୍ରାନ୍ତ ଠିକ ବୁଝି ପାରନ୍ତି ଓ ତାଙ୍କ ପ୍ରକୃତ ଦୋଷ ପ୍ରକାଶ କରନ୍ତି। ଏଥେଲୋ ବିଳମ୍ବରେ ଡେସଡେମୋନାଙ୍କୁ ନିର୍ଦ୍ଦୋଷ ଜାଣି ଇଆଗୋଙ୍କୁ ଶୟତାନ କହି ଛୁରିକାଘାତ କରନ୍ତି। ଏହା ପୂର୍ବରୁ ଇଆଗୋ ଏମିଲିଆଙ୍କୁ ହତ୍ୟା କରନ୍ତି। ଇଆଗୋ, ଯେ ସାମାନ୍ୟ ଆଘାତ ପାଇଛନ୍ତି, ତାଙ୍କ ଉଦ୍ଦେଶ୍ୟ ପ୍ରକାଶ କରିବାକୁ ମନା କରି ନୀରବ ରହିଛନ୍ତି। ଏଥେଲୋ ଗଭୀର ଅନୁଶୋଚନାରେ ଛୁରୀ ଦ୍ୱାରା ଆତ୍ମହତ୍ୟା କରିଛନ୍ତି।

ବିଶିଷ୍ଟ ସମାଲୋଚକ ଏ. ସି. ବ୍ରାଡଲୀ ଏଥେଲୋଙ୍କ ବର୍ଣ୍ଣଗତ ଈର୍ଷା ହିଁ ତାଙ୍କ ବିୟୋଗାତ୍ମକ ଦୋଷ ରୂପେ ଚିହ୍ନଟ କରି କହିଛନ୍ତି, "so intense that it converts human nature into chaos, and liberates the beast in man." ଅତ୍ୟନ୍ତ ମନ୍ଦ ଚରିତ୍ର ଇଆଗୋ ବି ଉତ୍କଟ ଈର୍ଷା, ବିଶେଷତଃ ଉଦ୍ଦେଶ୍ୟହୀନ ବିଦ୍ୱେଷ ଦ୍ୱାରା ଆକ୍ରାନ୍ତ। ଏଥେଲୋଙ୍କୁ ଆଫ୍ରିକୀୟ କୃଷ୍ଣକାୟ ବ୍ୟକ୍ତି ରୂପେ ଚିତ୍ରଣ କରିବା ଗୋଷ୍ଠୀ ବିଦ୍ୱେଷକୁ ଦର୍ଶାଏ ବୋଲି କିଛି ସମାଲୋଚକ ଦର୍ଶାନ୍ତି। ଆଫ୍ରିକୀୟ କବି ବେନ ଓକ୍ରିଙ୍କ ମତରେ, It is possible that Othello actually is a blackened white man.... He is not a fully formed character with psychology, but a white myth or sterotype of black masculinity."

ଏଥେଲୋ ନାଟକରେ ଖ୍ରୀଷ୍ଟିଆନ ଓ ମୁସଲିମ ସଂସ୍କୃତି ମଧ୍ୟରେ ସଂଘର୍ଷ ଘଟିଛି। ଡେସଡେମୋନାଙ୍କ ଉପଯୁକ୍ତ ସ୍ୱାମୀ ଏଥେଲୋ ହୋଇପାରିବେ ନାହିଁ ବୋଲି କେବଳ ସାମ୍ପ୍ରଦାୟିକ ବିଦ୍ୱେଷରେ ଚିନ୍ତା କରା ଯାଇପାରେ। ନାଟକରେ ମହିଳାମାନଙ୍କୁ ପୁରୁଷମାନଙ୍କ ସମ୍ପତ୍ତି ବୋଲି ବିବେଚନା କରାଯାଇଛି। ପିତୃକୈନ୍ଦ୍ରିକ ସଂସ୍କୃତିର ବଳିଷ୍ଠ ପ୍ରଭାବ ଆଦ୍ୟ ଠାରୁ ଅନ୍ତ ଯାଏଁ ଦେଖିବାକୁ ମିଳେ।

କିଙ୍ଗ୍ ଲିଅର୍

ସେକ୍‌ସପିଅରଙ୍କ ଅନ୍ୟତମ ମହାନ ନାଟକ କିଙ୍ଗ ଲିଅର ୧୬୦୫ - ୦୬ରେ ଲିଖିତ ହୋଇ ୧୬୦୮ରେ ପ୍ରକାଶିତ ହୋଇଛି। ବ୍ରିଟେନର ପୌରାଣିକ ଚରିତ୍ର କିଙ୍ଗ ଲେଇର ଉପରେ ଏହା ଆଧାରିତ। ରାଫେଲ ହୋଲିନଷେଡଙ୍କ ଦ କ୍ରନିକଲ ଅଫ ଇଂଲଣ୍ଡ, ସ୍କଟଲାଣ୍ଡ ଆଣ୍ଡ ଆୟାରଲାଣ୍ଡରୁ ସେକ୍‌ସପିଅର ଉପାଦାନ ସଂଗ୍ରହ କରିଛନ୍ତି। ଏଡମଣ୍ଡ ସ୍ପେନ୍ସରଙ୍କ ୧୫୯୦ରେ ପ୍ରକାଶିତ ଦ ଫୈରୀ କ୍ୱିନ କାବ୍ୟରେ କର୍ଡେଲିଆ ନାମକ ଚରିତ୍ର ଅଛି, ଯେ କିଙ୍ଗ ଲିଅର ନାଟକର ଚରିତ୍ରଙ୍କ ପରି ଆତ୍ମହତ୍ୟା କରିଛନ୍ତି।

ବୟସ୍କ ରାଜା ଲିଅର ତାଙ୍କ ରାଜ୍ୟ ତିନି କନ୍ୟାଙ୍କ ମଧ୍ୟରେ ବିଭାଜନ କରିବା ପାଇଁ ନିଷ୍ପତ୍ତି ନିଅନ୍ତି ଏବଂ ଏଥି ନିମନ୍ତେ କନ୍ୟାମାନଙ୍କୁ ତାଙ୍କ ପାଇଁ ସ୍ନେହାନୁଗତ୍ୟ ଭାଷାରେ ପ୍ରକାଶ କରିବା ପାଇଁ ଆଦେଶ ଦେଇଛନ୍ତି। କପଟାଚାରିଣୀ ଜ୍ୟେଷ୍ଠା ଓ ମଧ୍ୟମା କନ୍ୟା, ଗୋନେରିଲ ଓ ରେଗାନ ପ୍ରକାଣ୍ଡ ଶବ୍ଦାଳଙ୍କାରରେ ପିତାଙ୍କ ପ୍ରତି ସେମାନଙ୍କ ଆଦର ଓ ସମ୍ମାନ ଉଚ୍ଚାରଣ କରି ପୁରସ୍କୃତ ହୁଅନ୍ତି। କନିଷ୍ଠା ଅବିବାହିତା କନ୍ୟା କର୍ଡେଲିଆ ଯେ ପ୍ରକୃତରେ ଲିଅରଙ୍କୁ ଭଲ ପାଆନ୍ତି, ଅତିରଞ୍ଜିତ ପିତୃଭକ୍ତିମୂଳକ ଅଭିବ୍ୟକ୍ତି ପାଇଁ ଅସମ୍ମତ ହୁଅନ୍ତି ଓ ଉତ୍ତରାଧିକାରରୁ ବଞ୍ଚିତ ହୁଅନ୍ତି।

ରାଜ୍ୟ ଅଧିକାର ପାଇବା ପାରେ ଗୋନେରିଲ ଓ ରେଗାନ ଲିଅରଙ୍କୁ ଉପହାସ, ବିଦ୍ରୂପ ଓ ଦୁର୍ବ୍ୟବହାର କରନ୍ତି ଏବଂ ତାଙ୍କୁ ରାଜକୀୟ ଭରଣ ପୋଷଣ କରିବାର ପ୍ରତିଶ୍ରୁତି ପାଳନ କରନ୍ତି ନାହିଁ। ପରିତ୍ୟକ୍ତ ଲିଅର ପାଗଳ ହୋଇଯାଆନ୍ତି ଏବଂ ତାଙ୍କ ବିଶ୍ୱସ୍ତ ବିଦୂଷକଙ୍କ ଗହଣରେ ଇତସ୍ତତଃ ଘୁରିବୁଲନ୍ତି। ସେ ଅର୍ଲ ଅଫ କେଣ୍ଟଙ୍କ ସହାୟତା ପାଆନ୍ତି ଯେ କର୍ଡେଲିଆଙ୍କୁ ସମର୍ଥନ କରିଥିବାରୁ ରାଜ୍ୟରୁ ନିର୍ବାସିତ ହେଲେ ହେଁ ରାଜାଙ୍କ ବିଶ୍ୱସ୍ତ ସମର୍ଥକ ଭାବେ ଛଦ୍ମବେଶରେ ରହିଛନ୍ତି। କର୍ଡେଲିଆ ଇତି ମଧ୍ୟରେ

ଫ୍ରାନ୍ସର ବିବେକୀ, ନୀତିନିଷ୍ଠ ରାଜାଙ୍କୁ ବିବାହ କରିଛନ୍ତି ଏବଂ ଫରାସୀ ସେନା ସାହାଯ୍ୟରେ ଇଂଲଣ୍ଡକୁ ଆକ୍ରମଣ କରିବା ପାଇଁ ବାଧ୍ୟ ହୋଇଛନ୍ତି ନିଜ ନିର୍ଯ୍ୟାତିତ ପିତାଙ୍କ ସହାୟତା ନିମନ୍ତେ । ସେ ଲିଅରଙ୍କ ପାଖକୁ ଆସି ତାଙ୍କ ସେବା ଶୁଶ୍ରୂଷା କରିଛନ୍ତି ଏବଂ ତାଙ୍କ ମାନସିକ ସ୍ୱାସ୍ଥ୍ୟ ଫେରି ପାଇବାରେ ସାହାଯ୍ୟ କରିଛନ୍ତି । ଯେତେବେଳେ ଫରାସୀ ସେନା ପରାସ୍ତ ହୋଇଛନ୍ତି, ସେ ଓ ଲିଅର ବନ୍ଦୀ ହୋଇଛନ୍ତି ।

ନାଟକର ଗୌଣ ବିଷୟ ବସ୍ତୁ, ଅର୍ଲ ଅଫ ଗ୍ଲୋସେଷ୍ଟରଙ୍କ ବୃତ୍ତାନ୍ତ ବହନ କରେ ଯେ ସେ ନିର୍ବୋଧଙ୍କ ପରି ଅବୈଧ ସନ୍ତାନ ଏଡମଣ୍ଡଙ୍କ ମିଥ୍ୟା ପ୍ରଶଂସାରେ ବିଶ୍ୱାସ କରି ସଚ୍ଚରିତ୍ର ପୁତ୍ର ଏଡଗାରଙ୍କୁ ନିର୍ବାସନ ଦଣ୍ଡ ଦେଇଛନ୍ତି । ପାଗଳ ଭିକାରୀଙ୍କ ବେଶରେ ଏଡଗାର ପ୍ରକୃତ ପାଗଳ ଲିଅର ଓ ବିଦୂଷକଙ୍କ ସାଥୀ ହୋଇଯାଆନ୍ତି ଭୀଷଣ ଝଡ ତୋଫାନ ସମୟରେ । ଏଡମଣ୍ଡ ବ୍ରିଟେନକୁ କର୍ଡେଲିଆଙ୍କ ଫରାସୀ ସେନାର ଆକ୍ରମଣରୁ ରକ୍ଷା କରିବା ପାଇଁ ଗୋନେରିଲ ଓ ରେଗାନଙ୍କ ସହ ମିତ୍ରତା କରନ୍ତି ଓ ଯୁଦ୍ଧ ଆରମ୍ଭ ହୁଏ ।

ଏଡମଣ୍ଡ ରେଗାନଙ୍କ ନିଷ୍ଠୁର ସ୍ୱାମୀ ଡ୍ୟୁକ ଅଫ କର୍ଣ୍ଣୱାଲଙ୍କ ହସ୍ତରେ ନିଜ ପିତାଙ୍କୁ ଅର୍ପଣ କରନ୍ତି ଯିଏ ଚରମ ନୃଶଂସତାର ପରିଚୟ ଦେଇ ତାଙ୍କ ଆଖି ଉପାଡି ଅନ୍ଧ କରିଦିଅନ୍ତି । ଏଡମଣ୍ଡ ଏହାପରେ କର୍ଡେଲିଆ ଓ ଲିଅରଙ୍କୁ ବନ୍ଦୀ କରନ୍ତି । କିନ୍ତୁ ଏଡଗାରଙ୍କ ସାହସିକ ଆକ୍ରମଣରେ ପରାସ୍ତ ହୁଅନ୍ତି । ଏ ସମୟରେ ଉଭୟେ ଗୋନେରିଲ ଓ ରେଗାନ ଏଡମଣ୍ଡ ପ୍ରତି ଆକୃଷ୍ଟ ହୋଇଛନ୍ତି । ରେଗାନଙ୍କ ପ୍ରତି ଅଧିକ ପ୍ରେମ ସମ୍ପର୍କର ଈର୍ଷାରେ ବଡ଼ ଭଉଣୀ ଗୋନେରିଲ ରେଗାନଙ୍କୁ ବିଷ ଦେଇ ହତ୍ୟା କରିଛନ୍ତି ଓ ନିଜେ ଆତ୍ମହତ୍ୟା କରିଛନ୍ତି ।

ଏଡମଣ୍ଡଙ୍କ ଆଦେଶରେ କର୍ଡେଲିଆ ଫାଶୀ ପାଇଛନ୍ତି । ଏଡଗାର ତାଙ୍କୁ ପରାସ୍ତ କରି ହତ୍ୟା କରିବାର ଅବ୍ୟବହିତ ପୂର୍ବରୁ ଏଡମଣ୍ଡଙ୍କ ହୃଦୟ ପରିବର୍ତ୍ତନ ଘଟିଛି ଓ ସେ କର୍ଡେଲିଆଙ୍କ ଫାଶୀ ଆଦେଶ ରଦ୍ଦ କରିବା ପାଇଁ ଚେଷ୍ଟା କରିଛନ୍ତି । କିନ୍ତୁ ଖୁବ ବିଳମ୍ବ ହୋଇ ଯାଇଛି, କର୍ଡେଲିଆଙ୍କ ମୃତ୍ୟୁ ହୋଇଛି । ଏଡମଣ୍ଡ ବି ମୃତ୍ୟୁ ମୁଖରେ ପଡିଛନ୍ତି । ଗୋନେରିଲଙ୍କ ସ୍ୱାମୀ ଡ୍ୟୁକ ଅଫ ଆଲବାନୀ ରାଜ୍ୟର ଅରାଜକତାର ପରିସମାପ୍ତି ଘଟାଇବା ପାଇଁ ଉଦ୍ୟମ କଲେ ବି ଘଟଣାବଳୀ ତାଙ୍କ ଉତ୍ତମ ଅଭିପ୍ରାୟକୁ ନିଷ୍ଫଳ କରିଛି ଏବଂ ଶେଷରେ ଲିଅର କର୍ଡେଲିଆଙ୍କ ମୃତଦେହ ହାତରେ ଧରି ଶେଷ ନିଃଶ୍ୱାସ ତ୍ୟାଗ କରିଛନ୍ତି ।

ସମାଲୋଚକ ଜନ ଏଫ ଡର୍ଣ୍ଣବିଙ୍କ ମତରେ ଲିଅର ଅନ୍ୟ ବିଷୟ ସହ ପ୍ରକୃତି ସମ୍ପର୍କିତ ପ୍ରଚଳିତ ମତକୁ ନୂତନ ଅର୍ଥ ପ୍ରଦାନ କରିଛନ୍ତି । ଏହି ବିତର୍କ ସାରା ନାଟକରେ

ଦେଖିବାକୁ ମିଳେ, ବିଶେଷତଃ ଝଡ଼ ତୋଫାନର ଭୟାନକ ବିପର୍ଯ୍ୟୟରେ, ଲିଅରଙ୍କ ବକ୍ର ପରି ପରିବର୍ତ୍ତନଶୀଳ ଦୃଷ୍ଟିଭଙ୍ଗୀରେ। ନାଟକରେ ମନୁଷ୍ୟ ପ୍ରକୃତିର ମୁଖ୍ୟତଃ ଦୁଇ ପ୍ରକାର ଦିଗ ଉନ୍ମୋଚିତ ହୋଇଛି। ପ୍ରଥମତଃ, ଲିଅର ଦଳଙ୍କ ମନୋବୃତ୍ତି, ଯେଉଁଥିରେ ଫ୍ରାନସିସ ବେକନ ଓ ହୁକେରଙ୍କ ପ୍ରବର୍ତ୍ତିତ ନ୍ୟାୟ ଓ ଭାବାବେଗର ଚିନ୍ତାଧାରା, ଯାହାର ପ୍ରତୀକ ଲିଅର, ଗ୍ଲୋଶେଷ୍ଟର, ଆଲବାନୀ, କେଣ୍ଟ। ଦ୍ୱିତୀୟତଃ, ଏଡମଣ୍ଡ ଦଳଙ୍କ ହବସଙ୍କ ସ୍ୱାର୍ଥ ସର୍ବସ୍ୱ ଚିନ୍ତାଧାରାକୁ ଆପଣାଇଥିବା ଏଡମଣ୍ଡ, କର୍ନୱାଲ, ଗୋନେରିଲ, ରେଗାନ। ଆଧୁନିକ ମଣିଷ ସାଧାରଣତଃ ଏଡମଣ୍ଡଙ୍କ ମନୋବୃତ୍ତିର ଅଧିକ ଅନୁବର୍ତ୍ତୀ।

ନାଟକ ଆରମ୍ଭ ହୁଏ ଲିଅରଙ୍କ ପ୍ରାୟ ପରୀ କାହାଣୀର ଆତ୍ମାଶ୍ଲାଘାରୁ। ସମାଲୋଚକ ଅପେଲା କାହନଙ୍କ ମତରେ ଲିଅରଙ୍କ ବୃଦ୍ଧାବସ୍ଥା ତାଙ୍କ ଶିଶୁ ସୁଲଭ ମନୋଭାବକୁ ପ୍ରୋତଥିତ କରିଛି ଏବଂ ସେ ଏପରି ଏକ ସ୍ନେହର ସନ୍ଧାନରେ ଅଛନ୍ତି ଯାହା କେବଳ ମହିଳାଙ୍କ ମାତୃତ୍ୱ ପ୍ରବୃତ୍ତି ପ୍ରଦାନ କରିପାରିବ। ପ୍ରକୃତ ମାତା ଯେହେତୁ ଅନୁପସ୍ଥିତ, କନ୍ୟା ମାତାଙ୍କ ସ୍ଥାନରେ ଅନାୟାସରେ ଅବତୀର୍ଣ୍ଣ। କର୍ଡେଲିଆଙ୍କ 'kind nursery' ସେ ଚାହିଁଛନ୍ତି। କେବଳ କର୍ଡେଲିଆଙ୍କ ମୃତ୍ୟୁରେ ତାଙ୍କ ମାତା-କନ୍ୟା କଳ୍ପନାର ଅନ୍ତ ଘଟିଛି।

ସିଗମଣ୍ଡ ଫ୍ରଏଡ଼ଙ୍କ ମତରେ କର୍ଡେଲିଆ ମୃତ୍ୟୁର ପ୍ରତୀକ। ନାଟକର ଆରମ୍ଭରେ ଲିଅର କର୍ଡେଲିଆଙ୍କୁ ପ୍ରତ୍ୟାଖ୍ୟାନ କରନ୍ତି, ଅର୍ଥାତ ମୃତ୍ୟୁ ରୂପକ ନିରାଟ ସତ୍ୟକୁ ପ୍ରତ୍ୟାଖ୍ୟାନ କରନ୍ତି। ଲିଅର ତାଙ୍କ ଜୀବନର ନଶ୍ୱରତାକୁ ଗ୍ରହଣ କରିବା ପାଇଁ ଅସମ୍ମତ। ନାଟକର ମର୍ମନ୍ତୁଦ ଶେଷ ଦୃଶ୍ୟ, ଯେଉଁଠି ଲିଅର କନ୍ୟାଙ୍କ ମୃତଦେହକୁ ହାତରେ ଧରିଛନ୍ତି, ଫ୍ରଏଡଙ୍କ ପାଇଁ ଖୁବ ଗୁରୁତ୍ୱପୂର୍ଣ୍ଣ।

ବିଶିଷ୍ଟ ସମାଲୋଚକ ହାରଲଡ ବ୍ଲୁମଙ୍କ ମତରେ ଖଳ ଏଡମଣ୍ଡ ହିଁ ସେକ୍ସପିଅରଙ୍କ ସର୍ବାଧିକ ଅକୃତ୍ରିମ ଚରିତ୍ର। "His Machiavellianism is absolutely pure, and lacks an Oedipal motive. Edmund has no passions, whatsoever, he has never loved any one, and he never will. In that respect, he is Shakespeare's most original character."

ଏ. ସି. ବ୍ରାଡଲୀ ଓ ଜନ ରିବାତାଂଜ କିଙ୍ଗ ଲିଅର ନାଟକରେ ଖ୍ରୀଷ୍ଟିଆନ ସୁଲଭ ପରିତ୍ରାଣର ସତ୍ତା ସନ୍ଧାନ କରିଛନ୍ତି। ରିବାତାଂଜଙ୍କ ମତରେ, " through his sufferings Lear has won an enlightened soul." ହାରଲଡ ବ୍ଲୁମ ଯୁକ୍ତି

କରନ୍ତି ଯେ, "King Lear transcends morality system entirely and thus is one of the major triumphs of the play. ତାଙ୍କ ମତରେ ନାଟକରେ କୌଣସି ଆଦର୍ଶ ନାହିଁ, "no theology, no metaphysics, no ethics."

ମାକ୍‌ବେଥ୍

ସେକ୍‌ସପିଅରଙ୍କ ମହାନ ନାଟକ ମାକ୍‌ବେଥ୍ ୧୬୦୬ - ୦୭ରେ ଲିଖିତ ହୋଇ ୧୬୨୩ରେ ପ୍ରକାଶିତ ହୋଇଛି । ଏହା ସେକ୍‌ସପିଅରଙ୍କ ସବୁଠାରୁ କ୍ଷୁଦ୍ର ବିୟୋଗାନ୍ତକ ନାଟକ । ଏହା ବର୍ଣ୍ଣନା କରେ ଅତ୍ୟନ୍ତ ଉଚ୍ଚାଭିଳାଷୀ ମାକ୍‌ବେଥ୍‌ଙ୍କ ଉତ୍‌ଥାନ ଓ ପତନ ସମ୍ପର୍କରେ, କ୍ଷମତା ଦଖଲ ଏବଂ ନିଧନ ବିଷୟରେ । ଏହି ନାଟକର ମୁଖ୍ୟ ଆଧାର ୧୫୯୭ରେ ପ୍ରକାଶିତ ଡେମୋନୋଲୋଜିରେ ସନ୍ନିହିତ ସ୍କଟଲାଣ୍ଡ ସମ୍ବାଦ ପୁସ୍ତିକାରୁ । ରାଫେଲ ହୋଲିନସେଡ଼ଙ୍କ ବିବରଣୀରୁ ବି କିଛି ଉପାଦାନ ବି ସେକ୍‌ସପିଅର ସଂଗ୍ରହ କରିଛନ୍ତି ।

ଏକ ବୃହତ ବିଜୟ ପରେ ସ୍କଟଲାଣ୍ଡର ରାଜା ଡନ୍‌କାନଙ୍କ ଦୁଇ ସେନାପତି ମାକ୍‌ବେଥ୍ ଓ ବାଂକ୍ୱ ରାତିରେ ତିନି ଡାହାଣୀଙ୍କୁ ଭେଟନ୍ତି ଯେଉଁମାନେ ଭବିଷ୍ୟ ବାଣୀ କରିଛନ୍ତି ଯେ, ମାକ୍‌ବେଥ କ୍ୟାଓ୍ୱଡରର ଜମିଦାର ଓ ପରବର୍ତ୍ତୀ ସମୟରେ ସ୍କଟଲାଣ୍ଡର ରାଜା ହେବେ ଏବଂ ବାଂକ୍ୱଙ୍କ ବଂଶଧରଗଣ ରାଜା ହେବେ । ଶୀଘ୍ର ମାକ୍‌ବେଥ୍ କ୍ୟାଓ୍ୱଡରର ଜମିଦାର ହୁଅନ୍ତି ଓ ବାକି ଭବିଷ୍ୟବାଣୀ ପ୍ରତି ତାଙ୍କ ବିଶ୍ୱାସ ଆସିଯାଏ ।

ବିଜୟରେ ମାକ୍‌ବେଥଙ୍କ ମୁଖ୍ୟ ଭୂମିକା ଥିବା ହେତୁ ତାଙ୍କ ସମ୍ମାନାର୍ଥେ ରାଜା ଡନ୍‌କାନ ଇନଭେରନେସର ଡାନସିଏନରେ ଥିବା ମାକ୍‌ବେଥ୍‌ଙ୍କ ଦୁର୍ଗ ବୁଲିବାକୁ ଆସନ୍ତି ଓ ଆତିଥ୍ୟ ଗ୍ରହଣ କରନ୍ତି । ମାକ୍‌ବେଥ୍ ଓ ତାଙ୍କ ଉଚ୍ଚାକାଂକ୍ଷିଣୀ ପତ୍ନୀ ପୂର୍ବରୁ ଚିନ୍ତା କରିଥିବା ରାଜାଙ୍କୁ ହତ୍ୟା ଦ୍ୱାରା ସିଂହାସନ ହାସଲ ନିମନ୍ତେ ଏହା ସୁଯୋଗ ବୋଲି ଉପଲବ୍ଧି କରନ୍ତି । ତେବେ ତଜ୍ଜନିତ ଭୀଷଣ ପାପ ବିଷୟରେ ମାକ୍‌ବେଥ ବିବ୍ରତ ହୁଅନ୍ତି । ତେବେ ପତ୍ନୀଙ୍କ ଦ୍ୱାରା ଗଭୀର ଅନୁପ୍ରେରିତ ହୋଇ ଡନ୍‌କାନଙ୍କୁ ହତ୍ୟା କରନ୍ତି । ଏହି ହତ୍ୟା ଲୋକଲୋଚନକୁ ଆସେ ଯେତେବେଳେ ଫାଇଫର ଜମିଦାର ମାକଡଫ ମାକ୍‌ବେଥଙ୍କ ଗୃହକୁ ରାଜାଙ୍କ ଦର୍ଶନାର୍ଥେ ଆସନ୍ତି । ଡନ୍‌କାନଙ୍କ

ପୁତ୍ର ମାଲକୋମ ଓ ଡୋନାଲବାଇନ ପ୍ରାଣ ବଞ୍ଚାଇବା ପାଇଁ ଦେଶ ଛାଡି ପଳାୟନ କରନ୍ତି। ସେମାନଙ୍କ ସହସା ଓ ସନ୍ଦିଗ୍ଧ ଦେଶତ୍ୟାଗ ସେମାନଙ୍କୁ ଏହି ଅପରାଧ ସହ ଜଡିତ କରାଏ ଓ ମାକ୍‌ବେଥ୍ ରାଜପଦରେ ଅଭିଷିକ୍ତ ହୁଅନ୍ତି।

ତାଙ୍କ ସନ୍ତାନଙ୍କ ପରିବର୍ତ୍ତେ ବାଂକ୍ୱଙ୍କ ସନ୍ତାନଗଣ ପରବର୍ତ୍ତୀ ସମୟରେ ରାଜ ସିଂହାସନ ଅଧିକାର କରିବେ ବୋଲି ଡାହାଣୀମାନଙ୍କ ଭବିଷ୍ୟବାଣୀରେ ବିବ୍ରତ ମାକ୍‌ବେଥ୍ ବାଂକ୍ୱଙ୍କ ହତ୍ୟା ସଂଘଟିତ କରାନ୍ତି ଯଦିଓ ତାଙ୍କ ପୁତ୍ର ଫ୍ଲେଆନ୍ସ ପଳାୟନ କରିବାରେ ସକ୍ଷମ ହୁଅନ୍ତି। ବାଂକ୍ୱଙ୍କ ପ୍ରେତ ମାକ୍‌ବେଥ୍‌ଙ୍କୁ ବ୍ୟତିବ୍ୟସ୍ତ କରେ ଏବଂ ଲେଡି ମାକ୍‌ବେଥ୍ ନିଜ ଦୋଷ ଲାଗି ସମ୍ବିତ୍ ହରାଇ ବସନ୍ତି। ଡାହାଣୀମାନେ ପୁଣି ଆତ୍ମପ୍ରକାଶ କରି ମାକ୍‌ବେଥ୍‌ଙ୍କୁ ପ୍ରତିଶ୍ରୁତି ଦିଅନ୍ତି ଯେ, ବିର୍ନାମ ଜଙ୍ଗଲ ଡନସିଆନ ଯାଏଁ ନଆସିବା ପର୍ଯ୍ୟନ୍ତ ମାକ୍‌ବେଥ୍ ନିରାପଦ ଅଛନ୍ତି ଏବଂ ମହିଳାଙ୍କ ଠାରୁ ପ୍ରସୂତ ବ୍ୟକ୍ତି ତାଙ୍କ କୌଣସି କ୍ଷତି କରିପାରିବ ନାହିଁ।

ମାଲକୋମଙ୍କ ସେନା ସହ ମାକଡଫ ଯୋଗ ଦେବା ଖବରରେ ମାକ୍‌ବେଥ୍ ମାକଡଫଙ୍କ ସ୍ତ୍ରୀ ଓ ସନ୍ତାନଙ୍କୁ ହତ୍ୟା କରିବା ନିମନ୍ତେ ଆଦେଶ ଦିଅନ୍ତି। ଯେତେବେଳେ ସେମାନଙ୍କ ସେନା ବିର୍ନାମ ଜଙ୍ଗଲର ଦଳସବୁରେ ଆଚ୍ଛାଦିତ ହୋଇ ଡନସିଆନ ପ୍ରତି ଅଗ୍ରସର ହୁଅନ୍ତି ଲେଡି ମାକ୍‌ବେଥ୍ ପ୍ରାଣତ୍ୟାଗ କରନ୍ତି। ମାକ୍‌ବେଥ୍ ବି ସଂଘର୍ଷରେ ମାକଡଫଙ୍କ ଦ୍ୱାରା ମୃତ୍ୟୁ ବରଣ କରନ୍ତି। ମାକଡଫଙ୍କ ଜନ୍ମ ସ୍ୱାଭାବିକ ପ୍ରକ୍ରିୟାରେ ନହୋଇ ସିଜରିଆନ ପଦ୍ଧତିରେ ହୋଇଥିଲା, ଏଣୁ ଶ୍ଳେଷାର୍ଥରେ ଡାହାଣୀଙ୍କ ଉକ୍ତି ଠିକ ହୋଇଛି। ପରିଶେଷରେ ବାଂକ୍ୱଙ୍କ ପୁତ୍ର ମାଲକୋମ ସ୍କଟଲାଣ୍ଡର ରାଜା ରୂପେ ଅଭିଷିକ୍ତ ହୁଅନ୍ତି।

ଆଲେକଜାଣ୍ଡାର ପୋପ ଓ ସାମୁଏଲ ଜନସନଙ୍କ ସମୟରୁ ନାଟକର ଅନୁଶୀଳନ ମାକ୍‌ବେଥଙ୍କ ତୀବ୍ର ଉଚ୍ଚାକାଂକ୍ଷା ଉପରେ କେନ୍ଦ୍ରୀଭୂତ ହୋଇଛି। ଜନସନଙ୍କ ମତରେ, ଯଦିଓ ସାମରିକ ଦକ୍ଷତା ହେତୁ ମାକ୍‌ବେଥ୍ ପ୍ରଶଂସିତ, ତେବେ ସେ ଏକ ନିନ୍ଦିତ ବ୍ୟକ୍ତିତ୍ୱ। ରିଚାର୍ଡ ତୃତୀୟଙ୍କ ପରି ଅନିବାର୍ଯ୍ୟ ପତନ ଯାଏଁ ମାକ୍‌ବେଥ୍ ରକ୍ତରେ ହୋରି ଖେଳିଛନ୍ତି। କେନେଥ ମୁଇରଙ୍କ ମତରେ, ମାକ୍‌ବେଥଙ୍କ ହତ୍ୟା ନିମନ୍ତେ ପୂର୍ବାଗ୍ରହ ନଥିଲା, ତାଙ୍କ ଅପରିମିତ ଉଚ୍ଚାକାଂକ୍ଷା ରାଜପଦ ହାସଲରେ କେନ୍ଦ୍ରୀଭୂତ ଥିଲା। ଇ. ଇ. ଷ୍ଟୋଲ ପରି କିଛି ସମାଲୋଚକ ଏପରି ଚରିତ୍ର ଚିତ୍ରଣ ସେନେକା କିମ୍ବା ମଧ୍ୟ ଯୁଗୀୟ ପରମ୍ପରାର ପ୍ରତିଫଳନ ବୋଲି ଯୁକ୍ତି କରିଛନ୍ତି। ବହୁ ସମାଲୋଚକଙ୍କ ପାଇଁ ହତ୍ୟା ନିମନ୍ତେ ମାକ୍‌ବେଥଙ୍କ ଅନ୍ତର୍ନିହିତ ପ୍ରବୃତ୍ତି ଅସ୍ପଷ୍ଟ ଏବଂ ସେ ପରିସ୍ଥିତିର ଏକ କ୍ରୀଡନକ ମାତ୍ର।

ମାକ୍‌ବେଥ ନାଟକର କଥାବସ୍ତୁ ପ୍ରଚଣ୍ଡ ବେଗରେ ଅଗ୍ରଗତି କରିଛି। ତିନୋଟି ଡାହାଣୀ ସହ ଝଡ଼ ତୋଫାନ, ଅଶୁଭ ଶକୁନ, ହତ୍ୟା, ଆତଙ୍କ, ଉନ୍ମାଦ ଆଦି ନାଟକର ବାତାବରଣକୁ ସରଗରମ କରିଛି। ଆରମ୍ଭରୁ ହିଁ ସ୍କଟଲାଣ୍ଡରେ ପ୍ରାକୃତିକ ନିୟମର ବୈପରୀତ୍ୟର ପ୍ରାବଲ୍ୟ ଅନୁଭୂତ ହୁଏ ଡାହାଣୀଙ୍କ ସଂଳାପରୁ।

Fair is foul, and foul is fair:
Hover through the fog and filthy air.

ରାଜା ଡନ୍‌କାନଙ୍କ ଜଘନ୍ୟ ହତ୍ୟାରୁ ହିଁ ପ୍ରାକୃତିକ ନିୟମର ଉଲ୍ଲଙ୍ଘନ ଘଟିଛି। ସେକ୍‌ସପିଅର ବିଶ୍ୱାସ କରୁଥିବା ଫରାସୀ ଦାର୍ଶନିକ ରେମଣ୍ଡ ଡି ସେବଣ୍ଡଙ୍କ ବିଶିଷ୍ଟ ବୃହତ ସ୍ଥିତି ଶୃଙ୍ଖଳ (Great Chain of Being)ର ଚିନ୍ତାଧାରା ଈଶ୍ୱରଙ୍କ ପ୍ରତିନିଧି ରାଜାଙ୍କ ନିର୍ମମ ହତ୍ୟାରେ ବିପର୍ଯ୍ୟସ୍ତ ହୋଇଛି ଏବଂ ଏହାର ପରିଣାମ ନୂତନ ରାଜା ଓ ସମସ୍ତ ରାଷ୍ଟ୍ରକୁ ଭୋଗିବାକୁ ପଡିଛି। ନିଦ୍ରା ବି ଏକ ପ୍ରାକୃତିକ ନିୟମ ଯାହାକୁ ସେ ହତ୍ୟା କରିଛନ୍ତି ବୋଲି ମାକ୍‌ବେଥ କହନ୍ତି। ଲେଡି ମାକ୍‌ବେଥ୍‌ଙ୍କ ସନିଦ୍ର ପଦଚାରଣରେ ଏହାର ଆଳଙ୍କାରିକ ରୂପରେଖ ଉପଲବ୍ଧ।

ବିଶିଷ୍ଟ ସମାଲୋଚକ ଏ. ସି. ବ୍ରାଡଲୀ ପ୍ରବର୍ତ୍ତିତ ସମାଲୋଚନାରେ ମାକ୍‌ବେଥ୍‌ଙ୍କ ଚରିତ୍ର ଅନୁଶୀଳନ ତଥା ନିଜସ୍ୱ ଉଗ୍ର ଆକାଂକ୍ଷାକୁ ସାଧାରଣତଃ ଅଧିକ ଗୁରୁତ୍ୱ ଦିଆଯାଏ। ତେବେ ମାକ୍‌ବେଥ୍‌ଙ୍କ ସୁପ୍ତ ଉଚ୍ଚାଭିଳାଷ ଜାଗ୍ରତ ହେବା ପାଇଁ ଡାହାଣୀମାନଙ୍କର ବି କିଛି ଭୂମିକା ରହଛି। ନାଟକରେ ତିନି ଡାହାଣୀ ଯଥାକ୍ରମେ ଅନ୍ଧାର, ବିଶୃଙ୍ଖଳା ଓ ଦ୍ୱନ୍ଦ୍ୱକୁ ସୂଚାନ୍ତି। ସେମାନଙ୍କ ଉପସ୍ଥିତି ରାଜଦ୍ରୋହ ଓ ସମ୍ଭାବ୍ୟ ଅରାଜକତା ଦର୍ଶାଏ। ମାକ୍‌ବେଥ୍ ସେମାନଙ୍କ ସୂକ୍ଷ୍ମ ପ୍ରଲୋଭନର ଶିକାର ହୋଇଛନ୍ତି, କିନ୍ତୁ ବାଂକ୍ୱ ଏହାକୁ ଅଗ୍ରାହ୍ୟ କରିଛନ୍ତି।

ସମାଲୋଚକ ଜେ.ଏ. ବ୍ରାୟାଣ୍ଟ ଡନକାନଙ୍କ ହତ୍ୟା ଓ ଖ୍ରୀଷ୍ଟଙ୍କ ନିଧନ ମଧ୍ୟରେ ସାମଞ୍ଜସ୍ୟ ପାଇଛନ୍ତି। ଯଦିଓ ମାକ୍‌ବେଥ୍‌ଙ୍କ ନିମନ୍ତେ ଏକ ଆଶାନ୍ୱିତ ଭବିଷ୍ୟତର ସମ୍ଭାବନା ନାଟକର ପ୍ରାରମ୍ଭରେ ଅଙ୍କିତ ହୋଇଛି, ତାଙ୍କ ଦୋଷଦୁଷ୍ଟ ମାନସିକତା ସର୍ବଦା ପ୍ରତିକୂଳ ଆଶଙ୍କା ଓ ଅନର୍ଥରେ ଜର୍ଜରିତ। ଭୟାନକ ଦୁଃଖଦ ପରିଣତି ସହ ନୂତନ ସମ୍ଭାବନା ମଧ୍ୟରେ ନାଟକଟି ଶେଷ ହୋଇଛି।

ଆଣ୍ଟୋନୀ ଆଣ୍ଡ୍ କ୍ଲିଓପାଟ୍ରା

ସେକ୍‌ସପିଅରଙ୍କ ଆଣ୍ଟନୀ ଆଣ୍ଡ୍ କ୍ଲିଓପାଟ୍ରା ୧୬୦୭ରେ ପ୍ରଥମେ ଅଭିନୀତ ହୋଇଥିଲା। ଏହାର ବିଷୟବସ୍ତୁ ଥୋମାସ ନର୍ଥଙ୍କ ୧୫୭୯ରେ ପ୍ଲୁଟାର୍କଙ୍କ 'ଲାଇଭସ'ର ଅନୁବାଦ ଉପରେ ପର୍ଯ୍ୟବସିତ। ଏତଦ୍‌ବ୍ୟତୀତ ସେକ୍‌ସପିଅର ହୋରେସ, ମଣ୍ଟେଇଁ ଓ ପ୍ଲିନୀଙ୍କ ଠାରୁ ଉପାଦାନ ସଂଗ୍ରହ କରିଛନ୍ତି।

ଏହା ଭାବୋଚ୍ଛ୍ୱାସର, ଉଚ୍ଚାଭିଳାଷର କାହାଣୀ। ଅତିରିକ୍ତ ନାଟକୀୟତାର ଏକ ବର୍ଣ୍ଣାଢ୍ୟ ସୃଷ୍ଟି। ଅନେକଙ୍କ ଦୃଷ୍ଟିରେ ସେକ୍‌ସପିଅରଙ୍କ କ୍ଲିଓପାଟ୍ରା ଯାହାଙ୍କୁ ଏନୋବାର୍ବାସ ଖୁବ କାବ୍ୟିକ ଶବ୍ଦାବଳୀରେ ବର୍ଣ୍ଣନା କରିଛନ୍ତି,

Age can not wither her, nor custom stale,
Her infinite variety other women cloy,
The appetites they feed, but she makes hungry,
Where most she satisfies,

ସେକ୍‌ସପିଅରଙ୍କ ଅନ୍ୟତମ ଖୁବ ଜଟିଳ ଏବଂ ପୂର୍ଣ୍ଣ ବିକଶିତ ନାରୀ ଚରିତ୍ର।

ସେ ବହୁ ସମୟରେ ଏପରି ଅହଙ୍କାରୀ ଓ ଅଭିନେତ୍ରୀ ଯେ ଦର୍ଶକ ଗଣ ତାଙ୍କୁ ଅବଜ୍ଞା କରନ୍ତି, କିନ୍ତୁ ସେକ୍‌ସପିଅର ତାଙ୍କୁ ଓ ଆଣ୍ଟନୀଙ୍କୁ ବିବିଧ ବର୍ଣ୍ଣବିଭାରେ ଋଦ୍ଧିମନ୍ତ କରିଛନ୍ତି। ଏହି ନାଟକକୁ କୌଣସି ନିର୍ଦ୍ଦିଷ୍ଟ ପର୍ଯ୍ୟାୟରେ ଅନ୍ତର୍ଭୁକ୍ତ କରିବା ଏକ ଦୁରୂହ ବ୍ୟାପାର। ଏହାକୁ ଏକ ଐତିହାସିକ ନାଟକ ରୂପେ ବର୍ଣ୍ଣନା କରା ଯାଇପାରେ, ଯଦିଓ ଏହା ସମ୍ପୂର୍ଣ୍ଣ ଭାବେ ଐତିହାସିକ ବିବରଣୀ ଅନୁସରଣ କରିନାହିଁ। ଏକ ବିୟୋଗାନ୍ତକ ନାଟକ ରୂପେ ଏହା ବର୍ଣ୍ଣିତ ହୋଇପାରେ, ଯଦିଓ ଆରିଷ୍ଟଟଲଙ୍କ ପ୍ରଦତ୍ତ ସମସ୍ତ ଲକ୍ଷଣ ଏଠାରେ ଦୃଷ୍ଟିଗୋଚର ହୁଏ ନାହିଁ। ଏକ ପ୍ରେମ ଓ କ୍ଷମତା ସମ୍ପର୍କିତ ରୋମାଞ୍ଚକର ନାଟକ ବା ଏକ ସମସ୍ୟା ପ୍ରଧାନ ନାଟକ ରୂପେ ବି ଅଭିହିତ କରା ଯାଇପାରେ।

କୌଣସି ନାଟକରେ ଏପରି ବିଶାଳ ବ୍ୟାପ୍ତିର ରଙ୍ଗମଞ୍ଚ ନାହିଁ, ଏପରି ବହୁଳ ଦୃଶ୍ୟ ବି ଅନ୍ୟ ନାଟକ ମାନଙ୍କରେ ଅନୁପଲବ୍ଧ, ସେ ସମୟର ଜ୍ଞାତ ପୃଥିବୀର ବିଭିନ୍ନ ପ୍ରାନ୍ତରୁ ଏପରି ବହୁଳ ପରିମାଣରେ ଦୂତଙ୍କ ଆଗମନ ବି ଅନ୍ୟ ନାଟକରେ ଦେଖିବାକୁ ମିଳନ୍ତି ନାହିଁ। ଅସୀମର ଆହ୍ୱାନ, ଆଡମ୍ବରପୂର୍ଣ୍ଣ ପ୍ରଦର୍ଶନୀ ଓ ଐତିହାସିକ ଘଟଣାବଳୀର ଗତିଶୀଳ ପରାକାଷ୍ଠା ଏଠାରେ ଖୁବ୍ ବ୍ୟବସ୍ଥିତ ଢଙ୍ଗରେ ପ୍ରଦତ୍ତ ହୋଇଛି।

ମାର୍କ ଆଣ୍ଟନୀ, ଯେ ରୋମାନ ସାଧାରଣତନ୍ତ୍ରର ତିନିଜଣ ବିଶିଷ୍ଟ କର୍ଣ୍ଣଧାରଙ୍କ ମଧ୍ୟରେ ଅନ୍ୟତମ, ଇଜିପ୍ଟର ରାଣୀଙ୍କ ସୌନ୍ଦର୍ଯ୍ୟରେ ବିମୋହିତ ହୋଇ ନିଜ ସାମରିକ କର୍ତ୍ତବ୍ୟ ଭୁଲି ଯାଇଛନ୍ତି। ସେ ରୋମର ଆଭ୍ୟନ୍ତରୀଣ ସମସ୍ୟାକୁ, ବିଶେଷତଃ ତାଙ୍କ ପତ୍ନୀ ଫୁଲଭିଆଙ୍କୁ ଧ୍ୟାନ ଦେଇନାହାନ୍ତି ଯିଏ ଅକ୍ଟାଭିଅସଙ୍କ ବିରୁଦ୍ଧରେ ବିଦ୍ରୋହ କରିଛନ୍ତି ଓ ମୃତ୍ୟୁ ବରଣ କରିଛନ୍ତି, ଅକ୍ଟାଭିଅସ ରୋମ ସହ ସଂଘର୍ଷ କରୁଥିବା ଜଳଦସ୍ୟୁ ମାନଙ୍କ ବିରୁଦ୍ଧରେ ଲଢ଼ିବା ପାଇଁ ଆଣ୍ଟନୀଙ୍କୁ ଇଜିପ୍ଟରୁ ଡକାଇଛନ୍ତି। କ୍ଲିଓପାଟ୍ରା ଆଣ୍ଟନୀଙ୍କୁ ନଯିବା ପାଇଁ ବହୁ ଅନୁରୋଧ କରିଛନ୍ତି। ପରିଶେଷରେ କର୍ତ୍ତବ୍ୟ ଦ୍ୱାହିରେ ଆଣ୍ଟନୀ ରୋମ୍‌କୁ ଆସିଛନ୍ତି।

ରୋମରେ ତ୍ରିଶାସକ ଏକତ୍ରିତ ହୁଅନ୍ତି ଏବଂ ଆଣ୍ଟନୀ ଓ ଅକ୍ଟାଭିଅସ ମଧ୍ୟରେ ଥିବା ମନୋମାଳିନ୍ୟ ଦୂର ହୋଇଯାଏ। ଏଗ୍ରିପ୍ପା ପ୍ରସ୍ତାବ ଦିଅନ୍ତି ଯେ, ଆଣ୍ଟନୀ ଅକ୍ଟାଭିଅସଙ୍କ ଭଉଣୀ ଅକ୍ଟାଭିଆଙ୍କୁ ବିବାହ କରି ସମ୍ପର୍କକୁ ଦୃଢ଼ୀଭୂତ କରନ୍ତୁ ଯାହା ଆଣ୍ଟନୀ ଗ୍ରହଣ କରନ୍ତି। ଜଣେ ଭବିଷ୍ୟ ବକ୍ତା କହନ୍ତି ଯେ, ଯଦି ଆଣ୍ଟନୀ ଅକ୍ଟାଭିଅସ ସହ ଯୁଦ୍ଧ କରନ୍ତି, ଆଣ୍ଟନୀ ନିଶ୍ଚିତ ପରାସ୍ତ ହେବେ। ଇଜିପ୍ଟରେ କ୍ଲିଓପାଟ୍ରା ଆଣ୍ଟନୀଙ୍କ ବିବାହ ବିଷୟ ଶୁଣନ୍ତି ଓ ଦୂତଙ୍କୁ ଶାସ୍ତି ଦେଇ ତାଙ୍କ କ୍ରୋଧ ମେଣ୍ଟାନ୍ତି।

କିଛି ଦିନ ପରେ ଆଣ୍ଟନୀ ଆଲେକ୍ସାଣ୍ଡ୍ରିଆକୁ ଫେରି କ୍ଲିଓପାଟ୍ରାଙ୍କ ସହ ନିଜକୁ ଇଜିପ୍ଟର ଶାସକ ରୂପେ ଅଭିଷିକ୍ତ କରି ମୁକୁଟ ପରିଧାନ କରନ୍ତି। ସେକ୍ସଟସଙ୍କ ଭୂମିରୁ ତାଙ୍କ ଭାଗ ପ୍ରଦାନ କରି ନଥିବା ହେତୁ ଓ ଲେପିଡସଙ୍କୁ ତ୍ରିଶାସକ ମେଣ୍ଟରୁ ବହିଷ୍କାର କରିଥିବା ହେତୁ ଆଣ୍ଟନୀ ଅକ୍ଟାଭିଅସଙ୍କ ପ୍ରତି ବିରକ୍ତି ପ୍ରକାଶ କରନ୍ତି। ତେବେ ଅକ୍ଟାଭିଅସ ଇଜିପ୍ଟରେ ଆଣ୍ଟନୀଙ୍କ କାର୍ଯ୍ୟକଳାପରେ ଭୀଷଣ କ୍ଷୁବ୍ଧ ହୁଅନ୍ତି।

ଆଣ୍ଟନୀ ଅକ୍ଟାଭିଅସଙ୍କ ବିରୁଦ୍ଧରେ ଯୁଦ୍ଧ ପ୍ରସ୍ତୁତି କରନ୍ତି ଓ କ୍ଲିଓପାଟ୍ରା ନୌସେନା ଦ୍ୱାରା ତାଙ୍କୁ ସାହାଯ୍ୟ କରନ୍ତି। କିନ୍ତୁ ଗ୍ରୀସର ପଶ୍ଚିମରେ ଆକ୍ଟିଅମ ଜଳଯୁଦ୍ଧରେ ରୋମ ନୌସେନା ବିରୁଦ୍ଧରେ ବିଜୟ ସମ୍ଭାବନା ନଦେଖି କ୍ଲିଓପାଟ୍ରା ଷାଠିଏ ଜାହାଜ ନେଇ ଇଜିପ୍ଟକୁ ପ୍ରତ୍ୟାବର୍ତ୍ତନ କରନ୍ତି। ଆଣ୍ଟନୀ ତାଙ୍କୁ ଅନୁସରଣ କରନ୍ତି, ଯଦ୍ଦ୍ୱାରା ତାଙ୍କ ସୈନ୍ୟବାହିନୀ ଧ୍ୱଂସମୁଖରେ ପଡନ୍ତି। ଆଣ୍ଟନୀ ଦୁନିଆ ସମ୍ମୁଖରେ ତାଙ୍କୁ ଭୀରୁ ରୂପେ

ପ୍ରତିପାଦିତ କରିଥିବାରୁ କ୍ଲିଓପାଟ୍ରାଙ୍କୁ ଯଦିଓ ନିନ୍ଦା କରନ୍ତି, ତଥାପି ତାଙ୍କ ପ୍ରତି ନିଜର ଅକୃତିମ ଓ ଗଭୀର ପ୍ରେମ ପ୍ରକାଶ କରନ୍ତି। ଏଣେ ଅକ୍ଟାଭିଅସ କ୍ଲିଓପାଟ୍ରାଙ୍କୁ ଆଣ୍ଟନୀଙ୍କୁ ପରିତ୍ୟାଗ କରିବା ନିମନ୍ତେ ସନ୍ଦେଶ ପଠାଇ ତାଙ୍କ ପକ୍ଷ ସମର୍ଥନ ପାଇଁ ପ୍ରବର୍ତ୍ତାନ୍ତି। ଆଣ୍ଟନୀ କ୍ଲିଓପାଟ୍ରାଙ୍କ ନିମନ୍ତେ ଅକ୍ଟାଭିଅସ ସହ ସ୍ଥଳଯୁଦ୍ଧ କରିବା ପାଇଁ ପ୍ରସ୍ତୁତ ହୁଅନ୍ତି। ଯୁଦ୍ଧ ପୂର୍ବରୁ ତାଙ୍କ ସେନାପତି ଏନବାର୍ବାସ ପକ୍ଷ ପରିବର୍ତ୍ତନ କରନ୍ତି ଓ ପରେ ମୃତ୍ୟୁ ବରଣ କରନ୍ତି।

ଆଣ୍ଟନୀଙ୍କ ଅଧିକାଂଶ ସେନା ତାଙ୍କୁ ପରିତ୍ୟାଗ କରିବା ହେତୁ ସେ ପରାସ୍ତ ହୁଅନ୍ତି। "This foul Egyptian hath betrayed me" କହି ଆଣ୍ଟନୀ ବିଶ୍ୱାସଘାତକତା ସନ୍ଦେହରେ କ୍ଲିଓପାଟ୍ରାଙ୍କୁ ହତ୍ୟା କରିବା ପାଇଁ ମନସ୍ଥ କରନ୍ତି। କ୍ଲିଓପାଟ୍ରା ଚିନ୍ତା କରନ୍ତି ଯେ, ଆଣ୍ଟନୀଙ୍କୁ ଫେରି ପାଇବାର ଏକମାତ୍ର ପନ୍ଥା ହେଉଛି, ମୃତ୍ୟୁର ଛଳନା କରିବା। ସେ ନିଜକୁ କୋଠରୀରେ ଆବଦ୍ଧ କରି ଆଣ୍ଟନୀଙ୍କ ଆଗମନ ଅପେକ୍ଷା କରନ୍ତି। ଏହି ସମ୍ବାଦ ପାଇ ଆଣ୍ଟନୀ କିଂକର୍ତ୍ତବ୍ୟବିମୂଢ଼ ଅବସ୍ଥାରେ ନିଜକୁ ଖଡ୍ଗରେ ଗଭୀର ଆଘାତ କରନ୍ତି ଓ ସୈନ୍ୟମାନଙ୍କ ଦ୍ୱାରା ରାଣୀଙ୍କ ଗୁପ୍ତ କୋଠରୀକୁ ପ୍ରେରିତ ହୁଅନ୍ତି ଏବଂ ତାଙ୍କ ବାହୁ ବନ୍ଧନରେ ପ୍ରାଣତ୍ୟାଗ କରନ୍ତି।

ରୋମାନ ସୈନ୍ୟଙ୍କ ଦ୍ୱାରା ବନ୍ଦୀ ହେବା ସମ୍ଭାବନାକୁ ଏଡାଇବା ପାଇଁ କ୍ଲିଓପାଟ୍ରା ଅନ୍ୟ ଯୋଜନା କରନ୍ତି। ଡିମିରିଫଳ ଟୋକେଇରେ ଲୁଚିଥିବା ବିଷଧର ସର୍ପ ଦଂଶନରେ ସେ ପ୍ରାଣତ୍ୟାଗ କରନ୍ତି। ଅକ୍ଟାଭିଅସ ସେମାନଙ୍କ ମୃତଦେହ ଦେଖି ବିଭିନ୍ନ ଭାବାବେଗ, ବିଶେଷତଃ ପ୍ରେମୀଯୁଗଳଙ୍କ ପାଇଁ ସମବେଦନା ଅନୁଭବ କରନ୍ତି। ପ୍ରଥମ ରୋମାନ ସମ୍ରାଟ ରୂପେ ପରିଚିତ ହୋଇ ଆଣ୍ଟନୀ ଓ କ୍ଲିଓପାଟ୍ରାଙ୍କ ନିମନ୍ତେ ପୂର୍ଣ୍ଣ ମର୍ଯ୍ୟାଦାରେ ଶେଷ ସତ୍କାରର ଆଦେଶ ଦିଅନ୍ତି।

କ୍ଲିଓପାଟ୍ରାଙ୍କ ଚରିତ୍ର ବିଭିନ୍ନ ବ୍ୟାଖ୍ୟା ବହନ କରିଛି। ବିଶେଷତଃ ଅନିନ୍ଦ୍ୟ ରୂପ ଯୌବନର ମହକରେ ଅନାୟାସରେ ପ୍ରଲୋଭିତ କରୁଥିବା ନିପୁଣା ଅଭିନେତ୍ରୀ ବନାମ ଦେଶର ସ୍ୱାର୍ଥ ରକ୍ଷା ନିମନ୍ତେ ପ୍ରତିଶ୍ରୁତିବଦ୍ଧ କୌଶଳୀ ରାଷ୍ଟ୍ରମୁଖ୍ୟ। ଊନବିଂଶ ଶତାବ୍ଦୀ ଓ ବିଂଶ ଶତାବ୍ଦୀର ସମାଲୋଚକଗଣ ତାଙ୍କୁ ମୁଖ୍ୟତଃ ଯୌନ ସାମଗ୍ରୀ ରୂପେ ବିଚାର କରିଛନ୍ତି। ଏହି ଚିନ୍ତାଧାରା ଟି. ଏସ. ଏଲିଅଟଙ୍କ ଉକ୍ତିରେ ବି ପ୍ରତିଫଳିତ। ତାଙ୍କ ମତରେ, ସେ " no wielder of power, but rather that devouring sexuality...... diminishes her power." ଏପରି ସମାଲୋଚକଗଣ ତାଙ୍କୁ ଜଣେ ବ୍ୟକ୍ତି ପରିବର୍ତ୍ତେ ସାମଗ୍ରୀ ରୂପେ ଗ୍ରହଣ କରିଛନ୍ତି, ଜଣେ ବଳିଷ୍ଠ, ଶକ୍ତିଶାଳୀ ନାରୀ ପରିବର୍ତ୍ତେ ଏକ ସମ୍ମୋହନକାରିଣୀ ବିଳାସିନୀ ରୂପେ ଚିତ୍ରଣ କରିଛନ୍ତି।

ସମକାଳୀନ ଉତ୍ତର ଆଧୁନିକ ଚିନ୍ତକମାନେ କ୍ଲିଓପାଟ୍ରାଙ୍କ ପାଇଁ ଅଧିକ ସମ୍ବେଦନଶୀଳ । ରୋନାଲଡ ସି ଫ୍ରୀମାନଙ୍କ ମତରେ, "We understand Antony as a grand failure because the container of his Romanness dislimns. It can no longer outline or define him even to himself. Conversely, we understand Cleopatra at her death as the transcendent queen of immortal longings...unlike Antony she never melts, but sublimates from her very earthly flesh to ethereal fire and air."

ସେକ୍ସପିଅର ଆଣ୍ଟନୀଙ୍କ ରୋମୀୟ ପୁରୁଷତ୍ୱ ଓ କ୍ଲିଓପାଟ୍ରାଙ୍କ ଇଜିପ୍ଟୀୟ ନାରୀତ୍ୱ ମଧ୍ୟରେ ପରିଦୃଷ୍ଟ ଭିନ୍ନତାକୁ ଗୁରୁତ୍ୱ ଦେଇଛନ୍ତି । କ୍ଲିଓପାଟ୍ରାଙ୍କ ବହୁବିଧ ବ୍ୟକ୍ତିତ୍ୱ ହେତୁ ତାଙ୍କୁ ଏକ ନିର୍ଦ୍ଦିଷ୍ଟ ପର୍ଯ୍ୟାୟରେ ଚିହ୍ନଟ କରିବା କଷ୍ଟକର । ସେ ନିଜସ୍ୱ ପ୍ରଚଣ୍ଡ ଯୌନ ଅଭିଳାଷକୁ ବୃହତ୍ତର ରାଜନୈତିକ ପରିଧିରେ ଉପଯୋଗ କରନ୍ତି, ଯାହା ତାଙ୍କ ପ୍ରଗାଢ଼ କ୍ଷମତା ଲିପ୍ସାର ପରିଚାୟକ ।

କରିଓଲେନସ୍

୧୬୦୫ - ୦୮ ମଧ୍ୟରେ ଲେଖା ଯାଇଥିବା କରିଓଲେନସ୍ ସେକ୍ସପିଅରଙ୍କ ଏକ ବିୟୋଗାନ୍ତକ ନାଟକ। ଏହାର ବିଷୟବସ୍ତୁ କିମ୍ବଦନ୍ତୀୟ ରୋମାନ ସାମରିକ ନେତା କାୟସ ମାର୍ସିଏସ କରିଓଲେନସଙ୍କ ଜୀବନ ଉପରେ ଆଧାରିତ। ସେକ୍ସପିଅର ଆଣ୍ଟନୀ ଆଣ୍ଡ କ୍ଲିଓପାଟ୍ରା ଲେଖିବା ବେଳେ ଏହି ନାଟକ ବି ଲେଖିଥିଲେ ଏବଂ ଉଭୟ ତାଙ୍କ ଶେଷ ବିୟୋଗାନ୍ତକ ନାଟକ ରୂପେ ବିବେଚିତ ହୁଏ। ଏହି ନାଟକ ରଚନା ପାଇଁ ସେକ୍ସପିଅର ଥୋମାସ ନର୍ଥଙ୍କ ଅନୁଦିତ ପ୍ଲୁଟାର୍କଙ୍କ ଲାଇଭସ ଓ ଲିଭିଙ୍କ ଅଲ ଉର୍ବେ କଣ୍ଡିଟାକୁ ଉପଯୋଗ କରିଛନ୍ତି।

ନାଟକଟି ରୋମର ପୃଷ୍ଠଭୂମିରେ ଲିଖିତ। ଟର୍କ୍ୱିନ ରାଜାମାନେ ବିତାଡିତ ହେବା ପରେ ଖାଦ୍ୟ ପାଇଁ ରୋମର ବିଭିନ୍ନ ଅଂଚଳରେ ଦଙ୍ଗା ସୃଷ୍ଟି ହୋଇଛି। ସାଧାରଣ ଜନତାଙ୍କ ପାଇଁ ଶସ୍ୟ ଭଣ୍ଡାର ବାରଣ ହେତୁ ସର୍ବତ୍ର ଅରାଜକତା ଦେଖା ଯାଇଛି। ଦଙ୍ଗାକାରୀଗଣ ଶସ୍ୟ ଅଭାବ ପାଇଁ ମୁଖ୍ୟତଃ ରୋମର ପ୍ରସିଦ୍ଧ ସେନାପତି କାୟସ ମାର୍ସିଏସଙ୍କ ଉପରେ କ୍ଷୁବ୍ଧ। ସେମାନେ ସମ୍ଭ୍ରାନ୍ତ ବ୍ୟକ୍ତି ମେନେନିଅସ ଏଗ୍ରିପ୍ପା ଓ କାୟସ ମାର୍ସିଏସଙ୍କୁ ଭେଟନ୍ତି। ମେନେନିଅସ ସେମାନଙ୍କୁ ବୁଝାଇ ସୁଝାଇ ଶାନ୍ତ କରିବାକୁ ଚେଷ୍ଟା କରିବା ବେଳେ ମାର୍ସିଏସ ଘୃଣା ବ୍ୟଞ୍ଜକ ଶବ୍ଦ ବ୍ୟବହାର କରନ୍ତି। ତାଙ୍କ ମତରେ ସେମାନେ ସାମରିକ ବାହିନୀରେ ଯୋଗ ଦେଇ ନଥିବାରୁ ଶସ୍ୟ ନିମନ୍ତେ ହକ୍‌ଦାର ନୁହନ୍ତି। ରୋମର ଦୁଇଜଣ ରାଜନେତା, ବ୍ରୁଟସ୍ ଓ ସିନସିନିଅସ ନିଭୃତରେ ମାର୍ସିଏସଙ୍କୁ ନିନ୍ଦା କରନ୍ତି। ଏକ ଭଲସିଆନ ସେନା ରୋମ ପ୍ରତି ଆକ୍ରମଣ ପାଇଁ ଯୁଦ୍ଧ କ୍ଷେତ୍ରରେ ଅବତୀର୍ଣ୍ଣ ବୋଲି ଖବର ପାଇ ମାର୍ସିଏସ ରୋମ ତ୍ୟାଗ କରି ସେମାନଙ୍କୁ ମୁକାବିଲା କରିବା ପାଇଁ ଯାଇଛନ୍ତି।

ଭଲସିଆନ ସେନାଧ୍ୟକ୍ଷ ଟୁଲିଅସ ଔଫିଡ଼ିଏସ ମାର୍ସିଏସଙ୍କ ସହ ବହୁବାର ଯୁଦ୍ଧ

କରିଛନ୍ତି ଓ ତାଙ୍କୁ ମୁଖ୍ୟ ଶତ୍ରୁ ରୂପେ ବିବେଚନା କରନ୍ତି । କମିନିଅସ ରୋମ ସେନାର ମୁଖ୍ୟ ସେନାପତି ଓ ମାର୍ସିଏସ ଉପମୁଖ୍ୟ । ଯେତେବେଳେ କମିନିଅସ ସେନାର ପ୍ରଧାନ ଭାଗ ନେଇ ଔଫିଡ଼ିଏସଙ୍କ ସୈନ୍ୟଙ୍କ ବିରୁଦ୍ଧରେ ଯୁଦ୍ଧ କରିଛନ୍ତି, ମାର୍ସିଏସ ଭଲସିଆନ ନଗର କରିଅଲିକୁ ଦଖଲ କରିବାକୁ ଯାଇଛନ୍ତି । କରିଅଲିର ଅବରୋଧ ପ୍ରଥମେ ଅସଫଳ ରହିଛି, କିନ୍ତୁ ମାର୍ସିଏସ ଏହାର ଦ୍ୱାର ଜବରଦସ୍ତ ଉନ୍ମୁକ୍ତ କରି ଏହାକୁ ଜୟ କରିଛନ୍ତି । ଯଦିଓ ଏହି ସଂଘର୍ଷରେ ମାର୍ସିଏସ କ୍ଳାନ୍ତ ହୋଇଛନ୍ତି, ତଥାପି ସେ କମିନିଅସଙ୍କ ସେନା ସହ ଯୋଗ ଦେବା ପାଇଁ ଶୀଘ୍ର ଅଗ୍ରସର ହୋଇ ଅନ୍ୟ ଭଲସିଆନ ସେନାଙ୍କ ସହ ସଂଘର୍ଷ କରିଛନ୍ତି । ମାର୍ସିଏସ ଓ ଔଫିଡିଏସ ଦ୍ୱନ୍ଦ୍ୱ ଯୁଦ୍ଧରେ ପ୍ରବୃତ୍ତ ହେବା ବେଳେ ଔଫିଡିଏସଙ୍କ ସୈନ୍ୟମାନେ ତାଙ୍କୁ ରଣକ୍ଷେତ୍ରରୁ ଟାଣି ନେଇ ଯାଇଛନ୍ତି ।

ମାର୍ସିଏସଙ୍କ ମହାନ ବୀରତ୍ୱ ହେତୁ କମିନିଅସ ତାଙ୍କୁ ପ୍ରଶଂସା ସୂଚକ କରିଓଲେନସ ଉପାଧି ପ୍ରଦାନ କରିଛନ୍ତି । ରୋମକୁ ପ୍ରତ୍ୟାବର୍ତ୍ତନ ପରେ କରିଓଲେନସଙ୍କ ମାତା ଭଲୁମିନା ରୋମର କନ୍ସଲ ପାଇଁ ପ୍ରତିଦ୍ୱନ୍ଦିତା କରିବା ପାଇଁ ତାଙ୍କୁ ପ୍ରବର୍ତ୍ତାଇଛନ୍ତି । କରିଓଲେନସ ପ୍ରଥମେ ଅସମ୍ମତ ଥିଲେ ବି ମାତାଙ୍କ ଅଭିଳାଷକୁ ସମ୍ମାନ ଦେଖାଇ ପ୍ରତିଦ୍ୱନ୍ଦ୍ୱିତା କରନ୍ତି ଓ ସିନେଟର ସମର୍ଥନ ପାଆନ୍ତି । କିନ୍ତୁ ବ୍ରୁଟସ୍ ଓ ସିନସିନିଅସ ତାଙ୍କୁ କନ୍ସଲ ପଦବୀ ହାସଲରୁ ବଞ୍ଚିତ କରିବା ନିମନ୍ତେ ଚକ୍ରାନ୍ତରେ ଅନ୍ୟ ଏକ ଦଙ୍ଗା ସୃଷ୍ଟି କରନ୍ତି । ପ୍ରବଳ ବିରୋଧର ସାମ୍ନା କରି କରିଓଲେନସ ଭୀଷଣ କ୍ରୋଧରେ ନିର୍ବାଚନ ଓ ଲୋକପ୍ରିୟ ଶାସନ ବିରୁଦ୍ଧରେ ସ୍ୱର ଉତ୍ତୋଳନ କରନ୍ତି । ବ୍ରୁଟସ୍ ଓ ସିନସିନିଅସ କରିଓଲେନସଙ୍କୁ ବିଶ୍ୱାସଘାତକ ରୂପେ ଅଭିହିତ କରି ତାଙ୍କୁ ରୋମରୁ ନିର୍ବାସନ କରନ୍ତି । କରିଓଲେନସ ଉତ୍ତର ଦିଅନ୍ତି ଯେ, ସେ ହିଁ ରୋମକୁ ତାଙ୍କ ଠାରୁ ନିର୍ବାସିତ କରନ୍ତି ।

ନିର୍ବାସନ ପରେ କରିଓଲେନସ ଭଲସିଆନଙ୍କ ରାଜଧାନୀ ଅଟିଅମ ପ୍ରତି ଯାତ୍ରା କରନ୍ତି ଏବଂ ତାଙ୍କୁ ନିର୍ବାସନର ପ୍ରତିଶୋଧ ନିମନ୍ତେ ଔଫିଡିଏସଙ୍କ ସାହାଯ୍ୟ କାମନା କରନ୍ତି । ତାଙ୍କ ଦୁର୍ଦ୍ଦଶାରେ ବ୍ୟଥିତ ହୋଇ ଏବଂ ଏପରି ଜଣେ ବିଖ୍ୟାତ ସେନାପତିଙ୍କ ସହ ଯୁଦ୍ଧ କରିବା ସୁଯୋଗ ପାଇ ଔଫିଡିଏସ ଓ ତାଙ୍କ ଉପରିସ୍ଥ ନେତାଗଣ କରିଓଲେନସଙ୍କୁ ଆଲିଙ୍ଗନ କରି ରୋମ ବିରୁଦ୍ଧରେ ଏକ ନୂତନ ସଂଘର୍ଷ ନିମନ୍ତେ ସେନାର ନେତୃତ୍ୱ ନେବା ପାଇଁ ଅନୁମତି ଦିଅନ୍ତି ।

ଆତଙ୍କଗ୍ରସ୍ତ ରୋମ କରିଓଲେନସଙ୍କୁ ଯୁଦ୍ଧରୁ କ୍ଷାନ୍ତ ହେବା ପାଇଁ ପ୍ରବର୍ତ୍ତାଇବାକୁ ଚେଷ୍ଟା କରନ୍ତି । କିନ୍ତୁ ସେ ସମୟର ରାଷ୍ଟ୍ରମୁଖ୍ୟ କମିନିଅସ ଓ ମେନେନିଅସଙ୍କ ପତନ ହୁଏ । ପରିଶେଷରେ ଭଲୁମିନା, କରିଓଲେନସଙ୍କ ପତ୍ନୀ ଭର୍ଜିଲିଆ ଓ ସନ୍ତାନଙ୍କୁ ରଣକ୍ଷେତ୍ରକୁ ପ୍ରେରଣ କରାଯାଏ ଓ ସେମାନେ କରିଓଲେନସଙ୍କୁ ରୋମକୁ ଧ୍ୱଂସ କରିବା

ପ୍ରଚେଷ୍ଟାରୁ ଓହରି ଯାଇ ଭଲସିଆନଙ୍କ ସହ ରୋମର ସନ୍ଧି ଦ୍ୱାରା ଶାନ୍ତି ପ୍ରତିଷ୍ଠା ପାଇଁ ନିବେଦନ କରନ୍ତି। କରିଓଲେନସ ତଦନୁଯାୟୀ ଏକ ଶାନ୍ତି ଚୁକ୍ତି କରନ୍ତି ଓ ସେ ଯେତେବେଳେ ଭଲସିଆନଙ୍କ ରାଜଧାନୀକୁ ଫେରନ୍ତି, ଔଫିଡିଏସଙ୍କ ଅନୁଗତ ବିଦ୍ରୋହୀମାନେ ତାଙ୍କୁ ହତ୍ୟା କରନ୍ତି।

ବିଖ୍ୟାତ ସମାଲୋଚକ ଏ. ସି. ବ୍ରାଡଲୀଙ୍କ ମତରେ ନାଟକଟିର ବ୍ୟାପ୍ତି କିଙ୍ଗ ଲିଅର ଓ ମାକ୍‌ବେଥ୍ ପରି ପ୍ରଚଣ୍ଡ। ଏହା ଉକ୍ତ ଦୁଇ ନାଟକରୁ ଭିନ୍ନ, ଯେହେତୁ କରିଓଲେନସଙ୍କ କୌଣସି ସ୍ୱଗତୋକ୍ତି ବିନା ତାଙ୍କ ଅନ୍ତଃ ଚରିତ୍ରର ଉଦଘାଟନ ଏକ ଦୁରୂହ ବ୍ୟାପାର। ଏଣୁ ସେକ୍‌ସପିଅରଙ୍କ ନାୟକଙ୍କ ମଧ୍ୟରେ ଏହା ଅସ୍ପଷ୍ଟ ବୋଲି ଦର୍ଶାଯାଏ। ରୋମାନ ସମାଜରୁ ତାଙ୍କ ଦାମ୍ଭିକ ଏକାକୀତ୍ୱର କାରଣ ନିରୂପଣ ହୋଇପାରେ ନାହିଁ। ସେ ମାର୍ଲୋଙ୍କ ନାଟକର ଟାଂବରଲେନ ପରି ସାମରିକ ଦକ୍ଷତା ପାଇଁ ବିଖ୍ୟାତ, ଏକ ଅହଙ୍କାରୀ ଚରିତ୍ର। ସମାଲୋଚକ ଫ୍ରାଙ୍କ କେରମୋଡଙ୍କ ମତରେ କରିଓଲେନସ, "perhaps the most fiercely and ingeniously planned and expressed of all the tragedies."

ବିଶିଷ୍ଟ କବି ଓ ସମାଲୋଚକ ଟି. ଏସ. ଏଲିଅଟ ତାଙ୍କ ଦ ସାକ୍ରେଡ ଉଡ ପୁସ୍ତକରେ କରିଓଲେନସ ନାଟକ ହାମଲେଟ ନାଟକଠାରୁ ଶ୍ରେଷ୍ଠତର ବୋଲି ଯୁକ୍ତି କରନ୍ତି ଓ ଏହା ଆଣ୍ଟନୀ ଆଣ୍ଡ କ୍ଲିଓପାଟ୍ରା ସହ ସେକ୍‌ସପିଅରଙ୍କ ଦୁଇ ମହାନ ସୃଷ୍ଟି ବୋଲି ମତ ପ୍ରକାଶ କରନ୍ତି। କିନ୍ତୁ ଏଲିଅଟଙ୍କ ଏପରି ଦୃଢୋକ୍ତି ନିର୍ବିବାଦରେ ଗ୍ରହଣ କରିବା ଆୟାସସାଧ୍ୟ। କରିଓଲେନସ ନାଟକ ଆଧୁନିକ ଯୁଗରେ କିଛି ଗଣତାନ୍ତ୍ରିକ ରାଷ୍ଟ୍ରରେ ଏହାର ଏକଛତ୍ରବାଦର ଉଦ୍‌ଘୋଷଣା ପାଇଁ ନିଷେଧାଜ୍ଞା ପାଇଛି। ଫାସିଷ୍ଟ ପ୍ରକୃତି ନିମିତ୍ତ ଫ୍ରାନ୍ସରେ ବିଂଶ ଶତାବ୍ଦୀର ଚତୁର୍ଥ ଦଶକରେ ବି ଏହାକୁ ନିଷେଧ କରାଯାଇଛି ଏବଂ ଯୁଦ୍ଧପରବର୍ତ୍ତୀ ଜର୍ମାନୀରେ ଏହାକୁ ବାରଣ କରାଯାଇଛି। ତଥାପି ସେକ୍‌ସପିଅରଙ୍କ ଏକ ଭିନ୍ନ ସ୍ୱାଦର ବିୟୋଗାନ୍ତକ ନାଟକ ରୂପେ ଏହାର ସ୍ୱାତନ୍ତ୍ର୍ୟ ରହିଛି।

ଟାଇମନ୍ ଅଫ୍ ଏଥେନ୍ସ

୧୬୦୬ରେ ଟାଇମନ ଅଫ ଏଥେନ୍ସ ସେକ୍ସପିଅର ଲେଖିଛନ୍ତି ବୋଧେ ଥୋମାସ ମିଡଲଟନଙ୍କ ସହାୟତାରେ ଏବଂ ଏହା ପ୍ରଥମ ଫୋଲିଓରେ ୧୬୨୩ରେ ପ୍ରକାଶିତ ହୋଇଛି। ଏଥି ନିମନ୍ତେ ଉଇଲିଅମ ପେଇଣ୍ଟରଙ୍କ ଅଠାଇଶତମ ଉପନ୍ୟାସିକା, ପ୍ଲୁଟାର୍କଙ୍କ ଲାଇଭସ ଓ ଲୁସିଆନଙ୍କ ଡାୟାଲଗସରୁ ସେକ୍ସପିଅର ଉପାଦାନ ସଂଗ୍ରହ କରିଛନ୍ତି।

ଟାଇମନ ଏଥେନ୍ସର ଜଣେ ଧନୀ ଓ ବଦାନ୍ୟ ଭଦ୍ରବ୍ୟକ୍ତି। ସେ ସମସ୍ତ ଏଥେନୀୟଙ୍କୁ ନେଇ ଏକ ବିଶାଳ ରାତ୍ରି ଭୋଜନର ଆୟୋଜନ କରନ୍ତି। ଟାଇମନ ତାଙ୍କ ଧନ ଅପବ୍ୟୟ କରନ୍ତି ଏବଂ ତାଙ୍କ ଚତୁଃପାର୍ଶ୍ୱରେ ଥିବା ସମସ୍ତ ବ୍ୟକ୍ତି ତାଙ୍କଠାରୁ କିଛି ଅଧିକ ହାସଲ କରିବାକୁ ଚେଷ୍ଟା କରନ୍ତି। କେବଳ ଆପମାନ୍ଟୁସ ନାମକ ଜଣେ ରୁକ୍ଷ ଦାର୍ଶନିକ ଏମାନଙ୍କ ସହ ଯୋଗ ଦିଅନ୍ତି ନାହିଁ, ଯାହାଙ୍କ ବିଦ୍ୱେଷ ଟାଇମନଙ୍କ ନିମନ୍ତେ ଅବୋଧ। ଟାଇମନ ଏକ ଚିତ୍ର ଜଣେ କବି ଓ ଚିତ୍ରଶିଳ୍ପୀଙ୍କ ପାଖରୁ ଓ ଏକ ରତ୍ନ ଜଣେ ଜହ୍ଲୁରୀ ନିକଟରୁ ଉପହାର ପାଆନ୍ତି ଓ ରତ୍ନଟିକୁ ଜଣେ ସାଙ୍ଗଙ୍କୁ ପ୍ରଦାନ କରନ୍ତି।

ଟାଇମନଙ୍କ ଭୃତ୍ୟ ଲୁସିଲସ ଜଣେ ବୃଦ୍ଧ ଏଥେନୀୟଙ୍କ କନ୍ୟାଙ୍କୁ ପ୍ରେମ କରୁଥାନ୍ତି। ଏଥେନୀୟ ଜଣକ ଲୁସିଲସଙ୍କ ପ୍ରତି କ୍ରୋଧିତ ହେବା ହେତୁ ଟାଇମନ ଲୁସିଲସଙ୍କୁ ବିବାହ ନିମନ୍ତେ ଅଧିକ ଅର୍ଥ ପ୍ରଦାନ କରନ୍ତି କାରଣ ଭୃତ୍ୟଙ୍କ ଖୁସିର ମୂଲ୍ୟ ଅର୍ଥ ଠାରୁ ଅଧିକ। ଟାଇମନ ଜାଣିବାକୁ ପାଇଛନ୍ତି ଯେ, ତାଙ୍କ ବନ୍ଧୁ ଭେଣ୍ଟେଡିୟସ ଋଣ ଖିଲାପିଙ୍କ ବନ୍ଦୀ ଗୃହରେ ଅଛନ୍ତି, ଟାଇମନ୍ ତାଙ୍କ ମୁକ୍ତି ନିମନ୍ତେ ଅର୍ଥ ପ୍ରେରଣ କରନ୍ତି ଓ ସେ ଜେଲରୁ ମୁକ୍ତି ପାଇ ତାଙ୍କ ଭୋଜିରେ ଯୋଗ ଦିଅନ୍ତି। ଟାଇମନ ବନ୍ଧୁତାର ମୂଲ୍ୟ ସମ୍ପର୍କରେ ଭାଷଣ ଦେଇ ଏକ ସମୂହ ନୃତ୍ୟରେ ସମସ୍ତଙ୍କୁ ଆପ୍ୟାୟିତ କରନ୍ତି। ଭୋଜିର ଶେଷ ପର୍ଯ୍ୟାୟରେ ସେ ତାଙ୍କ ବନ୍ଧୁମାନଙ୍କୁ ଅଶ୍ୱ ସହ ଅନ୍ୟାନ୍ୟ ସମ୍ପତ୍ତି ପ୍ରଦାନରେ ବହୁ ଅପବ୍ୟୟ କରନ୍ତି।

ଟାଇମନ ସମସ୍ତ ସମ୍ପତ୍ତି ଦାନ କରି ଗଭୀର ଋଣଗ୍ରସ୍ତ ହୋଇଯାଇଛନ୍ତି। ଟାଇମନଙ୍କ ଭଣ୍ଡାର ରକ୍ଷକ ଏପରି ପରାନ୍ନଭୋଜୀ ବନ୍ଧୁଙ୍କ ପାଇଁ ଅପବ୍ୟୟରେ ଖୁବ ବ୍ୟଥିତ ହୋଇଛନ୍ତି ଏବଂ ଟାଇମନ ଶିକାରରୁ ଫେରିବା ବେଳେ ଋଣ ପରିଶୋଧରେ ସମସ୍ତ ଭୂ ସମ୍ପତ୍ତି ବିକ୍ରି ହେବା ବିଷୟ କହିଛନ୍ତି, ଯେହେତୁ ପୂର୍ବରୁ କହିବା ପାଇଁ ସେ ସୁଯୋଗ ପାଇନାହାନ୍ତି। ଟାଇମନ ଋଣ ବିଷୟରେ ଅତ୍ୟନ୍ତ ଦୁଃଖୀ ହୋଇଛନ୍ତି। ଆପମେଣ୍ଟସ ନାମକ ଜଣେ ଅତିଥି ଟାଇମନଙ୍କ ଛଦ୍ମ ବନ୍ଧୁମାନଙ୍କୁ ଭୟ ଦେଖାଇଛନ୍ତି ଓ ଶୀଘ୍ର ଅର୍ଥ ପରିଶୋଧ କରିବା ପାଇଁ ଚାପ ପକାଉଥିବା ଋଣଦାତାମାନଙ୍କୁ ନିନ୍ଦା କରିଛନ୍ତି। ଟାଇମନଙ୍କ ନିକଟରେ ଅର୍ଥ ନଥିବା ହେତୁ ଭୃତ୍ୟମାନଙ୍କୁ ତାଙ୍କ ଘନିଷ୍ଠ ବନ୍ଧୁମାନଙ୍କ ପାଖକୁ ଅର୍ଥ ନିମନ୍ତେ ପଠାଇଛନ୍ତି।

ଅବିଶ୍ୱସ୍ତ ବନ୍ଧୁଗଣ ଟାଇମନଙ୍କ ଭୃତ୍ୟମାନଙ୍କୁ ରିକ୍ତହସ୍ତରେ ଫେରାଇ ଦେଇଛନ୍ତି। ସେହି ବନ୍ଧୁମାନଙ୍କ ପାଇଁ ଟାଇମନ ଏକ କ୍ଷୁଦ୍ର ଭୋଜି ଆୟୋଜନ କରିଛନ୍ତି। ସେମାନଙ୍କ ପାଇଁ ଥାଳିରେ ଇଟା ଓ ସାମାନ୍ୟ ଉଷୁମ ପାଣି ହିଁ ଆସିଛି। ଟାଇମନ ମିଥ୍ୟା ବନ୍ଧୁ ମାନଙ୍କୁ ଅତର୍କିତ ଆକ୍ରମଣ କରି ଏଥେନ୍ସ ତ୍ୟାଗ କରିଛନ୍ତି। ବିଶ୍ୱସ୍ତ ଫ୍ଲାବିଅସ ତାଙ୍କୁ ଖୋଜିବା ପାଇଁ ବାହାରିଛନ୍ତି।

ଟାଇମନ ବିଭିନ୍ନ ଅପନ୍ତରା ସ୍ଥାନ ପାରି ହୋଇ ଏକ ଗୁମ୍ଫାରେ ଆଶ୍ରୟ ନେଇଛନ୍ତି ଏବଂ ଫଳମୂଳ ଖାଇ ଜୀବନ ନିର୍ବାହ କରିଛନ୍ତି। ଏଠାରେ ଭୂଇଁ ତଳେ ସୁନାର ଭଣ୍ଡାର ପାଇଯାନ୍ତି। ତାଙ୍କ ଏପରି ଆବିଷ୍କାର ଘଟଣା ପରିବ୍ୟାପ୍ତ ହୋଇଯାଏ। ଅଲସିବାୟାଦେସ, ଆପମେଣ୍ଟସ ଓ ତିନି ଜଣ ଡକାୟତ ଫ୍ଲାବିଅସଙ୍କ ପୂର୍ବରୁ ଟାଇମନଙ୍କୁ ଦେଖି ପାରନ୍ତି। ଅଲସିବାୟାଦେସଙ୍କ ସହ ଦୁଇ ଜଣ ବେଶ୍ୟା ରହିଥାନ୍ତି। ଟାଇମନ ଏଥେନ୍ସକୁ ଆକ୍ରମଣ କରିବା ନିମନ୍ତେ ଓ ସେଠାରେ ଯୌନ ରୋଗ ବଢାଇବା ନିମନ୍ତେ ଅଧିକାଂଶ ଧନ ସେମାନଙ୍କୁ ପ୍ରଦାନ କରନ୍ତି। ବାକି ଧନ ସେ କବି ଓ ଚିତ୍ରଶିଳ୍ପୀଙ୍କୁ ପ୍ରଦାନ କରନ୍ତି। ସିନେଟରମାନେ ଯେବେ ତାଙ୍କ ନିକଟକୁ ଧନପ୍ରାପ୍ତି ପାଇଁ ଆସନ୍ତି, ସେମାନଙ୍କୁ ଦେବା ପାଇଁ କିଛି ନଥାଏ।

ଫ୍ଲାବିଅସ ପହଞ୍ଚି ଟାଇମନଙ୍କୁ ଏଥେନ୍ସକୁ ଫେରିଯିବା ପାଇଁ କହନ୍ତି। ଫ୍ଲାବିଅସଙ୍କୁ ତାଙ୍କ ପ୍ରକୃତ ବନ୍ଧୁ ବୋଲି ଯଦିଓ ଟାଇମନ୍ ସ୍ୱୀକାର କରନ୍ତି, କିନ୍ତୁ ସେ କେବଳ ଭୃତ୍ୟ ବୋଲି ପରିଚୟ ଦିଅନ୍ତି। ଏଥେନ୍ସର ଶେଷ ପ୍ରତିନିଧି ଦଳ ଅଲସିବାୟାଦେସଙ୍କୁ ଶାନ୍ତ କରିବା ପାଇଁ କହିବା ବେଳେ ଟାଇମନ ଭୀଷଣ କ୍ଷୁବ୍ଧ ହୁଅନ୍ତି ଏବଂ ସେହି ଜନମାନବ ଶୂନ୍ୟ ଅଞ୍ଚଳରେ ପ୍ରାଣତ୍ୟାଗ କରନ୍ତି। ଅଲସିବାୟାଦେସ ଟାଇମନ ଲେଖିଥିବା ସମାଧି ଲିପି ପାଠ କରିବା ପରେ ନାଟକର ସମାପ୍ତି ଘଟିଛି।

ସମାଲୋଚକଗଣ ନାଟକର ବିଷୟ ବସ୍ତୁ ଓ ରୂପରେଖରେ ଅପୂର୍ଣ୍ଣତା ଲକ୍ଷ୍ୟ କରିଛନ୍ତି । ଫ୍ରାଙ୍କ କେରମୋଡ଼ଙ୍କ ମତରେ ନାଟକଟି "a poor relation of major tragedies." ଏହା ସେକ୍‌ସପିଅରଙ୍କ ଲୋକପ୍ରିୟ ନାଟକ ମଧ୍ୟରେ ଅନ୍ୟତମ ନୁହେଁ । ଶୋଏଲନେର ଏହି ନାଟକରେ ବିୟୋଗାନ୍ତକ ନାଟ୍ୟତତ୍ତ୍ୱ ଓ ପ୍ରହସନ (farce)ର ସମାନ ଉପସ୍ଥିତି ଲକ୍ଷ୍ୟ କରିଛନ୍ତି । ହେରମାନ ମେଲଭିଲ କିନ୍ତୁ ଏହାକୁ ସେକ୍‌ସପିଅରଙ୍କ ବିଶିଷ୍ଟ ନାଟକ ମଧ୍ୟରେ ପରିଗଣିତ କରିଛନ୍ତି ।

ପେରିକ୍ଲିସ୍

ପେରିକ୍ଲିସ୍, ପ୍ରିନ୍ସ ଅଫ ଟ୍ରାୟ ନାଟକର ତିନି ଗୋଟି ଅଙ୍କ ସେକ୍ସପିଅରଙ୍କ ଦ୍ୱାରା ଲିଖିତ ହୋଇଛି ବୋଲି ଆଧୁନିକ ସମାଲୋଚକଗଣ ବିଶ୍ୱାସ କରନ୍ତି ଏବଂ ତାଙ୍କ କୃତି ରୂପେ ସମସ୍ତ ସଂକଳନରେ ସ୍ଥାନୀତ ହୁଏ, ଯଦିଓ ୧୬୨୩ର ପ୍ରଥମ ଫୋଲିଓରେ ଏହା ଅନ୍ତର୍ଭୁକ୍ତ ହୋଇ ନଥିଲା। ଚତୁର୍ଦ୍ଦଶ ଶତାବ୍ଦୀର ଇଂଲିଶ କବି ଜନ ଗୱେରଙ୍କ ଦୀର୍ଘ କବିତା କନଫେସିଓ ଏମାଣ୍ଟିସ ଏହି ନାଟକର ମୁଖ୍ୟ ପ୍ରେରଣା। ପ୍ରଥମ ଅଙ୍କ ଦ୍ୱୟ ନାଟ୍ୟକାର ଜର୍ଜ ୱିଲକିନ୍ସ ବୋଧେ ଲେଖିଛନ୍ତି। ପେରିକ୍ଲିସ୍ ନାଟକ ସେକ୍ସପିଅରଙ୍କ ଜୀବଦ୍ଦଶାରେ ପ୍ରକାଶିତ ହୋଇଥିବା ସତର ଗୋଟି ନାଟକରୁ ଅନ୍ୟତମ।

ଆଣ୍ଟିଓକର ରାଜା ଆଣ୍ଟିଓକସଙ୍କ ଦରବାରରେ ଏହି ନାଟକର ପ୍ରାରମ୍ଭ। ଯେଉଁ ଯୁବକ ତାଙ୍କ ଜଟିଳ ପ୍ରଶ୍ନର ଉତ୍ତର ଠିକ ଦେଇପାରିବ, ତା ସହ ତାଙ୍କ ସୁନ୍ଦରୀ କନ୍ୟାର ବିବାହ ଦେବା ରାଜା ଚାହାଁନ୍ତି। କିନ୍ତୁ ଅସଫଳ ହେଲେ ଯୁବକଙ୍କ ମୃତ୍ୟୁ ଅନିବାର୍ଯ୍ୟ। ଟାଇରର ଯୁବରାଜ ପେରିକ୍ଲିସ୍ ଏହି ପ୍ରହେଳିକାର ଉତ୍ତର ଶୀଘ୍ର ନିର୍ଣ୍ଣୟ କରିଛନ୍ତି, ଯେ ରାଜା ତାଙ୍କ କନ୍ୟା ସହ ଗର୍ହିତ ସମ୍ପର୍କରେ ଅଛନ୍ତି। ଯଦି ଏହି ଉତ୍ତର ସର୍ବସାଧାରଣରେ ପ୍ରକାଶ ନ କରନ୍ତି, ତାଙ୍କ ମୃତ୍ୟୁ ସୁନିଶ୍ଚିତ, ଯଦି ପ୍ରକାଶ କରନ୍ତି, ତେବେ ବି ମୃତ୍ୟୁ ନିର୍ଦ୍ଧାରିତ। ପେରିକ୍ଲିସ୍ ଜଣାନ୍ତି ଯେ, ସେ ଉତ୍ତର ଜାଣନ୍ତି, କିନ୍ତୁ ଏ ବିଷୟରେ ଚିନ୍ତା କରିବାକୁ ଅଧିକ ସମୟ ଆବଶ୍ୟକ। ଆଣ୍ଟିଓକସ ତାଙ୍କୁ ଚାଳିଶ ଦିନ ସମୟ ଦିଅନ୍ତି। କିନ୍ତୁ ପେରିକ୍ଲିସ୍‌ଙ୍କ ନିଧନ ପାଇଁ ଜଣେ ହତ୍ୟାକାରୀ ପଠାନ୍ତି। ପେରିକ୍ଲିସ୍ ବିରକ୍ତ ହୋଇ ସହର ତ୍ୟାଗ କରି ପଳାୟନ କରନ୍ତି।

ପେରିକ୍ଲିସ୍ ଟାଇରକୁ ପ୍ରତ୍ୟାବର୍ତ୍ତନ କରନ୍ତି ଯେଉଁଠି ତାଙ୍କ ବିଶ୍ୱସ୍ତ ବନ୍ଧୁ ତଥା ପରାମର୍ଶଦାତା ହେଲିକାନସ ତାଙ୍କୁ ରାଜ୍ୟ ତ୍ୟାଗ କରିବାକୁ କହନ୍ତି, ଯେହେତୁ ଆଣ୍ଟିଓକସ ତାଙ୍କୁ ହତ୍ୟା କରିବା ସମ୍ଭାବନା ଅଛି। ହେଲିକାନସଙ୍କୁ ତାଙ୍କ ପ୍ରତିନିଧି ରୂପେ ରାଜ୍ୟ

ପରିଚାଳନା ଭାର ନ୍ୟସ୍ତ କରି ପେରିକ୍ଲିସ୍ ଟାରସସ ଅଭିମୁଖେ ଯାତ୍ରା କରନ୍ତି। ସେଠାରେ ଭୀଷଣ ଦୁର୍ଭିକ୍ଷ ପଡିଥିବାରୁ ଦୟାଳୁ ପେରିକ୍ଲିସ୍ ରାଜ୍ୟ ଶାସକ କ୍ଲିଅନ ଓ ତାଙ୍କ ପତ୍ନୀ ଡିଓନିଜାଙ୍କୁ ଜନତାଙ୍କ ରକ୍ଷା ନିମନ୍ତେ ଜାହାଜରୁ ଶସ୍ୟ ପ୍ରଦାନ କରନ୍ତି। ଦୁର୍ଭିକ୍ଷର ସମାପ୍ତି ଘଟେ ଓ କ୍ଲିଅନ ଓ ଡିଓନିଜାଙ୍କ ଠାରୁ ଗଭୀର ଧନ୍ୟବାଦ ଗ୍ରହଣ କରି ପେରିକ୍ଲିସ୍ ଜଳଯାତ୍ରାରେ ଅଗ୍ରଗତି କରନ୍ତି।

ପେଣ୍ଟାପଲିସ ନିକଟରେ ଏକ ଝଡ଼ ତୋଫାନ ଜାହାଜକୁ ଭାଙ୍ଗି ଚୂରମାର କରି ପେରିକ୍ଲିସ୍‌ଙ୍କୁ ବେଳାଭୂମିରେ ଫିଙ୍ଗିଦିଏ। କିଛି ଦରିଦ୍ର ମତ୍ସ୍ୟଜୀବୀଙ୍କ ଦ୍ୱାରା ସେ ଉଦ୍ଧାର ପାଆନ୍ତି। ସେଠାରେ ଖବର ମିଳେ ଯେ, ପେଣ୍ଟାପଲିସର ରାଜା ସିମନାଇଡେସ ପରଦିନ ତାଙ୍କ କନ୍ୟାର ବିବାହ ନିମନ୍ତେ ଏକ ପ୍ରତିଦ୍ୱନ୍ଦ୍ୱିତା ର ଆୟୋଜନ କରୁଛନ୍ତି ଓ ବିଜୟୀ ବ୍ୟକ୍ତି ତାଙ୍କ କନ୍ୟା ଥାଇସାଙ୍କ ପାଣିଗ୍ରହଣ କରିବେ। ପେରିକ୍ଲିସ୍ ପ୍ରତିଯୋଗିତାରେ ଅଂଶ ଗ୍ରହଣ କରିବା ପାଇଁ ମନସ୍ଥ କରି ସେଠାରେ ବିଜୟୀ ହୁଅନ୍ତି। ରାଜା ପ୍ରଥମେ ତାଙ୍କ ବିଷୟରେ ସନ୍ଦିହାନ ଥିଲେ ବି ବିବାହ ନିମନ୍ତେ ଅନୁମତି ଦିଅନ୍ତି।

ଟାଇରର ଜଣେ ସମ୍ଭ୍ରାନ୍ତ ବ୍ୟକ୍ତିଙ୍କ ଚିଠି ପାଇ ପେରିକ୍ଲିସ୍ ପେଣ୍ଟାପଲିସ ତ୍ୟାଗ କରି ଗର୍ଭବତୀ ଥାଇସା ସହ ଟାଇର ଫେରନ୍ତି। ପୁଣି ସମୁଦ୍ରରେ ଏକ ଝଡର ସମ୍ମୁଖୀନ ହୁଅନ୍ତି ଏବଂ ଥାଇସା ତାଙ୍କ କନ୍ୟା ମାରିନାକୁ ଜନ୍ମ ଦେବା ବେଳେ ପ୍ରାୟ ମୃତାବସ୍ଥାକୁ ଆସିଯାନ୍ତି। ନାବିକ ଗଣ ଥାଇସାଙ୍କ ଶରୀରକୁ ଜାହାଜରେ ନେବା ପାଇଁ ସମ୍ମତ ହୁଅନ୍ତି ନାହିଁ ଓ ତାଙ୍କୁ ଏକ ବକ୍ସରେ ଭସାଇ ଦିଆଯାଏ। ଦ୍ୱିଧାଗ୍ରସ୍ତ ପେରିକ୍ଲିସ୍ ନବ ଜାତକ ମାରିନାଙ୍କ ପକ୍ଷରେ ଝଡ଼ ସମ୍ଭାଳିବା ବିଷୟରେ ଆଶଙ୍କା କରି ଟାରସସରେ ଜାହାଜରୁ ଓହ୍ଲାନ୍ତି। ସୌଭାଗ୍ୟକ୍ରମେ ଥାଇସାଙ୍କ ବକ୍ସ ଇଉଫେସସରେ ଚିକିତ୍ସକ ଲର୍ଡ ଚେରିମୋନଙ୍କ ନିବାସ ନିକଟରେ ପହଞ୍ଚେ, ଯେ ତାଙ୍କ ଚେତା ଫେରାଇ ଆଣନ୍ତି। ପେରିକ୍ଲିସ୍ ଝଡ଼ରେ ମୃତ୍ୟୁ ବରଣ କରିଛନ୍ତି ବୋଲି ଭାବି ଥାଇସା ଡାୟାନାଙ୍କ ମନ୍ଦିରରେ ପୁଜାରିଣୀ ହୁଅନ୍ତି। ମାରିନାଙ୍କୁ କ୍ଲିଅନ ଓ ଡିଓନିଜାଙ୍କ ହେପାଜତରେ ଛାଡି ପେରିକ୍ଲିସ୍ ଟାଇରର ଶାସନ ନିମନ୍ତେ ଫେରି ଆସନ୍ତି।

କ୍ଲିଅନ ଓ ଡିଓନିଜାଙ୍କ କନ୍ୟା ଫିଲଟେନଙ୍କ ଅପେକ୍ଷା ମାରିନା ସମୟକ୍ରମେ ଅଧିକ ସୁନ୍ଦରୀ ଦେଖାଯିବା ହେତୁ ଡିଓନିଜା ମାରିନାଙ୍କୁ ହତ୍ୟା କରିବା ପାଇଁ ଚକ୍ରାନ୍ତ କରନ୍ତି। ଇତି ମଧ୍ୟରେ ଜଳଦସ୍ୟୁଗଣ ମାରିନାଙ୍କୁ ଅପହରଣ କରି ତାଙ୍କୁ ମୀତିଲେନର ଏକ ବେଶ୍ୟାଳୟରେ ବିକ୍ରୟ କରିଦିଅନ୍ତି। ପୁରୁଷଗଣ ତାଙ୍କ ବିବେକ ଦ୍ୱାହିରେ ମାରିନାଙ୍କ କୁମାରୀତ୍ୱ ଅକ୍ଷୁଣ୍ଣ ରଖିବା ପାଇଁ ସମର୍ଥ ହୁଅନ୍ତି। କିନ୍ତୁ ସେଠାରେ ତାଙ୍କ ଉପସ୍ଥିତି ବ୍ୟବସାୟରେ ବାଧା ପହଞ୍ଚାଇବାରୁ ସମ୍ମାନାସ୍ପଦା ତରୁଣୀମାନଙ୍କ ଘରୋଇ ଶିକ୍ଷିକା

ରୂପେ ସେ ନିଯୁକ୍ତି ପାଆନ୍ତି। ସେ ସଂଗୀତ ତଥା ଅନ୍ୟ ମାଧୁର୍ଯ୍ୟମୟ ମନୋରଞ୍ଜନ ପାଇଁ ପ୍ରସିଦ୍ଧି ଲାଭ କରନ୍ତି। ଏ ମଧ୍ୟରେ ପେରିକ୍ଲିସ୍ ନିଜ କନ୍ୟାକୁ ନେବା ପାଇଁ ଟାରସସରେ ପହଞ୍ଚନ୍ତି। ଯେତେବେଳେ କ୍ଲିଅନ ଓ ତାଙ୍କ ପତ୍ନୀ କହନ୍ତି ଯେ, ମାରିନା ଦୁଃଖରେ ପ୍ରାଣ ହରାଇଛନ୍ତି, ସେ ପୁଣି ଜଳଯାତ୍ରା ପାଇଁ ବାହାରିଛନ୍ତି।

ପେରିକ୍ଲିସ୍ ଭ୍ରମଣକ୍ରମେ ମୀତିଲେନରେ ପହଞ୍ଚିଛନ୍ତି, ଯେଉଁଠି ଶାସକ ଲିସିମାଚାସ ତାଙ୍କ ମନର ପ୍ରଫୁଲ୍ଲତା ନିମନ୍ତେ ମାରିନାଙ୍କୁ ଆଣିଛନ୍ତି। କଥାବାର୍ତ୍ତା କ୍ରମେ ପେରିକ୍ଲିସ୍ ଓ ମାରିନା ଜାଣି ପାରନ୍ତି ଯେ, ସେମାନେ ପିତା ଓ ପୁତ୍ରୀ। ଏହାପରେ ଦେବୀ ଡାୟାନା ପେରିକ୍ଲିସ୍‌ଙ୍କୁ ସ୍ୱପ୍ନରେ ନିକଟସ୍ଥ ମନ୍ଦିରରେ ଥାଇସାଙ୍କୁ ଫେରିପାଇବେ ବୋଲି ଜଣାନ୍ତି। ସାଧାରଣ ଜନତାଙ୍କ ବିଦ୍ରୋହରେ କ୍ଲିଅନ ଓ ଡିଓନିଜା ନିହତ ହୁଅନ୍ତି। ଶାସକ ଲିସିମାଚାସ ମାରିନାଙ୍କୁ ବିବାହ କରନ୍ତି।

ନାଟକ ପ୍ରତି ସମାଲୋଚକଙ୍କ ପ୍ରତିକ୍ରିୟା ପ୍ରାୟ ସବୁ ଶତାବ୍ଦୀରେ ମିଶ୍ରିତ। ୧୬୨୪ରେ ବେନ ଜନସନ ଦର୍ଶକଙ୍କ ସାଗ୍ରହ ପ୍ରତିକ୍ରିୟାକୁ ନାପସନ୍ଦ କରିଥିଲେ। ଜନସନଙ୍କ ପରେ ବିଂଶ ଶତାବ୍ଦୀର ମଧ୍ୟ ଯାଏଁ ସମାଲୋଚକଗଣ ନାଟକର ପ୍ରଶଂସା କରିବା ପାଇଁ ଖୁବ କମ୍ ଉପାଦାନ ପାଇଛନ୍ତି। ଟି. ଏସ. ଏଲିଅଟ କିନ୍ତୁ ନାଟକକୁ ପ୍ରଶଂସା କରିଛନ୍ତି। ପେରିକ୍ଲିସ୍‌ଙ୍କ କନ୍ୟା ସହ ପୁନର୍ମିଳନ ତାଙ୍କ ମତରେ, "To my mind the finest of all recognition scenes is Act-V, Sc. 1 of that very great play Pericles." ହାରଲଡ ବ୍ଲୁମଙ୍କ ମତରେ, ନାଟକରେ ବିଭିନ୍ନ ସମସ୍ୟା ଥିଲେ ବି ଏହା ରଙ୍ଗମଞ୍ଚରେ ସୁନ୍ଦର ଅଭିନୀତ ହୁଏ। ସେ ଲେଖିଛନ୍ତି, "Perhaps he declined to write the first two acts, Shakespeare compensated by remaining three acts into his most radical theatrical experiment since the mature Hamlet of 1600 - 01."

ସିମ୍ବେଲିନ୍

ସେକ୍ସପିଅରଙ୍କ ନାଟକ ସିମ୍ବେଲିନ ପ୍ରାଚୀନ ଇଂଲଣ୍ଡର ପୃଷ୍ଠଭୂମିରେ ୧୬୦୮ - ୧୦ ମଧ୍ୟରେ ଲିଖିତ। ସେକ୍ସପିଅର ଏହାର ଆଧାର ରାଫେଲ ହୋଲିନସେଡଙ୍କ ୧୫୮୭ର ବିବରଣୀରେ ପାଇଛନ୍ତି। ପୋସ୍ଥୁମସ ଓ ଇଆକିମୋଙ୍କ ବାଜି ଜିଓଭାନ୍ନି ବୋକାସିଓଙ୍କ ଡେକାମେରନ ପୁସ୍ତକରୁ ଆନୀତ।

ସିମ୍ବେଲିନ ରୋମ ସମ୍ରାଟଙ୍କ କରଦ ରାଜା ରୂପେ ବ୍ରିଟେନରେ ରାଜତ୍ୱ କରୁଥିଲେ। ନାଟକରେ ରାଜା ସିମ୍ବେଲିନ ରାଣୀଙ୍କ ଦ୍ୱାରା ସମ୍ପୂର୍ଣ୍ଣ ବଶୀଭୂତ ଓ ତାଙ୍କ ଦ୍ୱାରା ଆଦିଷ୍ଟ ହୋଇ ନିର୍ଣ୍ଣୟ ନିଅନ୍ତି ଯେ, ତାଙ୍କ କନ୍ୟା ଇମୋଜେନ ଘୃଣ୍ୟ ସାବତ ପୁତ୍ର କ୍ଲୋଟେନଙ୍କୁ ବିବାହ କରିବେ। ଯେତେବେଳେ ସିମ୍ବେଲିନ ଖବର ପାଆନ୍ତି ଯେ, ଇମୋଜେନ ଗୋପନରେ ନିମ୍ନ ବର୍ଗରେ ଜନ୍ମିତ ପୋସ୍ଥୁମସଙ୍କୁ ବିବାହ କରିଛନ୍ତି, ସେ ପୋସ୍ଥୁମସଙ୍କୁ ନିର୍ବାସନ ଦଣ୍ଡ ଦେଇଛନ୍ତି, ଯେ ଦେଶ ତ୍ୟାଗ କରି ରୋମରେ ପହଞ୍ଚିଛନ୍ତି।

ଜଣେ ଇଟାଲୀୟ ଖଳଚରିତ୍ର ଇଆକିମୋ ସହ କଥାବାର୍ତ୍ତା ବେଳେ ପୋସ୍ଥୁମସ ଅବିବେକୀ ରୂପେ ତାଙ୍କ ସହ ବାଜି ଲଗାନ୍ତି ଯେ, ତାଙ୍କ ପାଇଁ ଇମୋଜେନଙ୍କ ପ୍ରତିବଦ୍ଧତା ପ୍ରଶ୍ନାତୀତ। ଏହାକୁ ଭଣ୍ଡୁର କରିବା ପାଇଁ ଇଆକିମୋ ଇଂଲଣ୍ଡ ଯାତ୍ରା କରନ୍ତି ଏବଂ ଇମୋଜେନଙ୍କୁ ଠାବ କରନ୍ତି। ତାଙ୍କୁ ପାଲରେ ପକାଇବା ପାଇଁ ପ୍ରଥମ ଉଦ୍ୟମରେ ବିଫଳ ହେବା ପରେ ଇଆକିମୋ ଠକାମିର ଆଶ୍ରୟ ନିଅନ୍ତି। ସେ ଏକ ବିରାଟ ଆଲମାରୀରେ ଲୁଚି ରହନ୍ତି ଓ ଏହାକୁ ଇମୋଜେନଙ୍କ ନିଜସ୍ୱ କୋଠରୀରେ ରଖିବା ପାଇଁ ବ୍ୟବସ୍ଥା କରନ୍ତି। ରାତ୍ରିରେ ସେ ବାହାରି ଆସନ୍ତି, ଇମୋଜେନଙ୍କୁ ଶୋଇଥିବା ଅବସ୍ଥାରେ ନିରୀକ୍ଷଣ କରନ୍ତି ଏବଂ ପୋସ୍ଥୁମସ ତାଙ୍କୁ ଦେଇଥିବା ବ୍ରେସଲେଟ ଚୋରାଇ ଆଣନ୍ତି। ସେ ପୋସ୍ଥୁମସଙ୍କୁ ଭେଟି ଇମୋଜେନଙ୍କ ଶୋଇବା କୋଠରୀର ପୂର୍ଣ୍ଣ ବିବରଣୀ ଦିଅନ୍ତି ଓ ବାଜି ଜିତିଛନ୍ତି ବୋଲି ମିଥ୍ୟା ଆସ୍ଫାଳନ କରନ୍ତି।

ପୋଷ୍ଟମସ ତାଙ୍କ କଥାରେ ବିଶ୍ୱାସ କରି ଇମୋଜେନଙ୍କୁ ହତ୍ୟା କରିବା ପାଇଁ ଜଣେ ଭୃତ୍ୟ ପଠାନ୍ତି। ଭୃତ୍ୟ କିନ୍ତୁ ଏହି ହୀନ ଯୋଜନା ସମ୍ପର୍କରେ ଇମୋଜେନଙ୍କୁ ଜଣାନ୍ତି, ଯେ ଏକ ତରୁଣର ଛଦ୍ମବେଶରେ ରୋମ ଯାତ୍ରା କରନ୍ତି, କିନ୍ତୁ ୱେଲସ ନିକଟରେ ରାସ୍ତା ଭୁଲି ଯାଆନ୍ତି। ସେଠାରେ ସେ ବେଲାରିଅସ ଓ ହଜି ଯାଇଥିବା ଦୁଇ ଭାଇଙ୍କୁ ଭେଟନ୍ତି। ପ୍ରକୃତରେ ସିମ୍ବେଲିନଙ୍କ ଦୁଇ ପୁତ୍ରଙ୍କୁ ବେଲାରିଅସ ହିଁ ତାଙ୍କ ଅବୈଧ ନିର୍ବାସନ ପ୍ରତିବାଦରେ ଅପହରଣ କରିଛନ୍ତି।

ସେମାନେ ତରୁଣର ଛଦ୍ମବେଶରେ ଥିବା ଇମୋଜେନଙ୍କୁ ସ୍ୱାଗତ କରିଛନ୍ତି। ଇତି ମଧ୍ୟରେ କ୍ଲଟେନ ପହଞ୍ଚିଛନ୍ତି ଇମୋଜେନଙ୍କ ସନ୍ଧାନରେ ଓ ସିମ୍ବେଲିନଙ୍କ ପୁତ୍ର ଗୁଇଡେରିଆସଙ୍କ ସହ ଦ୍ୱନ୍ଦ୍ୱ ଯୁଦ୍ଧ ଲଢ଼ି ମୃତ୍ୟୁ ମୁଖରେ ପଡିଛନ୍ତି। ଇମୋଜେନ ସେତେବେଳେ ଅସୁସ୍ଥ ହୋଇଛନ୍ତି ଓ ରାଣୀ ଦେଇଥିବା ତରଳ ଔଷଧ ବ୍ୟବହାର କରିଛନ୍ତି। ରାଣୀ ଏହାକୁ ବିଷ ଭାବି ଇମୋଜେନଙ୍କ ମୃତ୍ୟୁ ନିମନ୍ତେ ଦେଇଥିଲେ ଯାହା ବାସ୍ତବିକ ଥିଲା ବିଷ ପରିବର୍ତ୍ତେ ନିଦ୍ରା ବର୍ଦ୍ଧକ ମାତ୍ର। ଏହା ବାହ୍ୟତଃ ମୃତ୍ୟୁ ଅନୁରୂପ କାର୍ଯ୍ୟ କରେ। ବେଲାରିଅସ ଓ ତାଙ୍କ ପାଳିତ ପୁତ୍ର ଦ୍ୱୟ ଏ ଅବସ୍ଥାରେ ଇମୋଜେନଙ୍କୁ ଦେଖି ବିଷାଦରେ କ୍ଲଟେନଙ୍କ ମୃତ ଶରୀର ନିକଟରେ ରଖି ଦିଅନ୍ତି। ସେମାନେ ଯିବା ପରେ ଇମୋଜେନ ନିଦ୍ରାରୁ ଉଠି ମୃତ ଶରୀର ପୋଷ୍ଟମସଙ୍କ ଭାବି ଦୁଃଖ ସାଗରରେ ବୁଡି ଯାଆନ୍ତି।

ଇତି ମଧ୍ୟରେ ରୋମର ସେନା ଇଂଲଣ୍ଡର ରାଜା ସିମ୍ବେଲିନ ବାର୍ଷିକ କର ଦେଉ ନଥିବାରୁ ତାଙ୍କ ବିରୁଦ୍ଧରେ ଯୁଦ୍ଧ ଯାତ୍ରା କରିଛନ୍ତି ଓ ପୋଷ୍ଟମସ ଓ ଇଆକିମୋ ଏଥିରେ ସାମିଲ ଅଛନ୍ତି। ପୋଷ୍ଟମସ ପକ୍ଷ ପରିବର୍ତ୍ତନ କରି ଏକ ବ୍ରିଟିଶ କୃଷକର ପୋଷାକରେ ଯୁଦ୍ଧ କରିଛନ୍ତି। ପୋଷ୍ଟମସ, ସିମ୍ବେଲିନଙ୍କ ପୁତ୍ର ଦ୍ୱୟ ଓ ବେଲାରିଅସଙ୍କ ବୀରତ୍ୱରେ ବ୍ରିଟିଶ ସେନା ଜୟଯୁକ୍ତ ହୋଇଛନ୍ତି। ଇମୋଜେନଙ୍କ ତଥାକଥିତ ମୃତ୍ୟୁ ପାଇଁ ପୋଷ୍ଟମସ ଦୁଃଖିତ ହୋଇ ଦଣ୍ଡ ନିମନ୍ତେ ପୁଣି ରୋମାନ ପୋଷାକ ପରିଧାନ କରିଛନ୍ତି ଓ ବନ୍ଦୀ ହୋଇଛନ୍ତି। ପରଦିନ ସିମ୍ବେଲିନ ବନ୍ଦୀମାନଙ୍କୁ ପରୀକ୍ଷା କରିଛନ୍ତି ଓ ବିଶୃଙ୍ଖଳାର ସମାପ୍ତି ଘଟିଛି। ପୋଷ୍ଟମସ ଓ ଇମୋଜେନ ପୁଣି ମିଳିତ ହୋଇଛନ୍ତି ଓ ଅନୁତପ୍ତ ଇଏକିମୋଙ୍କୁ କ୍ଷମା ଦେଇଛନ୍ତି। ସିମ୍ବେଲିନଙ୍କ ଅପହୃତ ପୁତ୍ର ଦ୍ୱୟଙ୍କ ପରିଚୟ ପାଇ ରାଜା ଖୁସିରେ ବିଭୋର ହୋଇଛନ୍ତି ଓ ବେଲାରିଅସଙ୍କୁ ବି କ୍ଷମା ମିଳିଛି। ଖଳନାୟିକା ରାଣୀଙ୍କ ମୃତ୍ୟୁ ହୋଇଥିବାରୁ ସିମ୍ବେଲିନ ତାଙ୍କ କବଳରୁ ମୁକ୍ତ ହୋଇଛନ୍ତି। ଶେଷରେ ସିମ୍ବେଲିନ ରୋମାନ ବନ୍ଦୀମାନଙ୍କୁ ମୁକ୍ତ କରିଛନ୍ତି ଓ ରୋମକୁ କର ଦେବାପାଇଁ ସ୍ୱୀକୃତ ଅଛନ୍ତି।

ସିମ୍ବେଲିନ ଅଷ୍ଟାଦଶ ଶତାବ୍ଦୀରେ ଖୁବ ଲୋକପ୍ରିୟ ଥିଲା, ଯଦିଓ ସମାଲୋଚକ ସାମୁଏଲ ଜନସନ ଏହାର ଜଟିଳ କଥାବସ୍ତୁ ପ୍ରତି ଆପତ୍ତି ଉଠାଇଥିଲେ। ତେବେ ଉଇଲିଅମ ହାଜଲିଟ ଓ ଜନ କୀଟସଙ୍କ ଏହା ପ୍ରିୟ ନାଟକମାନଙ୍କ ମଧ୍ୟରେ ଅନ୍ତର୍ଭୁକ୍ତ। ଜର୍ଜ ବର୍ଣ୍ଣାର୍ଡ ଶ ଏହାର ଶେଷ ଅଙ୍କ ଅସମୀଚିନ ଦର୍ଶାଇଛନ୍ତି। ହାରଲଡ ବ୍ଲୁମଙ୍କ ମତରେ,

"Cymbeline, in my judgment, is partly a Shakespearean self parody, many of his prior plays and characters are mocked by it."

ଦ ୱିଣ୍ଟର୍‌ସ ଟେଲ୍‌

ସେକ୍‌ସପିଅରଙ୍କ ଦ ୱିଣ୍ଟର୍‌ସ ଟେଲ୍ ନାଟକ ୧୬୧୦ - ୧୧ରେ ଲେଖାହୋଇ ୧୬୨୩ରେ ପ୍ରଥମ ଫୋଲିଓରେ ପ୍ରକାଶିତ ହୋଇଥିଲା। ଯଦିଓ ଏହାକୁ ସୁଖାନ୍ତକ ନାଟକ ମଧ୍ୟରେ ଅନ୍ତର୍ଭୁକ୍ତ କରାଯାଇଛି, ବହୁ ଆଧୁନିକ ସମାଲୋଚକ ଏହାକୁ ରୋମାନ୍ସ କିମ୍ବା ସମସ୍ୟା ପ୍ରଧାନ ନାଟକ ଭାବରେ ଚିହ୍ନଟ କରିଛନ୍ତି। ନାଟକର ମୁଖ୍ୟ ବିଷୟ ବସ୍ତୁ ରବର୍ଟ ଗ୍ରୀନଙ୍କ ଗ୍ରାମ୍ୟ ଜୀବନ ଉପରେ ଆଧାରିତ ଉପନ୍ୟାସ ପଣ୍ଡଷ୍ଟୋରୁ ଆନୀତ।

ନାଟକର ପ୍ରାରମ୍ଭରେ ସିସିଲିର ରାଜା ଲିଓନ୍ତେସଙ୍କ ଘରକୁ ତାଙ୍କ ବାଲ୍ୟ ବନ୍ଧୁ ବୋହେମିୟାର ରାଜା ପଲିସେନେସ ଆସିଛନ୍ତି ଓ ନ' ମାସର ଦୀର୍ଘ ଅବଧି ପରେ ନିଜ ରାଜ୍ୟ ଫେରିବା ପାଇଁ ଚାହିଁଛନ୍ତି। ଲିଓନ୍ତେସ ତାଙ୍କୁ ଆଉ କିଛି ଦିନ ରହିବା ପାଇଁ କହିଛନ୍ତି। ସେ ଅନିଚ୍ଛା ପ୍ରକାଶ କରିବା ହେତୁ ଏ ସଂକ୍ରାନ୍ତରେ ତାଙ୍କୁ ଅନୁରୋଧ କରିବା ପାଇଁ ରାଣୀ ହେର୍ମିନେଙ୍କୁ କହିଛନ୍ତି। ହେର୍ମିନେ ଏ ଦିଗରେ ସଫଳ ହୋଇଛନ୍ତି। ତାଙ୍କ ସଫଳତା ଲିଓନ୍ତେସଙ୍କ ମନରେ ସନ୍ଦେହ ସୃଷ୍ଟି କରିଛି ଓ ବାଲ୍ୟବନ୍ଧୁ ବୋହେମିୟାର ରାଜାଙ୍କ ସହ ନିଜ ଅନ୍ତଃସତ୍ତ୍ୱା ରାଣୀଙ୍କର ଗୁପ୍ତ ପ୍ରେମ ରହିଛି ବୋଲି ଧାରଣା ଜନ୍ମିଛି। ସିସିଲିର ଜଣେ ସମ୍ଭ୍ରାନ୍ତ ବ୍ୟକ୍ତି କମିଲୋଙ୍କୁ ସେ ଆଦେଶ ଦେଇଛନ୍ତି ପଲିସେନେସଙ୍କୁ ବିଷ ଦେଇ ହତ୍ୟା କରିବା ପାଇଁ। କମିଲୋ ଏ ବିଷୟରେ ପଲିସେନେସଙ୍କୁ ଜଣାଇଛନ୍ତି ଓ ଦୁହେଁ ବୋହେମିଆକୁ ଶୀଘ୍ର ପଳାୟନ କରିଛନ୍ତି।

ସେମାନଙ୍କ ପଳାୟନ ଦ୍ୱାରା ଉତକ୍ଷିପ୍ତ ହୋଇ ଲିଓନ୍ତେସ ନିଜ ସ୍ତ୍ରୀଙ୍କୁ ସର୍ବ ସମ୍ମୁଖରେ ଦୋଷାରୋପ କରିଛନ୍ତି ଯେ, ହେର୍ମିନେଙ୍କ ଗର୍ଭସ୍ଥ ସନ୍ତାନ ପଲିନେସେସଙ୍କ ଅଟେ। ସାମନ୍ତମାନଙ୍କ ପ୍ରତିରୋଧ ସତ୍ତ୍ୱେ ସେ ରାଣୀଙ୍କୁ ବନ୍ଦୀଗୃହରେ ରଖିଛନ୍ତି ଓ ଦୁଇ ଜଣ ସମ୍ଭ୍ରାନ୍ତ ବ୍ୟକ୍ତିଙ୍କୁ ତାଙ୍କ ସନ୍ଦେହର ସତ୍ୟାସତ୍ୟ ନିର୍ଣ୍ଣୟ କରିବା ପାଇଁ ଡେଲଫୋସର ଭବିଷ୍ୟ ବକ୍ତାଙ୍କ ପାଖକୁ ପଠାଇଛନ୍ତି। ଇତି ମଧ୍ୟରେ ରାଣୀ ଏକ କନ୍ୟା ସନ୍ତାନକୁ ଜନ୍ମ

ଦେଇଛନ୍ତି ଏବଂ ରାଣୀଙ୍କ ବିଶ୍ୱସ୍ତା ପଲିନା ଶିଶୁକୁ ରାଜାଙ୍କ ନିକଟକୁ ତାଙ୍କ ହୃଦୟ ପରିବର୍ତ୍ତନ ସକାଶେ ନେଇଛନ୍ତି । ଲିଓନ୍ତେସ ଅଧିକ ଉତକ୍ଷିପ୍ତ ହୋଇ ଶିଶୁକୁ ଏକ ନିଛାଟିଆ ସ୍ଥାନରେ ପରିତ୍ୟାଗ କରିବା ପାଇଁ ପଲିନାଙ୍କ ସ୍ୱାମୀ ଆଣ୍ଟିଗୋନାସଙ୍କୁ ଆଦେଶ ଦେଇଛନ୍ତି ।

ଡେଲିୟସକୁ ଯାଇଥିବା ଦୁଇ ବ୍ୟକ୍ତି ସିସିଲି ଫେରି ଭବିଷ୍ୟବାଣୀ ବିଷୟରେ କହିଛନ୍ତି ଯେ, ଭବିଷ୍ୟବାଣୀ ଅନୁଯାୟୀ ଉଭୟ ହେର୍ମିନେ ଓ ପଲିସେନେସ ନିର୍ଦ୍ଦୋଷ, ସେଲିନୋ ଜଣେ ଭଦ୍ର ବ୍ୟକ୍ତି ଓ ହଜିଥିବା କନ୍ୟା ମିଳିବା ପରେ ହିଁ ଲିଓନ୍ତେସଙ୍କ କୌଣସି ଉତ୍ତରାଧିକାରୀ ରହିବେ । ଲିଓନ୍ତେସ ଭବିଷ୍ୟବାଣୀ ବିଶ୍ୱାସ କରିବା ପାଇଁ ମନା କରନ୍ତି, କିନ୍ତୁ ଏ ମଧ୍ୟରେ ମାତାଙ୍କ ଦୁର୍ଦ୍ଦଶାରେ ମ୍ରିୟମାଣ ହୋଇ କୌଣସି ମାରାତ୍ମକ ରୋଗରେ ତାଙ୍କ ପୁତ୍ରର ମୃତ୍ୟୁ ଘଟିଛି । ଏ ଖବରରେ ରାଣୀ ଅଚେତ ହୋଇଯାଇଛନ୍ତି ଓ ପଲିନା ତାଙ୍କୁ ଅନ୍ୟତ୍ର ନେଇଛନ୍ତି । ପରେ ତାଙ୍କ ଅନୁତପ୍ତ ଓ ଶୋକ ବିହ୍ୱଳ ସ୍ୱାମୀଙ୍କୁ ଏ ସମ୍ପର୍କରେ ଜଣାଇଛନ୍ତି । ଲିଓନ୍ତେସ ମୃତ ପୁତ୍ର ଓ ପରିତ୍ୟକ୍ତ କନ୍ୟା ଓ ପତ୍ନୀଙ୍କ ନିମନ୍ତେ ପ୍ରାୟଶ୍ଚିତ୍ତରେ ସାରା ଜୀବନ କଟାଇବା ପାଇଁ ଶପଥ ନେଇଛନ୍ତି ।

ଆଣ୍ଟିଗୋନାସ ଶିଶୁକୁ ବୋହେମିଆ ଉପକୂଳରେ ତ୍ୟାଗ କରିଛନ୍ତି । ଶିଶୁ ପେର୍ଡିଟା ନିକଟରେ ସେ ସମ୍ଭ୍ରାନ୍ତ ବଂଶଜା ସୂଚାଇବା ପାଇଁ କିଛି ସୁନା ଓ କ୍ଷୁଦ୍ର ଅଳଙ୍କାର ଛାଡି ଆସିଛନ୍ତି । ଏକ ମେଷପାଳକ ଓ ତାଙ୍କ ପୁତ୍ର କ୍ଲାଉନ ପେର୍ଡିଟାଙ୍କୁ ଦେଖି ଆଶ୍ରୟ ଦେଇଛନ୍ତି । କମିଲୋ ବୋହେମିଆ ରାଜା ପଲିସେନେସଙ୍କ ନିକଟରେ ଚାକିରୀ କରିଛନ୍ତି ଓ ସିସିଲି ଫେରିବାକୁ ଅନୁମତି ଚାହିଁଛନ୍ତି, ଯାହାକୁ ପଲିସେନେସ ଅଗ୍ରାହ୍ୟ କରିଛନ୍ତି । ଇତି ମଧ୍ୟରେ ଷୋହଳ ବର୍ଷ ବିତି ଯାଇଛି । ପଲିସେନେସ କମିଲୋଙ୍କୁ କହିଛନ୍ତି ଯେ, ତାଙ୍କ ପୁତ୍ର ଫ୍ଲୋରିଜେଲ ଏକ ନିମ୍ନବର୍ଗର ମେଷପାଳକର ଝିଅକୁ ଭଲ ପାଉଛି ଓ ସେମାନଙ୍କ ନିର୍ବନ୍ଧ ଦେଖିବା ପାଇଁ ସେମାନେ ଛଦ୍ମ ବେଶରେ ଯିବେ । ନିର୍ବନ୍ଧ ଉତ୍ସବରେ ପଲିସେନେସ ଛଦ୍ମବେଶ ପରିତ୍ୟାଗ କରିଛନ୍ତି ଓ ନିର୍ବନ୍ଧରେ ହସ୍ତକ୍ଷେପ କରି ବୃଦ୍ଧ ମେଷପାଳକ ଓ ତାଙ୍କ ଝିଅଙ୍କୁ ଯନ୍ତ୍ରଣା ଓ ମୃତ୍ୟୁର ଭୟ ଦେଖାଇଛନ୍ତି ଓ ତାଙ୍କ ପୁତ୍ରଙ୍କୁ ମେଷପାଳକଙ୍କ କନ୍ୟାସହ ସମ୍ପର୍କ ନରଖିବା ପାଇଁ ଆଦେଶ ଦେଇଛନ୍ତି । କମିଲୋ ନିଜ ଜନ୍ମସ୍ଥାନକୁ ଫେରିବା ପାଇଁ ଏକ ମନ୍ତ୍ରଣା କରିଛନ୍ତି ଓ ଫ୍ଲୋରିଜେଲ ଓ ପେର୍ଡିଟାଙ୍କୁ ସିସିଲି ପଠାଇଛନ୍ତି, ଯଦ୍ଦ୍ୱାରା ସେମାନଙ୍କୁ ଅନୁସରଣ କରି ପଲିସେନେସ କମିଲୋଙ୍କୁ ନେଇ ସିସିଲିରେ ପହଞ୍ଚିବେ । ସେଇୟା ହିଁ ହୋଇଛି ।

ସିସିଲିରେ ଲିଓନ୍ତେସ ବିଷାଦରେ ହିଁ ଅଛନ୍ତି । ଫ୍ଲୋରିଜେଲ ଓ ପେର୍ଡିଟାଙ୍କ

ପରିଚୟ ପାଇ ସେ ଖୁବ ଖୁସି ହୋଇଛନ୍ତି। ଫ୍ଲୋରିଜେଲ ଏକ କୂଟନୈତିକ ଅଭିପ୍ରାୟରେ ସିସିଲି ଆସିଛନ୍ତି ବୋଲି ସଫେଇ ଦିଅନ୍ତି, ଯାହା ତାଙ୍କ ପିତା ପଲିସେନେସ ଓ କମିଲୋଙ୍କ ଆଗମନରେ ମିଳାଇ ଯାଏ। ଲିଓନ୍ତେସ ପଲିନେସେସଙ୍କ ଠାରୁ କ୍ଷମା ପ୍ରାର୍ଥନା କରିଛନ୍ତି। ସେମାନେ ପଲିନାଙ୍କ ଗ୍ରାମ୍ୟ ଗୃହକୁ ଯାଇଛନ୍ତି, ଯେଉଁଠି ହେର୍ମିନେଙ୍କ ଏକ ପ୍ରତିମୂର୍ତ୍ତି ରହିଛି। ପତ୍ନୀଙ୍କ ଆକୃତି ଦେଖି ଲିଓନ୍ତେସ ବ୍ୟଥିତ ହୋଇଛନ୍ତି, କିନ୍ତୁ ଏହା ଜୀବନ୍ତ ଅବସ୍ଥାର ସଂକେତ ଦେଖାଇଛି। ବାସ୍ତବିକ ସେ ହେର୍ମିନେ, ଯେ ବିଗତ ଷୋହଳ ବର୍ଷ ଧରି ପଲିନାଙ୍କ ହେପାଜତ୍‌ରେ ନିଭୃତରେ ରହିଛନ୍ତି। ନାଟକର ଶେଷରେ ଫ୍ଲୋରିଜେଲ ଓ ପେର୍ଡିଟାଙ୍କ ନିର୍ବନ୍ଧ ହୋଇଛି ଏବଂ ପୂରା ଦଳ ଆନନ୍ଦ ଉତ୍ସାହରେ ଏହି ବିରାଟ ବିସ୍ମୟର ପାଳନ କରିଛନ୍ତି। କିନ୍ତୁ ନିର୍ଦ୍ଦୋଷ ରାଜପୁତ୍ରଙ୍କ ଅନ୍ୟାୟ ମୃତ୍ୟୁର କାଳିମା ଏଠାରେ ଉପଲବ୍ଧ। ଏହା ସହ ଦୀର୍ଘ ଷୋହଳ ବର୍ଷର ଅନାବଶ୍ୟକ ବିଚ୍ଛେଦ ହେତୁ ନାଟକଟି ସମ୍ପୂର୍ଣ୍ଣ ଭାବେ ସୁଖାନ୍ତକ ହୋଇ ନପାରେ ବୋଲି ମତ ବ୍ୟକ୍ତ ହୋଇଛି।

ବୋହେମିଆରେ ସମୁଦ୍ର କିମ୍ବା ମରୁଭୂମି ନଥିବା ହେତୁ ନାଟକରେ ଏ ସବୁ ସ୍ଥାନୀତ ହେବା ଦେଖି ସମକାଳୀନ ପ୍ରସିଦ୍ଧ ନାଟ୍ୟକାର ବେନ ଜନସନ ତାଚ୍ଛଲ୍ୟ ପ୍ରକାଶ କରିଛନ୍ତି। କିନ୍ତୁ ତ୍ରୟୋଦଶ ଶତାବ୍ଦୀରେ କିଛି ସମୟ ପାଇଁ ବୋହେମିଆର ରାଜା ଅଟୋକର ଦ୍ୱିତୀୟଙ୍କ ସାମ୍ରାଜ୍ୟ ଅଡ୍ରିଏଟିକ ସାଗର ଯାଏଁ ପରିବ୍ୟାପ୍ତ ଥିଲା। ସେ ଦୃଷ୍ଟିରୁ ଏହି ବର୍ଣ୍ଣନା ଠିକ। ସେପରି ଗ୍ରୀସର ଡେଲ୍ଫି ଓ ଡେଲଫୋସ ଦ୍ୱୀପର ସ୍ଥାନ ସମ୍ପର୍କିତ ନିର୍ଣ୍ଣୟରେ ଭ୍ରମ ରହିଛି ବୋଲି କିଛି ସମାଲୋଚକ ଅଭିଯୋଗ କରନ୍ତି। ଏହା ପ୍ରକୃତରେ ଡେଲୋସ ଦ୍ୱୀପ ଯାହା ପୌରାଣିକ ଆପୋଲୋଙ୍କ ଜନ୍ମସ୍ଥାନ। ଡେଲୋସ ଦ୍ୱୀପରେ ବି ଭବିଷ୍ୟବାଣୀ ପ୍ରଦାନ କରାଯାଉଥିଲା।

ଦ ଟେମ୍ପେଷ୍ଟ

୧୬୧୦ - ୧୧ରେ ଲେଖା ଯାଇଥିବା 'ଦ ଟେମ୍ପେଷ୍ଟ' ସମ୍ଭବତଃ ସେକ୍ସପିଅରଙ୍କ ଶେଷ ନାଟକ ମାନଙ୍କ ମଧ୍ୟରେ ଅନ୍ୟତମ। ଯଦିଓ ପ୍ରଥମ ଫୋଲିଓରେ ଏହାକୁ ସେକ୍ସପିଅରଙ୍କ ପ୍ରଥମ ମିଳନାନ୍ତକ ନାଟକର ମାନ୍ୟତା ଦିଆ ଯାଇଛି, ଏହା ଉଭୟ ସୁଖାତ୍ମକ ଓ ବିୟୋଗାତ୍ମକ ବିଷୟବସ୍ତୁର ମିଶ୍ରିତ ରୂପ ଧାରଣ କରେ। ଆଧୁନିକ ସମାଲୋଚନା ଏହି ନାଟକ ଓ ସମତୁଲ୍ୟ ଅନ୍ୟ ଶେଷ ପର୍ଯ୍ୟାୟର ନାଟକଙ୍କୁ ରୋମାନ୍ସ ବିଭାଗରେ ଅନ୍ତର୍ଭୁକ୍ତ କରେ। ଦ ଟେମ୍ପେଷ୍ଟ ନାଟକରେ ବହୁବିଧ ପର୍ଯ୍ୟାଲୋଚନା କରାଯାଇଛି, ଏହା କଳା ଓ ସୃଷ୍ଟିର ଆଖ୍ୟାୟିକା, ପ୍ରସ୍ପେରୋ ସେକ୍ସପିଅରଙ୍କ ଏକ ଅନୁକୃତି, ପ୍ରସ୍ପେରୋଙ୍କ କୁହୁକ ବିଦ୍ୟା ପରିତ୍ୟାଗ, ସେକ୍ସପିଅରଙ୍କ ମଞ୍ଚରୁ ଅବ୍ୟାହତି, ଇଉରୋପିଆନଙ୍କ ବିଦେଶାଞ୍ଚଳରେ ଉପନିବେଶ ସ୍ଥାପନ ଇତ୍ୟାଦି।

ନାଟକର ପ୍ରଥମ ଦୃଶ୍ୟରେ ଅଛି ଝଡ଼ ତୋଫାନ ମଧ୍ୟରେ ସମୁଦ୍ରରେ ଭାସମାନ ଏକ ଜାହାଜର ପୃଷ୍ଠଭୂମି। ଅନ୍ୟ ସବୁ ଦୃଶ୍ୟ ଏକ ନିର୍ଜନ ଦ୍ୱୀପରେ ସ୍ଥାନୀତ, ଯେଉଁଠି ପ୍ରସ୍ପେରୋ ଏକ ଦୁର୍ବୋଧ ଓ ବିରୋଧାଭାସରେ ପରିପୂର୍ଣ୍ଣ ଚରିତ୍ର ଯେ, କନ୍ୟା ମିରାଣ୍ଡା ଓ ଦୁଇ ଭୃତ୍ୟ, ଆଦିମ ଓ ବିକୃତ କାଲିବାନ ଓ ବାୟବୀୟ ଆତ୍ମା ଏରିଏଲଙ୍କ ସହ ବାସ କରନ୍ତି। ଗୀତିକବିତାରେ ଭରପୂର ନାଟକଟି ଦ୍ୱୀପରେ ସମ୍ମୋହନର ବାତାବରଣ ଉଦ୍ରେକ କରେ। କୁହୁକ ବିଦ୍ୟା ଠାରୁ ପ୍ରତାରଣା, ପ୍ରତିଶୋଧ ଠାରୁ ପାରିବାରିକ ମୂଲ୍ୟବୋଧ ଆଦି ବିଭିନ୍ନ ବିଷୟ ଏହା ଅନୁଧ୍ୟାନ କରେ।

ନାଟକଟି ସଂଘଟିତ ହେବା ବିଂଶ ବର୍ଷ ପୂର୍ବରୁ ମିଲାନର ଡ୍ୟୁକ ତଥା ପ୍ରତିଷ୍ଠିତ ତାନ୍ତ୍ରିକ ପ୍ରସ୍ପେରୋଙ୍କ ପଦବୀ ତାଙ୍କ ବିଶ୍ୱାସଘାତକ ଭାଇ ଆଣ୍ଟନିଓ ନେପଲ୍ସର ରାଜା ଏଲଂସଙ୍କ ସହାୟତାରେ ବଳପୂର୍ବକ ଅଧିକାର କରିଛନ୍ତି। ଶିଶୁ କନ୍ୟା ମିରାଣ୍ଡା ସହ ପ୍ରସ୍ପେରୋ ଏକ ନିର୍ଜନ ଦ୍ୱୀପକୁ ପଳାୟନ କରନ୍ତି ଓ ସେଠାରେ ନାଟକର ଶେଷ ଯାଏଁ

ବସବାସ କରନ୍ତି । ଦ୍ୱୀପର ଏକମାତ୍ର ଅଧିବାସୀ ଭୟଙ୍କର କାଲିବାନଙ୍କୁ କୁହୁକ ବିଦ୍ୟା ମାଧ୍ୟମରେ ବଶୀଭୂତ କରି ତାଙ୍କୁ ଓ ତାଙ୍କ କନ୍ୟାକୁ ସୁରକ୍ଷା ପ୍ରଦାନ ନିମନ୍ତେ ନିୟୋଜିତ କରନ୍ତି । ସେ ବି ବାୟବୀୟ ଆତ୍ମା ଏରିଏଲକୁ ମୁକ୍ତ କରି ତାଙ୍କ ସେବାରେ ନିୟୋଜିତ କରନ୍ତି ।

ଯେତେବେଳେ ଆଣ୍ଟନିଓ ଓ ତାଙ୍କ ସାଥୀ ଇତ୍ୟାଦିଙ୍କୁ ନେଇ ଏକ ଜାହାଜ ଦ୍ୱୀପକୁ ଅତିକ୍ରମ କରେ, ପ୍ରସ୍ପେରୋ ଏରିଏଲ ସାହାଯ୍ୟରେ ଏକ ଝଡ଼ ସୃଷ୍ଟି କରନ୍ତି ଏବଂ ଜାହାଜଟି ବିଧ୍ୱସ୍ତ ହୁଏ । ଆଣ୍ଟନିଓ ସହ ଏଲଂସ, ଏଲଂସଙ୍କ ପୁତ୍ର ଓ ଉତ୍ତରାଧିକାରୀ ଫର୍ଡିନାଣ୍ଡ, ଏଲଂସଙ୍କ ଭାଇ ସିବାଷ୍ଟିଆନ, ପ୍ରସ୍ପେରୋଙ୍କ ବିଶ୍ୱସ୍ତ ମନ୍ତ୍ରୀ ଗଞ୍ଜାଲୋ, ଆଡ୍ରିଆନ ଓ ଅନ୍ୟ ସଭାଷଦମାନେ ଏତଦ୍ଦ୍ୱାରା ବିପନ୍ନ ହୁଅନ୍ତି । ପ୍ରସ୍ପେରୋ ଏକ ବ୍ୟାବହାରିକ ଜ୍ଞାନ ସମ୍ପନ୍ନ ଯୋଜନା ପ୍ରଣୟନ କରନ୍ତି ପଦବୀ ଅପହରଣ କରିଥିବା ବ୍ୟକ୍ତିମାନଙ୍କ ବିରୁଦ୍ଧରେ ପ୍ରତିଶୋଧ ନେଇ ନ୍ୟାଯ୍ୟ ଦାବି ଫେରି ପାଇବା ପାଇଁ । କୁହୁକ ବିଦ୍ୟା ମାଧ୍ୟମରେ ବିପଦଗ୍ରସ୍ତ ନୌଯାତ୍ରୀମାନଙ୍କୁ ଦ୍ୱୀପରେ ବିଭିନ୍ନ ଗୋଷ୍ଠୀରେ ସ୍ଥାନୀତ କରି ପୃଥକ ପୃଥକ ସ୍ଥାନରେ ରଖିଛନ୍ତି ।

ପ୍ରସ୍ପେରୋ ଓ ମିରାଣ୍ଡା ଦ୍ୱାରା ଉଦ୍ଧାର ପାଇଥିବା ଫର୍ଡିନାଣ୍ଡଙ୍କୁ ସେ ଉତ୍ତମ ଆଶ୍ରୟ ଦିଅନ୍ତି । ଯୁବକ ଫର୍ଡିନାଣ୍ଡ ମିରାଣ୍ଡାଙ୍କ ପ୍ରେମାସ୍ପଦ ହେବା ପାଇଁ ବ୍ୟବସ୍ଥା କରନ୍ତି ।

ରାଜାଙ୍କ ବିଦୂଷକ ଟ୍ରିଙ୍କୁଲୋ ଓ ମୁଖ୍ୟ ତତ୍ତ୍ୱାବଧାରକ ମଦ୍ୟପ ଷ୍ଟିଫାନୋ କାଲିବାନ ସହ ସମ୍ମିଳିତ ହୋଇ ପ୍ରସ୍ପେରୋଙ୍କ ବିରୁଦ୍ଧରେ ଏକ ଅସଫଳ ବିଦ୍ରୋହ ରଚନା କରନ୍ତି । ସେମାନଙ୍କ କାର୍ଯ୍ୟକଳାପ ନାଟକରେ ହସ ଓ କୌତୁକର ପରିବେଶ ସୃଷ୍ଟିକରେ ଓ ସୁଖାନୁଭୂତି ପ୍ରଦାନ କରେ ।

ଏଲଂସ, ସିବାଷ୍ଟିଆନ, ଆଣ୍ଟନିଓ, ଗଞ୍ଜାଲୋ, ଦୁଇ ଅନୁଚର ଭଦ୍ରବ୍ୟକ୍ତି ଅଦ୍ରୀଆନ ଓ ଫ୍ରାନସିସ୍କୋ ଅନ୍ୟ ଏକ ଗୋଷ୍ଠୀରେ ରହନ୍ତି । ଆଣ୍ଟନିଓ ଓ ସିବାଷ୍ଟିଆନ ଏଲଂସ ଓ ଗଞ୍ଜାଲୋଙ୍କୁ ହତ୍ୟା କରିବା ପାଇଁ ଉଦ୍ୟମ କରନ୍ତି, ଯଦ୍ଦ୍ୱାରା ସିବାଷ୍ଟିଆନ ରାଜା ହୋଇପାରିବେ । ପ୍ରସ୍ପେରୋ ଏରିଏଲ ସହାୟତାରେ ଏହି ଷଡଯନ୍ତ୍ର ପଣ୍ଡ କରନ୍ତି । ତାପରେ ଏରିଏଲ ରାକ୍ଷସୀ ରୂପ ନେଇ ଆଣ୍ଟନିଓ, ଏଲଂସ ଓ ସିବାଷ୍ଟିଆନଙ୍କୁ ଉତ୍ପୀଡ଼ନ କରିବା ଦ୍ୱାରା ସେମାନେ ଅନୁଶୋଚନାରେ ପଳାୟନ କରନ୍ତି । ଜାହାଜର କ୍ୟାପଟେନ ଓ ଅନ୍ୟ ନାବିକଗଣ ନାଟକର ଶେଷ ଅଙ୍କ ଯାଏଁ ଗଭୀର ନିଦ୍ରାଗ୍ରସ୍ତ ହୋଇଛନ୍ତି ।

ପ୍ରସ୍ପେରୋ ଇଚ୍ଛା କରନ୍ତି ଯେ, ମିରାଣ୍ଡା ଫର୍ଡିନାଣ୍ଡଙ୍କୁ ବିବାହ କରନ୍ତୁ । ସେ ଅନ୍ୟ ଆତ୍ମାମାନଙ୍କୁ ସମବେତ କରି ଏକ ଆଡମ୍ବରପୂର୍ଣ୍ଣ ଗୀତିନାଟ୍ୟ ଆୟୋଜନ

କରିବାକୁ ଏରିଏଲଙ୍କୁ ଆଦେଶ ଦେଇଛନ୍ତି। ଗୀତିନାଟ୍ୟରେ ପୌରାଣିକ ଜୁନୋ, ସେରେସ, ଇରିସ ଉପସ୍ଥିତ ରହି ମିରାଣ୍ଡା ଓ ଫର୍ଡିନାଣ୍ଡଙ୍କ ନିର୍ବନ୍ଧରେ ସେମାନଙ୍କୁ ଆଶୀର୍ବାଦ କରିବେ ଓ ଗୀତିନାଟ୍ୟ ଭାବୀ ଦମ୍ପତିଙ୍କୁ ବିବାହ ଓ ଦୈହିକ ବିଶୁଦ୍ଧତା ସମ୍ପର୍କରେ ଶିକ୍ଷା ଦେବ। ଯେତେବେଳେ ପ୍ରସ୍ପେରୋ ଅନ୍ୟମାନଙ୍କ ଦ୍ୱାରା ତାଙ୍କ ଜୀବନ ପ୍ରତି ଚକ୍ରାନ୍ତ ବିଷୟରେ ଜାଣି ପାରନ୍ତି, ଗୀତିନାଟ୍ୟ ହଠାତ ବନ୍ଦ ହୁଏ।

ପ୍ରସ୍ପେରୋ ଏରିଏଲଙ୍କୁ ସମ୍ଭ୍ରାନ୍ତ ବ୍ୟକ୍ତିଙ୍କ ଚକ୍ରାନ୍ତ ବିରୁଦ୍ଧରେ କାର୍ଯ୍ୟାନୁଷ୍ଠାନ ପାଇଁ ଆଦେଶ ଦିଅନ୍ତି। କାଲିବାନ, ଷ୍ଟିଫାନୋ ଓ ଟ୍ରିଙ୍କୁଲୋଙ୍କୁ ସନ୍ତସନ୍ତିଆ ସ୍ଥାନରେ ପିଶାଚଗଣ ଶ୍ୱାନ ଆକୃତି ଧାରଣ କରି ଅନୁଧାବନ କରନ୍ତି। ଏରିଏଲ ଏଲଂସ, ଆଣ୍ଟନିଓ ଓ ସିବାଷ୍ଟିଆନଙ୍କୁ ନେଇ ଆସନ୍ତି ଓ ପ୍ରସ୍ପେରୋ ସେମାନଙ୍କୁ କ୍ଷମା ଦିଅନ୍ତି। ମିଲାନର ଡ୍ୟୁକଙ୍କ ପୂର୍ବ ପଦବୀ ପ୍ରସ୍ପେରୋ ଫେରି ପାଆନ୍ତି। ପ୍ରସ୍ପେରୋ ଶପଥ ନିଅନ୍ତି ଯେ, ତାଙ୍କ ଲକ୍ଷ୍ୟ ପୂରଣ ହେଲେ ସେ ଏରିଏଲକୁ ମୁକ୍ତି ଦେବେ ଓ କୁହୁକ ବିଦ୍ୟା ତ୍ୟାଗ କରିବେ। ଏରିଏଲ ଜାହାଜର ନାବିକମାନଙ୍କୁ ଏବଂ କାଲିବାନ, ଟ୍ରିଙ୍କୁଲୋ ଓ ଷ୍ଟିଫାନୋଙ୍କୁ ନେଇ ଆସନ୍ତି। କାଲିବାନ ଅନୁଶୋଚନା ଗ୍ରସ୍ତ ହୋଇ ଉତ୍ତମ ବ୍ୟକ୍ତି ହେବା ପାଇଁ ଶପଥ ନିଅନ୍ତି। ଷ୍ଟିଫାନୋ ଓ ଟ୍ରିଙ୍କୁଲୋଙ୍କୁ ପରିହାସ କରାଯାଇ ପ୍ରସ୍ପେରୋଙ୍କ ଦ୍ୱାରା ଅପଦସ୍ତ କରାଯାଏ। ପ୍ରସ୍ପେରୋ, ମିରାଣ୍ଡା ସମେତ ସମସ୍ତ ସମ୍ଭ୍ରାନ୍ତ ବ୍ୟକ୍ତି ଦ୍ୱୀପ ତ୍ୟାଗ କରିବା ପୂର୍ବରୁ ଏରିଏଲ ଆଦିଷ୍ଟ ହୁଏ ଯେ, ରାଜାଙ୍କ ଜାହାଜର ସୁଚାରୁ ଗତି ନିମନ୍ତେ ନେପଲସ ଯାଏଁ ଉତ୍ତମ ପାଗ ବ୍ୟବସ୍ଥା କରିବେ, ଯେଉଁଠାରେ ଫର୍ଡିନାଣ୍ଡ ଓ ମିରଣ୍ଡାଙ୍କ ବିବାହ ହେବ। ଏହାପରେ ଏରିଏଲ ମୁକ୍ତ ହେବେ।

ଦ କମେଡି ଅଫ ଏରର୍ସ ପରି ଦ ଟେମ୍ପେଷ୍ଟ ନାଟକରେ ସମୟ, ସ୍ଥାନ ଓ କର୍ମର ଐକ୍ୟ ପାଳିତ ହୋଇଛି। ଅକ୍ଟେଭ ମାନ୍ନନିଙ୍କ ସାଇକୋଲୋଜି ଅଫ କଲୋନାଇଜେସନ ପୁସ୍ତକର ପ୍ରକାଶନ ପରେ ଉତ୍ତର ଔପନିବେଶିକ ତତ୍ତ୍ୱବିତ୍‌ଗଣ ଦ ଟେମ୍ପେଷ୍ଟ ନାଟକକୁ ତତ୍ତ୍ୱ ନିମନ୍ତେ ଉପଯୋଗ କରିଛନ୍ତି। କାଲିବାନର ଚରିତ୍ର ଆଧାରରେ ସେକ୍‌ସପିଅର ଔପନିବେଶିକବାଦର ନୈତିକତା ବିଷୟରେ ଏକ ବିଶଦ୍ ବିଶ୍ଳେଷଣ ସୃଷ୍ଟି କରିଛନ୍ତି ବୋଲି କିଛି ସମାଲୋଚକ ଯୁକ୍ତି କରନ୍ତି। ପ୍ରାକୃତିକ ବିଶ୍ୱ ସହ ସୁସମ୍ପର୍କ ରଖିଥିବା କାଲିବାନ ହିଁ ନାଟକରେ ସବୁଠାରୁ ପ୍ରାକୃତିକ ଚରିତ୍ର ବୋଲି ଯୁକ୍ତି କରାଯାଇଛି। ଉତ୍ତର ଔପନିବେଶିକବାଦୀ ସମାଲୋଚକଗଣ ପ୍ରସ୍ପେରୋଙ୍କୁ ଔପନିବେଶିକ ଶାସକ ଓ ଏରିଏଲ ଓ କାଲିବାନଙ୍କୁ ଶାସିତ ରୂପେ ଦର୍ଶାଇଛନ୍ତି। ଶାସିତ ବର୍ଗ ଆଲୋଚନା କିମ୍ବା ବିପ୍ଳବ ମାଧ୍ୟମରେ ସମସ୍ୟାର ସମାଧାନ ପାଇଁ ଚିନ୍ତା ହିଁ କରନ୍ତି। ବାସ୍ତବରେ ସଫଳତା ସୁଦୂରପରାହତ।

ନାରୀବାଦୀ ସମାଲୋଚକଗଣ ଯୁକ୍ତି କରନ୍ତି ଯେ, ଦ ଟେମ୍ପେଷ୍ଟ ପୁରୁଷ ପ୍ରଧାନ ସମାଜ ଓ ସଂସ୍କୃତିରେ ସୃଷ୍ଟ। ମିରାଣ୍ଡା ତାଙ୍କ ପିତାଙ୍କ ଦ୍ୱାରା ସ୍ୱାଧୀନତାରୁ ବଞ୍ଚିତ ହୋଇଛନ୍ତି। ପିତା ପ୍ରସ୍ପେରୋ ତାଙ୍କ ସତୀତ୍ୱ ଉପରେ ହିଁ ସମସ୍ତ ଗୁରୁତ୍ୱ ଆରୋପ କରନ୍ତି। ଆନ ଥମ୍ପସନଙ୍କ ମତରେ ମିରାଣ୍ଡା ଔପନିବେଶିକ ବାତାବରଣରେ ନିର୍ଦ୍ଦିଷ୍ଟ ମହିଳା ଯେ ପିତୃକୈନ୍ଦ୍ରିକ ଅବସ୍ଥାକୁ ସମ୍ପୂର୍ଣ୍ଣ ଅନ୍ତସ୍ଥ କରିଛନ୍ତି।

ହେନରୀ ଏଇଥ୍

ହେନରୀ ଏଇଥ୍ ନାଟକ ଉଇଲିଅମ ସେକ୍ସପିଅର ଓ ଜନ ଫ୍ଲେଚରଙ୍କ ମିଳିତ ଉଦ୍ୟମରେ ହେନରୀ ଅଷ୍ଟମଙ୍କ ଜୀବନ ଉପରେ ଆଧାରିତ ଏକ ଐତିହାସିକ ନାଟକ ଯାହା ଅଧିକାଂଶ ଆଧୁନିକ ବିଦ୍ୱାନମାନେ ୧୬୧୩ରେ ରଚିତ ବୋଲି ଦର୍ଶାଇଛନ୍ତି। କିନ୍ତୁ ସାମୁଏଲ ଜନସନ ଓ ବହୁ ସପ୍ତଦଶ ଓ ଅଷ୍ଟାଦଶ ଶତାବ୍ଦୀର ସମାଲୋଚକଙ୍କ ମତରେ ଏହି ନାଟକ ୧୬୦୩ ପୂର୍ବରୁ ଲେଖାଯାଇଛି। ଯେହେତୁ ସେକ୍ସପିଅର ଓ ଫ୍ଲେଚରଙ୍କ ମିଳିତ ଉଦ୍ୟମ ନାଟକରେ ସୁସ୍ପଷ୍ଟ, ଏହା ୧୬୧୩ରେ ରଚିତ ହୋଇଥିବା ନିର୍ଣ୍ଣୟ ଅଧିକ ଗ୍ରହଣୀୟ।

ସେକ୍ସପିଅରଙ୍କ ନିଷ୍କ୍ରମଣ ପରେ ଜନ ଫ୍ଲେଚର କିଂସ୍ ମେନ ଦଳର ମୁଖ୍ୟ ନାଟ୍ୟକାର ରୂପେ ଅବତୀର୍ଣ୍ଣ ହୋଇଛନ୍ତି। ଏହି ନାଟକ ୧୬୧୩ରେ ଗ୍ଲୋବ ଥିଏଟରରେ ଅଭିନୀତ ହେବା ବେଳେ ଅସାବଧାନତାବଶତଃ କମାଣରୁ ଅଗ୍ନି ସଂଯୋଗ ଘଟି ଗ୍ଲୋବ ଥିଏଟରର ପ୍ରଥମ ଚାଳ ନିର୍ମିତ ଛାତର ଗୃହ ସମ୍ପୂର୍ଣ୍ଣ ଭସ୍ମୀଭୂତ ହୋଇଛି। ତତ୍ପରେ ନୂତନ କୋଠା ନିର୍ମିତ ହୋଇଛି। ସେକ୍ସପିଅର ନାଟକର ଉପାଦାନ ରାଫେଲ ହୋଲିନସେଡଙ୍କ ଐତିହାସିକ ବିବରଣୀ ଉପରେ ନିର୍ଭର କରିଛନ୍ତି।

ନାଟକର ପ୍ରସ୍ତାବନାରେ ବିଷୟବସ୍ତୁ ସତ ଘଟଣାରେ ଆଧାରିତ ବୋଲି ସୂଚନା ଦିଆଯାଇଛି। ଏହାପରେ ନରଫୋକର ଡ୍ୟୁକ, ବକିଂହାମର ଡ୍ୟୁକ ଓ ଲର୍ଡ ଏବେର୍ଘାଭେନୀଙ୍କ ସହ କଥାବାର୍ତ୍ତାରେ ନାଟକ ଗତିଶୀଳ ହୋଇଛି। ପୂର୍ବେ ବକିଂହାମ କାର୍ଡିନେଲ ଓ୍ୱଲସିଙ୍କ ବିରୁଦ୍ଧରେ ରାଜାଙ୍କ ସମ୍ମୁଖରେ ଦୋଷାରୋପ କରିଛନ୍ତି। କାର୍ଡିନେଲ ଓ୍ୱଲସିଙ୍କ ନିର୍ମମ କ୍ଷମତା ଲୋଭ ଓ ଅତ୍ୟଧିକ ଗର୍ବ ପ୍ରତି ବିରକ୍ତି ସୂଚିତ ହେଉଛି ସେମାନଙ୍କ ସଂଳାପରେ। ଏହାପରେ ଓ୍ୱଲସି ଅନୁଚରଙ୍କ ସହ ରଙ୍ଗମଞ୍ଚକୁ ଆସିଛନ୍ତି ଓ ବକିଂହାମଙ୍କ ପ୍ରତି ନିଜ ଶତ୍ରୁତା ପ୍ରକାଶ କରିଛନ୍ତି।

ବକିଂହାମ ଓ ତାଙ୍କ ଜ୍ୱାଇଁ ଲର୍ଡ଼ ଏବେର୍ଘାଭେନୀ ରାଜଦ୍ରୋହ ଅଭିଯୋଗରେ ଗିରଫ ହୋଇଛନ୍ତି । ରାଜାଙ୍କ ଅପ୍ରକାଶିତ ଭାବ ଓ ରାଣୀ କାଥେରିନଙ୍କ ସତ୍ୟ ଓ ନ୍ୟାୟ ପାଳନ ନିମନ୍ତେ ଅନୁରୋଧ ସତ୍ତ୍ୱେ ବକିଂହାମ ଏକ ବହିଷ୍କୃତ ଭୃତ୍ୟର ମିଥ୍ୟା ସାକ୍ଷ୍ୟ ଦ୍ୱାରା ରାଜଦ୍ରୋହୀ ରୂପେ ଦୋଷୀ ସାବ୍ୟସ୍ତ ହୋଇଛନ୍ତି । ଯେତେବେଳେ ହତ୍ୟା ନିମନ୍ତେ ତାଙ୍କୁ ନିଆଯାଏ ବକିଂହାମ ସର୍ବସାଧାରଣରେ ସତର୍କ କରିଦିଅନ୍ତି ଯେ ମିଥ୍ୟା ବନ୍ଧୁଙ୍କ ପ୍ରତି ଧ୍ୟାନ ରଖିବା ଉଚିତ ।

ଇତି ମଧ୍ୟରେ ହେନ୍‌ରୀ ଆନେ ବୁଲ୍ଲେନ (ବୋଲିନ) ନାମକ ଜଣେ ସୁନ୍ଦରୀ ମହିଳାଙ୍କ ପ୍ରତି ଖୁବ ଆକର୍ଷିତ ହୁଅନ୍ତି । ଏହା ସହ କୌଣସି ପୁରୁଷ ଉତ୍ତରାଧିକାରୀ ନଥିବା ହେତୁ ହେନରୀ ତାଙ୍କର ମୃତ ଭାଇଙ୍କ ପତ୍ନୀ କାଥେରିନଙ୍କ ସହ ନିଜ ବିବାହର ବୈଧତା ସମ୍ପର୍କରେ ସନ୍ଦେହ ପ୍ରକାଶ କରନ୍ତି । ଅନ୍ୟ ଦିଗରେ ଆନେ ଯଦିଓ ରାଣୀଙ୍କୁ ପଦଚ୍ୟୁତ କରିବା ପାଇଁ ବାହ୍ୟତଃ ଆଗ୍ରହାନ୍ୱିତ ନୁହନ୍ତି, ରାଜାଙ୍କ ପ୍ରସ୍ତାବକୁ ସାଦରେ ଗ୍ରହଣ କରିନିଅନ୍ତି । ଓ୍ୱଲସି ରାଜାଙ୍କ ଉପରେ ନିଜ ପ୍ରଭାବ ବିସ୍ତାର କରିବା ପାଇଁ ଏହି ବିବାହକୁ ବନ୍ଦ କରିବା ପାଇଁ ଚେଷ୍ଟା କରନ୍ତି, କିନ୍ତୁ ତାଙ୍କ ଦୁର୍ନୀତିଗ୍ରସ୍ତ ମନ୍ତ୍ରଣା ସମସ୍ତଙ୍କ ଅବଗତ ହୁଏ । ସେ ଦରବାର ତ୍ୟାଗ କରି ତାଙ୍କ ବିଶ୍ୱସ୍ତ ଥୋମାସ କ୍ରମଓ୍ୱେଲଙ୍କୁ ତାଙ୍କ ପଦବୀରେ ଅଧିଷ୍ଠିତ କରାନ୍ତି ।

ହେନରୀ ଆନେଙ୍କୁ ଗୋପନରେ ବିବାହ କରନ୍ତି ଓ ବହୁ ଆଡମ୍ବରରେ ଆନେ ରାଣୀ ରୂପେ ଅଭିଷିକ୍ତ ହୁଅନ୍ତି । ଯଦିଓ କାଥେରିନ ବିବାହ ବିଚ୍ଛେଦ ମାମଲା ଓ ଦରବାରରୁ ପରବର୍ତ୍ତୀ ନିର୍ବାସନରେ ନିଜ ମର୍ଯ୍ୟାଦା ପାଳନ କରିଛନ୍ତି, ରାଜନୈତିକ କନ୍ଦଳରେ ତାଙ୍କ ଉତ୍ତମ ଆଚରଣ କୌଣସି ପ୍ରଭାବ ପକାଏ ନାହିଁ । ଓ୍ୱଲସି ଅନୁତପ୍ତ ହୋଇ ମୃତ୍ୟୁ ବରଣ କରିଛନ୍ତି ଓ ଏହାପରେ କାଥେରିନଙ୍କ ମୃତ୍ୟୁ ଘଟିଛି ।

ନୂଆ ଲର୍ଡ ଚାମ୍ବରଲେନ ଥୋମାସ ମୋର ଓ ଦରବାରର ଅନ୍ୟ କିଛି କର୍ମଚାରୀ ରାଜା ହେନରୀଙ୍କ ବିଶ୍ୱସ୍ତ, କାଣ୍ଟେରବରୀର ଆର୍କବିଶପ ଥୋମାସ କ୍ରାନମେରଙ୍କ ବିରୁଦ୍ଧରେ ଦୋଷାରୋପ କରି ରାଜାଙ୍କ ଉପରେ ପ୍ରଭାବ ବିସ୍ତାର କରିବା ପାଇଁ ଉଦ୍ୟମ କରନ୍ତି । କିନ୍ତୁ ରାଜା ଏତେ ସହଜରେ ଆଉ ବ୍ୟବହୃତ ହୁଅନ୍ତି ନାହିଁ । କିନ୍ତୁ ରାଜାଙ୍କ ପ୍ରିୟ ରୂପେ ନିଜକୁ ଉପସ୍ଥାପନ କରି କ୍ରାନମେର ଏକ ମୁଦି ଚକ୍ରାନ୍ତକାରୀମାନଙ୍କୁ ଅର୍ପଣ କରନ୍ତି । ରାଜା ନିଜ ନବାଗତା କନ୍ୟା ଏଲିଜାବେଥଙ୍କ ନାମକରଣ କରିବା ପାଇଁ କ୍ରାନମେରଙ୍କୁ ନିର୍ଦ୍ଦେଶ ଦିଅନ୍ତି । ଏକ ଅନ୍ତିମ ଉତ୍ସବ ପାଳନରେ ଓ ଭବିଷ୍ୟତରେ ରାଣୀ ପ୍ରଥମ ଏଲିଜାବେଥଙ୍କ ଅମଳରେ ଇଂଲଣ୍ଡର ଖ୍ୟାତି ଉତ୍କର୍ଷରେ ଉପନୀତ ହେବା କ୍ରାନମେରଙ୍କ ଭବିଷ୍ୟବାଣୀରେ ନାଟକର ସମାପ୍ତି ଘଟେ ।

ସେକ୍ସପିଅରଙ୍କ ନିଜସ୍ୱ କୃତି ରୂପେ ଏହି ନାଟକ ୧୮୫୦ ଯାଏଁ ବିବେଚିତ ହୋଇଥିଲା। ଜେମସ ସ୍ପେଡିଙ୍ଗଙ୍କ ଗବେଷଣା କ୍ରମେ ନାଟକରେ ଫ୍ଲେଚରଙ୍କ ସମ୍ପୃକ୍ତି ଲୋକଲୋଚନକୁ ଆସିଲା। ମୁଖ୍ୟତଃ ନାଟକରେ ବ୍ୟବହୃତ ପଦ୍ୟଶୈଳୀରେ ଏ ସମ୍ପର୍କରେ ପ୍ରମାଣ ପ୍ରତିଷ୍ଠିତ ହେଲା ଯେ, କେତେକ ଦୃଶ୍ୟରେ ଏହି ଶୈଳୀ ସେକ୍ସପିଅରଙ୍କ ଅପେକ୍ଷା ଫ୍ଲେଚରଙ୍କ ପଦଶୈଳୀର ଅଧିକ ନିକଟବର୍ତ୍ତୀ। ୧୯୬୬ରେ ଏର୍ଡମାନ ଓ ଫୋଗେଲ ମତବ୍ୟକ୍ତ କରନ୍ତି ଯେ, "today a majority of scholars accept the theory of Fletcher's partial authorship though a sturdy minority deny it."

ଟୁ ନୋବଲ୍ କିନ୍‌ସମେନ୍

ସେକ୍‌ସପିଅର ଓ ଫ୍ଲେଚରଙ୍କ ମିଳିତ ଲେଖନୀରୁ ପ୍ରଦତ୍ତ ଟୁ ନୋବଲ କିନ୍ସମେନ ଏକ ସୁଖାନ୍ୱିତ - ବିୟୋଗାନ୍ତକ ନାଟକ ଯାହା ୧୬୧୩ରେ ଲେଖା ହୋଇ ୧୬୩୪ରେ ପ୍ରକାଶିତ ହୋଇଛି। ଜିଓଫ୍ରେ ଚଷରଙ୍କ କାଣ୍ଟରବରୀ ଟେଲ୍ସରୁ ଉପାଦାନ ସଂଗ୍ରହ କରିଥିବା ଏହି ନାଟକ ୧୬୧୩ - ୧୪ରେ ପ୍ରଥମେ ଅଭିନୀତ ହୋଇଥିଲା। ସେକ୍‌ସପିଅରଙ୍କ ଏହା ଶେଷ ନାଟକ। ଏହା ପରେ ସେ ଷ୍ଟ୍ରାଟ୍‌ଫୋର୍ଡ -ଅନ -ଏଭନକୁ ପ୍ରତ୍ୟାବର୍ତ୍ତନ କରିଛନ୍ତି।

ଏଥେନ୍ସର ଶାସକ ଥଏସେସ ଓ ହିପ୍ପୋଲ୍ୟତାଙ୍କ ନିକଟରେ ତିନି ଜଣ ରାଣୀ ଅଭିଯୋଗ କରିଛନ୍ତି ଯେ, ତାଙ୍କ ପତିମାନେ ଥେବେସର ଅତ୍ୟାଚାରୀ ରାଜା କ୍ରିୟନଙ୍କ ଦ୍ୱାରା ନିହତ ହୋଇଛନ୍ତି ଏବଂ ଏହାର ପ୍ରତିଶୋଧ ନିତାନ୍ତ ଆବଶ୍ୟକ। କ୍ରିୟନ ସେମାନଙ୍କୁ ନିର୍ଦ୍ଦୟ ଭାବେ ହତ୍ୟା କରିବା ପରେ ଉପଯୁକ୍ତ ଅନ୍ତ୍ୟେଷ୍ଟି କ୍ରିୟା ସମାପନ କରିବା ପାଇଁ ସୁଯୋଗ ଦେଉ ନଥିବା ଶୁଣି ଥଏସେସ ତାଙ୍କ ବିରୁଦ୍ଧରେ ଯୁଦ୍ଧ ଘୋଷଣା କରିବା ପାଇଁ ସମ୍ମତ ହୋଇଛନ୍ତି।

ଥେବେସରେ ଦୁଇଜଣ ସମ୍ପର୍କୀୟ ଭାଇ ଓ ଘନିଷ୍ଠ ବନ୍ଧୁ ପଲମନ ଓ ଅରକେଇଟ କ୍ରିୟନଙ୍କ ପାଇଁ ଯୁଦ୍ଧ କରିବା ପାଇଁ ପ୍ରତିଶ୍ରୁତିବଦ୍ଧ, ଯଦିଓ ରାଜାଙ୍କ ଭୀଷଣ ଅତ୍ୟାଚାର ସେମାନଙ୍କ ମନରେ ଭୀତି ସଂଚାର କରିଛି। ଥଏସେସ ଥେବେସ ଆକ୍ରମଣ କରିଛନ୍ତି ଓ ଦୁଇବନ୍ଧୁଙ୍କ ଅସାଧାରଣ ବୀରତ୍ୱ ସତ୍ତ୍ୱେ ଥେବାନ ସେନା ଯୁଦ୍ଧରେ ପରାସ୍ତ ହୋଇଛନ୍ତି। ପଲମନ ଓ ଅରକେଇଟ ବନ୍ଦୀ ହୋଇଛନ୍ତି ଓ ଦାର୍ଶନିକ ସୁଲଭ ନିଜ ଭାଗ୍ୟ ଆଦରି ରହିଛନ୍ତି। ସେମାନଙ୍କ ଦାର୍ଶନିକ ଚିନ୍ତାଧାରା ହିପ୍ପୋଲ୍ୟତାଙ୍କ ଭଉଣୀ ରାଜକୁମାରୀ ଏମିଲିଆଙ୍କୁ ଝରକା ମଧ୍ୟରୁ ଦେଖିବା ପରେ ସମାପ୍ତ ହୋଇଛି। ଉଭୟେ ତାଙ୍କ ପ୍ରେମରେ ତତ୍‌କ୍ଷଣାତ ପଡିଛନ୍ତି ଓ ସେମାନଙ୍କ ବନ୍ଧୁତ୍ୱ ତୀବ୍ର ପ୍ରତିଦ୍ୱନ୍ଦ୍ୱିତାର ରୂପ ନେଇଛି। ଜଣେ

ସମ୍ପର୍କୀୟଙ୍କ ସହାୟତାରେ ଅରକେଇଟ ପ୍ରଥମେ ମୁକ୍ତି ପାଇଛନ୍ତି। ତାଙ୍କୁ ଏଥେନ୍ସରୁ ନିର୍ବାସନ ହୋଇଛି, କିନ୍ତୁ ସେ ଛଦ୍ମବେଶ ଧାରଣ କରି ଏକ ମଲ୍ଲଯୁଦ୍ଧରେ ଜୟଯୁକ୍ତ ହୋଇଛନ୍ତି ଓ ଏମିଲିଆଙ୍କ ଦେହରକ୍ଷୀ ରୂପେ ନିଯୁକ୍ତ ହୋଇଛନ୍ତି।

ଇତି ମଧ୍ୟରେ ଜେଲରଙ୍କ କନ୍ୟା ପଲମନଙ୍କ ପ୍ରେମରେ ପଡିଛନ୍ତି ଓ ତାଙ୍କ ପଳାୟନରେ ସାହାଯ୍ୟ କରିଛନ୍ତି। ସେ ପଲମନଙ୍କୁ ଅନୁସରଣ କରିଛନ୍ତି, କିନ୍ତୁ ଏମିଲିଆ ପ୍ରତି ପ୍ରେମାବିଷ୍ଟ ହୋଇଥିବାରୁ ପଲମନ ତାଙ୍କୁ ଉପେକ୍ଷା କରିଛନ୍ତି। ସେ ଏକ ଜଙ୍ଗଲରେ ଅର୍ଦ୍ଧଭୁକ୍ତ ଅବସ୍ଥାରେ କାଳାତିପାତ କରିଛନ୍ତି, ଯେତେବେଳେ ଅରକେଇଟ ତାଙ୍କୁ ଭେଟିଛନ୍ତି। ସେମାନେ ଏମିଲିଆଙ୍କ ପାଇଁ ତର୍କ କରିଛନ୍ତି। ଅରକେଇଟ ପଲମନଙ୍କ ପାଇଁ ଖାଦ୍ୟ ପାନୀୟ ଓ ଅସ୍ତ୍ରଶସ୍ତ୍ର ଆଣିବା ପାଇଁ ରାଜି ହୋଇଛନ୍ତି, ଯଦ୍ଦ୍ୱାରା ଏମିଲିଆଙ୍କ ପାଇଁ ସମସ୍କନ୍ଧ ହୋଇ ଉଭୟେ ଦ୍ୱନ୍ଦ୍ୱ ଯୁଦ୍ଧ କରି ପାରିବେ।

ପଲମନଙ୍କ ଦ୍ୱାରା ଉପେକ୍ଷିତ ହୋଇ ଜେଲରଙ୍କ କନ୍ୟା ପାଗଳ ପ୍ରାୟ ହୋଇଯାଇଛନ୍ତି। ସେ ଜଙ୍ଗଲରେ ଗୀତ ଗାଇଛନ୍ତି ଓ ନିରର୍ଥକ କଥା କହୁଛନ୍ତି ଓ ଏକ ଗ୍ରାମୀଣ କଳାକାର ଦଳଙ୍କ ସହ ମିଳିତ ହୋଇଛନ୍ତି, ଯେଉଁମାନେ ରାଜାଙ୍କ ସମ୍ମୁଖରେ ଏକ ନୃତ୍ୟ ପ୍ରଦର୍ଶନ ପାଇଁ ଆଗ୍ରହୀ। ସ୍ଥାନୀୟ ସ୍କୁଲର ପ୍ରଧାନ ଶିକ୍ଷକ ଜେରାଲଡ ତାଙ୍କୁ ନୃତ୍ୟଦଳରେ ସାମିଲ ହେବା ପାଇଁ ଆମନ୍ତ୍ରଣ କରିଛନ୍ତି। ଏଠାରେ ଅକସ୍ମାତ ଥିଏସେସ ଓ ହିପୋଲ୍ୟତା ଶିକାରୀ ପୋଷାକରେ ଯୋଗ ଦିଅନ୍ତି ଏବଂ ନୃତ୍ୟ ଦେଖି ପୁରସ୍କାର ଦିଅନ୍ତି।

ଅରକେଇଟ ପଲମନଙ୍କ ପାଇଁ ଖାଦ୍ୟ, ଅସ୍ତ୍ରଶସ୍ତ୍ରାଦି ଆଣନ୍ତି। ଏକ ଆମୋଦଦାୟକ ଭୋଜନ ଓ ଅତୀତର ସ୍ମୃତି ବିଜଡିତ କଥାବାର୍ତ୍ତା ପରେ ଦୁହେଁ ଯୁଦ୍ଧ କରନ୍ତି। ଥିଏସେସ ଦଳବଳ ସହ ସେଠାରେ ଉପସ୍ଥିତ ହୁଅନ୍ତି। ସେ ବନ୍ଦୀ ଥିବା ଶତ୍ରୁ ସେନାର ଦୁଇ ଯୋଦ୍ଧା ପରସ୍ପର ସହ ଯୁଦ୍ଧ କରୁଥିବା ଦେଖି ସେମାନଙ୍କୁ ଗିରଫ କରି ହତ୍ୟା ନିମନ୍ତେ ଆଦେଶ ଦିଅନ୍ତି। ହିପୋଲ୍ୟତା ଓ ଏମିଲିଆ ଏଥିରେ ହସ୍ତକ୍ଷେପ କରି ଏମିଲିଆଙ୍କ ନିମନ୍ତେ ଯୋଦ୍ଧାମାନଙ୍କ ଏକ ପ୍ରତିଯୋଗିତା ଆୟୋଜନ କରନ୍ତି। ପ୍ରତି ଯୋଦ୍ଧା ତିନିଜଣ ସହଯୋଗୀଙ୍କୁ ଚୟନ କରିପାରିବେ ତାଙ୍କୁ ସାହାଯ୍ୟ ନିମନ୍ତେ। ଯୁଦ୍ଧ ପରେ ପରାଜିତ ଯୋଦ୍ଧା ଓ ତାଙ୍କ ସଙ୍ଗୀମାନଙ୍କୁ ହତ୍ୟା କରାଯିବ।

ଜେଲର ତାଙ୍କ କନ୍ୟାଙ୍କୁ ସାଙ୍ଗମାନଙ୍କ ସହାୟତାରେ ଫେରି ପାଆନ୍ତି। ଡାକ୍ତରଙ୍କ ପରାମର୍ଶ ଅନୁଯାୟୀ ସେ ତାଙ୍କ ମାନସିକ ସ୍ୱାସ୍ଥ୍ୟ ଫେରାଇ ଆଣିବା ପାଇଁ ଚେଷ୍ଟା କରନ୍ତି ଓ ପଲମନଙ୍କୁ ତାଙ୍କ ପ୍ରତି ସଦୟ ବ୍ୟବହାର ପାଇଁ ପ୍ରବର୍ତ୍ତାନ୍ତି ଯଦ୍ଦ୍ୱାରା ସେ ପ୍ରକୃତ ପ୍ରେମିକଙ୍କୁ ଦେଖି ସ୍ୱାସ୍ଥ୍ୟାବସ୍ଥା ଫେରିପାଇବେ। ବାସ୍ତବିକ ସେ ପ୍ରକୃତିସ୍ଥ ହୋଇଛନ୍ତି।

ଯୁଦ୍ଧ ହେବା ପୂର୍ବରୁ ଅରକେଇଟ ମାର୍‌ସଙ୍କୁ ବିଜୟ ନିମନ୍ତେ ପ୍ରାର୍ଥନା କରିଛନ୍ତି। ପଲମନ ଭେନସଙ୍କୁ ପ୍ରାର୍ଥନା କରିଛନ୍ତି ଏମିଲିଆଙ୍କୁ ବିବାହ ନିମନ୍ତେ। ଏମିଲିଆ ଦୁଇ ପ୍ରେମିକଙ୍କ ମଧ୍ୟରେ ତାଙ୍କୁ ଯେ ବେଶୀ ଭଲ ପାଉଥିବେ, ତାଙ୍କୁ ବିବାହ କରିବା ନିମନ୍ତେ ଡାୟାନାଙ୍କୁ ପ୍ରାର୍ଥନା କରନ୍ତି। ସମସ୍ତଙ୍କ ଅଭିଳାଷ ପୂରଣ ହୋଇଛି। ଅରକେଇଟ ଯୁଦ୍ଧ ଜିଣିଛନ୍ତି, କିନ୍ତୁ ଘୋଡ଼ାରୁ ପଡ଼ିଯାଇ ମୃତ୍ୟୁଲାଭ କରିଛନ୍ତି। ପଲମନ ଏମିଲିଆଙ୍କୁ ବିବାହ କରିଛନ୍ତି।

ଊନବିଂଶ ଶତାବ୍ଦୀରେ ଥୋମାସ ଡି କୁଇନ୍ସି ଏହି ନାଟକରେ ସେକ୍‌ସପିଅରଙ୍କ ରଚିତ ପଦ୍ୟକୁ ଇଂଲିଶ ସାହିତ୍ୟର ସର୍ବଶ୍ରେଷ୍ଠ କବିତା ରୂପେ ବର୍ଣ୍ଣନା କରିଛନ୍ତି। ଯଦିଓ ଏହା ସର୍ବଜନସମ୍ମତ ନୁହେଁ, ତଥାପି ଏହି ଉକ୍ତିର କିଛି ସାରବତ୍ତା ରହିଛି। ସେକ୍‌ସପିଅରଙ୍କ ଲେଖନୀ ପ୍ରସୂତ ଥିଏସେସଙ୍କ ଈଶ୍ୱରଙ୍କ ପ୍ରତି ଉଦ୍ଦିଷ୍ଟ ସଂଳାପର ଶବ୍ଦ ଓ ଅର୍ଥ ଗୌରବ ଖୁବ ଚମତ୍କାର, ତାଙ୍କ ସାହିତ୍ୟିକ ଜୀବନର ବିଶିଷ୍ଟ ସ୍ମୃତି ଲିପି, ଯାହା ଜୀବନର ହର୍ଷ ବିଷାଦରେ ନିରୁଦବିଗ୍ନ ମାନସିକତାର ପରିଚୟ ବହନ କରେ।

O you heavenly Charmers,
What things you make of us?
For what we lacke we laugh,
for what we have, are sorry,
still are children in some kind. Let us be thankefull
For that which is, and with you leave dispute
That are above our question:
Let's goe off,
And beare us like the time.

ସେକ୍ସପିଅରଙ୍କ ସନେଟ୍

ସେକ୍ସପିଅରଙ୍କ ଦ୍ୱାରା ଲିଖିତ ୧୫୪ ସନେଟ ପୁସ୍ତକାକାରରେ ୨୦.୫.୧୬୦୯ରେ ପ୍ରକାଶିତ ହୋଇଛି। ନିତାନ୍ତ ବ୍ୟକ୍ତିଗତ ଚତୁର୍ଦ୍ଦଶପଦୀ କବିତା ସମୂହର ପ୍ରକାଶନ ସବୁ କାଳରେ ଆଲୋଡନ ସୃଷ୍ଟି କରିଛି। ପ୍ରାୟ ବାର ବର୍ଷର ଦୀର୍ଘ ଅବଧିରେ ରଚିତ ସନେଟ୍‌ମାନଙ୍କ ରଚନାର ଇତିବୃତ୍ତର କିଂଚିତ ଆଲୋଚନା ଆବଶ୍ୟକ।

୧୫୯୭ର ବସନ୍ତ ଋତୁରେ ସେକ୍ସପିଅର ଜଣେ ଯୁବ ସମ୍ଭ୍ରାନ୍ତ ବ୍ୟକ୍ତିଙ୍କ ଉଦ୍ଦେଶ୍ୟରେ ସତର ଗୋଟି ସନେଟ ଲେଖିବା ପାଇଁ ଆଦିଷ୍ଟ ହୋଇଛନ୍ତି। ଏହି ସନେଟସବୁ ପରବର୍ତ୍ତୀ ସମୟରେ ଇଂଲିଶ ଭାଷାର ଲୋକପ୍ରିୟ ପ୍ରେମ କବିତା ରୂପେ ଖ୍ୟାତି ଲାଭ କରିଛି। ପ୍ରେମ, ମୃତ୍ୟୁ, ଯୌନ କାମନା, ବଂଶ ବୃଦ୍ଧିର ଆବଶ୍ୟକତା, ବିବର୍ତ୍ତନ ନିମନ୍ତେ ସମୟର କ୍ଷମତା ଇତ୍ୟାଦି ବିଭିନ୍ନ ବିଷୟରେ ଗଭୀର ମନନ ଏଥିରେ ଉପଲବ୍ଧ। ସବୁଠାରୁ ଆଚମ୍ବିତ ବିଷୟ ହେଉଛି ଯେ ଏ ସବୁ ମୁଖ୍ୟତଃ ଜଣେ ତରୁଣ ଉଦ୍ଦେଶ୍ୟରେ ଲିଖିତ।

କବି, ଜଣେ ସୁନ୍ଦର ତରୁଣ ଓ କବିଙ୍କ କୃଷ୍ଣକାୟା ପ୍ରେମିକାଙ୍କ ପ୍ରେମ ତ୍ରିଭୁଜ ସନେଟସବୁର କେନ୍ଦ୍ରବିନ୍ଦୁ। ସମ୍ଭ୍ରାନ୍ତ ତରୁଣଙ୍କ କମନୀୟ ଅଙ୍ଗ ସୌଷ୍ଠବର ଆକର୍ଷଣ ଓ ଜଣେ ବିବାହିତା କୃଷ୍ଣକାୟା ମହିଳାଙ୍କ ପ୍ରତି ଉଦଗ୍ର କାମନାରେ କବି ମାନସ ଆପ୍ଳୁତ। ଯେତେବେଳେ କବି ସମ୍ଭ୍ରାନ୍ତ ତରୁଣ ଓ ମହିଳାଙ୍କ ଦୈହିକ ସମ୍ପର୍କ ବିଷୟରେ ଅବଗତ ହୁଅନ୍ତି, ବିଷାଦ ତାଙ୍କ ଚିନ୍ତା ଓ ଚେତନାକୁ ଆଚ୍ଛାଦିତ କରେ। ଯଦି ସନେଟସବୁ ବାସ୍ତବ ଜୀବନର ବିଶ୍ୱସ୍ତ ପ୍ରତିଛବି, ଏଥିରେ ସେକ୍ସପିଅରଙ୍କ ପୁତ୍ର ବିଚ୍ଛେଦ ଜନିତ ମାନସିକ ଅବସ୍ଥାର କିଛି ପ୍ରତିଫଳନ ହୋଇଛି। ତେବେ ପ୍ରକୃତ ମନୁଷ୍ୟ କିମ୍ବା ନିଛକ ପରିକଳ୍ପନା ଏସବୁର ଉପଜୀବ୍ୟ, ପରିକଳ୍ପନାର ଅନ୍ତ ନାହିଁ।

ସେକ୍ସପିଅରଙ୍କ ଚିନ୍ତାଧାରା ତାଙ୍କ ନାଟକରେ ଯେ ରୂପାୟିତ ହୋଇନାହିଁ,

ଏହା ସମ୍ପୂର୍ଣ୍ଣ ସତ୍ୟ। କିନ୍ତୁ କବିତା କ୍ଷେତ୍ରରେ ଏହି ଉକ୍ତି ପ୍ରଯୁଜ୍ୟ ନୁହେ, ଯେହେତୁ ସେ ନିଜ ବକ୍ତବ୍ୟ କବିତା ମାଧ୍ୟମରେ ବେଶ୍ ସ୍ୱଚ୍ଛନ୍ଦରେ ପ୍ରକାଶ କରିଛନ୍ତି। ପ୍ରେମାସ୍ପଦଙ୍କ ଶାରୀରିକ ସୌନ୍ଦର୍ଯ୍ୟ, ତାଙ୍କ ନିଷ୍ଠୁରତା, କବିତାର ଅମରତ୍ୱ ଇତ୍ୟାଦି ସନେଟର ପରମ୍ପରା ବିଷୟବସ୍ତୁ ସେ ଉପଯୋଗ କରିଛନ୍ତି ଓ ଆବଶ୍ୟକ ସ୍ଥଳେ ନାଟକୀୟ ଗୁରୁତ୍ୱ ପ୍ରଦାନ କରିଛନ୍ତି।

ପ୍ରଥମ ସନେଟ ତରୁଣଙ୍କୁ ବିବାହ ନିମନ୍ତେ ପ୍ରବର୍ତ୍ତାଇବା ଉଦ୍ଦେଶ୍ୟରେ ଲେଖାଯାଇଛି, ଯଦ୍ଦ୍ୱାରା ସେ ବଂଶ ବିସ୍ତାର କରି ନିଜ ରୂପ ସୌନ୍ଦର୍ଯ୍ୟର ଅନୁକୃତି ପୃଥିବୀ ବକ୍ଷରେ ରଖିବା ପାଇଁ ସମର୍ଥ ହେବେ। ଉପଦେଶର ଗ୍ରହୀତା ତରୁଣଙ୍କ ସମ୍ପର୍କରେ ସୀମାହୀନ କଳ୍ପନା ଜଳ୍ପନା ଲାଗୁ ରହିଛି। ପ୍ରକାଶକ W. H. ଙ୍କୁ ଏହି ସନେଟ ପୁସ୍ତକ ଉତ୍ସର୍ଗ କରିଥିବା ହେତୁ ତାଙ୍କ ପରିଚିତି ନିମନ୍ତେ ବହୁ ବିତର୍କ ଜାରି ରହିଛି। ଅଧିକାଂଶ ସମାଲୋଚକଙ୍କ ମତରେ ସେ ଯୁବ ଅର୍ଲ ଅଫ ସୌଥାମ୍ପଟନ, ହେନରୀ ରିସ୍‌ଲି। ରାଣୀ ଏଲିଜାବେଥଙ୍କ ବିଶ୍ୱସ୍ତ ଅତ୍ୟନ୍ତ କ୍ଷମତାଶାଳୀ ଲର୍ଡ ବର୍ଘଲିଙ୍କ ନାତୁଣୀ, ଏଲିଜାବେଥ ଡି ଭେରେଙ୍କୁ ବିବାହ କରିବା ପାଇଁ ସୌଥାମ୍ପଟନ ଅନିଚ୍ଛା ପ୍ରକାଶ କରିଛନ୍ତି। ତାଙ୍କ ମାତା ସୌଥାମ୍ପଟନଙ୍କ ଉପରେ ପ୍ରଭାବ ବିସ୍ତାର କରିବା ପାଇଁ ସେକ୍‌ସପିଅରଙ୍କୁ ସନେଟ ଲେଖିବା ପାଇଁ ବୋଧେ ସନନ୍ଦ ଦେଇଛନ୍ତି। କିନ୍ତୁ ଏହା ୧୫୯୧ରେ ସମ୍ପାଦିତ ହୋଇଥିବାରୁ ଏବଂ ସନେଟ ରଚନା କାର୍ଯ୍ୟ ୧୫୯୫ ଅବ୍ଦକୁ ଦର୍ଶାଉଥିବାରୁ ସମ୍ପ୍ରତି ଏ ପ୍ରସଙ୍ଗ ବିବଦମାନ। ପୁଣି ୧୫୯୫ରେ ବାଇଶି ବର୍ଷ ବୟସ୍କ ସୌଥାମ୍ପଟନ ଏଲିଜାବେଥ ଭେର୍ଣ୍ଣନଙ୍କ ସହ ଏକ ସନ୍ଦିଗ୍ଧ ସମ୍ପର୍କରେ ଲିପ୍ତ ଥିଲେ।

ଉଇଲିଅମ ହର୍ବର୍ଟ, ଭାବୀ ଅର୍ଲ ଅଫ ପେଂବ୍ରୋକଙ୍କୁ ଉଦ୍ଦିଷ୍ଟ ବ୍ୟକ୍ତି ରୂପେ ବି ବିବେଚନା କରାଯାଇଛି। ୧୫୯୫ରେ ତାଙ୍କ ବୟସ ପନ୍ଦର ବର୍ଷ ହୋଇଥିଲା ଏବଂ ଜର୍ଜ କାରିଙ୍କ କନ୍ୟାଙ୍କୁ ବିବାହ କରିବା ପାଇଁ ତାଙ୍କ ପରିବାର ବାଧ୍ୟ କଲେ ବି ସେ ସମ୍ମତ ହୋଇ ନଥିଲେ। ତାଙ୍କ ପିତା ସେକ୍‌ସପିଅର ନିୟୋଜିତ ଥିବା କମ୍ପାନୀର ପୃଷ୍ଠପୋଷକ ଥିଲେ। ମାତା ପ୍ରଖ୍ୟାତ ମେରୀ ହର୍ବର୍ଟ ସାର ଫିଲିପ ସିଡ୍‌ନୀଙ୍କ ଭଗ୍ନୀ ଥିଲେ। ସେ ସେକ୍‌ସପିଅରଙ୍କୁ ସନେଟ ମାଧ୍ୟମରେ ଉଇଲିଅମଙ୍କୁ ପ୍ରବର୍ତ୍ତାଇବା ପାଇଁ ଚେଷ୍ଟା କରି ଥାଇପାରନ୍ତି। ତେବେ ଷୋଡଶ ଶତାବ୍ଦୀର ଘୋର ରକ୍ଷଣଶୀଳ ଲଣ୍ଡନରେ କୌଣସି ପ୍ରତିଷ୍ଠିତ ଅର୍ଲଙ୍କୁ କବିତା ମାଧ୍ୟମରେ ଲାମ୍ପଟ୍ୟ, ବିଶ୍ୱାସଘାତକତା ଦୋଷରେ ଦୂଷିତ କରିବା ଅସଙ୍ଗତ ଜଣାଯାଏ।

କିଛି ସନେଟରେ ପ୍ରତିଦ୍ୱନ୍ଦ୍ୱୀ କବିଙ୍କ ସମ୍ପର୍କରେ ବି କୁହାଯାଇଛି। ସେ ଖ୍ରୀଷ୍ଟୋଫର

ମାର୍ଲୋ, ସାମୁଏଲ ଡାନିଏଲ, ଜର୍ଜ ଚାପମାନ ଇତ୍ୟାଦି ବିଖ୍ୟାତ କବିଙ୍କ ମଧ୍ୟରୁ ଜଣେ ହୋଇପାରନ୍ତି। କୃଷ୍ଣକାୟା ମହିଳା ଏମିଲିଆ ଲନିଏର, ମେରୀ ଫିଟୋନ କିମ୍ବା ଟର୍ନମିଲ ଷ୍ଟ୍ରିଟର କୌଣସି ବେଶ୍ୟା ହୋଇପାରନ୍ତି ବୋଲି ଅନୁମାନ କରାଯାଇଛି। ଏମିଲିଆ ଲନିଏରଙ୍କ ସେକ୍‌ସପିଅରଙ୍କ ସହ ସମ୍ପର୍କ ଓ କବିଙ୍କୁ ତ୍ୟାଗ କରି ସୌଥାମ୍ପଟନଙ୍କ ସହ ନିବିଡ଼ ଯୌନ ସମ୍ପର୍କ, ତଥା ସେକ୍‌ସପିଅରଙ୍କ ଗୁପ୍ତ ଯୌନ ରୋଗ ସଂକ୍ରମଣ ବିଷୟରେ ବହୁ ଜୀବନୀକାର ଲେଖିଛନ୍ତି। ତେବେ ଏହା ବି କଳ୍ପନାରେ ପର୍ଯ୍ୟବସିତ ହୋଇଥାଇପାରେ।

କୃଷ୍ଣକାୟା ଏମିଲିଆ ଲନିଏରଙ୍କୁ ସେକ୍‌ସପିଅର ନିଶ୍ଚିତ ରୂପେ ଜାଣିଥିଲେ। ସେ ଏମିଲିଆ ବାସାନୋ ରୂପେ ଭେନିସର ଏକ ଇହୁଦୀ ପରିବାରରେ ଜନ୍ମ ନେଇଥିଲେ। ସେ କବି ଓ ସଂଗୀତଜ୍ଞ ଥିଲେ। ବୟଃପ୍ରାପ୍ତି ପରେ ସେ ଲର୍ଡ ଚାମ୍ବରଲେନ ମେନର ପୃଷ୍ଠପୋଷକ ବୃଦ୍ଧ ଲର୍ଡ ହଂସଡନଙ୍କ ପ୍ରେମିକା ଥିଲେ ଏବଂ ନୌବଣିକ ଅଲଫୋନସ ଲନିଏରଙ୍କୁ ବିବାହ କରିଥିଲେ। ସେକ୍‌ସପିଅରଙ୍କ ସହ ତାଙ୍କ ଆବେଗପୂର୍ଣ୍ଣ ସମ୍ପର୍କ ଥାଇପାରେ।

ସନେଟଗୁଡିକରେ ଆବେଗପୂର୍ଣ୍ଣ ବାକପଟୁତା, କଥକଙ୍କ ଆତ୍ମବିଶ୍ୱାସପୂର୍ଣ୍ଣ ଚାତୁର୍ଯ୍ୟ, ପ୍ରଚଣ୍ଡ ବୌଦ୍ଧିକତା ଅବଶ୍ୟ ଲକ୍ଷଣୀୟ। କଥକ ନିତାନ୍ତ ମୋହଗ୍ରସ୍ତ ଓ ଯୌନଦ୍ୱେଷୀ। ସନେଟସବୁ କବି ସେକ୍‌ସପିଅରଙ୍କ ପ୍ରତିନିଧିତ୍ୱ କରନ୍ତି, ମାନବ ସେକ୍‌ସପିଅରଙ୍କ ନୁହେଁ। ଏଠାରେ କଥକ ନିହାତି ଏକାକୀ, ପ୍ରେମିକାଙ୍କ ଠାରୁ ଆଶାନୁରୂପ ପ୍ରେମ ପାଇନାହାନ୍ତି। ପ୍ରେମିକା ବି କଦାପି ନିଜ ନାମ ଦ୍ୱାରା ପରିଚିତ ନୁହନ୍ତି।

ସନେଟସବୁ ଏକ ତରୁଣ ସହ ନିବିଡ଼ ସମ୍ପର୍କ ବର୍ଣ୍ଣନାରେ ଉତ୍କୀର୍ଣ୍ଣ। ସେକ୍‌ସପିଅର ଜଣେ ପ୍ରଖ୍ୟାତ ଅଭିନେତା ଥିଲେ। ସେ ବିଭିନ୍ନ ପୁରୁଷ ଭୂମିକା ସହ ରୋଜାଲିଣ୍ଡ, ସିଲିଆ, ବ୍ୟାଟ୍ରିସ ଓ ମିସେସ କ୍ୱିକଲି ଭୂମିକାରେ ବି ଅଭିନୟ କରିଛନ୍ତି।। ପୁରୁଷ ମାନଙ୍କ ସହ ବନ୍ଧୁତାକୁ ସର୍ବଦା ଗୁରୁତ୍ୱ ଦେଇଛନ୍ତି। କିନ୍ତୁ ସନେଟମାନଙ୍କ ଠାରୁ ଉପାଦାନ ନେଇ ତାଙ୍କୁ ସମଲିଙ୍ଗୀ ରୂପେ ଚିତ୍ରଣ କରିବା ଅନୁଚିତ। ସେପରି ତାଙ୍କ ପତ୍ନୀଙ୍କୁ ଅବିଶ୍ୱସ୍ତ ରୂପେ ବି ବହୁ ଜୀବନୀକାର ଚିତ୍ରଣ କରିଛନ୍ତି, ଯାହା ଏ ଯାଏଁ ପ୍ରମାଣିତ ହୋଇପାରିନାହିଁ।

ବେନ୍ ଜନ୍‌ସନ୍

ଏହା ସ୍ୱତଃସିଦ୍ଧ ଯେ, ସେକ୍‌ସପିଅର ବିଭିନ୍ନ ଲାଟିନ ସାହିତ୍ୟିକଙ୍କ କୃତି ସମୂହ ଦ୍ୱାରା ବହୁଳ ପ୍ରଭାବିତ ହୋଇଥିଲେ। ତେବେ ବିଶିଷ୍ଟ ଗ୍ରୀକ ନାଟ୍ୟକାରଙ୍କ ସହ ତାଙ୍କ କେତେ ପରିଚିତି ଥିଲା, ତାହା ଅବଶ୍ୟ ବିଚାର୍ଯ୍ୟ। ଏ ଦିଗରେ ତାଙ୍କ ବନ୍ଧୁ ଓ ପ୍ରତିଦ୍ୱନ୍ଦ୍ୱୀ ବେନ ଜନସନଙ୍କ ତାଙ୍କ ସମ୍ପର୍କରେ ଉକ୍ତି, 'Small Latin and Less Greek' ମନକୁ ଛୁଇଁଯାଏ।

୧୫୯୮ରେ ବେନ ଜନସନ, ଯିଏ ଇଟା ଗଠନ କାର୍ଯ୍ୟରେ ମୂଳତଃ ନିୟୋଜିତ ଥିଲେ, ସୋରେଡିଚ ଫିଲଡରେ ଗେବ୍ରିଏଲ ସ୍ପେନ୍ସର ନାମକ ଜଣେ ଅଭିନେତାଙ୍କୁ ଦ୍ୱନ୍ଦ୍ୱ ଯୁଦ୍ଧରେ ତରବାରୀ ଦ୍ୱାରା ହତ୍ୟା କଲେ। ଏହା ସେ ସମୟରେ ଏକ ଅସାଧାରଣ ଘଟଣା ନଥିଲା। କ୍ରୋଧୀ ସ୍ପେନ୍ସର ବି ଜଣେ ବ୍ୟକ୍ତିଙ୍କୁ ଅନୁରୂପ ପରିସ୍ଥିତିରେ ତାଙ୍କ ବାସଗୃହ ନିକଟରେ ହତ୍ୟା କରିଥିଲେ। ବିଚାର ସମୟରେ ଜନସନ ଉଦ୍ଦେଶ୍ୟମୂଳକ ହତ୍ୟା ଅପରାଧରେ ଦଣ୍ଡିତ ହେଲେ ଏବଂ ଲାଟିନରେ ବାଇବଲର ସଂଗୀତ ୫୧ ଗାନ କରି ଓ ଧର୍ମଯାଜକର ପନ୍ଥା ଅନୁସରଣ କରିବା ପ୍ରତିଶ୍ରୁତିରେ ଖଲାସ ହେଲେ। ଲାଟିନରେ ସେ ବିଶିଷ୍ଟ ବିଦ୍ୱାନ ଥିଲେ, ଲାଟିନ ତାଙ୍କୁ ବଞ୍ଚାଇ ଦେଲା, ପ୍ରସିଦ୍ଧି ବି ଆଣିଦେଲା।

୧୫୯୮-୯୯ରେ ସେ ଚାମ୍ବରଲେନ ମେନଙ୍କ ନିକଟକୁ ଏକ ନାଟକର ପାଣ୍ଡୁଲିପି ପଠାଇଲେ। ସେକ୍‌ସପିଅର ଏହାକୁ ଦେଖି ପସନ୍ଦ କଲେ। ତାଙ୍କ ପ୍ରଥମ ନାଟକ ଏଭ୍ରି ମ୍ୟାନ ଇନ୍ ହିଜ୍ ହ୍ୟୁମର ଲଣ୍ଡନର ସୋରେଡିଚରେ ଅଭିନୀତ ହେଲା। ସେକ୍‌ସପିଅର ଏହାକୁ ରଙ୍ଗମଞ୍ଚ ନିମନ୍ତେ ପ୍ରସ୍ତୁତି ବେଳେ ସହାୟତା କରିଛନ୍ତି।

ଯଦିଓ ନବାଗତ ବେନ ଜନସନଙ୍କୁ ସେକ୍‌ସପିଅର ସାହାଯ୍ୟ କରିଛନ୍ତି, ଜନସନ ଅନୁରୂପ ପ୍ରତିଦାନ ନିମନ୍ତେ ସର୍ବଦା ଆଗଭର ହୋଇନାହାନ୍ତି। ଜନସନ ନାଟକର

ନୈତିକ ଓ ଉପାଦେଶାତ୍ମକ ଭୂମିକା ବିଷୟରେ ଖୁବ ପ୍ରତିବଦ୍ଧ ଥିଲେ । ସେକ୍‌ସପିଅରଙ୍କ ଦ୍ୱାରା ରଙ୍ଗମଞ୍ଚରେ ପ୍ରବେଶ କରିଥିଲେ ବି ତାଙ୍କ ନାଟକରେ ଆରିଷ୍ଟୋଟଲଙ୍କ ଐକ୍ୟ ତ୍ରୟ ଅନୁପାଳିତ ହୋଇ ନଥିବାରୁ ସମାଲୋଚନା କରୁଥିଲେ । ଜନସନ କବିତା ଲିଖନ ବେଳେ ବି ଇଟା ନିର୍ମାଣର ମାନସିକତା ପ୍ରଦର୍ଶନ କରୁଥିଲେ । ଗଦ୍ୟର ଶକ୍ତ ମୂଳଦୁଆ ଉପରେ ଲାଟିନ ସମୃଦ୍ଧ ପଦ୍ୟ ରଚନା କରୁଥିଲେ । ଯେତେବେଳେ ଜନସନ କହନ୍ତି ଯେ, ସେକ୍‌ସପିଅର ଗୋଟିଏ ବି ବାକ୍ୟ ସଂଶୋଧନ କରୁନଥିଲେ, ଏହା ସେକ୍‌ସପିଅରଙ୍କ ପ୍ରତି ପ୍ରଶଂସା ସହ ସମାଲୋଚନା ବି ଥିଲା ।

ସେକ୍‌ସପିଅର ଜନସନଙ୍କ ଚିନ୍ତାଧାରା ଓ ପାଣ୍ଡିତ୍ୟ ଦ୍ୱାରା ପ୍ରଭାବିତ ହୋଇଥିଲେ । ତାଙ୍କ ପ୍ରାଚୀନ ଗ୍ରୀକ ଓ ରୋମାନ ସାହିତ୍ୟରୁ ଉପାଦାନ ଆହରଣ କ୍ଷମତା ପରିବର୍ଦ୍ଧିତ ହେବା ପଛରେ ଜନସନଙ୍କ ଭୂମିକା ରହିଛି । ସେକ୍‌ସପିଅରଙ୍କ ମୃତ୍ୟୁ ଯାଏଁ ସେମାନଙ୍କ ସମ୍ପର୍କ ରହିଛି, କିନ୍ତୁ ଏହା ବହୁ ସମୟରେ କଣ୍ଟକମୟ ଥିଲା । ଅବଶ୍ୟ ସେକ୍‌ସପିଅରଙ୍କ ମୃତ୍ୟୁ ପରେ ଜନସନ୍ ତାଙ୍କୁ ଉଚ୍ଛ୍ୱସିତ ପ୍ରଶଂସା କରିଛନ୍ତି । କିନ୍ତୁ ପ୍ରଥମ ନାଟକରେ ବି ସେକ୍‌ସପିଅରଙ୍କ ସମ୍ଭ୍ରାନ୍ତ ଶ୍ରେଣୀକୁ ଉନ୍ନୀତ ହେବାର ଅଭିଳାଷକୁ ବ୍ୟଙ୍ଗ କରିଛନ୍ତି ।

ଜନସନ ସେକ୍‌ସପିଅରଙ୍କ ସାମାଜିକ ବର୍ଗରୁ ହିଁ ଆସିଛନ୍ତି । ତାଙ୍କ ଗ୍ରୀକ ଓ ଲାଟିନ ଭାଷାରେ ସମୃଦ୍ଧ ପାଠାଗାର ରହିଛି ଓ ସେ ସମୟର ଗ୍ରୀକ ଓ ଲାଟିନ ଭାଷାର ପଣ୍ଡିତମାନେ ତାଙ୍କ ନିକଟକୁ ପରାମର୍ଶ କରିବାକୁ ଆସିଛନ୍ତି । ସେ ତାଙ୍କ ବନ୍ଧୁ ମାନଙ୍କୁ ପୁସ୍ତକ ପଢିବା ପାଇଁ ଦିଅନ୍ତି । ସେକ୍‌ସପିଅର ବି ତାଙ୍କ ଠାରୁ ଗ୍ରୀକ ଓ ଲାଟିନର ପ୍ରାଚୀନ ପୁସ୍ତକ ଧାର ସୂତ୍ରରେ ଆଣିଛନ୍ତି ।

ଜନସନଙ୍କ ଠାରୁ ଆଣିଥିବା ଇଉରିପିଡ଼ିସ ଓ ଏସ୍କିଲସଙ୍କ ବିୟୋଗାନ୍ତକ ନାଟକସବୁ ସେକ୍‌ସପିଅରଙ୍କୁ ଖୁବ ପ୍ରଭାବିତ କରିଛି । ଏତଦ୍‌ବ୍ୟତୀତ ଚାପମାନଙ୍କ ଅନୁଦିତ ହୋମରଙ୍କ ଇଲିଆଡ କାବ୍ୟ ଏବଂ ଥୋମାସ ଡେକେରଙ୍କ ଆଗାମେମନନ ସମ୍ପର୍କିତ ନାଟକ ସେ ଜନସନଙ୍କ ଠାରୁ ଆଣିଥାଇପାରନ୍ତି, ଯାହା ତାଙ୍କୁ ହାମଲେଟ ନାଟକ ଲେଖିବା ପାଇଁ ପ୍ରଚୋଦିତ କରିଛି ।

ରାଜନୈତିକ ସ୍ଥିତିର ପରିବର୍ତ୍ତନ

୧୬୦୨ରେ ସାମ୍ବାଦିକ, ଜ୍ୟୋତିଷ, ଗୁଜବକାରୀଗଣଙ୍କ ଦୃଷ୍ଟି ରାଣୀ ଏଲିଜାବେଥଙ୍କ ଭଗ୍ନ ସ୍ୱାସ୍ଥ୍ୟ ପ୍ରତି ନିବଦ୍ଧ ଥିଲା। ତାଙ୍କ ଉତ୍ତରାଧିକାରୀଙ୍କ ସମ୍ପର୍କରେ ସର୍ବସାଧାରଣରେ ଚର୍ଚ୍ଚା ନିଶ୍ଚିତ ରୂପେ ବାରଣ ଥିଲା। କିନ୍ତୁ ଏକ ଯୁଗର ପରିସମାପ୍ତି ଆସନ୍ନ ଥିଲା ଏବଂ ବୟସ୍କ ବ୍ୟକ୍ତିଗଣ ଏକ ଉଜ୍ଜ୍ୱଳ ଭବିଷ୍ୟତର ଆଶା କରୁଥିଲେ। ସେ ସମୟର ବହୁ କବିତାରେ କବି ମାନଙ୍କ ଚିତ୍ତବୃତ୍ତି ସୁସ୍ପଷ୍ଟ।

ସ୍କଟଲାଣ୍ଡର ଜେମ୍ସ ଷଷ୍ଠ ଇଂଲଣ୍ଡର ରାଜା ହେବା ବହୁ ସମ୍ଭାବନା ଥିଲା। ସ୍କଟଲାଣ୍ଡର ଜନସାଧାରଣ ଏଥି ନିମନ୍ତେ ଆଗ୍ରହର ସହ ଅପେକ୍ଷା କରିଥିଲେ। କିନ୍ତୁ ରାଣୀ ଏଲିଜାବେଥ ଏ ବିଷୟରେ କୌଣସି ନିଷ୍ପତ୍ତି ନେଇନଥିଲେ।

ସେକ୍ସପିଅରଙ୍କ ନାଟ୍ୟଦଳ ୨ ଫେବୃଆରୀ ୧୬୦୩ରେ ଶେଷ ଥର ପାଇଁ ରାଣୀଙ୍କ ସମକ୍ଷରେ ନାଟକ ଅଭିନୟ କରିଥିଲେ। ୨୪ ଫେବୃଆରୀରେ ରାଣୀ ଏଲିଜାବେଥଙ୍କ ମୃତ୍ୟୁ ଘଟିଲା। ଏହି ମୃତ୍ୟୁ ଆଶଙ୍କାରେ ଲଣ୍ଡନର ରଙ୍ଗମଞ୍ଚ ସବୁ ପୂର୍ବରୁ ବନ୍ଦ ହୋଇଯାଇଥିଲା। ସେକ୍ସପିଅର ରାଣୀଙ୍କ ମୃତ୍ୟୁ ସମ୍ବାଦରେ କୌଣସି ପ୍ରଶସ୍ତି ବା ଶୋକବାର୍ତ୍ତା ରଖିନଥିଲେ। ଅତି କମରେ ଦୁଇ ଜଣ ସହକର୍ମୀ ତାଙ୍କ ନୀରବତା ବିଷୟରେ ଦୃଷ୍ଟି ଆକର୍ଷଣ କରିଥିଲେ ଓ ଜଣେ କିଛି ଲେଖିବା ପାଇଁ ସେକ୍ସପିଅରଙ୍କୁ ରୁକ୍ଷ ଭାବେ ଜଣାଇଥିଲେ। କିନ୍ତୁ ସେ ଏ ବିଷୟରେ କିଛି ଲେଖି ନଥିଲେ।

ଜଣେ ଯୁବବନ୍ଧୁଙ୍କ ଉଦ୍ଦେଶ୍ୟରେ ଲିଖିତ ଏକ ସନେଟରେ ସେକ୍ସପିଅର ଏ ବିଷୟରେ କିଛି ମନ୍ତବ୍ୟ ଦେଇଛନ୍ତି। ଏଲିଜାବେଥଙ୍କ ତୁଳନା ବହୁ ବର୍ଷ ଧରି ଚନ୍ଦ୍ରମା, ଡାୟାନା ବା ସିଂଥିଆଙ୍କ ସହ ହୋଇଛି। ବୋଧେ ନିମ୍ନୋକ୍ତ ସନେଟର କିୟଦଂଶରେ ସେକ୍ସପିଅର ଏଲିଜାବେଥଙ୍କ ପ୍ରତି ତାଙ୍କ ମନୋଭାବ ସୁସ୍ପଷ୍ଟ କରିଛନ୍ତି।

The mortal moon hath her eclipse endur'd,
And the sad augurs mock their own presage:
Incertainties now crown themselves assur'd,
And peace proclaims olives of endless age.

ଦୀର୍ଘ ପଞ୍ଚଚାଳିଶ ବର୍ଷର ଧର୍ମୀୟ ଓ ରାଜନୈତିକ ଝଡଝଞ୍ଜା ପରେ ଏଲିଜାବେଥଙ୍କ ମୃତ୍ୟୁ ତଦାନୀନ୍ତନ ସମୟରେ ଯେଉଁ ବିଶେଷ ପରିବର୍ତ୍ତନର ଧାରା ସୂତ୍ରପାତ କଲା, ବର୍ତ୍ତମାନ ସେ ସମ୍ପର୍କରେ ଅନୁଶୀଳନ କରିବା କଷ୍ଟକର ବ୍ୟାପାର। ୧୬୦୩ର ପ୍ରଥମ କିଛି ମାସ ଆରାମପ୍ରଦ ସମୟ ବୋଲି ବର୍ଣ୍ଣିତ ହୋଇଛି, ଯେତେବେଳେ ଇଂଲଣ୍ଡର ରାଜା ଜେମ୍ସ ପ୍ରଥମ ନାମ ଧାରଣ କରି ସିଂହାସନ ଆରୋହଣ କରିଛନ୍ତି ସ୍କଟଲାଣ୍ଡର ରାଜା ଜେମ୍ସ ଷଷ୍ଠ। ସେକ୍‌ସପିଅର ନୂତନ ରାଜାଙ୍କ ଆଗମନରେ ବୋଧେ ଉଲ୍ଲସିତ ହୋଇଛନ୍ତି। ତେବେ ଆଧୁନିକ ପାଠକ ସାମାନ୍ୟ ଅସ୍ୱସ୍ତି ଅନୁଭବ କରନ୍ତି ଯେତେବେଳେ ସେକ୍‌ସପିଅର ଉକ୍ତ ସନେଟରେ ଏଲିଜାବେଥଙ୍କ ଉଦ୍ଦେଶ୍ୟରେ 'tyrant' ଶବ୍ଦ ବ୍ୟବହାର କରନ୍ତି,

And thou in this shall find thy monument,
When tyrants' crests and tombs of brass are spent.

ଜେମ୍ସ ପ୍ରଥମଙ୍କ ସମୟରେ ନାଟ୍ୟାନୁଷ୍ଠାନମାନଙ୍କ ଭାଗ୍ୟରେ ଅନୁକୂଳ ପରିବର୍ତ୍ତନ ଆସିଛି। ଚାମ୍ବରଲେନଙ୍କ ଦଳ ପ୍ରମୁଖ ଅଭିନେତାଙ୍କ ଦଳ ରୂପେ ସ୍ୱୀକୃତି ପାଇଛି। ଲର୍ଡ଼ ପେଂବ୍ରୋକ ନୂତନ ସାଂସ୍କୃତିକ ଆବହଓ୍ୱାର ନେତୃତ୍ୱ ନେବା ପାଇଁ ଆଗଭର ହୋଇଛନ୍ତି। ତେବେ ମେ ୧୯ ତାରିଖରେ ସେକ୍‌ସପିଅର, ବର୍ବେଜ, ଫିଲିପ୍ସ ଇତ୍ୟାଦି କଳାକାର ରାଜାଙ୍କ ନାଟ୍ୟଦଳର ସନନ୍ଦ ପ୍ରାପ୍ତ ହୁଅନ୍ତି,

"freely to use and exercise the Art and faculty of playing Comedies, Tragedies, Histories, includes Morals, Pastorals, Stage plays and such others like they have already studied.... for the recreation of our living Subjects as for our solace and pleasure when we shall think good to see them......."

ଜେମସ ପ୍ରଥମଙ୍କ ସିଂହାସନ ଆରୋହଣରେ ଇଂଲଣ୍ଡର କ୍ୟାଥଲିକ ସମ୍ପ୍ରଦାୟ ନୂତନ ଅଶାର କିରଣ ଫେରି ପାଇଛନ୍ତି ଓ ସାଧାରଣ ଜୀବନ ସହ ସାମିଲ ହୋଇଛନ୍ତି। ଏଲିଜାବେଥଙ୍କ ରାଜତ୍ୱର ଅନ୍ତିମ ପର୍ଯ୍ୟାୟରେ ତୋଷାମଦକାରୀଙ୍କ ଦ୍ୱାରା ଯେଉଁ

ଶ୍ୱାସରୋଧକର ବାତାବରଣ ସୃଷ୍ଟି ହୋଇଥିଲା, ତାହା କବଳରୁ ଇଂଲଣ୍ଡ ବହୁ ପରିମାଣରେ ମୁକ୍ତ ହୋଇଛି। ରାଜା ଜେମସ ଜନସାଧାରଣଙ୍କ ଆସ୍ଥା ନିମନ୍ତେ ଉଚିତ ପଦକ୍ଷେପ ନେଇଛନ୍ତି। ସେକ୍ସପିଅରଙ୍କ ପରମ ହିତୈଷୀ ସୌଥାମ୍ପଟନ କାରାଗାରରୁ ମୁକ୍ତ ହୋଇଛନ୍ତି।

ରାଜା ଜେମସ ପ୍ରୋଟେଷ୍ଟାଣ୍ଟ ଥିଲେ ବି କ୍ୟାଥଲିକଙ୍କ ପ୍ରତି ତାଙ୍କର ବିଦ୍ୱେଷ ନଥିଲା। ବାସ୍ତବିକ ତାଙ୍କ ମାତା କ୍ୟାଥଲିକ ଥିଲେ ଓ ପତ୍ନୀ ଆନେ ବି କ୍ୟାଥଲିକ ଥିଲେ। ରାଜା ଜେମସ ନାଟକ ଭଲ ପାଉଥିଲେ ଓ ସେକ୍ସପିଅରଙ୍କ କିଙ୍ଗସ ମେନ ନାଟ୍ୟଦଳକୁ ବି ପସନ୍ଦ କରୁଥିଲେ। ଏହି ନାଟ୍ୟଦଳ ଦରବାରରେ ବହୁବାର ନାଟକ ପ୍ରଦର୍ଶନ କରିବା ପାଇଁ ସୁଯୋଗ ପାଉଥିଲେ। ବିଦେଶାଗତ ପଦସ୍ଥ ସମ୍ଭ୍ରାନ୍ତ ବ୍ୟକ୍ତିଙ୍କ ସମ୍ମୁଖରେ ଦରବାରରେ ନାଟ୍ୟ ପ୍ରଦର୍ଶନ ଖୁବ ମର୍ଯ୍ୟାଦାଜନକ କାର୍ଯ୍ୟ ଥିଲା।

ଏ ସମୟରେ ସେକ୍ସପିଅର ସୃଜନଶକ୍ତିର ଶୀର୍ଷରେ ଉପନୀତ ହୋଇଥିଲେ। ନୂତନ ଯୁଗର ଅଜସ୍ର ସମ୍ଭାବନା ଓ ଆହ୍ୱାନ, ଆଶା ଓ ଭୟର ଯୁଗପତ୍ ମିଶ୍ରଣ ତାଙ୍କ ବିଭିନ୍ନ ମହାନ ସୃଷ୍ଟିରେ ପ୍ରତିଭାତ। ନବ ନବ ଉନ୍ମେଷଶାଳିନୀ ପ୍ରଜ୍ଞାର ଝଙ୍କାର, କବିତା ନିର୍ମାଣରେ ଅପୂର୍ବ କୌଶଳ, ଶବ୍ଦ ଓ ଅର୍ଥାଳଙ୍କାରର ଗରିମା, ନବ ଜାଗରଣର ଉନ୍ମାଦନା ଜେମ୍ସ ପ୍ରଥମଙ୍କ ସିଂହାସନ ଆରୋହଣ ପରବର୍ତ୍ତୀ ବର୍ଷ ମାନଙ୍କରେ ରଚିତ ମହାନ୍ ନାଟକ ଏଥେଲୋ, କିଙ୍ଗ ଲିଅର, ମାକ୍‌ବେଥ୍, ଅନ୍ତୋନୀ ଆଣ୍ଡ କ୍ଲିଓପାଟ୍ରା, କରିଓଲେନସ ନାଟକରେ ପରିଦୃଷ୍ଟ।

ଏ ସମୟରେ ରଚିତ ପୂର୍ବତନ ଲର୍ଡ ଚାନସେଲର ସାର ଥୋମାସ ମୋରଙ୍କ ଜୀବନୀ ଉପରେ ଆଧାରିତ ନାଟକ ରଚନାରେ ସେକ୍ସପିଅର ଅନ୍ୟମାନଙ୍କ ସହ ନିୟୋଜିତ ଥିଲେ। ମୋର ନୃଶଂସ ରାଜା ହେନରୀ ଅଷ୍ଟମଙ୍କ ଦ୍ୱାରା ପ୍ରାଣଦଣ୍ଡ ପାଇଥିଲେ ଓ ମୃତ୍ୟୁ ପରେ କ୍ୟାଥଲିକ ଚର୍ଚ୍ଚ ଦ୍ୱାରା ପବିତ୍ରାସନ ପ୍ରାପ୍ତ ହୋଇଥିଲେ। ସେକ୍ସପିଅରଙ୍କ ରଚିତ ଅଂଶରେ ତାଙ୍କ ନିଜସ୍ୱ ବନାନ, ବ୍ୟାକରଣ, ଚିତ୍ରକଳ୍ପ ପ୍ରୟୋଗର ପରାକାଷ୍ଠା ସୁସ୍ପଷ୍ଟ।

ସେକ୍ସପିଅରଙ୍କ ନାଟକ କୌଣସି ନିର୍ଦ୍ଦିଷ୍ଟ ମୂଲ୍ୟବୋଧର ଭିତ୍ତିରେ ପ୍ରତିଷ୍ଠିତ ହୋଇ ନଥିବାରୁ ବେନ ଜନସନ ତାଙ୍କୁ ସମାଲୋଚନା କରିଛନ୍ତି। ଦୁଇ ଶତାବ୍ଦୀ ପରେ ସାମୁଏଲ ଜନସନ ବି ଏଥିନିମନ୍ତେ ଆପତ୍ତି ଉଠାଇଛନ୍ତି। ସାର ଫିଲିପ୍ ସିଡନୀ କିମ୍ବା ବେନ ଜନସନଙ୍କ ପରି ସେ ନୀତିନିଷ୍ଠତା ମଧ୍ୟରେ ଆବଦ୍ଧ ନଥିଲେ। ତାଙ୍କ ନିଜସ୍ୱ ନୈତିକତାରେ ଦର୍ଶକମାନଙ୍କୁ ଭାରାକ୍ରାନ୍ତ କରିବା ପାଇଁ କଦାପି ଚେଷ୍ଟା କରିନାହାନ୍ତି। ଦର୍ଶକଗଣଙ୍କ ଚିନ୍ତାଧାରା ପରିବର୍ତ୍ତନ ନିମନ୍ତେ କଦାପି ଚାହିଁନାହାନ୍ତି।

ବରଂ ସେ ବିବିଧ ବିରୋଧାତ୍ମକ ଦୃଷ୍ଟିଭଙ୍ଗୀର ଅପୂର୍ବ ବର୍ଣ୍ଣନା କରି କରି ବାହ୍ୟ ପ୍ରକୃତି ଓ ମଣିଷର ଅନ୍ତଃରାଜ୍ୟ ପ୍ରତି ମୁକୁର ଉତ୍ତୋଳନ କରିଛନ୍ତି ।

ଇତି ମଧ୍ୟରେ ବେନ ଜନସନ କିଂସ ମେନ ଦଳକୁ ନାଟ୍ୟକାର ରୂପେ ଫେରି ଆସିଛନ୍ତି । ତାଙ୍କ ଦି ଅଲକେମିଷ୍ଟ ଓ ଭଲ୍‌ପନୀ ଖୁବ ପ୍ରଶଂସିତ ହୋଇଛି । ସେକ୍‌ସପିଅରଙ୍କ ସହ ପ୍ରତିଦ୍ୱନ୍ଦ୍ୱିତା ଯଥା ପୂର୍ବ ଜାରି ରହିଛି । ଜନସନ ଏ ସମ୍ପର୍କିତ ସମସ୍ତ ଘଟଣାବଳୀ ମନେ ରଖିଛନ୍ତି । ଭଲ୍‌ପନୀର ଲଭେଭିଟ ଚରିତ୍ର ମାଧ୍ୟମରେ ସେକ୍‌ସପିଅରଙ୍କୁ ବ୍ୟଙ୍ଗ କରିଛନ୍ତି । ସେକ୍‌ସପିଅରଙ୍କ ପେରିକ୍ଲିସ୍ ନାଟକକୁ ସେ ସମାଲୋଚନା କରିଛନ୍ତି ଓ କୌଣସି ଚିନ୍ତାଶୀଳ ନାଟ୍ୟକାର ଏପରି ନାଟ୍ୟ ରଚନାରେ ନିୟୋଜିତ ହେବା ଅନୁଚିତ ବୋଲି ମନ୍ତବ୍ୟ ଦେଇଛନ୍ତି । ସେକ୍‌ସପିଅର ଦ ଟେମ୍ପେଷ୍ଟ ନାଟକ ଲେଖି ଜନସନଙ୍କୁ ଠିକ ପ୍ରତ୍ୟୁତ୍ତର ଦେଇଛନ୍ତି, ଯେଉଁଠି ଆରିଷ୍ଟୋଟଲ ପ୍ରଖ୍ୟାପିତ ନିୟମାବଳୀ ପାଳିତ ହୋଇଛି ।

ଜନସନ ଓ ସେକ୍‌ସପିଅରଙ୍କ ସମ୍ପର୍କ କେବଳ ପ୍ରତିଦ୍ୱନ୍ଦ୍ୱିତାରେ ପର୍ଯ୍ୟବସିତ ନଥିଲା । ଏଥିରେ ସ୍ନେହ ଓ ଶ୍ରଦ୍ଧା ବି ଉପଲବ୍ଧ । ସେକ୍‌ସପିଅରଙ୍କ ମୃତ୍ୟୁ ପରେ ଫୋଲିଓ ପ୍ରକାଶନରେ ଜନସନଙ୍କ ଉଚ୍ଛ୍ୱସିତ ପ୍ରଶଂସା ଉଲ୍ଲେଖନୀୟ । ସେକ୍‌ସପିଅର ମହାନ ଗ୍ରୀକ ନାଟ୍ୟକାର ସଫୋକ୍‌ଲେସ ଓ ୟୁରିପୀଡିସଙ୍କୁ ବି ଅତିକ୍ରମ କରିଯାଇଛନ୍ତି ବୋଲି ସ୍ୱୀକାର କରନ୍ତି,

Soul of the age!
The applause delight, wonder of our stage.....

ସାୟାହ୍ନର ରଙ୍ଗ

ସେକ୍ସପିଅର କିଙ୍ଗସ ମେନ ନାଟ୍ୟ କମ୍ପାନୀ ପାଇଁ ପ୍ରତି ବର୍ଷ ଦୁଇଟି ନାଟକ ରଚନା ନିମନ୍ତେ ପ୍ରତିଶ୍ରୁତିବଦ୍ଧ ଥିଲେ ବି ୧୬୦୭ ପରେ ତାଙ୍କ ଉତ୍ସାହରେ ସାମାନ୍ୟ ଭଟ୍ଟା ଆସିଛି। ଏହା ପରେ ସେ ନିଜସ୍ୱ କୃତିରେ ତିନି ଗୋଟି ଓ ସହଭାଗିତାରେ ଚାରି ନାଟକ ଲେଖିଛନ୍ତି। ପୂର୍ବ ବର୍ଷମାନଙ୍କର ଅସାମାନ୍ୟ ସୃଷ୍ଟିଶୀଳ ଶକ୍ତି ବୋଧେ ସର୍ବଦା ଉପଲବ୍ଧ ହୋଇନାହିଁ। ସବା ଶେଷ ନାଟକ ରଚନା ବେଳେ ତାଙ୍କୁ ଜମା ପଚାଶ ବର୍ଷ ହୋଇଛି। ଏଣୁ ସେ ବୃଦ୍ଧାବସ୍ଥାରେ ଉପନୀତ ହୋଇଛନ୍ତି କହିବା ଅସମୀଚିନ।

ଶେଷ ପର୍ଯ୍ୟାୟର ନାଟକ ମଧ୍ୟରୁ 'ଦ ୱିଣ୍ଟର୍ସ ଟେଲ' ଓ 'ଦ ଟେମ୍ପେଷ୍ଟ' ସର୍ବୋତ୍କୃଷ୍ଟ ସୃଷ୍ଟି ଯାହା ରୋମାନ୍ସ, ବିୟୋଗାତ୍ମକ, ମିଳନାତ୍ମକ ନାଟକର ଅପୂର୍ବ ମିଶ୍ରଣ। ସଂଗୀତର ସଂଯୋଜନା ଉଭୟ ନାଟକର ବିଶେଷତ୍ୱ। ଏଥିରୁ ସ୍ୱତଃସିଦ୍ଧ ଯେ, ତାଙ୍କ ସୃଜନୀ ଶକ୍ତି ହ୍ରାସ ପାଇନାହିଁ। ପୂର୍ବ ଅନୁସୃତ ଧାରାର ବ୍ୟତିକ୍ରମରେ କିଛି ନୂତନ ବିଭାବର ସୃଷ୍ଟିରେ ସେ ବିଭୋର। ସନେଟ ୭୬ରେ ଏହି ଚିନ୍ତାଧାରା ସୁସ୍ପଷ୍ଟ। "Why does everything I write sound like me?" ଏତଦ୍‌ବ୍ୟତୀତ କ୍ଷମା, ପୁନର୍ମିଳନ, ପରିତ୍ରାଣ ଆଦି ଆଧ୍ୟାତ୍ମିକ ବିଷୟରେ ତାଙ୍କ ଦୃଷ୍ଟି ନିବଦ୍ଧ। ଶେଷ ପର୍ଯ୍ୟାୟର ଏହି ନାଟକ ଦ୍ୱୟ ଅନନୁଭୂତ ସର୍ଜନଶୀଳତାର ଭିନ୍ନ ଭିନ୍ନ ପରିପ୍ରକାଶ ମାତ୍ର।

୩୧ ଡ଼ିସେମ୍ବର ୧୬୦୭ରେ ତାଙ୍କ ସାନ ଭାଇ ଏଡମଣ୍ଡ ମାତ୍ର ସତାଇଶି ବର୍ଷରେ ମୃତ୍ୟୁ ବରଣ କରିଛନ୍ତି। ସେ ଲଣ୍ଡନର ରଙ୍ଗମଞ୍ଚମାନଙ୍କରେ ଅଭିନେତା ରୂପେ କାର୍ଯ୍ୟ କରୁଥିଲେ। ଉଇଲିଅମଙ୍କ ଦ୍ୱାରା ତାଙ୍କ ଶେଷକୃତ୍ୟ ସମାରୋହରେ ଅନୁଷ୍ଠିତ ହୋଇଛି। ଭଉଣୀ ଜୋନ ଷ୍ଟ୍ରାଟ୍‌ଫୋର୍ଡର ଜଣେ ଟୋପି ପ୍ରସ୍ତୁତକାରୀଙ୍କୁ ବିବାହ କରି ସାରା ଜୀବନ ହେନଲୀ ଷ୍ଟ୍ରିଟରେ ଅତିବାହିତ କରିଛନ୍ତି। ଭାଇ ଗିଲବର୍ଟ ପୁରୁଷଙ୍କ ବସ୍ତ୍ର

ପ୍ରସ୍ତୁତିରେ ନିଯୁକ୍ତ ହୋଇଛନ୍ତି। ଭାଇ ରିଚାର୍ଡ ବି ଷ୍ଟ୍ରାଟ୍‌ଫୋର୍ଡରେ ରହୁଥିଲେ। ସେ ୧୬୧୩ରେ ମୃତ୍ୟୁ ବରଣ କରିଛନ୍ତି।

ସେକ୍‌ସପିଅରଙ୍କ ଲଣ୍ଡନ ପରିତ୍ୟାଗ କରି ଷ୍ଟ୍ରାଟ୍‌ଫୋର୍ଡ ଫେରିବା ସଂକ୍ରାନ୍ତରେ ନିର୍ଦ୍ଦିଷ୍ଟ ତଥ୍ୟ ଅନୁପଲବ୍ଧ। ବୋଧେ ୧୬୧୧ରେ ସେ ଷ୍ଟ୍ରାଟ୍‌ଫୋର୍ଡ ଫେରି ଆସିଛନ୍ତି ଓ ଆବଶ୍ୟକତା ଅନୁଯାୟୀ ପୁଣି ଲଣ୍ଡନ ଯାଇଛନ୍ତି। ମାର୍ଚ୍ଚ ୧୬୧୩ରେ ଶେଷଥର ପାଇଁ ଏକ ଗୃହ ଲଣ୍ଡନରେ କ୍ରୟ କରିଛନ୍ତି। ଜୁନ ୨୯. ୧୬୧୩ରେ ସେକ୍‌ସପିଅରଙ୍କ ହେନରୀ ଅଷ୍ଟମ ନାଟକ ଅଭିନୀତ ହେବା ବେଳେ ତାଙ୍କ ସହାୟତାରେ ନିର୍ମିତ ଗ୍ଲୋବ ଥିଏଟର ଅଗ୍ନିକାଣ୍ଡରେ ଭସ୍ମୀଭୁତ ହୋଇଛି। ଏ ସମ୍ବାଦ ତାଙ୍କୁ ଦାରୁଣ ଦୁଃଖ ଦେଇଛି।

ସେକ୍‌ସପିଅରଙ୍କ ଜ୍ୟେଷ୍ଠା କନ୍ୟା ସୁସାନା ଡାକ୍ତର ଜନ ହଲଙ୍କୁ ସେକ୍‌ସପିଅରଙ୍କ ସମ୍ମତିରେ ବିବାହ କରିଛନ୍ତି। କିନ୍ତୁ କନିଷ୍ଠା କନ୍ୟା ଜୁଡିଥଙ୍କର ମଦ୍ୟବେପାରୀ ଥୋମାସ କ୍ୱିନୀଙ୍କୁ ବିବାହ ଏକ ବିରାଟ ବିପର୍ଯ୍ୟୟ। ଜୁଡିଥ ଥୋମାସଙ୍କ ଠାରୁ ଚାରି ବର୍ଷ ବଡ଼ ଥିଲେ। ସେମାନେ ୧୬୧୬ର ଲେଣ୍ଟ୍ ସମୟରେ ବିବାହ କରିବା ପାଇଁ ନିଷ୍ପତ୍ତି ନେଇଛନ୍ତି, ଯାହା ପାଇଁ ସ୍ୱତନ୍ତ୍ର ଅନୁମତି ପତ୍ର ଆବଶ୍ୟକ। ଅନୁମତି ନଥାଇ ସେମାନେ ବିବାହ କରିଛନ୍ତି ଓ ଏହା ସମସ୍ତଙ୍କ ଦୃଷ୍ଟିକୁ ଆସିଛି। ସେମାନେ ନିର୍ଦ୍ଦିଷ୍ଟ ଦିନରେ ଅଦାଲତରେ ପହଞ୍ଚି ନଥିବା ହେତୁ ଜାତିଚ୍ୟୁତ ହୋଇଛନ୍ତି। ପରବର୍ତ୍ତୀ ସମୟରେ ମାର୍ଗାରେଟ ନାମ୍ନୀ ଅବିବାହିତା ମହିଳା ପ୍ରସବ ସମୟରେ ମୃତ୍ୟୁ ବରଣ କରିଛନ୍ତି। ମହିଳାଙ୍କୁ ଅନ୍ତଃସତ୍ତ୍ୱା କରିଥିବା ଅପରାଧରେ ଥୋମାସ ସ୍ୱୀକାରୋକ୍ତି କରିଛନ୍ତି ଓ ତାଙ୍କୁ ଦଣ୍ଡ ହୋଇଛି। ଦରିଦ୍ର ବ୍ୟକ୍ତିଙ୍କ ଉଦ୍ଦେଶ୍ୟରେ ପାଞ୍ଚ ସିଲିଂ ଦାନ କରି ସେ ଅବ୍ୟାହତି ପାଇଛନ୍ତି।

ଏହି ଭୀଷଣ ସଂକଟକୁ ମୁକାବିଲା କରିବା ପାଇଁ ଆବଶ୍ୟକ ଦୈହିକ ଓ ମାନସିକ ଶକ୍ତି ସେକ୍‌ସପିଅରଙ୍କର ନଥିଲା। କ୍ୱିଇଁଙ୍କ ସର୍ବସାଧାରଣରେ ଅପମାନ ତାଙ୍କୁ ଶକ୍ତ ଆଘାତ ଦେଇଛି। ସେ କିଛିମାସ ଧରି ସାମାନ୍ୟ ଅସୁସ୍ଥ ଥିଲେ ଓ ଜାନୁଆରୀ ମାସରେ ଇଚ୍ଛା ପତ୍ର ସମ୍ପାଦନ ପାଇଁ ନିଜ ଓକିଲଙ୍କୁ ଡକାଇଛନ୍ତି।

୨୫ ମାର୍ଚ୍ଚରେ ତାଙ୍କ ଶେଷ ଇଚ୍ଛାପତ୍ର ଲେଖାଯାଇଛି। ପତ୍ନୀ ଆନେ ଅତ୍ୟନ୍ତ ସ୍ୱଳ୍ପ ସମ୍ପତ୍ତି ଓ ଦ୍ୱିତୀୟ ଉତ୍ତମ ପଲଙ୍କ ପାଇଛନ୍ତି। ଅବଶ୍ୟ ବିଧବାଙ୍କ ନ୍ୟାଯ୍ୟ ଅଧିକାର, ସେକ୍‌ସପିଅରଙ୍କ ସମ୍ପତ୍ତିର ଏକ ତୃତୀୟାଂଶ ଓ ସୁସାନା ଓ ଜନ ହଲଙ୍କ ସହ ନିଉ ପ୍ଲେସ ଗୃହରେ ବସତି ତାଙ୍କର ପ୍ରାପ୍ୟ। ଜ୍ୟେଷ୍ଠା କନ୍ୟା ସୁସାନା ଓ ଜନ ହଲଙ୍କୁ ସେକ୍‌ସପିଅର ନିଜ ସମ୍ପତ୍ତିର ସିଂହଭାଗ ପ୍ରଦାନ କରିଛନ୍ତି। କନିଷ୍ଠା କନ୍ୟା ଜୁଡିଥ

ହଠାତ ଏକ ଶହ ପାଉଣ୍ଡ ପାଇଛନ୍ତି, ଯାହାର ମୂଲ୍ୟ ସେ ସମୟରେ ଯଥେଷ୍ଟ ଥିଲା। ଅନ୍ୟମାନଙ୍କ ପାଇଁ ବି ସେ ଉପଯୁକ୍ତ ଅର୍ଥ ବ୍ୟବସ୍ଥା କରିଛନ୍ତି।

ସେକ୍‌ସପିଅରଙ୍କ ଶେଷ ବ୍ୟାଧି ବିଷୟରେ କୌଣସି ବିବରଣୀ ଦୁଷ୍ପ୍ରାପ୍ୟ। ସେ ୨୩ ଏପ୍ରିଲ ୧୬୧୬ରେ ମୃତ୍ୟୁ ବରଣ କରିଛନ୍ତି। ସପ୍ତଦଶ ଶତାବ୍ଦୀର ଧର୍ମଯାଜକ ରିଚାର୍ଡ ଡେଭିସଙ୍କ ମତରେ, "William Shakespeare dyed a papist." ଅର୍ଥାତ ମୃତ୍ୟୁ ବେଳେ ସେକ୍‌ସପିଅରଙ୍କର କ୍ୟାଥଲିକ ପନ୍ଥାରେ ଶେଷ କ୍ରିୟା ସମ୍ପନ୍ନ କରାଯାଇଥିଲା।

ହୋଲି ଟ୍ରିନିଟି ଚର୍ଚ୍ଚରେ ତାଙ୍କ ଅନ୍ତ୍ୟେଷ୍ଟି କାର୍ଯ୍ୟ ସମାପନ ହୋଇଛି, ଯେଉଁଠି ତାଙ୍କ ପିତା, ମାତା, ପୁତ୍ର ଓ ଅନ୍ୟ ପରିବାର ସଦସ୍ୟ ସମାଧିସ୍ଥ ହୋଇଛନ୍ତି। ସେ ହିଁ ଜୀବଦ୍ଦଶାରେ ନିଜ ସମାଧି ଲିପି ଲେଖିଛନ୍ତି,

Good friend for Jesus sake forbeare,
To digg the dust encloased heare:
Bleste be the man that spares thes stones,
And curst be he that moves my bones.

ଉପସଂହାର

ସେକ୍‌ସପିଅର ଯେହେତୁ ଷ୍ଟ୍ରାଟଫୋର୍ଡରେ ମୃତ୍ୟୁବରଣ କଲେ ତାଙ୍କ ମୃତ୍ୟୁ ଖବର ସାରା ଦେଶରେ ପରିବ୍ୟାପ୍ତ ହୋଇପାରି ନଥିଲା ଏବଂ କତିପୟ ନାଟ୍ୟକାର, ଅଭିନେତା, ସାହିତ୍ୟିକଙ୍କ ବ୍ୟତୀତ ଏହି ମହାନ ନାଟ୍ୟକାରଙ୍କ ବିୟୋଗରେ ଇଂଲଣ୍ଡ ସ୍ତବ୍ଧ ହୋଇ ନଥିଲା। ରାଜା, ରାଣୀ, ରାଜକୀୟ ବଂଶୋଦ୍ଭବ ବ୍ୟକ୍ତିବିଶେଷ ତଥା ଚଷର, ସ୍ପେନ୍ସର, ଫ୍ରାନସିସ ବ୍ୟୁମଣ୍ଟଙ୍କ ପରି ବିଖ୍ୟାତ ସାହିତ୍ୟିକଙ୍କ ସମାଧିସ୍ଥଳ ଲଣ୍ଡନର ୱେଷ୍ଟ ମିନିଷ୍ଟର ଅବେଠାରେ ତାଙ୍କୁ ସମାଧିସ୍ଥ କରିବା ପାଇଁ କୌଣସି ପ୍ରସ୍ତାବ ଆସି ନଥିଲା, ଯେଉଁଠାରେ କିଛି ବର୍ଷ ପରେ ବେନ ଜନସନ ଓ ରିଚାର୍ଡ ବର୍ବେଜଙ୍କ ଅନ୍ତ୍ୟେଷ୍ଟି କ୍ରିୟା ମହା ସମାରୋହରେ ହୋଇଛି। ସମକାଳୀନ ବିଖ୍ୟାତ ନେତୃବୃନ୍ଦ ଅଥବା ଦେଶ ଓ ବିଦେଶର ସାହିତ୍ୟିକଗଣ ଏ ସମ୍ପର୍କରେ ଅବଗତ ନଥିଲେ କି ଏଥି ନିମନ୍ତେ ଶୋକ ପ୍ରସ୍ତାବ ରଖି ନଥିଲେ।

ସେକ୍‌ସପିଅରଙ୍କ ମୃତ୍ୟ ବିଷୟରେ ବିସ୍ତୃତ ବିବରଣୀ ତଦାନୀନ୍ତନ ଲିଖନରେ ଅନୁପଲବ୍ଧ। ୧୬୬୨ରୁ ୧୬୬୮ ଯାଏଁ ଷ୍ଟ୍ରାଟଫୋର୍ଡ ଗୀର୍ଜାର ଅଧ୍ୟକ୍ଷ ରୂପେ କାର୍ଯ୍ୟ କରିଥିବା ଜନ ୱାର୍ଡ ତାଙ୍କ ମୃତ୍ୟୁ ବିଷୟରେ ସ୍ଥାନୀୟ ସୂତ୍ରରୁ ଶୁଣିଛନ୍ତି,

"Shakespeare, Drayton and Ben Jonson had a merry meeting, and it seems drank too hard, for Shakespeare died of a fever there contracted."

ଏପରି ଏକ ବୈଠକ ହୋଇ ଥାଇପାରେ। ୱାରୱିକସାଇରରେ ଜନ୍ମିତ ମାଇକେଲ ଡ୍ରେଟନ ଜଣେ ପ୍ରଖ୍ୟାତ କବି ଥିଲେ। ସେ ଏବଂ ବେନ ଜନସନ ଜୁଡ଼ିଥଙ୍କ ବିବାହରେ ଯୋଗ ଦେବା ପାଇଁ ଷ୍ଟ୍ରାଟଫୋର୍ଡ ଆସି ଥାଇପାରନ୍ତି। ତେବେ

ଏ ପ୍ରସଙ୍ଗକୁ ସମର୍ଥନ କରୁଥିବା ଅନ୍ୟ କୌଣସି ତଥ୍ୟ ଉପଲବ୍ଧ ନୁହେଁ। ଏଣୁ ଏହା ବି ବିବଦମାନ।

ମୃତ୍ୟୁର ସାତ ବର୍ଷ ପରେ ସେକ୍‌ସପିଅରଙ୍କ କିଛି ନାଟକର ସଂସ୍କରଣ ତାଙ୍କ ସାଙ୍ଗ ଜନ ହେମିଙ୍ଗସ୍ ଓ ହେନରୀ କଣ୍ଡେଲଙ୍କ ଦ୍ୱାରା ପ୍ରକାଶିତ ହୋଇଛି। ଉଇଲିଅମ ହର୍ବର୍ଟ ଏବଂ ତାଙ୍କ ଭାଇଙ୍କୁ ଉତ୍ସର୍ଗ କରାଯାଇଥିବା ଏହି ଗ୍ରନ୍ଥାବଳୀରେ ବେନ୍ ଜନସନ୍‌ଙ୍କ ଦ୍ୱାରା ସେକ୍‌ସପିଅରଙ୍କୁ ଉଚ୍ଛ୍ୱସିତ ପ୍ରଶଂସା ସ୍ଥାନ ପାଇଛି। ସମକାଳୀନ ବିଶିଷ୍ଟ ନାଟ୍ୟକାର ବେନ୍ ଜନସନ୍ ତାଙ୍କୁ ମହାନ ଗ୍ରୀକ ନାଟ୍ୟକାର ଏସ୍କିଲସ୍, ୟୁରିପୀଡ଼ିସ, ସଫୋକ୍ଲିସଙ୍କ ସହ ତୁଳନା କରିଛନ୍ତି।

"I would not seek
For names, but call forth thund'ring Aeschylus
Euripides and Sophocles to us".

ତାଙ୍କ ମତରେ ସେକ୍‌ସପିଅରଙ୍କ ମିଳନାତ୍ମକ ନାଟକସବୁ ଅତିକ୍ରମ କରିଛି ସମସ୍ତ ନାଟ୍ୟକାରଙ୍କ ନାଟକକୁ, "that insolent Greece or haughty Rome sent forth". ଜନସନ୍ ହିଁ ତାଙ୍କୁ ସର୍ବ ପ୍ରଥମେ ବିଶ୍ୱର ମହାନ କଳାକାରମାନଙ୍କ ମଧ୍ୟରେ ଅନ୍ତର୍ଭୁକ୍ତ କରିଛନ୍ତି। ତାଙ୍କ ପ୍ରଖ୍ୟାତ ପଂକ୍ତି ଏଠାରେ ଅବଶ୍ୟ ସ୍ମରଣୀୟ "He was not of an age, but for all time."

ସେକ୍‌ସପିଅରଙ୍କୁ ଦ ଟେମ୍ପେଷ୍ଟ ନାଟକର ନାୟକ ପ୍ରସ୍ପେରୋଙ୍କ ସହ ତୁଳନା କରାଯାଇଛି ଯେ ଈପ୍‌ସିତ କାର୍ଯ୍ୟର ସଫଳ ସମାପ୍ତି ପରେ ଯାଦୁବିଦ୍ୟାକୁ ଜଳାଞ୍ଜଳି ଦେଇ ସ୍ୱସ୍ଥାନ ପ୍ରତ୍ୟାବର୍ତ୍ତନ କରିଛନ୍ତି। ସେପରି ସେକ୍‌ସପିଅର ଦୀର୍ଘ ଦିନ ଲଣ୍ଡନର ରଙ୍ଗମଞ୍ଚରେ ଗୌରବୋଜ୍ଜ୍ୱଳ ସଫଳତା ପରେ ଯଶ, ଅର୍ଥ, ସମ୍ମାନ ପ୍ରାପ୍ତିପରେ ନାଟ୍ୟକଳାକୁ ବିସର୍ଜନ କରି ଜନ୍ମସ୍ଥଳ ଷ୍ଟ୍ରାଟଫୋର୍ଡକୁ ଫେରି ଆସିଛନ୍ତି। ପ୍ରସ୍ପେରୋ ତାଙ୍କ ସୃଷ୍ଟିକର୍ତ୍ତା ସେକ୍‌ସପିଅରଙ୍କ ପ୍ରତିଚ୍ଛବି ମାତ୍ର। ନାଟକରେ ଅନ୍ତର୍ନିହିତ ଚମତ୍କାର ଦର୍ଶନ ନିଶ୍ଚିତ ରୂପେ ହୃଦୟଗ୍ରାହୀ।

.... we are such stuff
As dreames are made on,
And our little life
Is rounded with a sleep.

ଯଦିଓ ସେକ୍ସପିଅରଙ୍କ ମହାର୍ଘ କୃତି ସମୂହ ଖୁବ ପ୍ରଶଂସିତ ହୋଇଛି ତାଙ୍କ ଜୀବଦ୍ଦଶାରେ ଏବଂ ବିଭିନ୍ନ ଶତାବ୍ଦୀରେ, ତାଙ୍କ ଅସାମାନ୍ୟ ଜୀବନୀ ସମ୍ପର୍କରେ ପୁଙ୍ଖାନୁପୁଙ୍ଖ ଗବେଷଣା ବହୁ ବର୍ଷ ଯାଏଁ ହୋଇନାହିଁ। ଖ୍ରୀଷ୍ଟୋଫର ମାର୍ଲୋ ଓ ବେନ ଜନସନଙ୍କ ଜୀବନୀ ସେମାନଙ୍କ କୃତିରେ ବହୁ ପରିମାଣରେ ଉପଲବ୍ଧ। କିନ୍ତୁ ସେକ୍ସପିଅରଙ୍କ ଜୀବନର ସମ୍ୟକ ପ୍ରତିଫଳନ ତାଙ୍କ କୃତି ସମୂହରେ ପ୍ରାୟ ଦୁଷ୍ପ୍ରାପ୍ୟ। ଏଣୁ ପୃଥିବୀ ବକ୍ଷରେ ତାଙ୍କ ବିଦ୍ୟମାନତା ବିଷୟରେ ଅନେକ ପ୍ରଶ୍ନବାଚୀ ସୃଷ୍ଟି ହୋଇଛି, ଯାହା ଆଦୌ ପ୍ରମାଣସିଦ୍ଧ ନୁହେଁ।

■■

www.blackeaglebooks.org
info@blackeaglebooks.org

Black Eagle Books, an independent publisher, was founded as a nonprofit organization in April, 2019. It is our mission to connect and engage the Indian diaspora and the world at large with the best of works of world literature published on a collaborative platform, with special emphasis on foregrounding Contemporary Classics and New Writing.

www.ingramcontent.com/pod-product-compliance
Lightning Source LLC
Chambersburg PA
CBHW020146120726
47903CB00007B/2433

9781645605423